COMPRA E VENDA INTERNACIONAL DE MERCADORIAS

A CONVENÇÃO DAS NAÇÕES UNIDAS SOBRE COMPRA E VENDA INTERNACIONAL DE MERCADORIAS (CISG)

PAULO NALIN
RENATA C. STEINER

Prefácio
Lauro Gama Jr.

COMPRA E VENDA INTERNACIONAL DE MERCADORIAS

A CONVENÇÃO DAS NAÇÕES UNIDAS SOBRE COMPRA E VENDA INTERNACIONAL DE MERCADORIAS (CISG)

Belo Horizonte

2016

© 2016 Editora Fórum Ltda.

É proibida a reprodução total ou parcial desta obra, por qualquer meio eletrônico, inclusive por processos xerográficos, sem autorização expressa do Editor.

Conselho Editorial

Adilson Abreu Dallari
Alécia Paolucci Nogueira Bicalho
Alexandre Coutinho Pagliarini
André Ramos Tavares
Carlos Ayres Britto
Carlos Mário da Silva Velloso
Cármen Lúcia Antunes Rocha
Cesar Augusto Guimarães Pereira
Clovis Beznos
Cristiana Fortini
Dinorá Adelaide Musetti Grotti
Diogo de Figueiredo Moreira Neto
Egon Bockmann Moreira
Emerson Gabardo
Fabrício Motta
Fernando Rossi
Flávio Henrique Unes Pereira
Floriano de Azevedo Marques Neto
Gustavo Justino de Oliveira
Inês Virgínia Prado Soares
Jorge Ulisses Jacoby Fernandes
Juarez Freitas
Luciano Ferraz
Lúcio Delfino
Marcia Carla Pereira Ribeiro
Márcio Cammarosano
Marcos Ehrhardt Jr.
Maria Sylvia Zanella Di Pietro
Ney José de Freitas
Oswaldo Othon de Pontes Saraiva Filho
Paulo Modesto
Romeu Felipe Bacellar Filho
Sérgio Guerra

Luís Cláudio Rodrigues Ferreira
Presidente e Editor

Coordenação editorial: Leonardo Eustáquio Siqueira Araújo

Av. Afonso Pena, 2770 – 15º andar – Savassi – CEP 30130-012
Belo Horizonte – Minas Gerais – Tel.: (31) 2121.4900 / 2121.4949
www.editoraforum.com.br – editoraforum@editoraforum.com.br

N171c   Nalin, Paulo
           Compra e venda internacional de mercadorias: a Convenção das Nações Unidas sobre compra e venda internacional de mercadorias (CISG) / Paulo Nalin, Renata C. Steiner. - Belo Horizonte: Fórum, 2016.
           331p.
           ISBN: 978-85-450-0155-3

           1. Direito contratual. 2. Direito internacional privado. 3. Compra e venda internacional. I. Steiner, Renata C. II. Título.
2016-103
                                         CDD 343.087
                                         CDU 339.5

Informação bibliográfica deste livro, conforme a NBR 6023:2002 da Associação Brasileira de Normas Técnicas (ABNT):

NALIN, Paulo; STEINER, Renata C. *Compra e venda internacional de mercadorias*: a Convenção das Nações Unidas sobre compra e venda internacional de mercadorias (CISG). Belo Horizonte: Fórum, 2016. 331p. ISBN 978-85-450-0155-3.

LISTA DE ABREVIATURAS E SIGLAS

BGB	Bürgerliches Gesetzbuch (Código Civil alemão)
CC	Código Civil brasileiro (2002)
CISG	United Nations Convention on Contracts for the International Sale of Goods (Convenção das Nações Unidas sobre Contratos de Compra e Venda Internacional de Mercadorias)
CPC	Código de Processo Civil brasileiro (1973)
NCPC	Novo Código de Processo Civil brasileiro (Lei nº 13.105/2015)
DIGESTO	Digest of Case Law on the United Nations Convention on Contracts for the International Sale of Goods (Digesto de Casos sobre a Convenção das Nações Unidas sobre contratos de compra e venda internacional de mercadorias, do UNCITRAL)
DIP ou DIPRI	Direito Internacional Privado
ICC eTerms	Termos de Comércio Eletrônico da Câmara Internacional de Comércio (2004)
LINDB	Lei de Introdução às Normas do Direito brasileiro
LPISG	The United Nations Convention on the Limitation Period in the International Sale of Goods (Convenção sobre Prescrição na Compra e Venda Internacional de Mercadoria)
ONU	Organização das Nações Unidas
UCC	Uniform Commercial Code (EUA)
ULFC	Uniform Law on Formation of Contracts for the International Sale of Goods (Lei Uniforme sobre Formação dos Contratos Internacionais de Compra e Venda)
ULIS	Uniform Law on the International Sale of Goods (Lei Uniforme sobre Compra e Venda Internacional)
UNIDROIT	*International Institute for the Unification of Private Law* (Instituto Internacional para a Unificação do Direito Privado)
UNCITRAL	United Nations Commission on International Trade Law (Comissão das Nações Unidas sobre Direito do Comércio Internacional)
UNCITRAL *Model Law*	Lei Modelo de Arbitragem Internacional de 1985, com aditivos adotados em 2006 da UNCITRAL

... Então, eles nasceram;
primeiro Aysha, depois Lorenzo.
O milagre da vida em meus braços,
os primeiros a embalá-los.
... Quando a criatura se faz criador
e o Senhor nos toca com seu Amor.

Para Aysha e Lorenzo

Outono em Curitiba, 2016.

Paulo Nalin

Para Guilherme.

Renata C. Steiner

AGRADECIMENTOS

Um livro não é obra de espírito isolado, mas sim fruto da conjunção de mentes e corações que acreditam em projetos do intelecto. Na construção coletiva da obra literária apresentam-se pessoas e instituições ocultas que devem ser lembradas, ao menos em singela nota de agradecimento. No contexto dos agradecimentos necessários, encontram-se meus colegas do Departamento de Direito Civil e Processual Civil da Faculdade de Direito da Universidade Federal do Paraná, que aprovaram meu afastamento das regulares atividades docentes para que se viabilizassem meus estudos de pós-doutoramento, na Suíça, no ano acadêmico de 2014. Especialmente, agradeço a Profa. Dra. Rosalice Fidalgo Pinheiro por ter assumido a turma de Direito Civil a mim atribuída ao longo do meu afastamento, acumulando funções pedagógicas.

Este livro não existiria não fosse a Profa. Ingeborg Schwenzer (Titular de Direito Privado da Universidade da Basiléia – UniBasel), dona de uma singular inteligência e generosidade academica, peculiar dos grandes pensadores. Profa. Ingeborg convidou-me para o pós-doutorado junto à sua cadeira na Universidade da Basileia, coordenando meus afazeres com grande dedicação e inspirando esta obra. A Profa. Ingeborg se aposentará neste ano de 2016, mas deixará marca indelével na UniBasel, pois é a maior autoridade global sobre a CISG, unindo seu nome ao de grandes pesquisadores e professores, do passado e do presente, que desde 1460 fazem desta uma destacada instituição superior, como Erasmo, Paracelso, Nietzche, Huber, Jung e tantos outros.

Mas para além da *razão*, Profa. Ingeborg também é *sensibilidade*, pois é membro da *Commission on European Family Law*, tendo redigido e publicado um arrojado *Model Family Code*, em vista da unificação do direito de família europeu.

Sempre ao lado da Profa. Ingeborg está a encantadora Ulrike Kessler, que fez de minha estada na Suíça uma experiência inesquecível pelos momentos de felicidade e descobertas, naquela esquina central da Europa.

Não poderia deixar de agradecer os novos amigos que fiz na UniBasel, pelos almoços, cervejas, boas conversas e risadas que desmentem o mito de uma Suíça fria e reservada. Lembro aqui os estimados Valentin Baltzer, Claudio Marti Whitebread, Tomie Keller, Lina Ali Thieme, Florence Jaeger, Ilka Beimel, David Tebel, Meret Rehmann, Djamila Batache, Daniele

Simoniello e François Schmid. Meu agradecimento especial para a prestativa Claudine Abt.

Agradeço a Dra. Renata Carlos Steiner pela confiança neste projeto e por ter conseguido dedicar-se intensamente aos estudos sobre a CISG, ao mesmo tempo em que escrevia a sua bela tese doutoral.

Por fim, meu sincero abraço ao amigo César Augusto Guimarães Pereira, por ter me apresentado a Profa. Ingeborg, pelo generoso apoio dos últimos anos e pela experiência no porvir, certamente ainda mais fraterna.

Paulo Nalin

SUMÁRIO

LISTA DE ABREVIATURAS E SIGLAS 5

PREFÁCIO
DIREITO INTERNACIONAL UNIFORME, DIREITO
BRASILEIRO E A REFLEXÃO ACADÊMICA
Lauro Gama Jr. 19

APRESENTAÇÃO
Marçal Justen Filho 23

PRESENTATION
Paulo Nalin, Renata C. Steiner 25

INTRODUÇÃO
Paulo Nalin, Renata C. Steiner 31

CAPÍTULO I
INTRODUÇÃO À CONVENÇÃO DE VIENA, HISTÓRICO
E CONTEXTUALIZAÇÃO 39

1.1	Histórico e contextualização	39
1.2	Cronologia da CISG	42
1.3	O mecanismo de adesão à CISG e os países signatários	44
1.3.1	Adesão do Brasil à CISG	45
1.3.2	O *status* jurídico da CISG no sistema legal brasileiro	51
1.4	A importância da CISG e a sua evolução: perspectivas favoráveis ao seu emprego	56
1.4.1	Redução dos custos de transação e operacionalização dos contratos ...	56
1.4.2	Implementação da cultura da arbitragem nos países aderentes	59
1.4.3	Aplicação da Convenção às compras e vendas internacionais tendo como parte o próprio Estado e não somente entes privados	63
1.4.4	Respeito à autonomia privada da parte, que pode escolher pelo *opt out* da CISG, embora o Estado ao qual pertença seja contratante	67
1.4.5	Força expansiva da CISG para serviços e direitos intelectuais ou imateriais.	70

CAPÍTULO II
GUIA RÁPIDO DE APRESENTAÇÃO À ESTRUTURA
DA CISG 73

2.1	Campo de aplicação e disposições gerais (Parte I)	74
2.2	Formação do contrato (Parte II)	78
2.3	Compra e venda de mercadorias (Parte III)	84
2.4	Disposições finais (Parte IV)	88

2.4.1	Art. 92: reserva da Parte II ou da Parte III da CISG	89
2.4.2	Art. 93: reserva a Estados federados	90
2.4.3	Art. 94: reserva por Estados com tradições jurídicas similares	91
2.4.4	Art. 95: reserva da aplicação indireta	91
2.4.5	Art. 96: reserva da liberdade de formas	93
2.5	Execução específica da obrigação (art. 28, CISG)	96

CAPÍTULO III
O ÂMBITO DE APLICAÇÃO DA CISG 103

3.1	Campo de aplicação da CISG: a internacionalidade do contrato	104
3.1.1	Aplicação direta: art. 1º (a), CISG	105
3.1.1.1	Negócios celebrados por representante, agente e comissário	108
3.1.2	Aplicação indireta, art. 1º, "b": o Direito Internacional Privado	109
3.1.2.1	Regras de conflito europeias	111
3.1.2.2	Regras de conflito brasileiras	114
3.2	Natureza dispositiva ou não mandatória da CISG; exclusão (*opting out*) e adoção (opting in) pela vontade das partes	120
3.2.1	Exclusão da CISG pela vontade das partes: *opting out*	121
3.2.1.1	Questões controvertidas do *opt-out*	123
3.2.1.2	A importância da escolha consciente de exclusão	131
3.2.1.3	Aplicação da CISG por vontade das partes: *opting in*	132
3.3	O direito intertemporal: regras de aplicação das CISG à formação do contrato e ao seu desenvolvimento	135
3.3.1	Aplicação da CISG à formação do contrato (Parte II)	136
3.3.2	Aplicação da CISG ao desenvolvimento do contrato (Parte III)	137
3.4	Requisitos do contrato de compra e venda internacional na CISG	138
3.4.1	Compra e venda e outros tipos contratuais	140
3.4.1.1	Contratos de distribuição e afins: a questão dos contrato-quadro ou *framework agreements*	142
3.4.1.2	Pré-contrato	145
3.4.2	Os sujeitos da contratação e o caso específico do consumidor	146
3.4.3	Objeto contratual: bens ou coisas	150
3.5	Demais situações jurídicas excluídas pela CISG	152
3.5.1	Questões referentes à tradição ou transferência de propriedade	156
3.5.2	Responsabilidade por morte ou lesão corporal causadas por mercadorias	158

CAPÍTULO IV
INTERPRETAÇÃO DA CISG 159

4.1	Caráter internacional e aplicação uniforme	162
4.2	Princípios de interpretação	164
4.2.1	Caráter internacional e interpretação autônoma	164
4.2.2	Aplicação uniforme	166
4.3	Fontes de interpretação	170
4.4	Exemplos de interpretação autônoma e aplicação uniforme de conceitos previstos na CISG	173

4.4.1 O dever de mitigação do próprio prejuízo (*duty to mitigate de loss*).....174
4.4.2 A previsibilidade dos danos e a medida da sua quantificação.........175

CAPÍTULO V
A FORMAÇÃO DO CONTRATO 179

5.1 O papel conferido à autonomia das partes (*party autonomy*)...........182
5.2 Os *essentialia* negotii..........185
5.3 A proposta 186
5.3.1 Introdução ao art. 14, CISG: precisão terminológica 186
5.3.2 Conteúdo mínimo da proposta..........188
5.3.2.1 Objeto: especificação de mercadorias e de quantidade......190
5.3.2.2 Preço 192
5.4 Outros elementos contratuais 195
5.5 Intenção de Vinculação 199
5.6 Proposta/oferta dirigida à pessoa determinada ou a pessoas determinadas..........202
5.6.1 Eficácia da proposta..........203
5.6.2 Meios de manifestação de vontade e o momento em que a oferta "chega" ao destinatário 204
5.7 As comunicações eletrônicas.........205
5.8 A expedição da oferta e sua chegada ao destinatário..........207
5.9 Questões remetidas ao direito interno..........207
5.9.1 Formas de extinção ou ineficácia da *oferta* 207
5.9.1.1 Retirada ou retratação da oferta (*withdrawal*)..........208
5.9.1.2 Revogação da *oferta* (*revocation*).........211
5.9.1.3 Extinção da oferta 215
5.10 A aceitação.........216
5.10.1 Espécies de aceitação..........216
5.10.1.1 Aceitação expressa..........217
5.10.1.2 Aceitação tácita..........217
5.10.1.3 O silêncio..........219
5.11 Eficácia da *aceitação* 220
5.11.1 Eficácia pela "chegada" da *aceitação*..........220
5.11.1.2 A regra especial do art. 18 (3) CISG 221
5.11.1.3 Retirada ou retratação da *aceitação* 222
5.11.1.4 O tempo da *aceitação*..........222
5.11.1.4.1 Aceitação quando há prazo estipulado 223
5.11.1.4.2 Aceitação quando não há prazo determinado: o prazo razoável 224
5.11.1.4.3 Aceitação de ofertas verbais..........225
5.11.1.4.4 Aceitação tardia (art. 21)..........225
5.12 Modificações na *oferta* 226
5.12.1 Modificações não substanciais vs. modificações substanciais..........227
5.12.2 *Aceitação* com modificações não substanciais 228
5.12.3 Alterações substanciais e nova oferta 229
5.13 Cláusulas gerais de contratação (*standard terms*)..........229
5.13.1 A chamada *battle of forms* 230
5.13.1.1 *Last shot* ou *last word* 231

5.13.1.2	*Knock-out*	231
5.13.2	Eficácia e validade dos *standard terms*	233
5.14	A responsabilidade pré-contratual	234

CAPÍTULO VI
CUMPRIMENTO E DESCUMPRIMENTO CONTRATUAL NA CISG ... 237

6.1	O conceito de *descumprimento contratual* na CISG	238
6.1.1	Descumprimento de obrigação contratual	239
6.1.2	Responsabilidade objetiva	240
6.1.3	Excludentes de responsabilidade	241
6.1.4	Tempo do cumprimento e violação antecipada do contrato (art. 71 CISG)	242
6.2	O conceito de descumprimento essencial (*fundamental breach*) – art. 25 CISG	244
6.2.1	Requisitos para configuração do *descumprimento essencial*	247
6.2.1.1	Descumprimento de obrigação pela parte contratual	247
6.2.1.2	Prejuízo substancial	247
6.2.1.3	Previsibilidade	249
6.2.1.4	Critério da pessoa ponderada	251
6.2.2	Ônus probatório e Direito brasileiro	252
6.2.3	Grupos de casos de descumprimento essencial	253
6.2.3.1	Falta definitiva de entrega (*non-delivery*)	254
6.2.3.2	Atraso (essencial) na obrigação de entrega	255
6.2.3.3	Desconformidade (essencial) dos bens ou de documentos	256
6.2.3.4	Falha (essencial) na observância de deveres contratuais específicos	259
6.3	O sistema de *remedies*	260
6.3.1	As bases convencionais do sistema de *remedies* (art. 45 e art. 61, CISG)	262
6.3.2	Cumprimento específico (*specific performance*)	264
6.3.2.1	Cumprimento específico em favor do *comprador*, art. 46, CISG	267
6.3.2.2	Cumprimento específico em favor do *vendedor*, art. 62, CISG	274
6.3.3	Resolução (*avoidance*)	276
6.3.3.1	Resolução como *ultima ratio*	277
6.3.3.2	Resolução por *descumprimento* essencial	278
6.3.3.3	Resolução após concessão do prazo suplementar (*Nachfrist*)	280
6.3.3.4	Declaração de resolução	284
6.3.3.5	Efeitos da resolução	289
6.3.4	Reparação de Danos (*damages*, arts. 74-77 CISG)	290
6.3.4.1	Reparação integral e previsibilidade	292
6.3.4.2	O parâmetro da indenização devida: o interesse contratual positivo (e sua distinção ao interesse contratual negativo)	297
6.4	Resolução do contrato e reparação de danos (arts. 75-76 CISG)	300

CAPÍTULO VII
PRESCRIÇÃO E DECADÊNCIA ... 305

7.1	Inspeção de mercadoria, reclamação por desconformidade e declaração de resolução à luz da CISG	306

7.2	Convenção sobre Prescrição na Compra e Venda Internacional de Mercadoria (LPISG)	309
7.2.1	Matérias regidas pela LPISG: contrato internacional, inadimplemento, resolução e invalidade do contrato	311
7.2.2	Os tempos da prescrição e da sua suspensão na LPISG	311
7.3	A prescrição à luz do direito brasileiro: linhas gerais no contexto da compra e venda internacional	314
7.4	Invalidade do contrato internacional: prescrição e decadência	318
7.5	Várias pretensões: único prazo	319

REFERÊNCIAS 321

PREFÁCIO

DIREITO INTERNACIONAL UNIFORME, DIREITO BRASILEIRO E A REFLEXÃO ACADÊMICA

I. Os autores

Renata C. Steiner e Paulo Nalin são velhos conhecidos: das competições de arbitragem, das conferências sobre direito internacional, e, sobretudo, das obras que produziram.

Renata C. Steiner, mestre em direito pela Faculdade de Direito da Universidade Federal do Paraná e doutora pela Faculdade de Direito da Universidade de São Paulo, é autora de trabalhos importantes sobre arbitragem e o direito dos contratos, dos quais destaco o mais recente: sua tese de doutorado, intitulada "Interesse positivo e Interesse negativo: a reparação de danos no direito privado brasileiro". Quanto ao tema deste livro, este não é o primeiro – e, por certo, não será o último – trabalho que escreve sobre a Convenção da ONU sobre a Venda Internacional de Mercadorias.

Paulo Nalin, mestre e doutor pela Faculdade de Direito da Universidade Federal do Paraná, e professor adjunto de direito civil na mesma Casa, com passagem pós-doutoral pela Universidade de Basileia, na Suíça, também é autor de obras relevantes sobre o direito dos contratos, como "Do Contrato: Conceito Pós-Moderno". É grande a sua familiaridade com a Convenção de Viena e temas ligados à arbitragem.

Ambos exercem a advocacia e o magistério, o que lhes confere a dimensão prática das questões sobre as quais se debruçam no plano teórico.

A trajetória acadêmica e profissional de Renata Steiner e Paulo Nalin indica que estamos diante de juristas maduros e sofisticados, em que pese a sua juventude. Exprime também – e isto é o mais relevante para o leitor – a qualidade do trabalho sobre a "Compra e Venda Internacional de

Mercadorias": uma obra séria, consistente e oportuna, daquelas que precisamos ter na estante, para a consulta nas horas difíceis, ou na cabeceira, para uma leitura agradável. Sinto-me privilegiado com a oportunidade de apresentar este livro.

II. Breve reflexão sobre o tema

O incremento da globalização econômica e o desenvolvimento exponencial do direito do comércio internacional tiveram reflexos dramáticos nas ordens jurídicas nacionais. Atualmente, é praticamente impossível desenvolver uma carreira jurídica – de advogado, de juiz, de professor ou de árbitro – sem o conhecimento do que se passa mundo afora. E isso em qualquer ramo do direito. Mesmo as disciplinas mais tradicionalmente territorialistas, como o direito administrativo, sofrem o influxo permanente de direitos estrangeiros e do internacional, de regras de *hard law* como de normas de *soft law*, estas despidas da coercitividade estatal.

Em ramos voltados à disciplina do comércio, a intensidade do intercâmbio jurídico é potencializada pela natural abertura das suas transações ao mundo externo. Aludo, aqui, ao direito das obrigações e dos contratos, que, por seu caráter cosmopolita, é vocacionado para o diálogo com outras fontes e para a harmonização internacional.

O estudo, entre nós, da Convenção de Viena é indispensável não apenas porque suas regras constituem, desde 2014, o direito brasileiro da compra e venda internacional de mercadorias, mas igualmente porque exprimem um direito moderno, pragmático e convergente. Não por acaso, bem antes da adesão do Brasil, a influência da Convenção se fez sentir no nosso direito dos contratos, fazendo-o evoluir para albergar novos temas, como o princípio da razoabilidade, a noção de inadimplemento essencial e o dever de mitigar danos.

Neste trabalho, Renata Steiner e Paulo Nalin propõem reflexões de qualidade e propositivas, que incluem o enfrentamento de inúmeras questões controvertidas suscitadas pela Convenção de Viena. Problemas relacionados à determinação da CISG como lei aplicável ao contrato, ou, ainda, à sua incidência a contratos de distribuição ou pré-contratos. Quanto à formação do contrato, os Autores analisam situações desafiadoras como a batalha das formas, que envolvem o conflito entre condições contratuais gerais do comprador e do vendedor. Explicam a ideia do inadimplemento essencial e sua função limitadora do exercício da resolução do contrato. E, igualmente, examinam a ideia da previsibilidade do prejuízo como critério para a concessão de perdas e danos, em razão do descumprimento do contrato.

Em suma: este livro é um bom exemplo de trabalho acadêmico cuidadoso, vocacionado para tornar-se obra de referência na matéria.

III. Conclusão

Por definição, um prefácio é um convite à obra. Uma vitrine do livro, que busca despertar a curiosidade do leitor e prepará-lo para a leitura. Fiel a tais preceitos – dentre os quais se inclui a brevidade do próprio prefácio – dou por apresentada a obra *Compra e venda internacional de mercadorias*, de Renata Steiner e Paulo Nalin, desejando ao leitor uma leitura tão agradável e proveitosa quanto a que tive.

Rio de Janeiro, 13 de março de 2016.

Lauro Gama Jr.
Professor Adjunto de Direito Internacional
Privado da PUC-Rio. Advogado.

APRESENTAÇÃO

Paulo Nalin é um dos melhores advogados na área de direito privado do Brasil. Ademais, é um grande teórico, dedicando-se à atividade de magistério na área de Direito Civil na Universidade Federal do Paraná. Mestre e Doutor, realizou seu pós-doutorado na Suíça. Renata C. Steiner tem uma bela trajetória acadêmica. É Mestre e Doutora em Direito e realizou diversas pesquisas no estrangeiro.

Ambos uniram os seus esforços para produzir um excelente estudo sobre a Convenção das Nações Unidas sobre compra e venda internacional de mercadorias (CISG), que entrou em vigor no Brasil em 2014. O tema tem sido objeto de análise no estrangeiro já de há muito, especialmente porque a CISG entrou em vigor em outros países a partir de 1988.

A adoção da CISG no Brasil apresenta uma relevância não apenas normativa. Também envolve uma dimensão simbólica, tal como se o Brasil manifestasse de modo formal a sua intenção de integrar-se no cenário socioeconômico internacional.

Ao longo do séc. XX, verificou-se um relevantíssimo fenômeno de globalização econômica, com a elevação dramática do comércio internacional. Apesar disso, vigorou no Brasil até 2002 o Código Comercial de 1850. Mesmo no âmbito não empresarial, vigia até então o Código Civil de 1916. O descompasso normativo com a realidade até talvez não fosse o mais grave – eis que as circunstâncias práticas impunham a prevalência da *lex mercatoria* no relacionamento entre os operadores econômicos. Mas esse cenário evidenciava uma certa desconsideração institucional quanto à atividade empresarial e, de modo especial, em relação à inserção do Brasil no concerto das nações.

A atualização da disciplina legislativa interna por meio do Código Civil de 2002 propiciou a superação, em certa medida, do descompasso com as circunstâncias da contemporaneidade. No entanto, isso acabou propiciando um risco adicional.

A disciplina das compras e vendas internacionais subordina-se a princípios e regras próprios, cuja compreensão não se faz à luz do direito interno. O grande desafio para o direito brasileiro consiste não apenas em atualizar a disciplina das relações econômicas e jurídicas internacionais. Trata-se de incorporar a mentalidade pertinente, que se desenvolveu nos diversos cenários do mundo em vista da experiência da convivência entre agentes provenientes das diferentes partes do mundo. O problema da CISG não é conhecer as suas palavras, mas interiorizar os princípios, dominar os institutos, assenhorear-se da experiência de décadas de atividades jurídicas desenvolvidas fora do Brasil. Alterar mentalidades é o maior desafio enfrentado por qualquer sociedade. Não se passa diversamente quanto à CISG.

Tomando em vista essa dimensão é que se torna evidente a relevância da obra de PAULO NALIN e RENATA STEINER. A sua preocupação não é propor interpretações gramaticais para o texto que o diploma recebeu em vernáculo. Trata-se de um desafio muito maior, que se inicia na própria avaliação da tradução adotada para a Convenção – o que envolve por si só uma complexidade relevante (eis que a existência de uma pluralidade de versões oficiais da Convenção, em línguas diversas). Prossegue no estabelecimento de conexões entre o texto da CISG e a experiência consolidada ao longo do tempo. Tudo isso para desembarcar em terras brasileiras e expor a realidade do mundo em face das características brasileiras.

Em uma famosíssima passagem, Ortega y Gasset afirmou que "Eu sou eu e minha circunstância" (Meditaciones del Quijote, p. 12). O peculiar, porém, é que Ortega aludia muito mais à condição nacional do que ao âmbito puramente individual. A circunstância a que ele aludia, naquela passagem, era "ser espanhol, existir concretamente num dado momento histórico, envolvido numa dimensão cultural muito própria".

Nós, brasileiros, temos a nossa circunstância, que se reflete numa disciplina jurídica correspondente. Essa circunstância fala por si só. A incorporação da CISG nessa circunstância é uma tarefa para a vida de todos nós.

PAULO NALIN e RENATA STEINER assumiram a parte que lhes cabia nesse encargo. Fizeram-no com galhardia, dedicação e sabedoria. A sua obra permite que a Nação brasileira se eleve à "altura dos tempos" (para utilizar outra imagem de Ortega), incorporando ao nosso conhecimento aquilo que existe de mais atual no cenário internacional. Esse trabalho, assim apresentado, propicia o engrandecimento de todos os brasileiros.

A nós outros, os leitores, cabe agradecer a competência de ambos os autores... e fazer a nossa parte.

Brasília, dezembro de 2015.

Marçal Justen Filho
Doutor em Direito pela PUC-SP.
Professor Titular da Universidade Federal do Paraná.

PRESENTATION

A great landmark in 2014 was the enactment of the United Nations Convention on the International Sale of Goods (CISG) in Brazil. The adherence to this important *standardized* instrument of private international law represents a great challenge of understanding its function within the Brazilian internal law. In an attempt to ease such process, this book aims at introducing the main themes of the Convention and providing a panoramic view of its rules, in the light of a dialogue with Brazilian legal practice.

Not only is this book designed for students but also for legal practitioners, encompassing various levels of interaction between CISG and the Civil Code, the rules of Brazilian private international law or under the scope of international trade. This book was written by two authors, mainly throughout the post-PhD studies of Paulo Nalin, co-author, at the University of Basel (Switzerland) under the supervision of Professor Ingeborg Schwenzer, PhD. In spite of the physical distance, the work is the result of a continuous dialogue between the authors.

The aim of this book is not to comment on the articles of CISG isolatedly or individually, but to offer the reader a general understanding of its provisions, according to the Brazilian law experience. Evidently, being the CISG an international convention, adopted by 85 (eighty-five) countries[1] up to the closing of this edition, its interpretation cannot be made in the light of internal law, even when the dialogue of solutions and comparison of results are very instigating.

It is important to say that the CISG is an international instrument which shall be read as such. If the solutions therein are diverse from the ones currently found in Brazilian law, there are no grounds for effective contradiction: the Vienna Convention has become materially applicable legislation to the international contract of sale of goods since its enactment in Brazil. Thus, the operator of law, before searching for solutions in the Civil Code, shall read the provisions in the CISG.

This is because the nationalisation of the Convention into Brazilian law makes it be a national law nowadays. This understanding is essential,

---

[1] Cf. <http://www.uncitral.org/uncitral/en/uncitral_texts/sale_goods/1980CISG_status.html>. Acesso em: 15 maio 2016.

as the text involves all law operators. Like the Brazilian codes, the study of the CISG becomes necessary to understand the domestic legal system as it is a federal act within the national territory.

These considerations alone would be enough to justify the theme of this book. Besides, there is the fact that understanding the ways brought by the CISG to the Brazilian law operators (attorneys, judges and arbitrators) poses a challenge to leave preconceptions based on the national law behind in order to reach solutions, which are many times diverse and other times barely known in the domestic experience. Understanding the Vienna Convention is a challenge which can only be overcome when its function, scope of application and adequate knowledge of its importance for foreign trade are taken into consideration.

For this purpose, the book is divided into three main sections: general introduction, presentation of the scope and interpretation of CISG and, eventually, notes on its main material rules.

In the first part, there is a general introduction to the Vienna Convention with its history, adherence mechanisms and position within Brazilian law. A fast presentation guide to the CISG is also presented, which covers the internal sections of the Convention and especially some relevant rules of private international law for better understanding of the Convention. This guide is a condensed introduction to the Convention and it is where the reader who is not familiar with it will be able to find a general overview to support further studies.

The second part comprises the understanding of the Convention scope – and which is established by according to its provisions of application – including mechanisms of option for the CISG application or its exclusion (*opt out*). Rules of interpretation set forth in the CISG are also presented to the Brazilian reader.

The third and last part of the book encompasses the study of contract formation, performance, breach as well as the extinctive efficacy of time (statute of limitations and peremption). Here, it is possible to get down to the vicissitudes of contractual rules per se and set forth in the convention as the positioning of the CISG within Brazilian law has already been presented. It is the *hard core* of conventional rules, presented in an introductory manner to the Brazilian reader.

It is evident that, as a book of thematic presentation, not all the nuances of the convention could be for certain covered in the same depth. However, the main issues dealt by the CISG are herein. Throughout the text, whenever possible (and necessary), the solution adopted by Brazilian law is presented, making clear to the reader the differences or convergences between the two legal texts.

Before starting reading, however, some notes about formal matters are necessary and refer mainly to the language used throughout this work.

PRESENTATION | 27

The CISG is an international instrument, originally written in six languages: Arabic, Chinese, English, French, Russian and Spanish. These are the 'authentic' versions of the Convention, in a way. Consequently, any other version is a non-official copy, including its translation into Portuguese, published in the official records of the Federal Senate on March 20, 2012.[2]

However, even among the authentic translations, there are discrepancies in the Arabic, Chinese and Russian versions. Considerable deviations among them have been found.[3]

This consideration does not reveal a particular fault in the CISG. Linguistic divergence among versions of the same international treaty is the subject matter of specific regulation, in the light of the Vienna Convention on the Law of Treaties (May 23, 1969), ratified in Brazil by Decree 7.030 of December 14, 2009 in article 33,[4] where criteria for the solution to discrepancies in languages have been set forth.[5]

On the other hand, English was the most used language in the *drafting* of the committee and voting of the CISG. This is the reason why we opted for using the compared version in English in this book as it is the most truthful to the spirit of the Convention, besides following the directive of paragraph 4 of article 33 of the Convention on the Law of Treaties mentioned above.

Furthermore, international doctrine points to the need of interpreting CISG in the light of its preparatory work and conclusions therein, which

---

[2] *Diário do Senado Federal*. Ano LXVII, n. 030, 20 de março de 2012, Brasília-DF.

[3] SCHWENZER, Ingeborg. Interpreting and gap-filling under the CISG. In: SCHWENZER, Ingeborg; ATAMER, Yesim; BUTLER, Petra [coords.]. *International commerce and arbitration*. Haia: Eleven, 2014, v. 15, p. 113.

[4] Artigo 33.

Interpretação de Tratados Autenticados em Duas ou Mais Línguas

1. Quando um tratado foi autenticado em duas ou mais línguas, seu texto faz igualmente fé em cada uma delas, a não ser que o tratado disponha ou as partes concordem que, em caso de divergência, prevaleça um texto determinado. (...) 4. Salvo o caso em que um determinado texto prevalece nos termos do parágrafo 1, quando a comparação dos textos autênticos revela uma diferença de sentido que a aplicação dos artigos 31 e 32 não elimina, adotar-se-á o sentido que, tendo em conta o objeto e a finalidade do tratado, melhor conciliar os textos.

[5] A Convenção de Viena sobre o Direito dos Tratados é fundamentalmente voltada ao Direito Internacional Público. Ingeborg Schwenzer e Pascal Hachem, contudo, apontam que suas disposições podem ser interessantes para a solução do problema linguístico, bem como para a compreensão da Parte IV da CISG, que trabalha com regras de Direito Internacional Público (SCHWENZER, Ingeborg e HACHEM, Pascal. In: SCHWENZER, Ingeborg; GREBLER, Eduardo; FRADERA, Vera; PEREIRA, César A. Guimarães (coords.). *Comentários à Convenção das Nações Unidas sobre contratos de compra e venda internacional de mercadorias*. São Paulo: Revista dos Tribunais, 2014, pp. 259-260).

point to the observance of its aims and meaning ordinarily used in its drafting.

Besides the free translation done by the authors of this work, the Brazilian translation[6] of the *Commentary on the UN Convention on the International Sale of Goods (CISG)*, in its 3rd English version[7] was used (which was co-translated by the co-author of this book, Paulo Nalin), and which had been based on the text published by the Brazilian Senate. Additionally, the public translation by Eduardo Grebler and Gisely Radael[8] was used.

Concerning the language used by the authors in this book, many expressions were extracted from international literature, some with no translation into Portuguese and others were taken from international legal texts. Therefore, well established expressions from private international law, in English, Latin and French, have been widely used. Their precise or culturally semantic content adopted by law operators were not translated.[9] In this case, the term was used in the foreign language.

Thus, we adopted the use of the expressions *Court* (State) and *Arbitration Tribunal* as CISG has a broad application in the two decision competences. We opted for this terminology throughout the book as the *Model Law on International Commercial Arbitration (UNCITRAL)*,[10] which is a similar text to the CISG in arbitration terms (though typically an instrument of soft law), calls the decision-maker institutions in this way. Furthermore, these expressions are internationally known by authors and students of the subject.

The work was read with great attention and dedication by *mootie* Ana Julia Moniz de Aragão, a 5th year law student at Federal University of Paraná at the time (and nowadays an attorney already graduated and working with International Law). Many thanks for her comments and technical and bibliographical revision. We would also like to thank Cecília Natucci, attorney, also a former *mootie* at the Pontifical Catholic University, for her attentive reading of the originals.

---

[6] SCHWENZER, Ingeborg; GREBLER, Eduardo; FRADERA, Vera e PEREIRA, Cesar A. Guimarães. (Coord). *Comentários à Convenção das Nações Unidas sobre Contratos de Compra e Venda Internacional de Mercadorias*. São Paulo: Revista dos Tribunais. 2014.

[7] SCHLECHTRIEM, Peter e SCHWENZER, Ingeborg. *Commentary on the UN Convention on the internacional sales of goods (CISG)*. 3 ed. Oxford: Oxford, 2010.

[8] Disponível em: <http://www.cisg-brasil.net/doc/egrebler2.pdf>.

[9] Sempre que necessário, contudo, será feita a explicação do alcance da expressão utilizada em língua estrangeira.

[10] Lei Modelo da UNCITRAL sobre Arbitragem Comercial Internacional, cujo texto encontra-se disponível em: <http://www.uncitral.org/uncitral/en/uncitral_texts/arbitration/1985Model_arbitration.html>.

We hope this book provides the readers a panoramic and operational understanding of the CISG and dispels their lingering doubts about its application in Brazil.

Brasil/Curitiba, January 30th, 2014.

Paulo Nalin
Renata C. Steiner

INTRODUÇÃO

O ano de 2014 marcou a entrada em vigor da Convenção das Nações Unidas sobre Compra e Venda Internacional de Mercadorias (CISG) no Brasil. A adesão a esse importante instrumento *uniformizado* de Direito Internacional Privado lança grande desafio na compreensão de sua aplicação e de sua função no Direito interno brasileiro. Buscando facilitar a compreensão da Convenção, o presente livro apresenta, de maneira introdutória, os principais temas por ela tratados, proporcionando uma visão panorâmica de suas regras, à luz do diálogo com a experiência jurídica brasileira.

O livro é pensado tanto para o estudante, quanto para o profissional de Direito, abrangendo vários níveis de interlocução da CISG, seja com o Código Civil, com as regras de Direito Internacional Privado brasileiras, ou mesmo sob a ótica do comércio internacional. A sua escrita foi feita a quatro mãos, realizada essencialmente durante período de Pós-Doutorado do coautor Paulo Nalin, na Universidade de Basel (Suíça), sob orientação da Profª. Drª. Ingeborg Schwenzer. Apesar da distância física, o trabalho é fruto de um diálogo contínuo entre os autores.

O objetivo do livro não é comentar os artigos da CISG isolada ou individualmente, mas oferecer ao leitor uma compreensão geral de suas disposições, amoldadas à experiência do Direito brasileiro. Por evidente, e sendo a CISG uma Convenção Internacional adotada, até o fechamento desta edição, por 85 (oitenta e cinco) países,[1] a sua interpretação não pode ser feita à luz do Direito interno, ainda que o diálogo de soluções e a comparação de resultados seja bastante instigante.

Isso importa dizer que a CISG é um instrumento internacional que deve ser lido como tal. Se as soluções por ela apregoadas são diversas daquelas encontradas atualmente no Direito brasileiro, nenhuma contradição efetiva é fundada: a partir de sua entrada em vigor no Brasil, a Convenção de Viena passou a ser a lei materialmente aplicável ao contrato internacional de compra e venda de mercadorias. O operador do Direito, assim, antes de buscar soluções no Código Civil, deve dirigir-se às disposições da CISG.

---

[1] Cf. <http://www.uncitral.org/uncitral/en/uncitral_texts/sale_goods/1980CISG_status.html>. Acesso em: 15 maio 2016.

A nacionalização da Convenção no Direito brasileiro faz com que ela seja, hoje, lei nacional. Este reconhecimento é essencial, pois o texto alcança a todos os operadores do Direito. Assim como se estudam os Códigos brasileiros, o estudo da CISG passa a ser necessário para compreensão do sistema legal doméstico, pois se trata de lei federal vigente em território nacional.

Somente essas considerações já seriam suficientes para justificar o tema deste livro. Mas, a elas, soma-se o fato de que compreender os caminhos da CISG traz ao operador do Direito brasileiro (advogados, juízes e árbitros) o desafio de se despir de pré-compreensões fundadas no Direito nacional, perpassando soluções muitas vezes diversas, outras vezes sequer conhecidas, da experiência doméstica. Compreender a Convenção de Viena é um desafio que somente pode ser superado quando se tenha em mente a sua função, o seu âmbito de aplicação e um adequado conhecimento de sua importância para o desenvolvimento do comércio internacional.

Para tanto, dividiu-se o livro em três grandes partes: introdução geral, apresentação do âmbito de aplicação e interpretação da CISG e, por fim, anotações quanto às suas principais regras materiais.

Na primeira parte, apresenta-se uma introdução geral à Convenção de Viena, no que se inclui seu histórico, mecanismos de adesão e localização no Direito brasileiro. É também traçado um guia rápido de apresentação à CISG, o qual perpassa as divisões internas da Convenção e, especialmente, dedica-se à apresentação de algumas regras de Direito Internacional Público relevantes a sua compreensão. Este guia é uma introdução condensada à Convenção, e é nele que o leitor que a desconhece encontrará uma visão geral para fundamentar estudos posteriores.

A segunda parte é voltada à compreensão do âmbito de aplicação da própria Convenção – e que é por ela estabelecido, de acordo com as suas disposições de aplicação – no que se incluem mecanismos de opção pela aplicação da CISG (*opt in*) ou sua exclusão (*opt out*). Regras de interpretação da própria CISG são também apresentadas ao leitor brasileiro.

A terceira e derradeira parte do livro dedica-se ao estudo dos temas da formação do contrato, do cumprimento e descumprimento contratual e da eficácia extintiva do tempo (prescrição e decadência). Aqui, uma vez já apresentada a localização da CISG no Direito brasileiro e as regras próprias para sua incidência, pode-se com segurança descer-se às vicissitudes das regras contratuais propriamente ditas por ela ditadas. É o *núcleo duro* das regras convencionais, apresentadas de forma introdutória ao leitor brasileiro.

É evidente que, como livro de apresentação da temática, nem todas as nuances da Convenção puderam ser elucidadas com a mesma profundidade. Assegura-se, contudo, que as principais questões trabalhadas pela CISG estão contempladas pela exposição que segue. Ao longo do texto,

INTRODUÇÃO | 33

faz-se sempre que possível (e necessário) o reenvio à solução adotada no Direito brasileiro, tornando claro ao leitor as diferenças ou convergências entre os dois textos legais.

Antes de se iniciar a leitura, contudo, algumas notas sobre questões formais e metodológicas são necessárias, e dizem respeito especialmente à linguagem (e à língua) adotada no decorrer do trabalho.

A CISG é um instrumento internacional, originalmente redigida em seis línguas: árabe, chinês, inglês, francês, russo e espanhol. São essas as versões, por assim dizer, "autênticas" da Convenção e, por consequência, qualquer outra versão é uma cópia não oficial, inclusive a sua tradução para o português, publicada no Diário do Senado Federal em 20 de março de 2012.[2]

Contudo, mesmo dentre as traduções autênticas, existem discrepâncias nas versões do árabe, chinês e russo, verificando-se desvios consideráveis entre elas.[3]

Essa consideração não revela um defeito particular da CISG, tanto assim que a divergência linguística entre as versões de um mesmo tratado internacional é objeto de regulamentação específica, à luz da Convenção de Viena sobre o Direito dos Tratados (23 de maio de 1969), ratificada pela Brasil pelo Decreto 7.030, de 14 de dezembro de 2009 que, no seu art. 33,[4] prevê critérios de solução de discrepâncias de idiomas.[5]

Por outro lado, o inglês foi a língua mais empregada no *drafting* do Comitê e na votação da CISG. Essa é a razão pela qual optamos, neste livro, por também usar a versão comparada na língua inglesa, por ser mais fidedigna ao espírito da Convenção, além de seguir a diretiva do parágrafo 4º do art. 33 da Convenção sobre o Direito dos Tratados supracitada.

---

[2] Diário do Senado Federal. Ano LXVII, nº 030, 20 de março de 2012, Brasília-DF.

[3] SCHWENZER, Ingeborg. Interpreting and gap-filling under the CISG. In: SCHWENZER, Ingeborg; ATAMER, Yesim; BUTLER, Petra [coords.]. *Internacional commerce and arbitration*. Haia: Eleven, 2014, v. 15, p. 113.

[4] Artigo 33
Interpretação de Tratados Autenticados em Duas ou Mais Línguas
1. Quando um tratado foi autenticado em duas ou mais línguas, seu texto faz igualmente fé em cada uma delas, a não ser que o tratado disponha ou as partes concordem que, em caso de divergência, prevaleça um texto determinado. (...) 4. Salvo o caso em que um determinado texto prevalece nos termos do parágrafo 1º, quando a comparação dos textos autênticos revela uma diferença de sentido que a aplicação dos artigos 31 e 32 não elimina, adotar-se-á o sentido que, tendo em conta o objeto e a finalidade do tratado, melhor conciliar os textos.

[5] A Convenção de Viena sobre o Direito dos Tratados é fundamentalmente voltada ao Direito Internacional Público. Ingeborg Schwenzer e Pascal Hachem, contudo, apontam que suas disposições podem ser interessantes para a solução do problema linguístico, bem como para a compreensão da Parte IV da CISG, que trabalha com regras de Direito Internacional Público. (SCHWENZER, Ingeborg; HACHEM, Pascal. In: SCHWENZER, Ingeborg; GREBLER, Eduardo; FRADERA, Vera; PEREIRA, César A. Guimarães (coords.). Comentários à Convenção das Nações Unidas sobre contratos de compra e venda internacional de mercadorias. *Revista dos Tribunais*, São Paulo, p. 259-260, 2014).

Ademais, a doutrina internacional aponta à necessidade de interpretação da CISG à luz de seus trabalhos preparatórios e das conclusões ali obtidas, a qual aponta para observância de sua finalidade e significados ordinariamente empregados em sua redação.

Por sua vez, além da tradução livre levada a efeito pelos próprios autores desta obra, recorreu-se à tradução brasileira[6] do *Commentary on the UN Convention on the internacional sale of goods (CISG)*, em sua 3ª edição inglesa[7] (na qual o coautor deste livro, Paulo Nalin, trabalhou como cotradutor), e que, por sua vez, teve como base o texto publicado pelo Senado Brasileiro. Acessoriamente, empregou-se a tradução pública oferecida por Eduardo Grebler e Gisely Radael.[8]

No que tange à linguagem empregada pelos autores do presente livro, muitas das expressões são extraídas da literatura internacional, algumas sem tradução para o português, e outras retiradas de textos legais internacionais. Por isso, fez-se um amplo uso das expressões consagradas pelo Direito Internacional Privado, em inglês, latim e francês, cujo conteúdo semântico preciso ou culturalmente adotado pelos operadores do Direito não convém traduzir.[9] Neste caso, utiliza-se o termo em língua estrangeira.

Ainda nesse sentido, adotou-se o uso das expressões *Corte* (estatal) e *Tribunal arbitral*, tendo em vista que a CISG tem ampla aplicação nas duas competências decisórias. Optou-se por essa terminologia ao longo do livro tendo em vista que a *Model Law on International Commercial Arbitration* (UNCITRAL),[10] que vem a ser o texto *irmão* da CISG em termos arbitrais (embora tipicamente um instrumento de *soft law*), assim denomina os órgãos decisórios, sendo, ademais, expressões internacionalmente reconhecidas por autores e estudiosos.

O trabalho foi lido com atenção e dedicação pela *mootie* Ana Julia Moniz de Aragão, à época estudante do 5º ano do curso de Direito da Universidade Federal do Paraná (e, hoje, advogada já graduada e dedicando sua atuação profissional ao Diretio Internacional), a quem se agradece pelas considerações e pela revisão técnica e bibliográfica. Agradecimentos

---

6   SCHWENZER, Ingeborg; GREBLER, Eduardo; FRADERA, Vera e PEREIRA, Cesar A. Guimarães. (Coord). Comentários à Convenção das Nações Unidas sobre Contratos de Compra e Venda Internacional de Mercadorias. *Revista dos Tribunais*, São Paulo. 2014.

7   SCHLECHTRIEM, Peter e SCHWENZER, Ingeborg. *Commentary on the UN Convention on the internacional sales of goods* (CISG). 3 ed. Oxford: Oxford, 2010.

8   Disponível em <http://www.cisg-brasil.net/doc/egrebler2.pdf>.

9   Sempre que necessário, contudo, será feita a explicação do alcance da expressão utilizada em língua estrangeira.

10   Lei Modelo da UNCITRAL sobre Arbitragem Comercial Internacional, cujo texto encontra-se disponível em <http://www.uncitral.org/uncitral/en/uncitral_texts/arbitration/1985Model_arbitration.html>.

são também devidos à advogada Cecília Natucci, também ex *mootie* da Pontifíca Universidade Católica do Paraná, pela leitura atenta dos originais.

Espera-se que o livro permita uma compreensão panorâmica e operacional da CISG e possa sanar dúvidas recorrentes sobre a sua aplicação no Brasil.

Basileia/Curitiba, 14 de junho de 2016.

Paulo Nalin
Renata C. Steiner

PARTE I

INTRODUÇÃO À CISG

CAPÍTULO I

INTRODUÇÃO À CONVENÇÃO DE VIENA, HISTÓRICO E CONTEXTUALIZAÇÃO

A entrada em vigor da Convenção das Nações Unidas sobre Compra e Venda Internacional de Mercadorias no Brasil (2014) abriu um novo capítulo no Direito contratual brasileiro. Não apenas porque as luzes são colocadas ao (muitas vezes esquecido) Direito Internacional Privado, mas essencialmente porque é preciso compreender a nova legislação e seu caráter internacional, o que torna imprescindível entender seu conteúdo e método de aplicação próprio.

Estudar a CISG não é apenas conhecer o seu texto, mas antes a sua essência como instrumento de congregação de diversos Estados contratantes e de culturas jurídicas tão díspares. Mais do que qualquer outra legislação, arriscamos dizer, a *lei uniformizada*, ainda mais em matéria de comércio internacional, é dependente do prévio conhecimento de sua *ratio*, que irá guiar toda a sua interpretação e aplicação.

Este primeiro capítulo tem como objetivo justamente apresentar a CISG sob este pano de fundo, perpassando o seu histórico, método de adesão e localização no sistema legal brasileiro. O leitor perceberá que tais temas são indissociáveis da compreensão da Convenção, não sendo meramente uma introdução protocolar ao seu estudo.

1.1 Histórico e contextualização

Antes de se adentrar ao estudo das disposições convencionais propriamente ditas, entende-se cabível uma breve retomada histórica da razão de surgimento da Convenção de Viena, cuja compreensão é essencial não apenas para se situar o marco temporal de sua formação, mas essencialmente para compreensão de inúmeros de seus dispositivos e regras de interpretação.

O breve desenho histórico da CISG[11] que se propõe neste livro, portanto, não se resume ao acúmulo de eventos sucessivos sobre a formação da Convenção das Nações Unidas sobre a Compra e Venda Internacional. Tal descrição, meramente cronológica, seria em verdade um apanhando de eventos sucessivos e não necessariamente vinculados, considerando que a CISG decorreu de um longo processo de formação legislativa ao longo do século XX, cujas origens remontam a outras Convenções ou projetos internacionais de unificação ou uniformização dos negócios internacionais. Em outras palavras, seu surgimento não se deve a um único documento. Não apenas dados normativos antecederam a edição da Convenção. O cabimento (ou, em sentido mais amplo, a própria necessidade) de uma legislação uniforme sobre a compra e venda internacional é tema recorrente de discussão doutrinária do século XX. Até hoje paradigmático é o texto de Ernst Rabel, intitulado "Projeto de legislação uniforme da compra e venda", publicado em 1935 e ainda rememorado por salientar alguns aspectos relevantes da então proposta de unificação.[12]

Ademais, a Convenção de Viena não é, em si, um documento legal fechado, sobre o qual se permita estabelecer um ciclo histórico de início e fim. Muito ao contrário, não obstante o seu caráter internacional e o seu propósito uniforme, ela deita raízes estruturais na ambiciosa missão de agregar ao seu entorno o maior número de países aderentes possível e, para que isso aconteça, somente um texto de lei flexível às inúmeras culturas jurídicas globais poderia reunir, até a edição deste livro, oitenta e cinco países.

Em outros termos, uniformidade não implica o congelamento da Convenção no tempo e no espaço, almejando-se uma certa independência face às circunstâncias geográficas, temporais e culturais envolvidas, conforme proclamou Jernej Sekolek, então Secretário e Diretor da UNCITRAL, por ocasião da passagem dos 25 anos da CISG.[13] Significa dizer que o texto surgido em 1980, a par de permanecer formalmente estático, é constantemente reformulado pela doutrina e pela jurisprudência internacionais,

---

[11] Na falta de uma expressão em português que possa universalmente traduzir o nome da Convenção, passou-se a adotar, em nosso país, a sigla CISG, para identificar a Convenção das Nações Unidas sobre Compra e Venda Internacional de Mercadorias. Como um dos escopos da Convenção é a uniformidade de tratamento e outro o seu caráter internacional, não se entende como equivocada a sigla CISG.

[12] RABEL, Ersnt. *Die Entwurf eines einheitlichen Kaufgesetzes.* In: Zeitschrift für ausländisches und internationales Privatrecht. 9. Jahrg. (1935), p. 1-79. Acesso em: 15 jan. 2014 pelo JStor <http://www.jstor.org/stable/27872325>.

[13] SEKOLEC, Jernej. 25 years UN Convention on contracts for the international sales. In: The Journal of Law and Commerce. University of Pittsburgh. *Celebrating the 25th Anniversary of The United Nations Convention on Contracts for the International Sales of Goods.* Buffalo: William S. Hein, v 1, 2005-2006, p. XV.

sem embargo do árduo trabalho de sistematização da fonte jurisprudencial consolidada no *Digesto*, mais adiante referido (item 4.3).

Pode-se, quiçá, conceber a ideia de que a CISG seja um texto legal em construção permanente, por força da extensa fonte jurisprudencial mundial – estatal e arbitral – que se estabelece ao seu redor; a afirmação se faz ainda que guardadas as devidas ressalvas quanto ao princípio da aplicação uniforme, tema fundamental e que será desenvolvido em capítulo próprio sobre as fontes e mecanismos de interpretação da Convenção.

Sem embargo dessa dificuldade descritiva, importa ao leitor ter uma noção, ainda que muito abreviada, dos eventos históricos mais relevantes que levaram à edição da Convenção e assim, desde logo, estabelecer a sua própria linha comparativa com a experiência brasileira sobre o contrato de compra e venda. Como fundamento central desta operação está a congregação de esforços para se buscar uma legislação uniforme deste tipo contratual, postura que pode ser justificada por uma diversa ordem de argumentos, não apenas jurídicos mas essencialmente econômicos.

Para além de o estudo histórico mostrar-se relevante para a compreensão do sucesso da Convenção, outro aspecto que justifica tal abordagem decorre do constante emprego, pelos mais variados autores e juristas internacionais, do método histórico-autêntico para interpretá-la.[14]

Não raramente os artigos da CISG são explicados a partir das discussões travadas entre os delegados e diplomatas nacionais enviados pelos países interessados na sua aprovação, nas suas etapas de debates. O resgate de tais discussões, muitas das quais com grande recuo temporal, é um método que deságua nas razões pelas quais a CISG apresenta a sua atual redação, não somente para explicar o texto final como também para evitar proposituras de temas já debatidos e democraticamente descartados pelo Grupo de Trabalho, pela Comissão Revisora e pela Assembleia, que foram os seus órgãos formativos e de aclamação.

O histórico aqui proposto, portanto, não é um simples registro do passado, mas sim um método histórico e autêntico de interpretação, universalmente aceito pela comunidade jurídica envolvida com o tema. O operador brasileiro do direito deverá vislumbrar tais resgates históricos pertinentes aos artigos específicos da CISG ou a uma dada interpretação sistemática das suas seções. A interpretação de um artigo pelo outro, a técnica integrativa, portanto, é recorrente e muito útil para revelar a *mens legislatoris*.

Nesse mesmo diapasão, o jurista brasileiro deverá tomar com naturalidade a referência a outros documentos e estudos internacionais

---

[14] Lembre-se, conforme se afirmou na apresentação deste livro, de que há discrepâncias entre diferentes versões e traduções da CISG, sendo que a interpretação autêntica mostra-se bastante competente para resolução de problemas interpretativos.

que serviram de base para a CISG e que lhe foram anteriores, pois esta é uma das fontes hermenêuticas da Convenção. Várias passagens da CISG decorrem de normas internacionais que a antecederam e, assim sendo, não raramente tais fontes são lembradas para explicar o contexto e o texto da CISG na atualidade.

Forte nestas justificativas de estudo histórico, resta então apresentar a linha do tempo que caracteriza a Convenção.

1.2 Cronologia da CISG

Formalmente, em 1º de janeiro de 1988, a Convenção das Nações Unidas sobre Contratos de Compra e Venda Internacional de Mercadorias (*United Nations Convention on Contracts for the Internacional Sale of Goods*) entrou em vigor. Àquela altura, eram onze os Estados contratantes, sendo que até 1º de agosto de 1988, mais seis Estados já depositariam seus instrumentos de adesão à ONU.

O texto final da Convenção fora aprovado em 11 de abril de 1980, em conferência diplomática da qual participaram representantes de 62 (sessenta e dois) países, inclusive o Brasil. A sua entrada em vigor, contudo, somente se daria um ano após o depósito do décimo instrumento de adesão, nos termos do art. 99 (1) da CISG, o que justifica o período de *vacatio legis* de quase 8 (oito) anos.

A edição do texto convencional encontra as suas origens em duas outras Convenções que lhe precederam, ambas sob supervisão do *International Institute for the Unification of Private Law* (UNIDROIT), uma delas sobre a formação do contrato para vendas internacionais (*Uniform Law on Formation os Contracts for the International Sales of Goods* – ULF) e a outra relativa à obrigação das partes em vista de tais contratos (*Uniform Law on the International Sale of Goods* – ULIS).

Como se vê, a opção pretérita era a repartição do tema da compra e venda em dois tratamentos legislativos distintos entre si, um congregando regras sobre a formação dos contratos e, o outro, as obrigações das partes.

A redação dessas duas Convenções tomou mais de três décadas de pesquisas e foi liderada por *experts* em Direito Comercial da Europa Ocidental, tendo sido concluídas e aprovadas em 1964, na Conferência de Haia.[15] Em que pese a sua relevância do ponto de vista da tentativa de uniformização dos contratos de compra e venda internacional, tais Convenções não foram amplamente aceitas no âmbito internacional.

---

[15]   HONNOLD, John. *Documentary history of the uniform law for international sales*. Deventer: Kluwer, 1989, p. 01.

CAPÍTULO I
INTRODUÇÃO À CONVENÇÃO DE VIENA, HISTÓRICO E CONTEXTUALIZAÇÃO | 43

A experiência de Haia, contudo, não foi de todo em vão, pois acabou por demonstrar que uma lei uniforme com tamanha pretensão global necessariamente precisaria contar com uma legitimidade formativa de idênticas dimensões para atender países com diversos sistemas legais, sociais e econômicos.[16] E, com esse propósito em vista, a CISG foi bem sucedida e se tornou o primeiro regulamento contratual verdadeiramente internacional aceito de forma ampla pela comunidade de nações.[17]

O trabalho de sua edição iniciou-se em 1968, comandado pela UNCITRAL gerando, após 10 (dez) anos de estudos, o *Draft* de 1978.[18] A aprovação da Convenção, como ela atualmente se encontra, na Conferência de 1980, foi antecedida por cinco semanas de intensos trabalhos, rendendo a sua aprovação unânime.[19] O Brasil tomou assento diplomático na Conferência de Viena,[20] a qual se deu entre 10 e 11 de março de 1980, juntamente com outros sessenta e um Estados, embora não tenha imediatamente aderido à Convenção, por razões insondáveis.

Três instâncias de debates e preparação ocorreram ao longo dos anos de preparação, sendo eles: o UNCITRAL *Working Group* (grupo de trabalho), entre 1970 e 1977; a Comissão Revisora Integral, entre os anos de 1977 e 1978; por fim, a Conferência Diplomática de Viena, em 1980. Foram essas as instâncias de deliberação e decisão da CISG a revelar um documento político e legal concebido em regime aberto de discussões e votações.

Fruto desse notável esforço internacional, vocacionado à tentativa de harmonização das variadas fontes de direitos nacionais ou domésticos, o estudo da história legislativa da Convenção mostra-se como fonte de pesquisa e interpretação dela própria, servindo ao seu propósito de uniformizar, em uma única fonte legislativa, a sistemática legal da compra e venda internacional. Diversamente de uma lei nacional, que não raro é aprovada sem os devidos debates e a correta informação aos congressistas, a CISG encontra nas suas raízes formativas um necessário e conveniente esforço jurídico para a sua compreensão e aplicação, voltado à manutenção e sucesso de seus próprios termos.

---

[16] Tais instrumentos são considerados como antecedentes da CISG: <http://www.cisg.law.pace.edu/cisg/text/antecedents.html>. Acesso em: 2 jul. 2014.

[17] É o que afirma LOOKOFSKY, Joseph. *Convention on Contracts for the International Sale of Goods* (CISG). The Hague: Wolters Kluwer, 2012, p. 17.

[18] <http://www.uncitral.org/pdf/english/yearbooks/yb-1978-e/vol9-p105-106-e.pdf>. Acesso em: 12 jan. 2015.

[19] HONNOLD, John. *Documentary history of the uniform law for international sales*. Deventer: Klumer, 1989, p. 1.

[20] *Final act of the United Nations Conference on Contracts for the International Sale of Goods* – (Doc. A/CONF.97/18), Disponível em <http://www.uncitral.org/pdf/english/yearbooks/yb-1980-e/vol11-p149-150-e.pdf>. Acesso em: 12 jan. 2015.

O objetivo político da ONU com a Convenção é o desenvolvimento dos negócios internacionais, na base da equidade e do benefício mútuo entre nações amigas, que em parte se refletem no seu preâmbulo, no qual expressamente se faz menção a uma "nova ordem econômica internacional", pautada na igualdade e na obtenção de vantagens mútuas na promoção de relações de amizade entre os Estados – premissas dispostas no preâmbulo do texto convencional.

Uniformizar uma lei que diretamente atinge a importação e a exportação de oitenta e cinco países (ainda que, até a data de término deste livro, a CISG não tenha entrado em vigor em dois deles Azerbaijão e Vietnã) é, sem dúvida, uma maneira de gerar o progresso e a paz, com base na estabilidade legislativa e no conhecimento recíproco das regras do jogo do mercado, com inevitável redução dos custos de transação.

Nessa perspectiva, os custos transacionais internacionais brasileiros devem ser dramaticamente reduzidos, pois sabem de antemão os operadores privados e públicos do direito contratual as consequências (direitos e obrigações) da relação contratual internacional de compra e venda. Com a CISG, a regra que se aplica no Brasil é a mesma aplicada na China, por exemplo, sendo indiferente o órgão que venha a decidir uma eventual lide entre os contratantes, se uma corte estatal chinesa ou um painel arbitral brasileiro, pois a lei material de julgamento está unificada e uniformizada, bem como a sua interpretação, que deve ser uniforme.

Ademais, embora não se almeje que a legislação pré-existente de um Estado contratante se adapte à CISG, é sempre possível vislumbrar a produção de leis domésticas em harmonia com aquela internacional que já se encontra incorporada ao sistema interno. O mesmo se diga sobre a jurisprudência interna, a qual pode, e no caso brasileiro assim ocorre, ser afetada positivamente pelos institutos contratuais trazidos pela CISG, especialmente considerando o caráter dinâmico de suas regras, em contraposição à opção estática e, por vezes, anacrônica do Direito brasileiro.

1.3 O mecanismo de adesão à CISG e os países signatários

A adesão à CISG por um Estado soberano é um gesto político de concordância com as propostas internacionais da ONU. Mas, além disso, é um importante movimento do país ao encontro da autoafirmação internacional para os negócios que impactam diretamente na balança comercial. Sem receios jurídicos recíprocos, pode-se contratar com base na mesma lei, o que faz crescer a confiança bilateral, a segurança na estimativa dos riscos e a previsibilidade de resultados com maior prudência.

Sob ponto de vista interno, o processo de adesão à CISG deverá seguir a legislação nacional – e sobre o tema, na perspectiva brasileira, remete-se o leitor ao item 1.3.1., externamente, e perante a comunidade

CAPÍTULO I
INTRODUÇÃO À CONVENÇÃO DE VIENA, HISTÓRICO E CONTEXTUALIZAÇÃO | 45

internacional, é o depósito do instrumento de ratificação, aceitação, aprovação ou acessão perante o Secretário-Geral das Nações Unidas que torna, nos termos do art. 91 (4) CISG, o Estado respectivo parte contratante da Convenção. A partir de então, a própria CISG encarrega-se de regular a sua vigência, estabelecendo prazos para a sua entrada em vigor (art. 99, CISG) no Estado depositante.

Pode-se sustentar, sem medo do equívoco, que grande parte dos importadores e exportadores globais que mantém relações comerciais com o Brasil e entidades privadas brasileira são aderentes da CISG. Até o ano de 2005, dois terços de todo o mercado global se movimentava tendo a Convenção como lei de regência.[21] Outra estatística impressionante informa que até 2009, quando eram setenta e quatro os países aderentes, 80% de todos os negócios internacionais eram feitos por países contratantes da CISG.[22]

Na América Latina não são aderentes, até presente momento, apenas Bolívia, Guiana Francesa e Suriname. A Venezuela, embora tenha assinado a Convenção em 28.09.1981, nunca a ratificou, nos termos do seu art. 99 (1) e, portanto, a ela não se aplica a CISG.

Demonstrando o seu sucesso no âmbito internacional, a Convenção congrega no rol de Estados contratantes países dos mais variados portes econômico e ideológicos, como a pequena San Marino, no qual a CISG vigora desde 1º.03.2013, como também Cuba e China, ao lado de Estados Unidos e Alemanha.

Dos países de expressivo envolvimento econômico transacional com o Brasil, mas que não são contratantes, é de se destacar a Inglaterra e Portugal, havendo forte expectativa de que este último faça a sua adesão em pouco tempo.

1.3.1 Adesão do Brasil à CISG

O processo de adesão à CISG, como a qualquer outro instrumento internacional, subdivide-se em duas etapas distintas, porém interligadas. A primeira delas se passa estritamente do ponto de vista interno do país signatário – e que seguirá suas regras de Direito Internacional Público – e,

---

[21] SEKOLEC, Jernej. 25 years UN Convention on contracts for the international sales. In: The Journal of Law and Commerce. University of Pittsburgh. Celebrating the 25th Anniversary of The United Nations Convention on Contracts for the International Sales of Goods. Buffalo: William S. Hein, v. 1, 2005-2006, p. VX.

[22] SCHLECHTRIEM, Peter e SCHWENZER, Ingeborg. In: SCHWENZER, Ingeborg. GREBLER, Eduardo; FRADERA, Vera; PEREIRA, César A. Guimarães (coords.). Comentários à Convenção das Nações Unidas sobre contratos de compra e venda internacional de mercadorias. Revista dos Tribunais, São Paulo, p. 135. 2014

a outra, será externa, a qual passa a ter lugar quando do depósito do instrumento de adesão nos termos da Convenção internacional.

A CISG contém regra expressa a respeito do mecanismo de ratificação, aceitação, aprovação e acessão dos Estados, o que se dá mediante o depósito do instrumento respectivo ao Secretário-Geral das Nações Unidas. A partir deste marco temporal, a Convenção se torna eficaz sob o seu aspecto público internacional, passando ela própria a regular a *vacatio legis* da sua vigência, nos termos do art. 99 (2). Este termo inicial se dá no primeiro dia do mês seguinte aos doze meses que se seguem ao depósito do instrumento na ONU, o que torna desimportante o dia específico do depósito do instrumento.

Como consequência dessa autorreferência de *vacatio legis*, à qual adere o Estado depositante (não se admitindo sobre esta parte específica da Convenção ressalva de qualquer natureza), mostra-se desnecessário um ato confirmatório da autoridade nacional do Estado depositante, seja ele legislativo, executivo ou judiciário, para que a CISG passe a vigorar no tempo previsto pelo seu art. 99 (2). Em outras palavras, o instrumento de depósito é, à luz da CISG, suficiente para que se inicie o prazo de sua vigência, e o Estado que deposita o instrumento junto à ONU está aderindo à Convenção inclusive quanto a estes termos.

Consoante já se afirmou, o Brasil é signatário da Convenção de Viena sobre o Direito dos Tratados, aprovada pelo Decreto 7.030, de 14 de dezembro de 2009. Por força deste Tratado, que se aplica fundamentalmente no âmbito do Direito Internacional Público (como são qualificadas as regras de adesão e vigência da CISG), o país se obriga ao cumprimento de todos os Tratados e Convenções do qual é parte, perante a comunidade internacional. É o que estabelecem as disposições sobre "Troca ou Depósito dos Instrumentos de Ratificação, Aceitação, Aprovação ou Adesão" (art. 16), como se vê dos seguintes dispositivos:

> Artigo 11
> Meios de Manifestar Consentimento em Obrigar-se por um Tratado
> O consentimento de um Estado em obrigar-se por um tratado pode manifestar-se pela assinatura, troca dos instrumentos constitutivos do tratado, ratificação, aceitação, aprovação ou adesão, ou por quaisquer outros meios, se assim acordado.

> ***

> Artigo 15
> Consentimento em Obrigar-se por um Tratado Manifestado pela Adesão
> O consentimento de um Estado em obrigar-se por um tratado manifesta-se pela adesão:

a) quando esse tratado disponha que tal consentimento pode ser manifestado, por esse Estado, pela adesão (...).

E o não menos importante, especificamente sobre a observância dos tratados, o art. 26, que aponta o *pacta sunt servada* – expressão utilizada para se referenciar à obrigatoriedade dos pactos frente ao país signatário da Convenção:

> Artigo 26
> *Pacta sunt servanda*
> Todo tratado em vigor obriga as partes e deve ser cumprido por elas de boa fé.

Este brevíssimo sobrevoo não deixa dúvidas de que o Brasil passaria por uma crise internacional de credibilidade se porventura qualquer dos órgãos políticos da República se engajasse no discurso da ineficácia imediata da CISG, sob qualquer pretexto legislativo de natureza interna. O país depositou seu instrumento de ratificação junto à ONU em 04.03.2013, vindo a CISG a entrar em vigor em 1º.04.2014, conforme se infere na consulta ao seu *status* no *website* da UNCITRAL:[23]

Status

United Nations Convention on Contracts for the International Sale of Goods (Vienna, 1980)

This page is updated whenever the UNCITRAL Secretariat is informed of changes in status of the Convention.

Authoritative information on the status of the treaties deposited with the Secretary-General of the United Nations, including historical status information, may be obtained by consulting the United Nations Treaty Collection (treaties.un.org).

The UNCITRAL Secretariat also prepares yearly a document containing the Status of Conventions and Enactments of UNCITRAL Model Laws, which is available on the web page of the corresponding UNCITRAL Commission Session.

See also:
Chronological table of actions / map

All dates: DD/MM/YYYY

State	Notes	Signature	Ratification, Accession(*), Approval(†), Acceptance(‡) or Succession(§)	Entry into force
Brazil			04/03/2013(*)	01/04/2014

Evidentemente que, em momento anterior ao depósito, e por eventualidade, haveria de se verificar a conformação constitucional da adesão do Brasil a uma convenção ou tratado internacional. Isso se faz exclusivamente sob o ponto de vista interno.

Nos termos do disposto nos arts. 49, I e 84, VIII da Constituição Federal, o processo de adesão do Brasil a uma Convenção Internacional

---

[23] <http://www.uncitral.org/uncitral/en/uncitral_texts/sale_goods/1980CISG_status.html>. Acesso em: 12 jan. 2015.

pressupõe a participação do Poder Executivo e do Poder Legislativo, Presidência da República e Congresso Nacional respectivamente. Adota-se a teoria dualista, pela qual os instrumentos internacionais devem ser internalizados para que produzam sua eficácia normativa em território nacional.[24]

É o Presidente da República que detém a competência privativa de negociar tratados internacionais, possuindo a prerrogativa de encaminhá-lo para aprovação do Congresso Nacional, representando a vontade popular. Assim, o processo de internalização no país da CISG teve início em 2010, mediante encaminhamento de mensagem da Presidência da República ao Congresso Nacional (nº 636),[25] em 04.11.2010, que se fez acompanhar por Exposição de Motivos do Ministério das Relações Exteriores (nº 131), de 30.03.2010.

Na Câmara dos Deputados, o Projeto foi identificado como Projeto de Decreto Legislativo (PDS) 222/2011, tendo sido o texto da Convenção aprovado pelo Plenário em 18.05.2011. Encaminhado ao Senado Federal, ao Projeto foi conferida a numeração PDS 73/2012, aprovado pelo Congresso Nacional, conforme publicação no Diário do Senado Federal em 20.03.2012.[26]

O Decreto Legislativo nº 538/2012 foi, enfim, publicado em 19.10.2012, remetendo ao texto legislativo já tornado público anteriormente, pelo Senado Federal. Para completar o processo de adesão à CISG, e de acordo com previsão convencional [art. 91 (4)], o instrumento de depósito da acessão do Brasil à CISG foi apresentado junto à ONU em 04.03.2013, sendo que sua vigência se deu no primeiro dia do mês subsequente ao prazo ânuo do depósito, ou seja, em 1º de abril de 2014.[27]

Em que pese a existência de participação tanto do Poder Executivo, no início do processo de aprovação legislativa, como do Poder Legislativo, em conformidade com o que determina a Constituição Federal brasileira,

---

[24] "Corolário da teoria dualista a necessidade de, através de alguma formalidade, transportar o conteúdo normativo dos tratados para o Direito interno, para que estes, embora já existentes no plano internacional, possam ter validade e executoriedade no território nacional. Consoante o monismo, não será necessária a realização de qualquer ato pertinente ao Direito interno após a ratificação" (RODAS, João Grandino. *A constituinte e os tratados internacionais*. In: Doutrinas Essenciais de Direito Internacional. v. 1, p. 43 e seguintes. fev., 2012. Acesso pela RT Online em 15 jul. 2014).

[25] Mensagem n. 636, de 2010: "Senhores Membros do Congresso nacional, nos termos do disposto no art. 49, inciso I, combinado com o art. 84, inciso VIII, da Constituição, submeto à elevada consideração de Vossas Excelências, acompanhado de Exposição de Motivos do Senhor Ministro de Estado, interino, das Relações Exteriores, o texto da Convenção das Nações Unidas sobre Contratos de Compra e Venda Internacional de Mercadorias, estabelecida em Viena, em 11 de abril de 1980, no âmbito da Comissão das Nações Unidas para o Direito Mercantil Internacional. Brasília, 04 de novembro de 2010".

[26] <http://imagem.camara.gov.br/Imagem/d/pdf/DCD20MAR2012.pdf>. Acesso em: 5 jul. 2014.

[27] <http://www.cisg-brasil.net/doc/cn1772013.pdf>. Acesso em: 5 jul. 2014.

não se pode ignorar a existência de discussão doutrinária e jurisprudencial quanto à (des)necessidade de mais um ato formal para completude da aprovação: o decreto presidencial.

Referido entendimento há de ser compreendido à luz da jurisprudência do Supremo Tribunal Federal que, ao tratar da questão da obrigatoriedade de determinado Tratado ou Convenção internacional no país, firmou entendimento quanto à imprescindibilidade de que o processo de aprovação seja complementado com a promulgação de decreto pela Presidência da República. Nesse sentido, relembra José Carlos de Magalhães o julgamento das Cartas Rogatórias nº 8.279, no ano de 1998, da qual se extraem interessantes argumentos.[28]

Discutia-se no julgamento a aplicabilidade da Convenção sobre Cumprimento de Medidas Cautelares firmada entre Brasil e demais países do Mercosul, pela qual as sentenças judiciais proferidas nos países signatários passam a valer imediatamente nos demais, sem necessidade de homologação. A decisão do STF, contudo, negou a aplicação do conteúdo da Convenção, ao entendimento de que o Protocolo não estava formalmente incorporado à ordem jurídica brasileira, pois, a despeito de ter sido depositado o instrumento de ratificação, faltava-lhe justamente o decreto presidencial.[29]

Da ementa do julgado, verifica-se a compreensão de que o depósito da ratificação, realizado pelo chefe do Poder Executivo, não supre a necessidade de posterior promulgação via decreto, separando-se ambos os momentos da internalização do instrumento internacional. Referido entendimento é referenciado à ADI 1480, de Relatoria do Ministro Celso de Mello, na qual o STF qualificou a adesão a um Tratado ou a uma Convenção "ato subjetivamente complexo".

Ali, esclareceu o Ministro Relator que haveria participação de duas vontades homogêneas: "a do Congresso Nacional, que resolve,

---

[28] MAGALHÃES, José Carlos de. *O Supremo Tribunal Federal e o Direito Internacional*. Uma análise crítica. Porto Alegre: Livraria do Advogado, 2000, p. 69-70.

[29] "(...) PROCEDIMENTO CONSTITUCIONAL DE INCORPORAÇÃO DE CONVENÇÕES INTERNACIONAIS EM GERAL E DE TRATADOS DE INTEGRAÇÃO (MERCOSUL). - A recepção dos tratados internacionais em geral e dos acordos celebrados pelo Brasil no âmbito do MERCOSUL depende, para efeito de sua ulterior execução no plano interno, de uma sucessão causal e ordenada de atos revestidos de caráter político-jurídico, assim definidos: (a) aprovação, pelo Congresso Nacional, mediante decreto legislativo, de tais convenções; (b) ratificação desses atos internacionais, pelo Chefe de Estado, mediante depósito do respectivo instrumento; (c) promulgação de tais acordos ou tratados, pelo Presidente da República, mediante decreto, em ordem a viabilizar a produção dos seguintes efeitos básicos, essenciais à sua vigência doméstica: (1) publicação oficial do texto do tratado e (2) executoriedade do ato de direito internacional público, que passa, então – e somente então – a vincular e a obrigar no plano do direito positivo interno. Precedentes" (CR 8279 AgR, Relator(a): Min. Celso de Mello, Tribunal Pleno, julgado em 17.06.1998, DJ 10-08-2000 PP-00006 EMENT VOL-01999-01 PP-00042).

definitivamente, mediante decreto legislativo, sobre tratados, acordos ou atos internacionais (CF, art. 49, I) e a do Presidente da República, que, além de poder celebrar esses atos de direito internacional (CF, art. 84, VIII), também dispõe - enquanto Chefe de Estado que é - da competência para promulgá-los mediante decreto".[30] Veja-se que a base constitucional para o entendimento repousa no art. 84, VIII o qual, contudo, não contém regra expressa quanto à promulgação de referido decreto.[31]

Para o STF, portanto, ao definir a competência privativa da Presidência da República para celebração de tratados, convenções e atos internacionais, a Constituição estaria estabelecendo, para além da necessária ratificação – o que se infere do próprio depósito do instrumento perante a autoridade internacional competente – também a necessidade de um ato de formalização posterior.[32]

É de José Carlos de Magalhães uma relevante crítica à necessidade de decreto presidencial, afirmando que esta terceira providência nada mais seria do que "nova e redundante manifestação do Executivo", uma vez que ele próprio já teria "depositado o instrumento de ratificação, validando o tratado no plano internacional".[33] Com efeito, transportando-se a afirmação ao objeto de estudos aqui trabalhado, é evidente que o depósito do instrumento de ratificação perante as Nações Unidas fez do Brasil país contratante da Convenção, especialmente perante os demais aderentes da CISG – os quais acreditam, e assim o fazem legitimamente, no *status* derivado do depósito.

A decisão de encaminhar o instrumento de ratificação à ONU, providência tomada pelo Poder Executivo, significa a formalização do comprometimento do Brasil perante a comunidade internacional. No caso específico da CISG, a não admissão de sua vigência – por lhe faltar decreto presidencial posterior à aprovação legislativa e à ratificação mediante depósito – criaria ao país empecilhos de várias ordens, destacando-se dois deles.

O Decreto Presidencial de promulgação da CISG – embora tido pelos autores como desnecessário – veio a ser publicado somente em 17.10.2014, sob nº 8.327/2014. Isso importa dizer que, entre os períodos de 1º.04.2014 a

---

[30] ADI 1480 MC, Relator(a): Min. Celso de Mello, Tribunal Pleno, julgado em 04.09.1997, DJ 18-05-2001 PP-00429 EMENT VOL-02031-02 PP-00213.

[31] "Art. 84. Compete privativamente ao Presidente da República:
VIII - celebrar tratados, convenções e atos internacionais, sujeitos a referendo do Congresso Nacional".

[32] Na visão de João Grandino RODAS, a exigência do decreto presidencial decorre da tradição lusitana que, a par de não estar expressamente normatizada no texto constitucional, acabou sendo mantida mesmo após a Independência. (RODAS, João Grandino. *A constituinte e os tratados internacionais*. In: Doutrinas Essenciais de Direito Internacional. v. 1, fev.2012, p. 43 e seguintes. Acesso pela RT Online em: 15 jul. 2014).

[33] MAGALHÃES, José Carlos de. *O Supremo Tribunal Federal e o Direito Internacional*. Uma análise crítica. Porto Alegre: Livraria do Advogado, 2000, p. 72.

16.10.2014, poder-se-ia, em tese, aventar a existência de discussão a respeito de sua vigência no Brasil.

Do ponto de vista externo, a negativa de vigência após o depósito do instrumento na ONU seria o mesmo que contrariar uma confiança legítima depositada pelos Estados e seus nacionais na aplicação da legislação uniformizada às compras e vendas internacionais aqui celebradas. Os reflexos de tal atitude, sejam sob a ótica pública ou privada, parecem bastante negativos.

Já do ponto de vista interno, reconhecer-se que a CISG foi aprovada pelo Congresso Nacional foi ratificada e depositada junto à ONU mas, porém, não se encontraria vigente antes do Decreto (agora existente), cria a situação que João Grandino Rodas chamou de *limbo* "isto é, fazendo parte do Direito Internacional brasileiro, mas não do Direito interno do Brasil", a Convenção seria existente do ponto de vista internacional, mas não aplicável internamente.[34]

Toma-se no presente livro a posição daqueles que defendem ser desnecessária a promulgação de decreto legislativo, sendo a CISG instrumento internacional e interno plenamente vigente no Brasil desde 1º de abril de 2014. Da mesma forma, a entrada em vigor do instrumento é regida por suas próprias regras, conforme se dispôs no início deste item. Ao Estado brasileiro não cabe e não é conferida discricionariedade, após o depósito, para modificar as regras convencionais quanto ao início de sua vigência.

De toda sorte, ao menos desde a promulgação por via do Decreto 8.327/2014, ocorrida como se viu em 17.10.2014, dúvidas não há quanto à obrigatoriedade do texto no Direito brasileiro, recepcionado como lei federal ordinária.

1.3.2 O *status* jurídico da CISG no sistema legal brasileiro

Conforme imediatamente analisado no item acima, a CISG ingressou no sistema jurídico brasileiro por processo legislativo, conjugando as vontades tanto do Poder Executivo como do Poder Legislativo, representadas pelo ato do Congresso Nacional (Decreto Legislativo nº 538 de 18 de dezembro de 2012) e complementadas com o depósito do instrumento de ratificação perante a ONU.

Esse procedimento legislativo confere à CISG o *status* de lei federal interna ou nacional, estando, por exemplo, no mesmo nível hierárquico do Código Civil brasileiro. Por não se tratar de Convenção sobre Direitos Humanos (que chamaria à incidência o disposto no art. 5º, §3º

---

[34] RODAS, João Grandino. *A constituinte e os tratados internacionais*. In: Doutrinas Essenciais de Direito Internacional. v. 1, fev., p. 43 e ss, 2012. Acesso pela RT Online em: 15 jul. 2014.

da Constituição brasileira, houvesse quórum especial para deliberação),[35] a CISG ingressa na ordem jurídica brasileira como lei federal ordinária.

A hierarquia ou classificação da CISG dentro de determinado ordenamento é questão regida por suas disposições internas a cada Estado soberano. Conforme explica Pascal Hachem, assim que um país adere à CISG, passa ela a fazer parte do seu direito doméstico, sendo lei nacional, portanto. É a lei uniforme dos respectivos países contratantes e, por consequência, fonte das Cortes desses Estados.[36]

A conclusão quanto ao caráter interno e doméstico da CISG também é fundamentada, historicamente, na aplicação que lhe foi conferida pelas próprias Cortes nacionais estrangeiras que, paulatinamente, reconheceram que a Convenção passava a ser o direito doméstico aplicável às compras e vendas internacionais.

Ao se depararem com uma cláusula contratual de escolha da lei aplicável como sendo, *v.g.*, "a lei nacional da Suíça", acabaram por inicialmente dirigir o mérito da disputa ao Código de Obrigações daquele país, sem que se dessem conta de que referida lei era a própria CISG.[37] O mesmo processo de repetiu em outras jurisdições, consolidando-se, ao final, o entendimento de que a CISG compõe o sistema legal nacional dos países contratantes, e que uma cláusula de contrato com tal comando não conduz à exclusão implícita da Convenção,[38] muito ao contrário.

É exatamente reconhecendo essa característica que, por exemplo, era possível chegar-se à aplicação da Convenção no Brasil antes mesmo de sua formal adesão ao instrumento. Se, pela aplicação das regras próprias de Direito Internacional dispostas na Lei de Introdução às Normas do Direito Brasileiro (LINDB),[39] o juiz nacional fosse remetido ao direito de um país contratante, haveria de observar que este era, justamente, a própria CISG. Dito de outra maneira, a lei brasileira agora aplicável ao contrato de compra e venda internacional não é mais o CC, e sim a Convenção de Viena.

---

[35] Art. 5º, §3º (Constituição da República Federativa do Brasil): Os tratados e convenções internacionais sobre direitos humanos que forem aprovados, em cada Casa do Congresso Nacional, em dois turnos, por três quintos dos votos dos respectivos membros, serão equivalentes às emendas constitucionais.

[36] HACHEM, Pascal. Aplicability of the CISG – Articles 1 and 6. Current issues in the CISG and arbitrations. In: SCHWENZER, Ingeborg [coord.]. *Internacional commerce and arbitration*. Haia: Eleven, 2014, v. 15, p. 32.

[37] CHAPPUIS, Christine. La Convention de Vienne sur la vente internationale de marchandises (CVIM) a-t-elle pénétré le droit suisse? In: BADDELEY, Margareta; FOËX, Bénédict; LEUBA, Audrey; VAN DELDEN, Marie-Laure Papaux. *Le droit civil dans le contexte international* (journée de droit civil 2011). Genebra: Schulthess, p. 187, 2012.

[38] *Ibidem*, p. 187.

[39] Dec.-Lei 4.657/42, antiga *Lei de Introdução ao Código Civil*, com nomenclatura modificada pela Lei 12.376/2010.

CAPÍTULO I

INTRODUÇÃO À CONVENÇÃO DE VIENA, HISTÓRICO E CONTEXTUALIZAÇÃO | 53

Tal perspectiva impõe o necessário diálogo entre as fontes nacionais do direito brasileiro já estabelecidas e a nova lei de compra e venda internacional, com as peculiaridades que tal aproximação sempre apresenta ao intérprete, sobretudo o critério hermenêutico da especialidade. Com efeito, se a CISG é lei federal ordinária, posta-se ao lado do CC, sem revogá-lo, naturalmente; ao mesmo tempo, contudo, contém regras bastante especiais em relação àquelas gerais contidas na legislação civil codificada, e que devem ser observadas pelo critério da especialidade.

A discussão em torno da especialidade e de seu impacto na vigência das leis não se trata de situação nova ao jurista brasileiro, como se pode relembrar a partir do debate estabelecido com a edição do Código de Defesa do Consumidor em 1990, a partir da qual necessariamente se ajustou o sistema jurídico nacional, sem que tenha o CDC revogado o CC então vigente, à luz do que dispõe o parágrafo 2º, do art. 2º, da Lei de Introdução às Normas do Direito Brasileiro: "§2º A lei nova, que estabeleça disposições gerais ou especiais a par das já existentes, não revoga nem modifica a lei anterior".

Na linha da legislação brasileira, portanto, a entrada em vigor da CISG não revoga nem altera o CC e tampouco o CDC.[40] Também não se vislumbra que um eventual e futuro Código Comercial brasileiro teria impactos na CISG ou *vice-versa*, ante o caráter prevalente do princípio da especialidade que se sobrepõe ao princípio de que a lei mais nova se aplicaria em detrimento da mais antiga.

Com a CISG não será diverso, até mesmo porque a compra e venda é um tipo contratual de origem privada que, por excelência, descreve as mais variadas situações jurídicas contemporâneas, observados seus efeitos em múltiplos setores do Direito, como civil, empresarial, consumidor e administrativo (compra e venda pública). Essa complexidade, ao mesmo tempo que sublinha diferentes perspectivas de análise da aplicação da CISG, não tem o condão de afastar o seu objeto específico de tratamento: o contrato de compra e venda de mercadorias qualificado como internacional.

Diz-se, assim, que a CISG, ao mesmo tempo em que não revoga o CC ou outro instrumento normativo brasileiro, posta-se ao lado deles – como lei ordinária que é – aplicando-se em sobreposição aos contratos de compra e venda internacionais, ante o princípio da especialidade. Veja-se que a aplicação da CISG não decorre de seu caráter internacional,[41] mas

---

[40] Em relação específica ao Código de Defesa do Consumidor, remete-se o leitor ao item 3.5.2, em que se estabelecem as principais considerações sobre o diálogo entre este diploma e a CISG.

[41] RESCIGNO, Pietro [coord.]. Trattato de diritto privato. v 11. t 3. Turim: UTET, 2000, p. 475. Vide: Cour de Cassation Francese, sent. 17.12.96 (2205 D), In: Revue critique de droit international privé, 1997, 72; CCI, Paris, n. 8324/1995, *In: Journal de droit international*, 1996, 1019.

de sua especialidade e sucessão no tempo.[42] Dessa forma, a CISG é a lei nacional brasieira aplicável a referidos contratos.[43]

Mas, diferentemente do que ocorre em relação ao CDC e o CC, em que se admite a aplicação conjunta de suas disposições, à luz do chamado *diálogo de fontes*, a CISG há de ser aplicada de modo peculiar em relação ao direito nacional, sob pena de perder a sua identidade internacional. E isso se dá em dois tempos.

Primeiramente, e conforme será tratado abaixo (itens 4.1 e 4.2), porque sua interpretação há de ser uniforme e autônoma, não se admitindo que eventual compreensão do Direito interno influencie o resultado interpretativo dado à CISG.

Em segundo ponto, a impossibilidade de uma leitura dialogada entre Direito interno e Convenção se passa porque a utilização conjunta de dispositivos convencionais e internos desnaturaria o próprio dado de uniformidade da Convenção de Viena, na medida em que sua razão de ser é *uniformizar* o direito material, não sendo cabível a um contratante estrangeiro a obrigação de conhecer também o Direito brasileiro (ou de qualquer outro país contratante).

Essa prevalência material da CISG não se aplica somente quando verificado um conflito aparente entre as fontes internas, mas também quando a legislação doméstica não dispuser sobre os institutos constantes na lei internacional. Nesses casos, ao ser internalizada, a Convenção internacional faz aderir ao sistema interno a regulamentação jurídica de determinados institutos, antes desconhecidos.

Trata-se de algo próximo à figura da *instituição desconhecida*,[44] situação em que determinado instituto estrangeiro é desconhecido em uma

---

[42] TRATADO INTERNACIONAL - LEI ORDINÁRIA - HIERARQUIA. O TRATADO INTERNACIONAL SITUA-SE FORMALMENTE NO MESMO NÍVEL HIERARQUICO DA LEI, A ELA SE EQUIPARANDO. A PREVALÊNCIA DE UM OU OUTRO REGULA-SE PELA SUCESSÃO NO TEMPO. (REsp 74.376/RJ, Rel. MIN. EDUARDO RIBEIRO, TERCEIRA TURMA, julgado em 09.10.1995, DJ 27.11.1995 p. 40887).

[43] Esta conclusão produz especial efeito quando as partes de um contrato incluem cláusula referindo que o direito de regência é o nacional de um país contratante. Como será visto mais adiante (item 3.2.1.1, "b"), nesta hipótese, se a aplicação CISG não for expressamente excluída pelas partes será ela, de qualquer maneira, a lei de regência do contrato, pois lei nacional do país indicado.

[44] Conforme bem afirma Jacob Dolinger, o problema da instituição desconhecida guarda semelhança e proximidade às noções de ordem pública e à qualificação, situação não resolvida desde a sua formulação original por Savigny. É que, segundo o jurista, pode-se vislumbrar duas situações diversas: a) ou um instituto é contrário à ordem pública interna de determinado país, e sua aplicação é defesa (pensemos, por exemplo, no casamento poligâmico ou na escravidão, no Brasil); b) ou, não havendo ofensa sensível às regras do foro, o instituto pode ser aplicado por comparação a institutos próximos (e assim, o repúdio do direito muçulmano poderia ser qualificado como divórcio, por exemplo). (DOLINGER, Jacob. *Direito Internacional Privado*. Parte Geral. 10. ed. rev. e atual. Rio de Janeiro: Forense, 2012, p. 453-454).

ordem nacional. Diz-se próximo exatamente porque, ao internalizar um Tratado ou uma Convenção, as suas disposições são, por assim dizer, nacionalizadas, o que faz com que se tenha a adoção dos institutos – antes desconhecidos – à ordem jurídica interna.

Para ilustrar esse quadro, Pietro Rescigno lembra que a Itália assinou a Convenção de Haia (1º.7.1985), sobre o *trust*,[45][46] sem que a lei interna daquele país reconhecesse o instituto. Nem por isso, contudo, as relações contratuais italianas dotadas de tal natureza deixaram de ser interpretadas e reconhecidas[47] à luz da aplicação direta da Convenção.

Muito embora a compra e venda seja o contrato privado de maior alcance social e jurídico, a CISG adicionará ao sistema jurídico brasileiro inúmeras figuras próprias da contratação internacional, mas que ao mesmo tempo servem ao direito interno, pois, de fato, originárias da experiência interna dos países que mais intensamente participaram da sua redação. Dentre elas, destacam-se o dever de mitigação do próprio dano (art. 77, CISG), a quebra antecipada do contrato (art. 71, CISG), o conceito de inadimplemento substancial (art. 25, CISG), a relativização dos efeitos da mora, mediante a adoção de prazo suplementar de cumprimento (*Nachfrist*) – art. 47 (1) e 63 (1), CISG.

Em vista desse cenário de novos institutos jurídicos, que passam a ser internos também ao Direito brasileiro (ainda que aplicados exclusivamente, com força de lei, às compras internacionais), o intérprete brasileiro não deve perder a oportunidade de atualizar o sistema jurídico contratual brasileiro com base ness a fonte. Lembramos que o *novo* Código Civil, de fato, é oriundo de um projeto legislativo da década de 70 (século XX), e

---

[45] Muito usual nos países do *common law*, o trust é o contrato pela qual o outorgante (*settlor*) transfere, total ou parcialmente, a titularidade de seus bens e direitos a um terceiro (*trustee*), que irá gerir e administrá-los em favor do próprio outorgante ou de outros beneficiários (*beneficiaries*). O *trust* não tem regulação típica no direito brasileiro, mas nada impede que seja contratado, à luz da autonomia privada dos contratantes: art. 425. É lícito às partes estipular contratos atípicos, observadas as normas gerais fixadas neste Código.

[46] Observe-se a relevância do tema nos EUA, a partir das publicações do The American Law Institute, responsável pela edição dos *Restatements*. "On Restatement of the Law Third, Trusts. In 1959 the Restatement Second replaced the original Restatement of Trusts, published in 1935. Both the original Restatement and the Restatement Second are now out of print, having been superseded by the Restatement Third of Trusts. Restatement of The Law Third, Trusts. The Restatement Third of Trusts began with a revision of the Prudent Investor portions of the Second Restatement, which was completed and published in a single volume in 1992. In 2003, the Institute published Volumes 1 and 2 of Restatement Third, which cover the nature, creation, and elements of trusts; interests and rights of beneficiaries; and trust modification and termination. Published in 2007, Volume 3 deals with trustee powers and duties and incorporates an updated version of the earlier Prudent Investor volume. The fourth and final volume, published in 2012, covers trust administration, particularly breaches of trust and the appropriate legal remedies" (*In*: The American Law Institute – home page – wwww.ali.org).

[47] RESCIGNO, Pietro [coord.]. *Trattato di diritto privato*. Turim: UTET, 2000. v 11. t 3. p. 475.

o atual Livro das Obrigações, no que não repetiu o CC de 1916, em boa parte foi influenciado pelo Código Civil italiano de 1942.

Quer-se apontar que, ainda que as disposições da CISG não se apliquem às compras e vendas internas, é certo que o sistema por ela estabelecido – ou a lógica que lhe é subjacente – pode ter relevantes impactos no *pensar* do Direito contratual brasileiro. Por consequência, se a via de interpretação da Convenção à luz do Direito interno não é admitida – pois isso poderia desnaturar o seu sentido internacional e uniforme –, o mesmo não se pode dizer em relação ao sentido inverso, o qual pode oxigenar o pensar da operação contratual de compra e venda no Diretio brasileiro.

1.4 A importância da CISG e a sua evolução: perspectivas favoráveis ao seu emprego

Consoante já se tornou claro, a CISG é um relevante instrumento para a harmonização das relações comerciais internacionais. O escopo em si previsto pela ONU é a pacificação dos litígios comerciais e, por consequência, oferecer um trato mais equânime às relações negociais de compra e venda internacional e, sobretudo, de importação e exportação.

No entanto, desde sua entrada em vigor percebeu-se que sua importância foi muito além disso, sendo outros tantos os benefícios oferecidos pela Convenção, dentre eles podendo-se destacar: i) a redução dos custos de transação e operacionalização dos contratos; ii) a implementação da cultura da arbitragem nos países aderentes, mesmo que do negócio tome parte uma empresa pública ou de natureza jurídica mista; iii) a aplicação da Convenção às compras e vendas internacionais tendo como parte o próprio Estado e não somente entes privados; iv) o respeito à autonomia da parte que pode escolher pela exclusão da aplicação da CISG (*opt out*), embora o Estado ao qual pertença seja contratante; v) a força expansiva da CISG para serviços e direitos intelectuais ou imateriais.

Vejamos os aspectos acima aventados com alguma atenção.

1.4.1 Redução dos custos de transação e operacionalização dos contratos

A adoção de uma legislação uniforme aplicável a contratantes sediados em diferentes países conduz naturalmente à redução do custo de transação, na medida em que torna desnecessário conhecer o direito estrangeiro, além de conferir segurança e previsibilidade quanto às regras aplicáveis.[48] Não se pode descurar que o custo informacional e a assimetria de informações são algumas das variáveis mais custosas na negociação, com especial atenção àquela de cunho internacional.

Tal consequência se mostra especialmente favorável àquele contratante brasileiro que pouco ou nenhuma experiência detém sobre a compra e venda internacional. Em verdade, a CISG tende a acolher uma imensa gama de sujeitos de direito nacionais que andavam à deriva de uma tutela que lhes estivesse ao alcance do conhecimento, pois já há muito que os negócios internacionais não são somente capitaneados por grandes corporações transnacionais.

Muito embora a Convenção não possa evitar que um contrato seja descumprido, total ou parcialmente, o conhecimento uniforme dos efeitos da relação contratual e das consequências da sua quebra é um ponto de apoio importante para o contratante brasileiro estimar custos transacionais, operacionais e também de eventual litígio. Nem sempre o contratante brasileiro, seja ele comprador ou vendedor, conseguirá impor sua lei nacional à outra parte, a qual, vice-versa, também não conseguirá fazer prevalecer o seu sistema nacional. Por isso mesmo que a existência de uma regra única para ambas as partes gera economia bilateral, além da tranquilidade quanto à regência normativa do negócio.

A CISG, portanto, atua como um instrumento facilitador da compreensão das regras do jogo, que passam a ser comuns. Isso se dá não somente em decorrência de seu texto, já com mais de 35 (trinta e cinco) anos, como também por conta do *Digesto*, que vem a ser a compilação oficial dos julgados sobre a Convenção, sobre o que trataremos no item 4.3 do Capítulo IV, dedicado à interpretação da CISG. Neste contexto, soma-se a necessidade de se obter uma interpretação uniforme da Convenção, pois somente isso permite que seja uma regra uniformizada efetiva.

De se salientar que a redução do custo de transação no que diz respeito ao conhecimento do direito aplicável é indiferente da escolha do *foro* ou da *jurisdição* competente para sua aplicação. Seja qual for o lugar do *foro*, a regra aplicável será aquela uniformizada, ou seja, a Convenção de Viena. A eleição do foro pode trazer variações às regras adjacentemente aplicáveis, como o direito de propriedade, invalidades negociais, prescrição, decadência etc., ou seja, quanto aos temas não regidos pela Convenção, bem como regras processuais.

Por evidente, a redução de custos de transação pressupõe o conhecimento quanto à CISG, entrando aqui em evidência o papel do advogado nacional especializado. A aplicação da Convenção possui uma jurisprudência

---

[48]   A respeito da noção de *custos de transação*, bem como para uma compreensão panorâmica da teoria de Coase, remete-se o leitor a ARAÚJO, Fernando. *Teoria Económica do Contrato*. Coimbra: Almedina, 2007, p. 197-203.

consolidada em base internacional, cuja análise permeia todo este livro, de modo que não somente a partir de seu texto normativo, tanto quanto em vista da jurisprudência em torno dela formada pode o contratante nacional mais bem estimar os custos de toda a operação, seja em vista do adimplemento, seja em vista de um total inadimplemento do contrato.

Situação diversa se passava antes da adesão à CISG, pois para o importador ou exportador brasileiro acabava sendo determinante contar com o apoio legal no estrangeiro, para tomar ciência do sistema jurídico do país de origem do seu parceiro de negócios ou da lei aplicável ao contrato. Na medida em que esta operação pressupõe custos, pode-se dizer que nem sempre havia efetiva opção de informação, mas muitas vezes efetiva impossibilidade material para tanto, o que torna a adesão à CISG ainda mais importante, mitigando riscos à atividade do nacional.

Em sendo a CISG, agora, lei nacional brasileira, caberá também aos operadores jurídicos internos conhecê-la. Esta tarefa é realizada, inicialmente, à luz da experiência internacional, na medida em que não se tem paralelo de aplicação da Convenção no Brasil. Ainda assim, contudo, a existência de uma lei comum certamente cria condições de acesso à informação mais simplificada à parte contratante brasileira.

Por fim, há de se lembrar um derradeiro ponto referente aos custos de transação. Refere-se ao conteúdo das regras aplicáveis na CISG em comparação com o regramento interno conferido pelo CC. Especificamente em comparação com as regras do CC brasileiro, a CISG apresenta medidas inovadoras de saneamento ou correção (*remedies*) do descumprimento contratual, sobre as quais o operador nacional também precisa tomar pleno conhecimento. Tais *remedies* serão explicados na parte própria deste livro (Capítulo VI).

Nem mesmo a existência de doutrina que afirma que a CISG é uma lei excessivamente favorável ao comprador[49] altera o panorama vantajoso da adesão do Brasil à Convenção. Trata-se de uma linguagem corrente entre advogados norte-americanos e que produz, com certa frequência, a injustificada exclusão da Convenção em seus *standard terms*,[50] uma vez que os EUA são grandes exportadores (vendedores).

Temos certa dificuldade em admitir esta conclusão, já que a CISG oferece ao vendedor direitos e prerrogativas de cumprimento muito mais amplos que o CC brasileiro, por exemplo, este um espelho dos sistemas

---

[49] CHAPPUIS, Christine. *La Convention de Vienne sur la vente internationale de marchandises (CVIM) a-t-elle pénétré le droit suisse?* In: BADDELEY, Margareta; FOËX, Bénédict; LEUBA, Audrey; VAN DELDEN, Marie-Laure Papaux. *Le droit civil dans le contexte international* (journée de droit civil 2011). Genebra: Schulthess, 2012, p. 184.

[50] SAIEGH, Sandra. *The business lawyer's perspective.* In: FLECHTNER, Harry M.; BRAND, Ronald A.; WALTER, Marks S. Drafting contracts under the CISG. Nova Iorque: Oxford, 2008, p. 257.

CAPÍTULO I

INTRODUÇÃO À CONVENÇÃO DE VIENA, HISTÓRICO E CONTEXTUALIZAÇÃO | 59

europeus continentais do *civil law*, e que encaminha o contrato numa prevalente linha de *favor creditoris*. A concepção da CISG, por sua vez, é pela neutralidade entre as partes e pela igualdade de prerrogativas, sem que se renda qualquer privilégio de foro processual ou material locais.[51]

E, apesar de o conjunto de *remedies* dispostos ao vendedor não ser tão amplo quanto ao comprador, os institutos do prazo suplementar de cumprimento *Nachfrist* (art. 47), o direito geral ao cumprimento tardio (art. 48), o direito a um novo cumprimento, dentro do prazo ainda não findo (arts. 34 e 37), o dever de mitigação do próprio dano, imposto ao credor/comprador e o critério da previsibilidade do dano, levam à conclusão de que a CISG não foi desenhada em favor do comprador – muito ao contrário, parece ela ter sido desenhada em favor da operação econômica representada pelo contrato.

Se comparada ao CC brasileiro, a existência de regras direcionadas também em proteção ao devedor altera a lógica ali adotada que, embora sem expressa menção, tem seu sistema de descumprimento contratual hipoteticamente dirigido à figura do credor e, por consequência, bastante limitado ao devedor.

1.4.2 Implementação da cultura da arbitragem nos países aderentes

Uma segunda vantagem da adoção da Convenção dá-se no que toca à implementação da cultura da arbitragem como meio de solução de conflitos para as lides que tenham a CISG como lei regente do contrato.

Fala-se em cultura da arbitragem por não haver qualquer determinação por parte da CISG no sentido de que os conflitos sejam resolvidos pelo meio arbitral. Assim sendo, a CISG dialoga tanto com as Cortes (estatais) quanto os Tribunais arbitrais, ainda que com algumas peculiaridades em relação a cada uma destas formas de resolução de conflitos – especialmente no que toca à cogência da aplicação da Convenção.

Isso porque, no âmbito estatal, a escolha da lei aplicável será regida pelas regras de Direito Internacional Privado que, por sua vez, podem ou não permitir a escolha pelas partes contratantes.[52] Nessas hipóteses, o

---

[51] SCHROETER, Ulrich. In: SCHWENZER, Ingeborg; GREBLER, Eduardo; FRADERA, Vera; PEREIRA, César A. Guimarães (coords.). Comentários à Convenção das Nações Unidas sobre contratos de compra e venda internacional de mercadorias. *Revista dos Tribunais*, São Paulo, p. 236, 2014.

[52] Conforme Haroldo VALLADAO "quando no DIP a vontade escolhe a lei competente é porque outra lei, a lei de DIP, autorizou-a a assim proceder, deu-lhe esta faculdade" (VALLADAO, Haroldo. *Direito Internacional Privado*: Introdução e Parte Geral. São Paulo: Livraria Freitas de Bastos S/A, p. 367).

Tribunal estatal deve aplicar o direito competente para regular determinada controvérsia. Em relação à arbitragem, por sua vez, a possibilidade de escolha da lei aplicável pelas partes ou, na sua ausência, pelo próprio Tribunal arbitral é bem mais flexível e depende mais do conteúdo das regras arbitrais do que do Direito Internacional Privado respectivo.

As considerações têm especial relevância no Brasil, considerando a controvérsia em relação à possibilidade de escolha de lei aplicável na jurisdição estatal,[53] discussão esta inexistente no que toca à arbitragem, a qual confere maior espaço à liberdade das partes quanto à escolha da lei aplicável (art. 2º, §1º, Lei 9.307/1996).[54]

Independente das peculiaridades do Direito brasileiro, a adoção da arbitragem como meio de solução de conflitos tem ao menos três vantagens em face da jurisdição estatal e que merecem ser lembradas: a) a rapidez com que o caso pode ser solucionado, sem direito a recursos interlocutório ou apelação; b) a vasta experiência das Cortes arbitrais com temas relacionados à CISG e à compra e venda internacional (*global sales*), o que pode proporcionar alguma previsibilidade da sentença e, por conta disso, eventual transação entre as partes; e c) a redução dos custos processuais, os quais podem ser muito superiores na jurisdição estatal, considerando-se o

---

[53] A discussão embasa-se no art. 9º da Lei de Introdução às Normas de Direito (Lei 4.657/1942), o qual estabelece que as obrigações são regidas pelo país no qual forem constituídas, nada dispondo sobre a autonomia da vontade como elemento de conexão. O artigo modificou o contido no art. 13 da Lei de Introdução ao Código Civil anteriormente vigente e que, entendia-se, possibilitava expressamente a escolha da lei aplicável (art. 13. Regulará, *salvo estipulação em contrário*, quanto à substância e aos efeitos das obrigações, a lei do lugar, onde forem contraídas, grifou-se). A interpretação da omissão da lei não pode, no entanto, ser entendida como negativa da possibilidade de escolha da lei, tal como sustenta a melhor doutrina de Direito Internacional. Primeiramente, e tal como adverte Haroldo VALLADÃO, há de se ter em mente o momento histórico da edição da atual Lei de Introdução, em pleno governo ditatorial, e a impossibilidade de utilização do termo *vontade*, fato que este que repetiu também no Código de Processo Civil publicado à mesma época. Seguindo esta linha de raciocínio, o internacionalista destaca a interpretação dada ao artigo, em especial no que toca à possibilidade de adoção do chamado domicílio especial de eleição do contrato. (VALLADAO, Haroldo. *Direito Internacional Privado*: Introdução e Parte Geral. São Paulo: Livraria Freitas de Bastos S/A, p. 371). Jacob DOLINGER, por sua vez, após perpassar com minúcias as diferentes opiniões doutrinárias acerca da aplicabilidade do princípio ao DIP brasileiro, contrárias e favoráveis, sublinha os perigos de uma interpretação conservadora do art. 9º supra transcrito o que considera prejudicial à imagem do Brasil no exterior, tendo como pano de fundo as questões referentes ao comércio. (DOLINGER, Jacob. *Direito internacional privado*: contratos e obrigações no Direito Internacional privado. Rio de Janeiro: Renovar, 2007, p. 452).

[54] Sobre os impactos da CISG na discussão quanto à possibilidade de escolha da lei aplicável no Brasil (autonomia da vontade), remete-se o leitor ao texto de uma das autoras desta obra: STEINER, Renata C. e SILVA, Jorge Cesa Ferreira da. *Party autonomy in brazilian international private law*. In: SCHWENZER, Ingeborg; PEREIRA, Cesar e TRIPODI, Leandro (org). CISG and Latin America: Regional and Global Perspectives. The Hague: Eleven Internacional, 2016, p. 349-359.

CAPÍTULO I
INTRODUÇÃO À CONVENÇÃO DE VIENA, HISTÓRICO E CONTEXTUALIZAÇÃO | 61

tempo da demanda de uma medida contratual de alguma complexidade, já que o tempo para prolação de decisão importa ônus para as partes. Tais pontos garantem, ao menos potencialmente, uma sentença mais rápida, mais técnica e eventualmente mais econômica, ante a familiaridade do tema pelo Tribunal arbitral, além da previsibilidade do conteúdo decisório, sempre em termos e à luz da doutrina e da jurisprudência internacionais. Em se tratando de uma legislação nova no Brasil, ainda que contando com quase três décadas de aplicação no comércio internacional, a questão da previsibilidade de decisões em Tribunais arbitrais, que usualmente já aplicavam a CISG antes mesmo de sua entrada em vigor no Direito brasileiro, é peça fundamental a ser analisada pelos contratantes.

Ademais, uma vantagem secundária em favor da arbitragem pode ainda ser mencionada, relativa à escolha da lei processual que regula o procedimento, uma vez que o Tribunal não está sujeito a nenhum tipo de jurisdição estatal, muito embora deva tomar assento em algum Estado, denominado pela UNCITRAL (*Model Law*) de lugar da arbitragem (art. 18).[55]

Apesar de o Tribunal não se sujeitar a uma *lex fori*,[56] o local da arbitragem não é uma simples questão formal: ao contrário, é de essencial importância, observadas eventuais regras de ordem pública que regerão a arbitragem, seja no que concerne à validade da sentença, seja no que toca à sua futura exequibilidade, configurando-se a *lex arbitri*.[57] Por consequência, eleito o Brasil como lugar da arbitragem, e para que a sentença não fique aberta à declaração de invalidade pela Corte ou se mostre inexequível, recomenda-se que o Tribunal siga as regras procedimentais da lei de arbitragem nacional.[58]

Por tal motivo, a escolha do lugar da arbitragem é de fundamental importância, pois, como no caso brasileiro a lei nacional atribui a competência ao Tribunal (*Kompetenz-Kompetenz*) para decidir sobre a sua própria competência, inclusive para declarar inválida a cláusula arbitral e poderes para a concessão de medidas liminares, a equivalência entre a sentença arbitral e judicial, dentre outros poderes e efeitos. Assim sendo, a escolha do lugar da arbitragem implica a indireta eleição das regras de regência do Tribunal e, por consequência, a validade e a exequibilidade da sentença arbitral, uma vez que o lugar propiciará um *legal framework* para a arbitragem.[59]

---

[55] Lei Modelo sobre Arbitragem Internacional, artigo 20 (<http://www.uncitral.org/pdf/english/texts/arbitration/ml-arb/07-86998_Ebook.pdf>. Acesso em: 30 jan. 2015).

[56] KRÖLL, Stefan. Arbitration and the CISG. In: SCHWENZER, Ingeborg [coord.]. *Internacional commerce and arbitration*. Haia: Eleven, 2014, v. 15, p. 64.

[57] CARON, David D; CAPLAN, Lee M. *The Uncitral arbitration rules*: a commentary. 2 ed. Oxford: Oxford, 2013, p. 78.

[58] Atualmente, Lei 9.307/96.

[59] GREENBERB, Simon; KEE, Christopher; WEERAMANTRY, J. Romesh. *International commercial arbitration (an Asian-Pacif perpective)*. Cambridge: Cambridge, 2012, p. 78.

Recomenda-se, ademais, um lugar neutro, no sentido de que não seja a sede ou lugar de negócios de nenhum dos contratante[60] o que se revela ainda mais interessante quando as partes são de culturas jurídicas diversas ou se verifica a vulnerabilidade de uma diante da outra.[61] Em comparação com a escolha de um Tribunal estatal, afasta-se também (ainda que potencialmente) os perigos de uma *"hometown justice"*, ou seja, a aplicação e interpretação da CISG em favorecimento ao nacional do país da jurisdição.[62]

As circunstâncias acima citadas são sem referencial na hipótese de a lide ser encaminhada para a Corte estatal, a qual aplicará as regras procedimentais nacionais, no caso brasileiro, o Código de Processo Civil de maneira cogente,[63] ao que se soma a submissão às regras internas de DIP.

De outro giro, o que pode se mostrar inicialmente vantajoso à parte brasileira que opta pelo procedimento estatal, rapidamente pode se converter em desvantagem, caso a competência para o julgamento se estabeleça fora do Brasil, na hipótese de as regras de DIP do foro encaminharem o caso para outra jurisdição e o juiz brasileiro se declarar incompetente.[64] Riscos estes, frise-se, inexistentes (ou substancialmente mitigados) quando se trata de Tribunais arbitrais.

Por tal razão, o processo arbitral tem sido amplamente empregado por contratantes internacionais, sendo, por assim dizer, um valoroso instrumento para o contratante alcançar uma base de previsibilidade das decisões, implicando, novamente, a favorável estimativa de custos e riscos.

No exercício de sua autonomia privada, o contratante brasileiro pode não somente eleger a arbitragem como meio de solução de conflitos, como ainda, conjuntamente a ela, escolher a lei aplicável ao mérito da disputa, tanto quanto poderá eleger os princípios gerais do comércio internacional, da probidade e da equidade (*amiable composition*),[65] como, por fim, a lei

---

[60] GREENBERB, Simon; KEE, Christopher; WEERAMANTRY, J. Romesh. *International commercial arbitration (an Asian-Pacif perpective)*. Cambridge: Cambridge, 2012, p. 22.

[61] CARON, David D; CAPLAN, Lee M. *The Uncitral arbitration rules*: a commentary. 2 ed. Oxford: Oxford, 2013, p. 87-88.

[62] O termo é utilizado por Peter SCHLECHTRIEM e Petra BUTLER ao comentar o resultado de julgado da Suprema Corte da Hungria, favorável ao seu nacional. Vide, por todos, SCHLECHTRIEM, Peter e BUTLER, Petra. *UN Law on International Sales*. The UN Convention on the International Sale of Goods. Heidelberg: Springer, 2009, p. 73.

[63] Ressalvado o caso de prática de um negócio processual, como previsto no arts. 190 e 191 do Novo Código de Processo Civil, permitindo-se às partes a adaptação do procedimento às peculiaridades do caso.

[64] Advertindo ao leitor que o art. 25 do NCPC expressamente reconhece a incompetência do juiz brasileiro caso haja, no contrato, previsão de foro internacional. A regra é aplicável, naturalmente, respeitados os limites de escolha do foro.

[65] GREENBERB, Simon; KEE, Christopher; WEERAMANTRY, J. Romesh. *International commercial arbitration (an Asian-Pacif perpective)*. Cambridge: Cambridge, 2012, p. 23.

procedimental de regência da arbitragem, conforme visto acima. Tudo à luz do disposto no art. 2º da Lei 9.307 de 1996.

A possibilidade de recurso à arbitragem também se aplica à Administração Pública, ainda que submetida a algumas regras especiais (vide, por todos, o novel art. 1º, §1º da Lei de Arbitragem). Neste ponto específico, adentra-se à interessante discussão quanto à aplicação da CISG também às compras públicas realizadas pela Administração brasileira em suas três esferas (União, Estados, Municípios), desenvolvida abaixo.

1.4.3 Aplicação da Convenção às compras e vendas internacionais tendo como parte o próprio Estado e não somente entes privados

Terceiro aspecto que se mostra relevante é o alcance de aplicação da CISG para pessoas jurídicas de direito público ou privado interno. A CISG não apresenta qualquer condicionante relacionado à natureza privada ou pública do contratante, de modo que o próprio Estado brasileiro, por si ou pelas pessoas jurídicas de direito público interno, pode comprar e vender mediante o emprego da CISG.

Tal envolvimento das pessoas jurídicas de direito público (Estado e demais entidades que compõem a Administração Pública direta) com a CISG se dá ainda que o contratante público se sujeite às regras nacionais próprias de contratação, por exemplo, a Lei de Licitações (8.666/93), ou, ademais, deva prestar contas à sua Agência Reguladora.[66] A escolha em si do contratante que celebrará a compra ou a venda com o ente público brasileiro deverá ser regida pelas regras nacionais de licitação, mas os efeitos do contrato e todo o seu regime operacional poderá entrar no escopo da CISG.

Isso porque haveria de se separar dois estágios da produção de um contrato administrativo, inclusive internacional.[67] No primeiro deles, a

---

[66] ZIEGEL, Jacob. *The scope of the convention*: reaching out to article one and beyond. In: The Journal of Law and Commerce. University of Pittsburgh. Celebrating the 25th Anniversary of The United Nations Convention on Contracts for the International Sales of Goods. Buffalo: William S. Hein, v 1, 2005-2006, p. 62.

[67] A definição do que venha a ser licitação internacional não pode ser obtida diretamente dos termos da lei, conforme bem aponta Rafael Wallbach Schwind que, ainda, afirma: "alguns diplomas normativos até chegam a esboçar uma definição de licitação internacional, mas o fazem de modo generalista e destituído de melhor técnica". O autor então afasta alguns critérios para sua definição. Em suma, licitações internacionais: a) não precisam ser realizadas no exterior; b) não precisam ser necessariamente divulgadas no exterior; c) não precisam ter fonte de recursos externa; e d) não se diferenciam pela participação de estrangeiros (o que pode se dar também em licitações nacionais). (SCHWIND, Rafael Wallbach. *Licitações Internacionais*. Participação de estrangeiros e licitações realizadas com financiamento externo. Belo Horizonte: Fórum, 2013, p. 28-34). Seguindo a exposição, e

fase de *escolha* ou de *licitação* propriamente dita, dúvidas não há de é que aplicável a lei interna (no caso brasileiro), até mesmo porque a Convenção não trata de regras procedimentais mas, sim, materiais aplicáveis à compra e venda internacional. Exatamente por isso, uma vez terminada a fase licitatória, o contrato administrativo firmado pode (em tese) ser regido pelas disposições materiais da CISG. A afirmação dá-se ainda que se reconheça que o regulamento das licitações, no Brasil, abrange também regras aplicáveis aos contratos administrativos – não sendo, portanto, apenas procedimental.

A existência de um contratante estrangeiro não é a nota essencial para a configuração de uma licitação como internacional. Assim fosse, criar-se-ia uma situação de bastante insegurança em relação à aplicação da CISG às licitações internas, das quais participassem estrangeiros: a depender do licitante vencedor, se nacional ou estrangeiro, o contrato respectivo seria diverso. Para afastar quaisquer dúvidas, remete-se à lição de Cesar A. Guimarães Pereira, ao afirmar que nas licitações internas, exige-se a autorização de funcionamento no país da pessoa jurídica estrangeira (nos termos do art. 1.134, CC), o que afasta a internacionalidade, – por trazer a sua sede ao Brasil.[68]

Licitações internacionais têm caráter excepcional, confirmado por força da própria Lei de Licitações, a qual excepciona, por exemplo, a regra sobre a eleição de foro nos contratos públicos (em regra a sede da Administração), em certas hipóteses de compra e venda internacional:

---

com base em Cesar A. Guimarães Pereira, pode-se diferenciar três formas de licitação: a) licitações regidas pelas regras e com recursos de organismos internacionais, como o Banco Mundial de Desenvolvimento; b) licitações domésticas regidas pelas leis brasileiras e c) licitações internacionais regidas pelas leis brasileiras. Somente os das letras "a" e "c" são efetivamente licitações de cunho transnacional. Concluindo, "nas licitações brasileiras internacionais, os recursos podem ser domésticos ou não, e a licitação é aberta expressamente para licitantes domésticos ou estrangeiros. Nesses casos, como regra geral, o licitante internacional não precisa ter autorização para funcionamento no Brasil e é pago em moeda estrangeira. O estrangeiro é obrigado a ter representação no Brasil para recebimento de notificações e intimações processuais" (PEREIRA, Cesar A. Guimarães. *International bidders and public procuremente in Brazil*. Informativo Justen, Pereira, Oliveira e Talamini. Curitiba nº 45, novembro 2010, disponível em <http://www.justen.com.br//informativo. php?&informativo=45&artigo=1047&l=pt>. Acesso em: 25 jan. 2015).

[68] Além disso, o autor entende que não há invalidade nem desigualdade, no campo das licitações internacionais propriamente ditas, pelo fato de que os estrangeiros que dela participem sejam sediados em Estados contratantes e não contratantes, o que poderá alterar as regras contratuais incidentes, embora seja adequado que se preveja no edital regras uniformes e inspiradas na CISG, dado o sucesso da Convenção no âmbito das compras internacionais. (PEREIRA, Cesar A. Guimarães. Aplicação da CISG a compras governamentais. In: NALIN, Paulo; STEINER, Renata C. e XAVIER, Luciana. *Compra e Venda Internacional de Mercadorias*: vigência, aplicação e operação da CISG no Brasil. Curitiba: Juruá, 2014, p. 479 e 486-487).

CAPÍTULO I
INTRODUÇÃO À CONVENÇÃO DE VIENA, HISTÓRICO E CONTEXTUALIZAÇÃO | 65

Art. 55. São cláusulas necessárias em todo contrato as que estabeleçam: §2º Nos contratos celebrados pela Administração Pública com pessoas físicas ou jurídicas, inclusive aquelas domiciliadas no estrangeiro, deverá constar necessariamente cláusula que declare competente o foro da sede da Administração para dirimir qualquer questão contratual, *salvo o disposto no §6º do art. 32 desta Lei*. (grifamos)

****

Art. 32 [...]

§6º O disposto no §4º deste artigo, no §1º do art. 33 e no §2º do art. 55, *não se aplica* às *licitações internacionais para a aquisição de bens* e serviços cujo pagamento seja feito com o produto de financiamento concedido por organismo financeiro internacional de que o Brasil faça parte, ou por agência estrangeira de cooperação, nem nos casos de contratação com empresa estrangeira, para a compra de equipamentos fabricados e entregues no exterior, desde que para este caso tenha havido prévia autorização do Chefe do Poder Executivo, nem nos casos de aquisição de bens e serviços realizada por unidades administrativas com sede no exterior. (grifamos)

No que toca especificamente ao contrato administrativo, o art. 54 da Lei de Licitações estabelece o diálogo entre os assim denominados Direito Público e Direito Privado, dispondo que:

Art. 54. Os contratos administrativos de que trata esta Lei regulam-se pelas suas cláusulas e pelos preceitos de direito público, aplicando-se-lhes, supletivamente, os princípios da teoria geral dos contratos e as disposições de direito privado.

Diante da contratação internacional de compra e venda, a regência legal e sucessiva do negócio impõe a compreensão do comando acima, de modo que as disposições de direito privado incidentes serão retiradas da CISG, tendo em vista que ela faz parte do sistema privado interno, desde que permitido pelas regras de Direito público eventualmente incidentes.

Habitualmente, o Estado brasileiro se apresenta retraído diante de negócios jurídicos ou procedimentos nos quais ele não possa impor o seu poder de império, ditando as regras aplicáveis.

Todavia, face a um crescente quadro de negócios internacionais celebrados pela Administração Pública brasileira, muitos deles de compra e venda, de similar ou equivalente natureza jurídica, pareceu inevitável abrir-se para a experiência internacional de solução de conflitos, a qual emprega a arbitragem, dentre outros mecanismos *(ADR).*[69]

---

[69] Meios alternativos de resolução de disputas, do inglês: "ADR procedures, such as mediation and conciliation, are a friendlier means to resolve disputes. 'ADR' can stand for either 'alternative' or 'amicable' dispute resolution. [...]" (In: GREENBERB, Simon; KEE,

PAULO NALIN, RENATA C. STEINER
COMPRA E VENDA INTERNACIONAL DE MERCADORIAS

Nessa linha de pensamento, várias normas vêm sendo editadas visando a colocar o Brasil no curso dos negócios internacionais, os quais são solucionados pela arbitragem. Destacam-se, cronologicamente: Lei 5.662/71, art. 5º (BNDS); Dec. Lei 1.312/74, art. 11 (*Autoriza o Poder Executivo a dar a garantia do Tesouro Nacional a operações de créditos obtidos no exterior* [...]); Lei 8.693/93, art. 1º, parágrafo 8º (transporte ferroviário); Lei 8.987/95, art. 23 (concessões); Lei 9.427/97, art. 39, X (telecomunicações); Lei 9.478/97, art. 43, X (exploração de petróleo); Lei 10.848/04, art. 4º, parágrafos 5º e 6º (comercialização de energia elétrica); Lei 11.079/04, art. 11 (PPP).

Além do mais, é digna de nota a postura em favor da arbitragem consagrada pelo Poder Judiciário brasileiro, após o julgamento pelo Supremo Tribunal Federal que declarou constitucional a Lei de Arbitragem (*Sentença Estrangeira* - SE 5206 – 12.12.2001), tanto quanto o julgamento, pelo Superior Tribunal de Justiça (Recurso Especial nº 606.345/Rio Grande do Sul), o qual explicitou que as Sociedades de Economia Mista e Empresas Públicas são regidas pelas regras de Direito Privado, inclusive no que concerne à autonomia para contratar cláusula arbitral, com fundamento no art. 173, parágrafo 1º, da CF.

Do ponto de vista legislativo, destaca-se a recente alteração de Lei brasileira de arbitragem, levada a cabo pela Lei 13.129/2015, e que expressamente consigna a possibilidade de que a Administração Pública submeta-se à arbitragem a qual, contudo, deverá ser necessariamente de direito e respeitar o princípio da publicidade (art. 1º, §§1º e 2º e art. 2º, §3º).

O mesmo espírito deverá prevalecer no tocante à CISG, pois nenhum dispositivo legal nela contemplado permite concluir que seria aplicável somente a entes privados. Ou, conforme conclui Cesar A. Guimarães Pereira, o ponto de partida é o reconhecimento de que a CISG aplica-se, *abstratamente*, às compras e vendas internacionais, no que se incluem também as de caráter público.[70] Isso não significa, contudo, que questões concretas mais complexas não possam sugerir o contrário.

Nada obstante, por força do próprio contrato (ou em momento anterior, do edital), a Administração Pública poderá decidir pelo *opt out* e

---

Christopher; WEERAMANTRY, J. Romesh. *International commercial arbitration (an Asian-Pacif perpective)*. Cambridge: Cambridge, 2012, p. 19).

[70] O autor ainda afirma, com precisão: "Também não seria relevante algum argumento de *lex specialis*. Se a legislação de licitações e contratos administrativos pode ser tida como especial em face da CISG, porque se aplica a compras públicas internas ou internacionais, a CISG é igualmente especial porque se aplica a compras internacionais, privadas ou públicas. Prevalece a CISG em relação às compras e vendas internacionais por ser posterior e baseada em tratado internacional, o qual traduz um compromisso do Estado brasileiro em face de outros Estados". (PEREIRA, Cesar A. Guimarães. *Aplicação da CISG a compras governamentais*. In: NALIN, Paulo; STEINER, Renata C. e XAVIER, Luciana. Compra e Venda Internacional de Mercadoriais: vigência, aplicação e operação da CISG no Brasil. Curitiba: Juruá, 2014, p. 481-482).

assim afastar a incidência da Convenção em algum negócio em particular, como será visto mais adiante. Isso ocorrerá se dispuser de modo diverso da CISG no próprio contrato (ou no edital da licitação), ou se expressamente excluir a sua aplicação, remetendo-se a outro Direito.

Na primeira hipótese (em que não há exclusão expressa da Convenção), e novamente voltando-se à lição de Cesar A. Guimarães Pereira, não se pode deixar de apontar que, reconhecida que a lei de regência é, por excelência, a CISG, então são os seus dispositivos que irão reger a interpretação da exclusão.[71]

A opção pelo afastamento da CISG pode não ser recomendável, na medida em que a Convenção faz parte do sistema jurídico interno brasileiro, não havendo surpresas sobre a sua sistemática e efeitos. Além do mais, vislumbram-se situações em que a Administração Pública não queira ou não consiga impor o seu poder de império quanto a eventual afastamento da CISG, perante contratantes internacionais, de modo a tentar fazer prevalecer ao contrato internacional alguma lei doméstica, como o Código Civil.

Some-se a isso, ainda, o fato de que ao aderir à Convenção, o Estado brasileiro fez o juízo de conveniência e considerou-a apta a ter vigência no país e aos seus próprios contratos, especialmente quando se reconhece os acertados mecanismos dispostos na CISG no que toca ao comércio internacional.

1.4.4 Respeito à autonomia privada da parte, que pode escolher pelo *opt out* da CISG, embora o Estado ao qual pertença seja contratante

Quarto aspecto que se mostra relevante, neste contexto ainda introdutório, é o respeito que a CISG oferece à autonomia da vontade (*party autonomy*) das partes contratantes.[72] Esta faceta da Convenção a qualifica como lei dispositiva, em sua quase totalidade, possibilitando a liberdade de escolha da lei aplicável, a ser exercida até a formação do contrato, como também de exclusão ou modificação de suas regras.

Tal respeito à liberdade de escolha se mostra consagrado no art. 6º CISG, o qual permite às partes derrogar a aplicação da Convenção no

---

[71] PEREIRA, Cesar A. Guimarães. *Aplicação da CISG a compras governamentais*. In: NALIN, Paulo; STEINER, Renata C. e XAVIER, Luciana. Compra e Venda Internacional de Mercadorias: vigência, aplicação e operação da CISG no Brasil. Curitiba: Juruá, 2014, p. 483.

[72] Em DIP, autonomia da vontade é a possibilidade de escolha da lei aplicável a determinada relação jurídica. O termo tem, pois, conceito diverso daquele de liberdade negocial ou autonomia privada existente no âmbito do Direito das Obrigações.

seu todo ou só em parte, ao que se soma a possibilidade de modificação de seus efeitos:

> Artigo 6 As partes podem excluir a aplicação desta Convenção, derrogar qualquer de suas disposições ou modificar-lhes os efeitos, observando-se o disposto o art. 12.

A regra é a possibilidade de alteração; a exceção a sua proibição. O art. 6º deixa isso bem claro, no sentido de que mesmo havendo manifestação da vontade estatal de vinculação à CISG (o que se dá pelo depósito do instrumento de ratificação), a sua aplicação não é mandatória, podendo ser afastada pela vontade das partes.

Dentre as regras proibidas de serem afastadas pela vontade das partes destaca-se a do art. 12, o qual determina a necessidade de observância de forma escrita para os atos de formação e extinção contratual, "[...] quando uma das partes tiver seu estabelecimento em Estado Contratante que tenha feito a declaração no art. 96 desta Convenção [...]". Isso porque o art. 96 permite ao Estado contratante afastar a aplicação da liberdade de formas, pedra angular do sistema da Convenção (remete-se o leitor ao item 2.4).

Em breves palavras, ambos os dispositivos retratam a opção do Estado contratante em somente permitir que os negócios regidos pela CISG sejam oferecidos, formados e distratados pela forma escrita, o que é uma exceção no contexto da Convenção, cuja natureza dos negócios pauta-se pela liberdade de formas e pela informalidade. Feita a declaração do art. 96, a liberdade de formas não se aplicará àquele Estado específico.

No entanto, além da hipótese acima, a jurisprudência sobre a Convenção tem dado conta de criar limitações aos atos derrogatórios das partes, excluindo desta possibilidade aqueles alusivos às provisões finais[73] e também ao art. 28[74] CISG.[75] Este último dispositivo alude a regras processuais internas, dirigida ao juiz estatal, o qual somente atenderá ao pedido

---

[73] As *Provisões Finais* são concernentes ao Direito Internacional Público (art. 89 a 101) e em razão dessa natureza não serão analisadas neste livro. Ademais, a importância de tais provisões se dirige ao processo de adesão à CISG e eventuais ressalvas pelos Estados aderentes, o que se mostra inaplicável a esta obra, já que o Brasil não apresentou qualquer ressalva. Veja-se, ainda, que a liberdade das partes é diversa da liberdade dos Estados contratantes, que podem optar por excluir a vigência tanto da Parte II como da Parte III da Convenção, nos termos do art. 92 (1) CISG.

[74] Artigo 28. Se, de conformidade com as disposições da presente Convenção, uma das parte tiver o direito de exigir da outra o cumprimento de obrigação, o juiz não estará obrigado a ordenar sua execução específica salvo se devesse fazê-lo segundo seu direito nacional, em relação a contratos de compra e venda semelhantes não regidos pela presente Convenção.

[75] FERRARI, F. Remarks on the UNCITRAL digest's comments on article 6 CISG. In: *The Journal of Law and Commerce*. University of Pittsburgh. Celebrating the 25th Anniversary of The United Nations Convention on Contracts for the International Sales of Goods. Buffalo: William S. Hein, v. 1, 2005-2006, p. 19.

de cumprimento específico da obrigação se o direito da sua jurisdição contiver previsão processual similar.

Assim, por se tratar de exceção expressamente contida na CISG, não podem as partes, por exemplo, instituir uma cláusula de contrato estabelecendo que a obrigação específica sempre será potencialmente permitida, a despeito da inexistência de similar previsão no direito doméstico do local do foro de eventual litígio. Ou, ainda que assim o façam, tal disposição não será cogente à Corte estatal, que aplicará seu direito processual.

Afora tais exceções, é permitido às partes contratar a exclusão da CISG (ou seja, deixar de aplica-la a casos em que, naturalmente, seria aplicada), o que é chamado de *opt-out*. Tal escolha, de uma forma geral, parece ser contraproducente aos seus próprios interesses, uma vez que as priva da aplicação de uma lei que é reciprocamente conhecida, optando-se, por outro lado, pela incerteza de um direito local, muitas vezes escolhido *a posteriori* pelo juiz ou árbitro (ainda que por aplicação de regras previamente conhecidas). Naturalmente que, neste contexto, pode se sobressair o poder de negociação do contratante, o qual deseja impor à contraparte o seu direito nacional e a sua jurisdição. Tal efeito derrogatório é permitido pela CISG, incrementando-se na atualidade a partir do uso de *standard terms* ou contratos internacionais de adesão, cuja eficácia vinculante será tratada quando do estudo da formação do contrato (item 5.6).

Apesar da clareza da lei, o termo "modificação dos seus efeitos" constante do art. 6º refere-se também a substituição, alteração, em qualquer sentido ou, ainda, a complementação da CISG. Para ilustrar, as partes podem fazer constar do instrumento de contrato que a ele se aplicam os princípios do UNIDROIT ou mesmo o Código Civil brasileiro (ou de qualquer outro país) e, assim, a CISG estará total ou parcialmente derrogada. A escolha positiva da lei de regência, porém, dependerá de regra de DIP permissiva da autonomia da vontade.

De forma ainda mais expressa e geral, podem as partes contratar a não aplicação da CISG ao contrato (exclusão), sem escolha da lei aplicável. Neste caso, caberá ao órgão julgador deliberar a lei de regência deste negócio, o que será feito de acordo com as regras de DIP do foro.

Sobre a eleição dos princípios UNIDROIT, por ato e força da autonomia das partes, ressalva-se que tal possibilidade se aplica com maior facilidade ao campo arbitral, já que tais princípios não são propriamente uma fonte normativa, mas o que se convencionou chamar de *soft law*.[76]

---

[76] O significado de *soft law* não é unívoco. Referindo-se a eles a partir da qualificação conferida aos Princípios Unidroit, Lauro Gama Jr. afirma, inicialmente, "Soft law é, na verdade, um conceito multifacetado, plural", para arrematar "Afastado o dogma segundo o qual não existe outro direito que os direitos de origem estatal (nacional ou internacional), e, resgatada a ideia de que o direito não é apenas, nem necessariamente, formado por regras jurídicas, mas por

Portanto, ao menos ao olhar do juiz brasileiro, parece pouco factível que se afaste uma fonte normativa (direito positivo) em homenagem a uma fonte voluntária e axiológica, contudo, não estatal, a *lex mercatória* – o que aliás somente seria admissível se afastada uma leitura restritiva do art. 9º LINDB.[77]

Diante de tal quadro, o juiz e a Corte possivelmente deixariam de aplicar a "norma" eleita pelas partes, o que poderia configurar "um contrato sem lei",[78] para aplicar as regras de conexão previstas no Direito interno (em suma, o art. 9º da LINDB). Ademais, caso não haja uma expressa exclusão da CISG, mas somente a eleição dos princípios UNIDROIT, o que configuraria uma derrogação indireta da Convenção, ao final e ao cabo, ela própria deveria ser empregada pelo órgão julgador.

O mesmo se diga para um julgamento por Tribunal arbitral, pois mesmo sob o fundamento da *lex arbitri*, em alguma legislação nacional ou internacional há de se apoiar a decisão, sob pena de ficar exposta à anulação pela Corte quando requerida a sua homologação ou execução.

O tema é repleto de variáveis, pois a aplicação desta ou daquela lei como fonte de solução de litígios poderá ser determinante para o sucesso de uma eventual disputa processual ou, quanto menos, um dos objetos de negociação do contrato. O tema será retomado com a devida amplitude ao serem abordados o *escopo* e os *limites* da CISG.

1.4.5 Força expansiva da CISG para serviços e direitos intelectuais ou imateriais.

Quinto aspecto que desde logo se sobressai é o caráter expansivo da CISG para setores para os quais ela não foi originalmente projetada.

Em sua origem, a CISG destina-se à regulação da compra e venda internacional de bens tangíveis. Por sua vez, o contrato de compra e venda não encontra grandes linhas distintivas entre os mais variados sistemas

---

outros elementos – como os princípios – também dotados de força normativa (...)". (GAMA JR, Lauro Souza e. Os princípios do Unidroit relativos aos contratos do comércio internacional 2004 e o direito brasileiro: convergências e possibilidades. In: *Revista de Arbitragem e Mediação*. v. 8, p. 48-100, jan-mar.2006, acesso pela RTOnline).

[77] Em suma, a admissão de uma escola positiva pela aplicação dos Princípios UNIDROIT perpassaria um duplo filtro a ser ultrapassado: primeiramente, a própria possibilidade de escolha da lei por força da vontade e, em segundo ponto, a possibilidade de escolha de uma lei não estatal. Afirmação essa, obviamente, que somente tem aplicação na inexistência de cláusula arbitral. Existente esta, por força do art. 2º da Lei de Arbitragem, possível será a escolha.

[78] BAPTISTA, Luiz Olavo. Os "projetos de princípios para contratos comerciais internacionais" da UNIDROIT, aspectos de direito internacional privado. In: BONELL, M. Joachim e SCHIPANI, Sandro [coord.]. *Principi per i contratti commerciali internazionali" e il sistema giuridico latinoamerciano*. Roma: Cedam, 1996, p. 31-32.

legais, sendo, talvez, o mais comum e culturalmente espontâneo de todos os contratos: pode-se comprar uma peça de roupa, seguindo similares roteiros legais, em qualquer canto do planeta; o mesmo não se aplicando, por exemplo, à locação, ao empréstimo, à doação dentre outros. No sistema brasileiro, o art. 481 CC estipula que "pelo contrato de compra e venda, um dos contratantes se obriga a transferir o domínio de certa coisa, e o outro, a pagar-lhe certo preço em dinheiro". O CC estabeleceu os elementos da compra e venda como sendo (i) a *vontade contratual*, (ii) o *preço* e (iii) a *coisa* e, em grandes linhas, pode-se afirmar que estes mesmos requisitos da compra e venda se apresentam na maior parte dos sistemas jurídicos (a análise dos *essentialia negotii* na CISG será feita no item 5.2).

No entanto, novas fontes tecnológicas e a ampliação do conjunto de direitos imateriais que eclodiram nos últimos trinta anos impôs expansões ao conceito de "coisa", objeto da compra e venda. No Direito interno brasileiro, por exemplo, o CC de 2002 incorporou ao seu texto a venda sobre documento,[79] variando no conceito de coisa e da sua tradição.

Com a CISG a situação não diverge. Desde a sua final redação e aprovação na Convenção de Viena, em 1980, o conceito de *coisa*, objeto da compra e venda, foi também alterado.

Sensível a tal realidade e à dinâmica das operações econômicas, a comunidade jurídica tem trabalhado com contratos mistos em seu objeto, os quais reúnem a entrega de uma coisa associada a algum serviço. Ao final, isso significa a expansão do conceito de coisa, bem ou produto. Portanto, diante da natural complexidade dos contratos contemporâneos,[80] admite-se que haja também algum serviço no conjunto dos efeitos da relação contratual, sem que isso afaste a incidência da CISG.

A CISG ressalva que somente quando preponderar a entrega do produto ou da coisa em face do serviço é que haverá espaço para a sua incidência. Ao contrário, se o serviço preponderar, será outra a fonte legal regulatória, conforme art. 3º (2): *Não se aplica esta convenção a contratos em que a parcela preponderante das obrigações do fornecedor das mercadorias consistir no fornecimento de mão de obra ou de outros serviços.* A chave para a interpretação desse artigo está no conceito e nos critérios que explicam "[...] *a parcela preponderante das obrigações* [...]", como será mais adiante abordado (item 3.5).

---

[79] Art. 529, CC. Na venda sobre documentos, a tradição da coisa é substituída pela entrega do seu título representativo e dos outros documentos exigidos pelo contrato ou, no silêncio deste, pelos usos.

[80] SAIEGH, Sandra. *The business lawyer's perspective*. In: FLECHTNER, Harry M.; BRAND, Ronald A.; WALTER, Marks S. Drafting contracts under the CISG. Nova Iorque: Oxford, 2008, p. 257.

De qualquer sorte, a força expansiva do art. 3º (2) CISG é um aspecto que ganha destaque e reconhecimento pela doutrina[81] e merece do intérprete uma sutil e contemporânea análise sobre os objetos contratuais envolvidos, sendo desaconselhado impor um juízo inflexível e fora do contexto histórico sobre os contratos mistos, sob pena de exclusão inadequada e precipitada da CISG.

Na linha evolutiva da Convenção, também chama atenção a expansão dos direitos imateriais, o que está diretamente relacionada ao conceito de coisa ou de bem jurídico objeto da compra e venda. Assim sendo, os direitos autorais, os *softwares*, vendidos isoladamente ou agregados a produtos, compõem um imenso acervo de debates sobre o conceito de propriedade e da sua transmissão, uma vez que classicamente a compra e venda não tem, por natureza e consequência, a cessão de um direito (imaterial), mas somente a tradição da coisa (material).

Nesse contexto, algumas questões logo emergem: a compra de um *software* (licença, CD etc.) sofre a mesma regência jurídica que o *download* obtido na internet? A maioria esmagadora de produtos com algum detalhe tecnológico é composta por *hardware* e por *softwares* (smartphone, computadores, carros, rádios, equipamentos médicos etc.). Então, como distinguir produto (coisa), mão de obra ou serviço que viabilizou a sua produção e os direitos imateriais dele compostos, no sentido de se aplicar a CISG ou não? São temas a serem abordados mais detidamente quando investigado o alcance da Convenção aos contratos de compra e venda (item 3.5).

No entanto, desde logo, fica o alerta de que a interpretação meramente gramatical do art. 3º CISG, sem que passe uma atualização histórica, em vista das novas tecnologias, pode relegar à CISG um indesejável papel secundário e decadente, aplicável a *commodities* (café, petróleo, madeira etc.) ou bens sem qualquer afetação tecnológica (roupas, sapatos, cadeiras, livros etc.). Reconhecer um papel expansivo do objeto do contrato de compra e venda é uma das formas de mantê-la presente nos negócios contemporâneos, sem que isso importe desnaturar a razão pela qual a Convenção foi pensada.

---

[81] VISCASILLAS, Pilar Perales. *International distribution contracts and CISG.* p. 48. *In*: SCHWENZER, Ingeborg [coord.]. Internacional commerce and arbitration. Haia: Eleven, 2014, v. 15, p. 54.

CAPÍTULO II

GUIA RÁPIDO DE APRESENTAÇÃO À ESTRUTURA DA CISG

Apresentado o histórico e a razão de sucesso da Convenção de Viena sobre Compra e Venda Internacinal de Mercadoriais – o que se fez no capítulo anterior –, pode-se então passar à apresentação das disposições internas da CISG ao leitor brasileiro, o que se faz em forma de um brevíssimo roteiro sobre a sua estrutura. O objetivo deste capítulo é, portanto, permitir que o operador do Direito brasileiro possa se familiarizar à forma de estruturação da CISG, bem como às suas divisões internas. A Convenção é dividida em 4 (quatro) partes, as quais, por sua vez, são subdivididas em capítulos. A terminologia adotada na distribuição dos temas e da sua estrutura deve ser respeitada, em vista da sua linguagem consagrada, do seu caráter internacional e uniforme, e será a guia mestra da exposição que segue. Em suma, eis a estrutura de tópicos trabalhados em cada uma das partes da CISG:

Parte I – Campo de aplicação e disposições gerais (arts. 1º a 13)
Parte II – Formação do contrato (arts. 14 a 24)
Parte III – Compra e venda de mercadoriais (arts. 25 a 88)
Parte IV – Disposições finais (arts. 89 a 101)

Como este não é um livro de comentários à lei, a análise que se segue será desenvolvida em blocos, divididos de acordo com a divisão interna da própria CISG, empregando-se, em algumas passagens, o recurso comparativo ao CC brasileiro. Alguns temas aqui tratados são verticalizados com maior profundidade em capítulos próprios e, nestes casos, o leitor encontrará a devida referência cruzada.

2.1 Campo de aplicação e disposições gerais (Parte I)

A Parte I da Convenção delimita o âmbito de aplicação da CISG. Isso perpassa a elucidação do tipo contratual por ela regido, bem como das exclusões de aplicação (remete-se o leitor ao item 3.5), além de apresentar os critérios de interpretação da Convenção e do contrato de compra e venda, os quais se projetam nas demais partes do texto convencional. É, efetivamente, uma parte introdutória imprescindível para compreensão dos demais dispositivos convencionais.

A esfera de aplicação está distribuída no Capítulo I, entre os arts. 1 a 6.[82] Os artigos 1, 2, e 3 definem propriamente o escopo da CISG e dos contratos por ela atingidos, ao passo que os artigos 4, 5 e 6 estabelecem a extensão e os limites desta incidência.[83]

A primeira e mais fundamental regra de aplicação da CISG – trabalhada abaixo com detalhes no item 3.1.1 – refere-se à sua aplicação direta a contratos de compra e venda de mercadoriais firmados por partes situadas em Estados contratantes [art. 1º (1) (a)]. A Convenção estabelece que é indiferente para tanto a nacionalidade das partes, ou seu caráter civil ou comercial [art. 1º (3)], bastando o fato objetivo da sede em diferentes Estados que tenham ratificado a Convenção.

Admite-se, também, que a Convenção seja aplicada indiretamente, ou seja, por força das regras de Direito Internacional Privado. É o que ocorre quando o DIP do foro remete a solução da controvérsia à lei de um país contratante, nas hipóteses em que não há fundamento para a aplicação direta. Consoante já se viu, a CISG é considerada lei doméstica nos países aderentes, razão pela qual é também fonte de Direito a ser aplicada pela via indireta (item 1.3.2).

Exemplificativamente, se ao aplicar o Direito Internacional brasileiro – ou seja, os elementos de conexão previstos no art. 9º da LINDB – a resolução da questão for remetida à aplicação da lei de um Estado contratante, como a Alemanha, por exemplo, chegar-se-á à aplicação da CISG por via indireta. Isso porque, para a finalidade de regular a compra e venda internacional de mercadorias, a CISG é a lei alemã vigente. Esta e outras hipóteses são estudadas com mais afinco no item 3.2.

Complementa a disposição do art. 1º aquela do art. 10, que retrata a peculiar circunstância de o contratante ter mais de um estabelecimento,

---

[82] Optou-se no livro pela referência aos artigos da CISG sem utilização da numeração ordinal, considerando a prática reiterada dos operadores que trabalham com a Convenção bem como a própria tradução oficial da Convenção (Decreto Legislativo 73/2012).

[83] SCHLECHTRIEM, Peter; SCHWENZER, Ingeborg. In: SCHWENZER, Ingeborg; GREBLER, Eduardo; FRADERA, Vera; PEREIRA, César A. Guimarães (coords.). Comentários à Convenção das Nações Unidas sobre contratos de compra e venda internacional de mercadorias. *Revista dos Tribunais*, São Paulo, p. 143-144. 2014.

em diversos países. Nesses casos, a Convenção estabeleceu que o lugar do negócio se define por aquele que tenha a maior proximidade com o contrato. Assim sendo, se toda a negociação e fechamento tomou assento em um Estado "A" (contratante), mas o instrumento de contrato foi assinado pela diretoria desta parte, cuja sede é no Estado "B", para todos os efeitos do art. 10, o contrato foi celebrado no primeiro Estado – conforme se trabalhará no item 3.1.

Como se vê, é no art. 1º que se define o que seja um contrato *internacional* à luz da CISG. A ele segue-se o disposto no art. 2º, o qual lista uma série (taxativa) de situações ou contratos aos quais a Convenção não será aplicável, ainda que se esteja diante de contratação internacional (tais como contratos de compra e venda para uso pessoal, vendas em hastas públicas ou em execução, compra de navios e aeronaves etc). Estas situações de exceção são elucidadas no item 3.5.4.

Outra exceção à incidência da CISG também é encontrada em seu art. 5º, o qual afasta da sua aplicação a responsabilidade por dano de morte ou à integridade física causado a qualquer pessoa, que será regido pelas regras do Direito obtidas por aplicação do DIP do foro. Embora a Convenção aluda expressamente só a estes danos, os quais podem ser relacionados aos danos imateriais ou morais (*lato sensu*), a experiência nacional, fundada no CC e CDC, encaminha os danos de natureza personalíssima também para a esfera do dano moral (*stricto sensu*) puro, os quais igualmente estão compreendidos pela exclusão do artigo de lei em análise.

Como se vê, o conjunto destes dispositivos é fundamental para estabelecer o próprio âmbito de incidência das demais regras convencionais.

Ainda nesta delimitação de aplicação, o art. 4º, *caput* da Convenção limita a sua incidência somente à formação do contrato e aos direitos e obrigações emergentes deste contrato. Os itens (1) e (2) do mesmo artigo expressamente excluem da CISG qualquer tema alusivo à validade (*lato sensu*) do contrato – a não ser que trabalhado expressamente pela Convenção –[84] e ao direito de propriedade sobre o objeto da venda, respectivamente.

Ambos os temas – validade e transmissão de propriedade – são sensíveis aos direitos nacionais, que muitas vezes são diversos entre si. Ao excluir tais questões polêmicas de seu âmbito de aplicação, a CISG mantém seu foco no *núcleo duro* da operação contratual, que vem a ser o cumprimento e o descumprimento das prestações, perpassando a formação do vínculo e do conteúdo contratual. Supletivamente, a lei de regência desses temas excluídos pela CISG será definida pelas regras de DIP do foro, ou pela vontade das partes (quando permitida pelo DIP do foro) ou mesmo

---

[84] É este o teor de "salvo disposição expressa em contrário na presente Convenção", constante do *caput* do art. 4º, CISG.

pela decisão dos árbitros, na hipótese de Tribunal arbitral, caso as partes não escolham a lei regente.

O âmbito de incidência da CISG é complementado pela regra de liberdade das partes (*party autonomy*), fundada no art. 6º. Trata-se de princípio estruturante de toda a CISG. Com efeito, a natureza da Convenção é tipicamente dispositiva, ou seja, permite-se às partes afastar sua incidência (o chamado *opt out*, estudado no item 3.2.1) bem como escolhê-la como lei de regência a contratos que, naturalmente, não seriam por ela regidos (o chamado *opt in*, estudado no item 3.3.2), assim como afastar parcialmente a aplicação de seus dispositivos.

O critério de aplicação da CISG é objetivo, e regido em princípio pela própria Convenção. Há, contudo, algumas regras de exclusaõ de sua aplicação, que devem ser compreendidas.

A primeira decorre da aplicação dos arts. 2º e 5º, acima mencionados, que afastam a aplicação da CISG a determinados contratos ou efeitos deles decorrentes, ainda que internacionais e enquadráveis na moldura descrita no art. 1º. Em outras palavras, não basta que se esteja diante de um contrato internacional de compra e venda de mercadorias para que haja automática aplicação da Convenção: é preciso certificar-se da inexistência das regras de exclusão expressamente trazidas pelo texto convencional.

Segunda e mais significativa possibilidade de afastamento, pela derrogação, parcial ou total da CISG, pelas partes, é por meio do exercício da autonomia da vontade, na base do seu art. 6º. A CISG trabalha exclusivamente com direitos patrimoniais e disponíveis, cujos conceitos são amplamente conhecidos no Brasil, sendo parte de sua estrutura fundamental a liberdade das partes quanto à escolha de sua aplicação ou exclusão de suas disposições, global ou parcialmente.

Por fim, em hipótese vinculada ao Direito Internacional Público, o próprio Estado contratante pode apresentar ressalvas à Convenção no momento da sua adesão, e mesmo após, nos termos dispostos na Parte IV, em disposições que serão estudadas abaixo (item 2.4). O Brasil não declarou qualquer ressalva, de modo que a CISG se aplica por inteiro ao contrato cuja parte seja brasileira, a não ser que haja alguma ressalva realizada pelo Estado da contraparte. Neste caso, o operador brasileiro deve ficar muito atento a qual Estado pertence a contraparte negocial, para bem entender o efeito e o alcance da CISG no seu negócio.

Ainda na Parte I da Convenção, o Capítulo II alude a regras de interpretação dos contratos e introduz, em seus arts. 7º e 8º, conceitos relevantes para aplicação da CISG como um todo, tais como a sua interpretação uniforme, o seu caráter internacional, boa-fé, intenção negocial, pessoa razoável, razoabilidade e, quanto a este último valor ou princípio, as circunstâncias do negócio. Trata-se de conceitos e mecanismos que serão estudados no Capítulo IV.

Sublinha-se novamente que o caráter internacional da CISG somente é mantido quando se busca a interpretação uniforme de suas regras e conceitos. Isso importa dizer que aplicar a CISG não é o mesmo que aplicar as regras do Código Civil ou a legislação brasileira, ainda que possa haver utilização de um *nomen juris* idêntico.[85] Nesse sentido, veja-se que o art. 9º, CISG apresenta um conceito muito próprio do direito internacional, os *usos do comércio*, os quais as partes conheciam ou deveriam conhecer, por conta da experiência e da natureza internacional do contrato e que, por essa razão, são vinculativos. Embora sua disposição não seja de todo diversa daquela obtida do art. 113 CC – o qual associa boa-fé e usos do lugar como instrumento de interpretação do contrato – o artigo convencional há de ser preenchido a partir da experiência internacional, o qual pode potencialmente ser diverso dos usos nacionais.

Evidentemente, o contrato internacional não se apega a usos locais da mercancia mas sim às práticas internacionais que, acumuladas ao longo dos séculos, criaram condutas reconhecidas pelos contratantes como sendo de natureza contratual, ou seja, as práticas de mercado as quais se aplicam tanto à formação quanto à execução do contrato. Segundo a CISG, as partes são obrigadas a proceder conforme tais usos e práticas, a não ser que tenham contratado de modo diverso.

Mal comparando, se está diante de uma espécie de *Parte Geral* da Convenção, tal qual contemplada no CC brasileiro, e cuja principal proposta é estabelecer um regime hermenêutico interno entre esta e as demais Partes.

Dada a pretensão de interpretação uniforme expressamente determinada pelo art. 7º (1), conhecer as regras dispostas na Parte I da CISG é fundamental. Observando tal critério de interpretação, e embora seja pensamento corrente na doutrina a considraçaõ da natureza "aberta" da CISG aos sistemas nacionais com os quais dialoga, em verdade, pensamos que ela se notabiliza por ser um sistema legal autoreferencial sem precedentes no Direito brasileiro.

Por fim, os arts. 11 e 12 consagram de forma radical o princípio do consensualismo nas relações contratuais regidas pela CISG.[86] Nenhuma forma é exigida para a celebração do contrato de compra e venda internacional,

---

[85] Somente para ilustrar, a boa-fé referida pela Convenção tem um desenho similar, mas não idêntico, ao nacional, pois direcionado ao comportamento razoável entre contratantes. Em vista de tal peculiaridade, não é possível simplesmente transportar o conceito nacional de boa-fé para a CISG, sem a necessária filtragem à luz da doutrina e da jurisprudência internacionais, sob pena de ela perder o seu caráter internacional.

[86] Sobre a liberdade de forma na CISG, remete-se ao texto de GLITZ, Frederico E. Z. *O princípio da liberdade de forma e prova do contrato na CISG*. In: NALIN, Paulo; STEINER, Renata C. e XAVIER, Luciana. Compra e Venda Internacional de Mercadoriais: vigência, aplicação e operação da CISG no Brasil. Curitiba: Juruá, 2014, p. 181 e seguintes.

inclusive, em consonância com o art. 9º (1), uma vez que o contrato pode ser formado e celebrado pelo emprego dos *usos internacionais*. Por conta disso, a prova do contrato e dos seus efeitos igualmente cai em um campo de amplas possibilidades para as partes, definindo a Convenção que ele pode ser provado por qualquer meio, inclusive testemunhal.[87] Concedendo ainda espaço para o princípio do consensualismo, e muito antes do seu tempo, o art. 13 CISG já previa que o telegrama e o telex eram evidências ou provas escritas do contrato. Em se tratando de uma Convenção que começou a ser negociada em 1970 e que não estava aberta para adesão antes de 1980, ninguém pode contra ela levantar críticas sérias por não contemplar previsão sobre *e-commerce*, por exemplo, ou mesmo sobre a prova por meios eletrônicos.

Com quase trinta e cinco anos de existência, desde a sua aprovação, quando as atuais tecnologias eram impensáveis à época, naturalmente, deve-se admitir todos os meios eletrônicos de comunicação como prova contratual, pois certamente teriam sido previstas pela CISG se estivessem disponíveis às partes ao tempo da sua aprovação.[88] Em vista de tal perspectiva, os novos meios de comunicação não levantam considerações especiais[89] concernentes à formação do contrato e mesmo sobre a sua negociação, pois amparados pelo art. 11 CISG, incluindo-se nele meios mais modernos de comunicação.[90]

2.2 Formação do Contrato (Parte II)

A formação do contrato de compra e venda internacional é um tema que ocupa um particular espaço no texto da Convenção, a ele tendo sido

---

[87] Um breve paradoxo, contudo, deve ser salientado, observando-se o art. 11 CISG. Trata-se de constatar que o UNCITRAL Model Law on International Commercial Arbitration prevê a cláusula arbitral escrita para que um juízo arbitral possa ser válido e impositivo às partes, o que pode se revelar surpreendente, já que o contrato de onde surge o conflito independe de forma escrita. Apesar disso, a Model Law é de certa forma flexível quanto à forma escrita da cláusula, nos termos do seu art. 7º (1) a (6), contemplando, inclusive, formas eletrônicas, declarações trocadas entre as partes ou acordos apartados ao contrato. Veja-se, ainda, que a forma escrita para arbitragem não é mandatória em todos os países que adotam essa forma de solução de litígios, observando somente a legislação nacional. Por exemplo, enquanto a atual lei arbitral brasileira impõe a forma escrita e assinada, Espanha, Singapura e Holanda dependem da simples verificação por escrito da cláusula, ao passo que a Nova Zelândia e as Províncias Canadenses de Alberta e Ontário permitem a cláusula arbitral oral.

[88] Sobre comunicações eletrônicas e CISG, é imprescindível a menção à Opinion nº 1 do CISG-Advisory Council que trabalha especificamente sobre o tema: <http://www.cisg.law.pace.edu/cisg/CISG-AC-op1.html>. Acesso em: 9 jul. 2015.

[89] BERNSTEIN, Herbert; LOOKOFSKY, Joseph. *Understanding the CISG in Europe*. 2. ed. Haia: Klumer, 2003, p. 66.

[90] LOOKOFSKY, Joseph. Walking the article 7(2) tightrope between CISG and domestic law. *The jornal of law and commerce*. In: The Journal of Law and Commerce. University of Pittsburgh. Celebrating the 25th Anniversary of The United Nations Convention on Contracts for the International Sales of Goods. Buffalo: William S. Hein, v 1, 2005-2006, p. 89.

dedicada toda a Parte II. Regras específicas sobre o tema serão trabalhadas no Capítulo V, restando aqui apenas uma breve introdução à sistemática adotada pela CISG.

O detalhamento da sistemática de formação do contrato estende-se entre os arts. 14 a 24, e representa a fusão entre diferenças fundamentais existentes nos sistemas do *common law* e do *civil law*.[91]

A CISG trabalha a formação do contrato a partir das figuras da *proposta* e da *aceitação*, à semelhança do que faz o Direito interno brasileiro. O contrato, à luz da CISG, é formado no momento em que a *proposta* é eficazmente *aceita* (art. 23, CISG). O alcance destas figuras, contudo, somente pode ser corretamente compreendido se se voltar os olhos à sistemática própria da CISG, sendo defeso qualquer intepretação realizada à luz do CC brasileiro.

Apesar deste alerta, é certo que as disposições sobre formação do contrato (arts. 427 a 435) do Código Civil brasileiro em grandes linhas, atingem o mesmo fim pretendido pela CISG. Cumpre lembrar, contudo, que os dispositivos do CC sobre o tema aludem a todo e qualquer contrato e não somente à compra e venda, de modo que nem poderia o CC deter-se em singular contrato, sob pena de perder de vista o sentido (coletivo) dos contratos em geral.

---

[91] Embora este não seja um livro sobre o *common law*, a importância que este sistema legal exerceu sobre a Parte II da CISG aconselha brevemente conceituar os dois institutos típicos deste sistema, *consideration* e *revocation*. O primeiro instituto em questão é central para a contratualidade no sistema do *common law* e pressupõe uma barganha entre as partes, de tal modo que exista entre elas uma troca patrimonial e tal troca resulte, efetivamente, da negociação. Esclarece Allan Farnsworth que a troca não necessariamente importa em contratação bilateral (*promise as consideration*), podendo caracterizar um contrato unilateral, por meio de obrigação de fazer (*performance as consideration*). Contudo, necessariamente deve haver o movimento de uma parte para a outra, mesmo que o favorecido seja uma terceira pessoa. Por esse motivo, no sistema do *common law*, a doação não é um contrato, pois carente de *consideration*. A certeza da existência de um contrato e de todas as suas implicações é um marco relevante para o *common law*, já que a lei por si só não obriga os contratantes, o que é dependente da *consideration*. (FARNSWORTH, E. Allan. *Farnsworth on contracts*. 3 ed. Austin: Klumer, 2004, v. 1, p. 80-81). Descendo a minúcias sobre a barganha (*bargain*), esclarece o mesmo autor norte-americano (p. 200) que as Cortes daquele país observam duas linhas fáticas para concluir pela sua existência: *primeira*, ambas as partes concordam em se obrigar; *segunda*, existe entendimento suficiente e definitivo entre as partes para o acordo ser exigível? Tais constatações conduzem a um contrato eficaz e bilateralmente exigível; com simplicidade rematam Calamari e Perillo: "In the words of one court: 'consideration is the glue that binds the parties to a contract together'" (CALAMARI, Jonh D.; PERILLO, Joseph M. *Calamari and Perillo on contracts*. 6 ed. Saint Paul: West, 2009. p. 149). O segundo instituto, *revocation*, diz respeito à ampla possibilidade de revogação da oferta para constituiçao de um contrato no sistema da *common law*. A intenção manifestada de não seguir com o contrato proposto, em vista de uma oferta revogável, é o meio mais simples de extinguir a possibilidade de aceitação criada na esfera jurídica do potencial aceitante. A revogação deve se dar antes da aceitação e o meio pelo qual ela ocorre está sujeita à intepretação (*Idem*, p. 81).

Talvez, e também por isso, o detalhamento e as cautelas apresentadas pela CISG para a formação do contrato são incomparavelmente mais elaborados e melhor aplicados, pois saber quando e se existe um contrato é o escopo destas disposições internacionais as quais, em *ultima ratio*, também revelam um maior respeito ao *pacta sunt servanda*.

Exemplo de tal riqueza de detalhes da CISG se evidencia pela simples comparação entre os textos convencional e doméstico brasileiro, e pela constatação de que o CC brasileiro, de fato, não alude à formação do contrato propriamente dito,[92] mas somente às figuras da *proposta* e a da *aceitação*.[93] Ao contrário, a CISG dispõe textualmente sobre a formação ou conclusão do contrato sob sua regência:

> Artigo 23
>
> Considerar-se-á concluído o contrato no momento em que a aceitação da proposta se tornar eficaz, de acordo com as disposições desta Convenção.

Para dar conteúdo exato aos termos *proposta* e *aceitação*, deve-se remeter aos artigos anteriores ao art. 23 CISG, os quais estabelecem as regras aplicáveis a cada uma das figuras.

Nessa esteira, uma oferta é considerada uma proposta (portanto, vinculante) quando dirigida a uma ou mais pessoas determinadas, for suficientemente precisa e indicar a intenção de vinculação por parte do proponente. Diferentemente do CC brasileiro, que presume de plano a obrigatoriedade da *proposta* (art. 427,CC), a CISG estabelece os requisitos para que essa conclusão seja alcançada.

A *oferta/proposta* se torna exigível quando é recebida pelo destinatário, nos termos do art. 15. O texto convencional utiliza-se do verbo *chegar* para designar este efeito: "a proposta se torna eficaz quando chega ao destinatário". A eficácia da *oferta* afasta a possibilidade de que esta seja retirada, ou retratada, nos termos do art. 15 (2) CISG. Isso importa dizer que, a *contrario sensu*, até a *chegada* da *oferta* ao destinatário, ela pode ser retratada pelo declarante.

---

[92] Em verdade, as disposições internas contêm duas regras sobre a formação do contrato (arts. 434 e 435). O primeiro dispõe que o contrato se tem por formado quando a aceitação é expedida, e estabelece algumas exceções. O segundo, por sua vez, estabelece que o contrato se tem por formado no lugar em que foi proposto.

[93] Há uma diferença entre os termos usados em inglês, *offer* e *proposal*, e aqueles adotados no Código Civil brasileiro. Em suma, pelo regime do atual CC, a proposta é aquela dirigida a pessoa certa e a oferta é ao púbico. Assim, o CC apesenta oferta e proposta em vista da natureza certa ou não do destinatário. Diversamente disso, a CISG traça uma qualificação distinta entre elas, em vistas da obrigatoriedade da oferta e da não obrigatoriedade da proposta. Para melhor compreensão, remete-se o leitor ao item 5.3.1, no qual se explica o alcance de cada uma dessas figuras. Para fins do texto, proposta e oferta são tomados como sinônimos, reservando-se ao termo *oferta ao público* um significado específico.

A revogabilidade da proposta é aludida no art. 16 e deve ser vista em combinação com o conceito de conclusão do contrato (art. 23, CISG, *supra*), pois somente antes dela é que se pode falar em revogação. As ofertas podem ser revogadas a não ser que conste um termo final para a aceitação ou que de seu conteúdo seja razoável ao declaratário concluir pela sua irrevogabilidade. Une-se, assim, preceitos de *common law* (revogabilidade da proposta) e do *civil law* (que tendem pela irrevogabilidade). O conceito de razoabilidade, por sua vez, remete a um tema prático de aplicação da boa-fé contratual, muito embora contrato ainda não exista, nos termos do art. 23 CISG, pois no plano da oferta e da aceitação.[94]

A *oferta/proposta* é extinta pela retratação (quando permitida), pela revogação ou também, nos termos do art. 17 CISG, quando recusada. A declaração de rejeição elimina qualquer efeito da *proposta*. Também se extingue quando ultrapassado o prazo eventualmente nela fixado sem que haja aceitação.

O artigo 18 CISG, por sua vez, na sua primeira oração, incorpora o *mirror image principle*, ao estatuir que constitui aceitação à proposta uma declaração ou um comportamento que posicione o aceitante perante o ofertante, sem ressalvas ou modificações. Havendo alterações substanciais, ainda que o ato seja denominado de *aceitação* pelo seu declarante, será ele interpretado como nova *proposta* (ou contraproposta), nos termos do art. 19 (1).

A *aceitação*, nos termos da CISG (art. 18), é a declaração ou o comportamento da parte que manifeste consentimento à *proposta*, o que pode ser realizado inclusive pelo silêncio, desde que qualificado.

A contraoferta, ao seu turno, é ricamente detalhada pela CISG no seu art. 19, em três parágrafos, destacando-se, em contraste com o sistema nacional, que a contraoferta que não altera materialmente a oferta implica aceitação [art. 19 (2)]. À luz do CC brasileiro, não se faz distinção entre alterações materiais e não materiais.

Este dispositivo é a base fundamental para resolução de um problema bastante comum na prática internacional, singularmente denominado de *battle of forms*, em vista de *standard terms* apresentados unilateralmente ou bilateralmente pelos contratantes (temas tratados com maiores detalhes no item 5.6).

Standard terms são espécies de cláusulas gerais de contratação, as quais são apresentadas ou tornadas públicas por uma das partes à outra, ou por ambas, mediante a troca deles de modo bilateral, e que compõem o conjunto da oferta ou da aceitação. A aceitação da oferta significaria,

---

[94] Acerca do princípio da boa-fé na CISG, remete-se o leitor à introdução ao Capítulo IV. Sobre a formação de deveres pré-contratuais, vide item 5.7.

implicitamente, a adesão aos termos apresentados pela outra parte. Todavia, a *praxis* tem mostrado uma realidade um tanto quanto mais complexa.

No plano da normalidade, a uma aplicação inequívoca dos *standard terms*, pressupõe que tenham sido colocados à disposição da contraparte, seja pelo envio deles, seja pela divulgação em sítio eletrônico, e que tenham sido reconhecidos na oferta ou na aceitação de modo claro.

Contudo, essa perspectiva tranquila e que gera a vinculação aos *standard terms* nem sempre se verifica, razão pela qual emerge a *battle of forms*. Ocorre quando se posicionam vendedor e comprador numa troca de textos contratuais complementares ou secundários aos pontos essenciais da negociação (preço, local da entrega, local e tempo do pagamento, tipo, quantidade, qualidade dos bens) e que não são realmente levados a sério na formação do contrato,[95] somente sendo considerados quando surge uma disputa, tendo em vista a velocidade com que os negócios internacionais se operam.

Assim, ao longo das negociações bilaterais voltadas à formação do contrato, instrumentos de adesão (*standard terms*) podem ser trocados entre as partes, sem que nenhuma delas venha a aceitar ou recusar frontalmente os termos da contraparte.

A realidade negocial tem demonstrado que uma vez fixados os elementos essenciais (*essentialia negotii*) da compra e venda (acordo, preço e coisa), os demais elementos do negócio, secundários e acidentais, não impedem que ele seja tomado como exigível e passe a ser cumprido, importando na teoria do *knock out* (ou do nocaute), pela qual o longo tempo de negociações recíprocas e a troca de *standard terms*, sem a necessária aceitação deles pela contraparte, não torna inexistente o contrato.[96]

Pode parecer incomum que um contrato seja executado sem que todos os seus termos tenham sido acertados entre as partes, mas no comércio internacional isso é uma realidade, como já proclamou J. Walker: "It would probably surprise most people engaged in international sales transactions to learn that they might be bound by a contract even before the pen meets the paper, [...]".[97]

---

[95] MAGNUS, Ulrich. *Last shots vs knock out – still battle over the battle of forms under the CISG*. In: CRANSTON, Ross; RAMBERG, Jan; ZIEGEL, Jacob. Commercial law challenges in the 21st Century. Uppsala: Iustus Förlag, 2007, p. 187.

[96] SCHLECHTRIEM, Peter; BUTLER, Petra. *UN law on international sales*: the UN convention on the international sales of goods. Berlin: Springer-Verlag, 2009, p. 82.

[97] "Provavelmente muitas pessoas engajadas nas transações de compra e venda internacionais iriam ser surpreendidas com o fato de que elas podem estar vinculadas ao contrato mesmo antes de que a caneta encontre o papel", em tradução livre. (WALKER, Janet. Agreeing to disagree: can we just have words? CISG article 11 and the Model Law writing requirement. In: *The Journal of Law and Commerce*. University of Pittsburgh. Celebrating the 25th Anniversary of The United Nations Convention on Contracts for the International Sales of Goods. Buffalo: William S. Hein, v 1, 2005-2006, p. 155).

Nessa mesma linha de pensamento, em se tratando de contratos internacionais, envolvendo operadores profissionais do mercado, nem sempre advogados são previamente consultados ou acionados para a redação dos instrumentos. Ao contrário, de modo usual e observando as práticas do mercado, ou seja, usos e costumes internacionais, e lembrando que a CISG se rege pelo princípio do máximo informalismo contratual, mercadorias são expedidas, o preço ou parcelas são pagas, títulos e documentos são entregues, sem que as partes tenham realmente se atentado que inexiste um instrumento de contrato formalizado ou que tenham sido aceitos os *standard terms*.

Uma segunda solução a este conflito é destacada (e criticada), por Ulrich Magnus, e que se refere à teoria da última palavra, pela qual o último *standard terms* enviado ou disponibilizado, embora não contestado, antes do início do cumprimento do contato, define as obrigações das partes: "the last shot of forms decides the battle".[98] A conclusão se funda na teoria do *last shot*, a qual é por ele criticada por não acolher o fato de um contrato poder ter a sua execução iniciada mesmo que as partes possam ter chegado a um bom termo quanto a todas as condições e cláusulas contratuais. Ou seja, o início da exeucçao não significa, necesariamente, a obtenção de consenso sobre os seus termos e, portanto, a aceitação dos *standard terms*.[99]

Por essa razão, concluiu Ulrich Magnus – dentre vários outros doutrinadores - que a posição mais salomônica é a oferecida pela já mencionada *knock out rule* ou *knock approach*, por meio da qual as partes essenciais do contrato são preservadas, já que bilateralmente aceitas, e quanto aos elementos secundários sobre os quais não se chegou ao consenso, antes da execução do contrato, são eles afastados, de modo que incidirá a CISG ou a lei aplicável para todos os demais temas.[100]

Na hipótese de o contrato ser executado, no todo ou em parte, sem a definição dos seus elementos essenciais, dai sim, a *last shot theory* deve ser aplicada, exclusivamente para os *essentialia negotti*.[101]

Estas discussões deixam claro que a CISG diferencia a formação do contrato (*i.e.*, saber-se se o contrato foi ou não formado) de discussões afetas ao seu conteúdo (*i.e.*, qual é o conteúdo contratual respectivo). Ter isso em mente é essencial para interpretação do processo formativo.

---

[98] MAGNUS, Ulrich. Last shots vs knock out – still battle over the battle of forms under the CISG. In: CRANSTON, Ross; RAMBERG, Jan; ZIEGEL, Jacob. *Commercial law challenges in the 21st Century*. Uppsala: Iustus Förlag, 2007, p. 192.

[99] MARKESINIS, B.S.; LORENZ, W; DANNEMANN, G. *The German law of obligations*. The law of contracts and restitution: a comparative introduction. Oxford: Oxford, 1997. v 1., p. 88.

[100] MAGNUS, Ulrich. Last shots vs knock out – still battle over the battle of forms under the CISG. In: CRANSTON, Ross; RAMBERG, Jan; ZIEGEL, Jacob. *Commercial law challenges in the 21st Century*. Uppsala: Iustus Förlag, 2007, p. 193.

[101] *Ibidem*, p. 199.

A segurança que a CISG pretende estabelecer com todas essas minuciosas perspectivas da formação contratual está estreitamente ligada à dialeticidade da barganha (*bargain*) contratual. Uma vez formado o contrato (art. 23, CISG), apoiam-se todos os efeitos da Parte III na convicção de que este contrato foi suficientemente debatido e negociado entre as partes, não havendo dúvidas sobre a sua existência e consequência bilaterais. Adicione-se que a CISG exclui, salvo expressamente indicado o contrário, o tratamento da invalidade negocial. A partir dessa constatação, abre-se o conjunto de dispositivos e tutelas contratuais previstos no quadrante central da CISG, Parte III, que trabalha essencialmente com o contrato de compra e venda já formado.

2.3 Compra e venda de mercadorias (Parte III)

Uma vez formado o contrato, suas disposições materiais serão reguladas pela Parte III da Convenção, que retrata o núcleo operacional do contrato de compra e venda, nas seguintes perspectivas:

Disposições Gerais – Capítulo I (art. 25 a 29);

Obrigações do Vendedor – Capítulo II (art. 30), subdividido em (Seção I) Entrega das mercadorias e remessa dos documentos (art. 31 a 34), (Seção II) Conformidade dos bens e pretensão de terceiros (art. 35 a 44), (Seção III) Remédios pelo inadimplemento do vendedor (art. 45 a 52);

Obrigações do comprador – Capítulo III (art. 53), subdividido em (Seção I) Pagamento do preço (art. 54 a 59), (Seção II) Entrega (art. 60), (Seção III) Remédios pelo inadimplemento do comprador (art. 61 a 65); *Transferência do risco* - Capítulo IV (art. 66 a 70);

Disposições comuns das obrigações do vendedor e do comprador – Capítulo V, subdivido em (Seção I) Quebra antecipada do contrato e pagamento em parcelas (art. 71 a 73), (Seção II) Danos (art. 74 a 77), (Seção III) Juros (art. 78), (Seção IV) Exceções (art. 79 a 80), (Seção V) Efeitos da resilição (art. 81 a 84), (Seção VI) Preservação dos bens (art. 85 a 88).

Nesse voo panorâmico sobre suas disposições, duas considerações devem traçadas. A primeira delas no que toca à sistematização dos chamados *remedies* (ou remédios contratuais) realizada pela CISG. A segunda, no que diz respeito ao conteúdo do contrato e à hierarquia de fontes.

Sob a primeira perspectiva, uma necessária linha funcional da CISG emerge da sua estrutura, a qual não deve passar desapercebida. Conquanto já tenha sido mencionado alhures que a Convenção é a união possível de dois sistemas jurídicos (*common law* e *civil law*), pode parecer incomum ao operador do direito nacional o tema das correções contratuais (*remedies*), disposto anteriormente a danos (*damages*), tendo em vista

CAPÍTULO II
GUIA RÁPIDO DE APRESENTAÇÃO À ESTRUTURA DA CISG | 85

a posição adotada no CC quanto à sistematização das consequências do descumprimento contratual:

Art. 389. Não cumprida a obrigação, responde o devedor por perdas e danos, mais juros e atualização monetária segundo índices oficiais regularmente estabelecidos, e honorários de advogado.
Art. 475. A parte lesada pelo inadimplemento pode pedir a resolução do contrato, se não preferir exigir-lhe o cumprimento, cabendo, em qualquer dos casos, indenização por perdas e danos.

A definição de descumprimento, como se vê, está intimamente ligada à ideia de perdas e danos, conforme se extrai da redação do art. 389 CC. Mas, na dicção do art. 475 CC a parte lesada pode exigir o cumprimento da prestação ou a sua resolução, desde que preenchidos determinados pressupostos. Sob a ótica estrita do CC, contudo, não se encontra a configuração da resolução do contrato como *ultima ratio* – embora a juirspurdência brasileira tenha construído uma interpretação não meramente literal do art. 475.

Bem ao contrário, a resolução do contrato somente é autorizada na CISG em hipóteses específicas, especialmente quando da ocorrência de um descumprimento essencial (*fundamental breach*), termo que não encontra equivalente legal no Brasil, embora a jurisprudência brasileira já reconheça a figura do adimplemento substancial[102] como eficaz para evitar a pretensão resolutória do credor e mitigar os danos por este demandados.

O tema do *fundamental breach* será adiante abordado (item 6.2), mas desde logo emerge a distinção entre os sistemas da CISG e CC e a necessária concepção funcional da CISG que se volta à preservação do contrato e ao cumprimento das obrigações ajustadas, sendo mitigados na sua base funcional os conceitos de inadimplemento e de mora. A resolução contratual é um efeito indesejado e terciário na CISG, que prioriza a aplicação de outros *remedies* que mantenham a vinculação contratual. Só remotamente a resolução passa a ser uma opção aceitável à luz da CISG: "[...] an ultima ratio remedy, which should not be granted easily. It should

---

[102]   *Vide*, exemplificativamente, "(...) Aparente a incompatibilidade entre dois institutos, a exceção do contrato não cumprido e o adimplemento substancial, pois, na verdade, tais institutos coexistem perfeitamente podendo ser identificados e incidirem conjuntamente sem ofensa à segurança jurídica oriunda da autonomia privada 4.- No adimplemento substancial tem-se a evolução gradativa da noção de tipo de dever contratual descumprido, para a verificação efetiva da gravidade do descumprimento, consideradas as consequências que, da violação do ajuste, decorre para a finalidade do contrato. Nessa linha de pensamento, devem-se observar dois critérios que embasam o acolhimento do adimplemento substancial: a seriedade das consequências que de fato resultaram do descumprimento, e a importância que as partes aparentaram dar à cláusula pretensamente infringida (...)" (REsp 1215289/SP, Rel. Ministro SIDNEI BENETI, TERCEIRA TURMA, julgado em 05.02.2013, DJe 21.02.2013).

be granted only if it would be unconscionable to expect the continuation of the contract by the aggrieved party".[103]

Esta é a lógica que deve guiar a aplicação e interpretação da Parte III da Convenção, repleta de dispositivos referentes à *vida* do contrato (ou seja, ao seu desenvolvimento) e que levam em consideração peculiaridades do comércio internacional, as quais justificam muitas das regras ali existentes. Em um segundo momento, emerge a questão da hierarquia de fontes da Convenção. Assim, por exemplo, é recorrente a menção às fontes de obrigações pela própria CISG, como se tem, por exemplo, nos arts. 30 e 53 da CISG, os quais introduzem os capítulos relativos à obrigação do vendedor e do comprador, respectivamente. Em ambos os dispositivos, encontramos a expressão "[...] *nas condições previstas no contrato e na presente Convenção"*. Vejamos:

Artigo 30
O vendedor estará obrigado, *nas condições previstas no contrato e na presente Convenção*, a entregar as mercadorias, a transmitir a propriedade sobre elas e, sendo o caso, a remeter os respectivos documentos.

Artigo 53
O comprador deverá pagar o preço das mercadorias e recebê-las *nas condições estabelecidas no contrato e na presente Convenção*.

Essas referências às obrigações estatuídas no contrato se prolongam ao longo do texto da CISG, o que demostra a relevância que a autonomia privada contratual das partes exerce como fonte precípua da vinculação jurídica. Contudo, segundo John Honnold, o aspecto mais simbólico dos termos empregados pela CISG se encaminha para as expectativas contratuais bilaterais envolvidas.[104] declaradas ou não pelas partes, já que os usos do mercado, as práticas e ou mesmo a linguagem adotada pelas partes também desenvolvem um papel significativo na compra e venda internacional. Nesse ponto, remetemos o leitor à questão da boa-fé e deveres comportamentais das partes [art. 7º (2)], item 5.7.

---

[103] "Um remédio de *ultima ratio*, que não deve ser concedido facilmente. Deve ser concedido apenas quando não foi razoável a continuação do contrato pela parte lesada", em tradução livre. (MAGNUS, Ulrich. The remedy of avoidance of contract under CISG – general remarks and cases. In: *The Journal of Law and Commerce*. University of Pittsburgh. Celebrating the 25th Anniversary of The United Nations Convention on Contracts for the International Sales of Goods. Buffalo: William S. Hein, v 1, 2005-2006, p. 424).

[104] HONNOLD, John O. *Uniform law for international sales under the 1980 United Nations convention*. 4 ed. Austin: Kluwer, 2009, p. 19.

Consequentemente, no que toca à relevância das obrigações estabelecidas pelas partes, o sistema obrigacional da CISG apresenta uma hierarquia de fontes, a saber: *o contrato, os costumes e, por fim, a CISG*.[105] Tal hierarquia de fontes segue (a) as obrigações concernentes aos termos do contrato; (b) obrigações concernentes aos usos do negócio, usualmente implícitas ao contrato; e (c) obrigações fundadas na aplicação automática de regras supletivas da CISG.[106]

Não é por mera coincidência, então, que a CISG apresenta um roteiro hierárquico de aplicação das fontes, como *v.g.* se evidencia pelo art. 36 (1), ao dispor que "o vendedor será responsável, *de acordo com o contrato e com a presente Convenção, por qualquer desconformidade* ..." (grifou-se). Ainda nessa mesma linha, destaca-se a força das práticas e dos usos determinados pelas partes em anteriores contratações, nos termos art. 18 (3): "Se, todavia, *em decorrência da proposta ou de práticas estabelecidas entre as partes, ou ainda dos usos e costumes*, o destinatário da proposta puder manifestar o seu consentimento através da prática de ato relacionado, por exemplo, com a remessa das mercadorias ou com o pagamento do preço, ainda que sem comunicação ao proponente, a aceitação produzirá efeitos no momento em que esse ato for praticado, desde que observados os prazos previstos no parágrafo anterior" (grifou-se). Em ambos os comandos, evidencia-se a força do contrato, dos usos e das práticas, para só após entrar em cena, como fonte normativa, a Convenção – ainda que, não se possa negar, o caráter vinculante dos usos e costumes e das práticas comerciais entre as partes seja também fundamentado em previsão da própria CISG.

O sistema hermenêutico e hierarquizado das fontes de interpretação da CISG a coloca num plano de subordinação à vontade contratual das partes e aos seus usos e práticas, de modo que as disposições expressas da Convenção somente se tornam operacionais quando as partes falham em prever as hipóteses fáticas que conduzem ao conflito. Novamente, mostra-se relevante o papel da *bargain*, do *common law*, mesmo que o contrato não seja dotado de um instrumento ou termo escrito, cabendo às partes verdadeiramente debater os detalhes do contrato à suficiência.

Portanto, um exportador brasileiro de café que se comprometeu, nos termos do contrato, a entregar 1.000 sacas do tipo A, no Porto de Montevideo, na data certa de 1º de maio, mas falha no cumprimento, vez que entregou, embora na data prevista, no Porto de Buenos Aires,

---

[105] BERNSTEIN, Herbert; LOOKOFSKY, Joseph. *Understanding the CISG in Europe*. 2 ed. Haia: Klumer, 2003, p. 70.

[106] BERNSTEIN, Herbert; LOOKOFSKY, Joseph. *Understanding the CISG in Europe*. 2 ed. Haia: Klumer, 2003, p. 70. A obra em questão alude ao direito europeu de contratos e a sua relação com a CISG. No entanto, não vemos razão para que tal quadro hierárquico de fontes não se aplique para negociantes não europeus.

ingressará num quadro automático de inadimplemento, sujeito às consequências resolutórias ou punitivas previstas no próprio contrato – cuja análise dependerá, evidentemente, do preenchimento de determinados pressupostos.

Mas, variando esse mesmo quadro hipotético, se a entrega deve ser realizada nos termos do art. 31 (a), ou seja, mediante remessa das "[...] mercadorias ao primeiro dos transportadores que as fará chegar ao comprador [...]", passar-se-á a verificar as práticas usuais entre as partes, para concluir se a entrega que se passou foi ao tempo razoável ou não dos negócios anteriormente celebrados. Nesse quadrante, entram em cena os usos e as práticas comerciais e, somente ao fim, a própria CISG, caso seja este um primeiro negócio entabulado, sem histórico de usos e práticas entre as partes.

Tal exemplo ilustra o sentido hierárquico das fontes, devendo ser empregada a lei (*i.e.*, a CISG) quando as partes falharem nos detalhes do ajuste contratual. Não obstante seja esta uma visão mais privatista do Direito, em alguma medida, o regime jurídico dos contratos típicos no Brasil também tem por função suprir o que as partes não dispuseram em contratos submetidos à legislação interna.

2.4 Disposições finais (Parte IV)

A última Parte (IV) da Convenção contém as disposições gerais concernentes ao Direito Internacional Público, dirigindo-se seus comandos à regulação do procedimento político de admissão da CISG pelo país contratante e eventuais ressalvas que este mesmo ente político possa declarar por ocasião da sua adesão ou mesmo posteriormente. Por ressalva entende-se a exclusão de aplicação de determinados dispositivos convencionais àquele determinado Estado – o que não deve ser confundido com a exclusão voluntária de incidência da CISG cabível à vontade das partes (item 3.2.1).

Os atos legislativos e procedimentos políticos internacionais voltados à adesão do país contratante escapam da perspectiva deste livro, que mira a operação contratual. É pertinente, contudo, destacar de forma breve os efeitos das ressalvas à aplicação da CISG aos contratos por ela regidos, à luz dos arts. 92, 93, 94, 95 e 96.

Para essa finalidade, é essencial que se diga de antemão que, nos termos do art. 98, todas estas ressalvas de exclusão são consideradas *numerus clausus*, de modo que nenhuma outra poderá ser proposta ou sustentada pelo Estado aderente:

Artigo 98

Não se admitirão quaisquer reservas além daquelas expressamente autorizadas pela presente Convenção.

Como já dito, o Brasil não apresentou nenhuma ressalva à CISG, adotando-a por inteiro. Por consequência, o contratante brasileiro somente poderá ter excepcionado algum efeito da Convenção, por força de reserva, se sua contraparte contratante tiver sede em um algum país que efetuou a ressalva.[107]

Ao longo das linhas adiante, alguns países serão nominados como Estados contratantes que ressalvaram pontos da Convenção, o que servirá de melhor orientação ao contratante brasileiro em seus negócios internacionais.

2.4.1 Art. 92:[108] reserva da Parte II ou da Parte III da CISG

O dispositivo em comento representa a mais ampla declaração de reserva que um Estado signatário pode apresentar ao aderir à Convenção, pois permite que sejam ressalvadas as Partes II e III, as quais são de relevante importância, ao tratarem da *formação do contato* e do *contrato de compra e venda* em si. Uma declaração neste sentido pode ser feita no momento de adesão à CISG (assinatura, ratificação, aceitação, aprovação ou acessão).

Os países Escandinavos foram os únicos, até agora, a ratificar a Convenção com tal ressalva, mais especificamente quanto à Parte II da Convenção, sobre a formação do contrato. Assim sendo, Dinamarca, Finlândia, Noruega e Suécia não são Estados contratantes para os fins da Parte II da Convenção, nos termos do art. 92 (2), embora o sejam no que toca aos mecanismos contratuais propriamente ditos (Parte III).

Sob a regência do artigo de lei em comento, a lei aplicável à formação do contrato será aquela definida pelo conflito de leis na base do Direito Internacional Privado do foro, a qual poderá ser aquela de um dos países declarantes da ressalva ou não.[109] Nesse diapasão, cumpre lembrar que

---

[107] A listagem de países que apresentaram ressalvas pode ser verificada em <http://www.uncitral.org/uncitral/en/uncitral_texts/sale_goods/1980CISG_status.html>. Acesso em: 1º out. 2014.

[108] Artigo 92 (1) Qualquer Estado Contratante pode declarar, no momento da assinatura, ratificação, aceitação, aprovação ou acessão, que não adotará a Parte II ou a Parte III da presente Convenção. (2) Qualquer Estado Contratante que tiver feito a declaração prevista no parágrafo anterior com relação à Parte II ou à Parte III da presente Convenção não se considerará Estado Contratante para os efeitos do parágrafo (1) do artigo 1 da presente Convenção, no que concerne às matérias que sejam regidas pela Parte a que se referir a declaração.

[109] HONNOLD, John O. *Uniform law for international sales under the 1980 United Nations convention.* 4 ed. Austin: Klumer, p. 467-468.

PAULO NALIN, RENATA C. STEINER
COMPRA E VENDA INTERNACIONAL DE MERCADORIAS

a CISG também se aplica pela via indireta, nos termos do art. 1º (1) (b). Assim sendo, se eventualmente o conflito de leis se resolver pela lei de um país contratante que não fez a ressalva ao art. 92, a Convenção se aplicará inteiramente, inclusive na parte relativa à formação do contrato.[110] Isso importa dizer que a ressalva do art. 92 afasta apenas a aplicação direta da Convenção (vez que o respectivo Estado não é considerado contratante), mas não a aplicação indireta – o que será vedado se o Estado tiver também feito a ressalva do art. 95, abaixo estudado.

2.4.2 Art. 93:[111] reserva a Estados federados

O artigo em questão dirige-se aos Estados cuja organização política se divide em unidades com poderes ou competências de autodecisão sobre temas legais. Permite-se ao Estado contratante federativo declarar quais unidades (Províncias, Estados, Cantões ou Territórios) estão excluídos do alcance da CISG. É a chamada *Federal State clause*[112] e foi sugerida pelo Canadá e Austrália, cujo governo central não detém poder legislativo para submeter as suas unidades a um tratado internacional. A declaração é feita no momento de depósito do instrumento de ratificação.

---

[110] SCHLECHTRIEM, Peter, SCHWENZER, Ingeborg e HACHEM, Pascal. In: SCHWENZER, Ingeborg; GREBLER, Eduardo; FRADERA, Vera; PEREIRA, César A. Guimarães (coords.). Comentários à Convenção das Nações Unidas sobre contratos de compra e venda internacional de mercadorias. *Revista dos Tribunais*, São Paulo, , p. 1283-1284, 2014.

[111] Artigo 93 (1) Qualquer Estado Contratante integrado por duas ou mais unidades territoriais nas quais, de conformidade com sua Constituição, forem aplicáveis sistemas jurídicos diversos relativamente às matérias objeto da presente Convenção poderá declarar, no momento da assinatura, ratificação, aceitação, aprovação ou acessão, que a presente Convenção se aplicará a todas suas unidades territoriais ou somente a uma ou a algumas delas, podendo modificar a qualquer momento sua declaração mediante outra declaração. (2) Essas declarações serão notificadas ao depositário e nelas se fará constar expressamente a quais unidades territoriais a Convenção se aplicará. (3) Se, em virtude de declaração feita nos termos deste artigo, a presente Convenção se aplicar a uma ou a algumas das unidades territoriais do Estado Contratante mas não a todas elas, e se o estabelecimento comercial de uma das partes estiver situado nesse Estado, considerar-se-á, para os efeitos do presente Convenção, que esse estabelecimento não está num Estado Contratante, salvo se se encontrar numa unidade territorial na qual a Convenção se aplicar. (4) Se o Estado Contratante não fizer qualquer declaração nos termos do parágrafo (1) deste artigo, aplicar-se-á a Convenção a todas as unidades territoriais desse Estado.

[112] SCHLECHTRIEM, Peter, SCHWENZER, Ingeborg e HACHEM, Pascal. In: SCHWENZER, Ingeborg; GREBLER, Eduardo; FRADERA, Vera; PEREIRA, César A. Guimarães (coords.). Comentários à Convenção das Nações Unidas sobre contratos de compra e venda internacional de mercadorias. *Revista dos Tribunais*, São Paulo, p. 1184. 2014.

2.4.3 Art. 94:[113] reserva por Estados com tradições jurídicas similares

O artigo em comento permite que países com tradições jurídicas domésticas similares ou idênticas ressalvem a aplicação da Convenção quando comprador e vendedor tiverem as suas sedes em tais Estados. Dinamarca, Finlândia, Islândia, Noruega e Suécia ajustam-se a tal quadro de similitudes legais contratuais e apresentaram a ressalva contemplada no art. 94. Portanto, entre negociantes situados nestes países não se aplica a Convenção, muito embora ressalvem H. Bernstein e Joseph Lookofsky[114] que desde a ratificação da CISG pelos países Escandinavos verificou-se uma profunda reforma legislativa doméstica (*Sales Act*) na Noruega e na Suécia, sem que a Dinamarca a tenha adotado, que endereça os danos indiretos sofridos pelo contratante inocente ao regime da responsabilidade subjetiva.

2.4.4 Art. 95:[115] reserva da aplicação indireta[116]

Quanto ao art. 95, pode o país contratante ressalvar que a aplicação da CISG somente se dará de modo direto, à luz do art. 1º (1) (a), afastando a sua aplicação indireta. Isso significa que o emprego do Direito Internacional Privado para solucionar o conflito de leis não autorizará a recondução indireta do contrato à Convenção, hipótese prevista no art. 1º (1) (b), CISG.

---

[113] Artigo 94 (1) Dois ou mais Estados Contratantes que tiverem normas jurídicas idênticas ou similares nas matérias que se regem na presente Convenção podem, a qualquer momento, declarar que a Convenção não se aplicará aos contratos de compra e venda, ou à respectiva formação, quando as partes tiverem seus estabelecimentos comerciais nesses Estados. Tais declarações podem ser feitas conjuntamente ou mediante declarações unilaterais recíprocas. (2) Qualquer Estado Contratante que tiver normas jurídicas idênticas ou similares às de um ou de vários Estados não contratantes, nas matérias que se regem na presente Convenção, poderá a qualquer momento declarar que a Convenção não se aplicará aos contratos de compra e venda, ou à respectiva formação, quando as partes tiverem seus estabelecimentos comerciais nesses Estados. (3) Se o Estado a respeito do qual tiver sido feita a declaração prevista no parágrafo anterior tornar-se ulteriormente Estado Contratante, a referida declaração produzirá os efeitos da declaração prevista no parágrafo (1), a partir da data em que a Convenção vigorar em relação ao novo Estado Contratante, desde que este subscreva essa declaração, ou faça uma declaração unilateral de caráter recíproco no mesmo sentido.

[114] BERNSTEIN, Herbert; LOOKOFSKY, Joseph. *Understanding the CISG in Europe*. 2 ed. Haia: Klumer, 2003, p. 190.

[115] Artigo 95 Qualquer Estado poderá declarar, no momento do depósito de seu instrumento de ratificação, aceitação, aprovação ou acessão, que não adotará a disposição da alínea (b) do parágrafo (1) do artigo 1 da presente Convenção.

[116] Sobre as reservas do art. 95 e do art. 96, vide a Opinião nº 15 do CISG Advisory Counsil, disponível em <http://www.cisg.law.pace.edu/cisg/CISG-AC-op15.html>. Acesso em: 9 jul. 2015.

Nesse quadrante, e em relação aos países que apresentaram a reserva, ou se aplica a CISG de modo direto ou o contrato cairá no campo de aplicação da lei doméstica do Estado para o qual as regras de DIP encaminharem o julgamento.

A ressalva quanto ao art. 1º (1) (b) da CISG foi apresentada pela China, Singapura, São Vicente e Granadinas e pelos Estados Unidos da América. Na Europa, somente a República Checa e a Eslováquia fizeram a mesma reserva. No total são seis os países que ressalvaram o artigo sob comento, o que deve ser feito também no momento de depósito.

H. Bernstein e J. Lookofsky exemplificam a hipótese da ressalva ao art. 95: se um vendedor de Nova Iorque vende a um comprador de Portugal, (conforme já anotado Portugal não é contratante da CISG) a Corte americana de Nova Iorque (estadual ou federal) não poderá aplicar a Convenção, mesmo se o Direito Internacional Privado direcione o caso para o fórum (território) de aplicação da lei norte-americana, sendo inegável ser a Convenção a lei do território americano.[117] Nessa hipótese, muito possivelmente a lei a reger o contrato seria o UCC ou o sistema estadual de precedentes do Estado de Nova Iorque.

Adiciona a doutrina a hipótese pela qual o caso é julgado por um terceiro Estado que não o dos contratantes: o *Estado A* (Brasil) não fez qualquer ressalva ao art. 95, mas o *Estado B* o fez (China) e as partes têm seus negócios no *Estado* contratante *B* (China) e no *Estado não contratante C* (Portugal) mostrando-se coerente exigir que a Corte do *Estado A* aplique, se tiver que levar em conta a lei do *Estado B*, o direito doméstico deste, ao invés da Convenção.[118]

Dessa conclusão diverge Franco Ferrari, ao argumento de que não se pode impor a um Estado contratante (A), e que não tenha feito ressalva ao art. 95, a exclusão dos seus julgamentos pela CISG, por força da ressalva alheia.[119] Ainda, do ponto de vista do Estado contratante que julga o caso, todos os pré-requisitos para a aplicação da CISG à luz do art. 1º (1) (b) foram cumpridos.[120] Essa recomendação não se aplica aos Tribunais

---

[117] BERNSTEIN, Herbert; LOOKOFSKY, Joseph. *Understanding the CISG in Europe*. 2. ed. Haia: Klumer, 2003, p. 191.

[118] FERRARI, Franco. *La vendita internazionale* – applicabilità ed applicazioni della Convenzione di Vienna del 1980. GALGANO, Francesco [coord.]. Trattato di diritto commercial e di dirito pubblico dell'economia. Milão: Cedam, 1997. v. 20, p. 80-81.

[119] FERRARI, Franco. *La vendita internazionale* – applicabilità ed applicazioni della Convenzione di Vienna del 1980. GALGANO, Francesco [coord.]. Trattato di diritto commercial e di dirito pubblico dell'economia. Milão: Cedam, 1997. v. 20, p. 82.

[120] FERRARI, Franco. *Choice of forum and CISG*: remarks on the latter's impact on the former. In: FLECHTNER, Harry M.; BRAND, Ronald A.; WALTER, Marks S. Drafting contracts under the CISG. Nova Iorque: Oxford, 2008, p. 121.

alemães, pois os juízes daquele país estão obrigados a observar a ressalva em comento, conforme regra local.[121]

Nesse contexto, mostra-se a relevância de escolha de um Estado que não tenha feito qualquer ressalva à CISG como foro de julgamento e que, portanto, admita a aplicação indireta da Convenção, para que seja ela aplicada sem objeções, caso seja esta a real intenção dos contratantes. De se apontar, contudo, que a ressalva do art. 95 CISG não tem o condão de afastar a possibilidade de *escolha* da lei aplicável, o que é dependente da permissão do DIP do foro, como já se afirmou. A viabilidade desta operação dependerá, contudo, do Direito Internacional Privado do país do foro.

Naturalmente que todo esse debate se aplica às Cortes Estatais, sendo amplo o panorama de julgamentos divergentes. Os Tribunais arbitrais não têm propriamente uma lei material de regência do caso (*lex arbitri*), a não ser que esta lei seja definida no termos de arbitragem ou tenha sido previamente contratada pelas partes na cláusula arbitral, razão pela qual a figura acima, de um terceiro Estado ser julgador, somente é relevante caso se trate de julgamento pelo Poder Judiciário.

Melhor explicando: o fato de uma arbitragem internacional tomar assento no Brasil não significa, necessariamente, que será o caso julgado conforme a lei brasileira, afastando-se da arbitragem o princípio da *lex fori*, pois o tribunal arbitral não faz parte de um sistema judicial estatal, não se submetendo à lei interna de julgamento do Estado,[122] da mesma forma que não são aplicáveis as regras de Direito Internacional Privado de forma cogente.

2.4.5 Art. 96:[123] reserva da liberdade de formas

O art. 96 CISG alude à liberdade de formas prevista no art. 11 CISG, autorizando que Estados signatários ainda vinculados ao conceito

---

[121] A regra em questão é o "[...] Article 2 of the German statute of 5 July 1989 that introduced the CISG", lembrada por F. FERRARI (FERRARI, Franco. *Choice of forum and CISG*: remarks on the latter's impact on the former. In: FLECHTNER, Harry M.; BRAND, Ronald A.; WALTER, Marks S. Drafting contracts under the CISG. Nova Iorque: Oxford, 2008, p. 122).

[122] A lei procedimental da condução da arbitragem pode ter diversa abordagem, conforme revela S. KRÖLL, ficando aberta à anulação a sentença arbitral que ignora a lei procedimental de arbitragem do país no qual tem assento o julgamento (Arbitration and the CISG. In: SCHWENZER, Ingeborg [coord.]. *Internacional commerce and arbitration*. Haia: Eleven, 2014, v. 15, p. 65).

[123] Artigo 96 O Estado Contratante cuja legislação exigir que os contratos de compra e venda sejam concluídos ou provados por escrito poderá, a qualquer momento, fazer a declaração prevista no artigo 12, no sentido de que, caso qualquer das partes tenha seu estabelecimento comercial nesse Estado, não se aplicarão as disposições dos artigos 11 e 29, ou da Parte II da presente Convenção, que permitirem a conclusão, modificação ou resolução do contrato de compra e venda, ou a proposta, aceitação ou qualquer outra manifestação de intenção por qualquer forma que não a escrita.

PAULO NALIN, RENATA C. STEINER
COMPRA E VENDA INTERNACIONAL DE MERCADORIAS

formalista do contrato possam apresentar uma ressalva de não aplicação deste princípio. Diferentemente das ressalvas anteriormente estudadas, esta pode ser feita a qualquer momento pelo Estado contratante, mas se exige o cumprimento de um requisito objetivo, consistente na existência de regra interna (doméstica) quanto à necessidade de conclusão e prova do contrato por escrito.

O disposto no art.11 representa a adoção do princípio do consensualismo ou da liberdade de forma, de tal modo que um contrato sob a regência da Convenção possa ser formado e alterado (art. 29) sob qualquer meio voluntário de contratação e provado por simples testemunha. É justificável que assim o seja, em respeito à natureza empresarial do contrato de compra e venda internacional que demanda agilidade e se embasa em entendimentos bilaterais provenientes de contratantes oriundos de diferentes ordens jurídicas nacionais, os quais certamente têm perspectivas diferentes sobre a forma e os efeitos dela em seus respectivos países.

O princípio do consensualismo, inclusive na esfera probatória do contrato, é um mecanismo chave para a CISG, pois entre impor uma forma especial global ou abraçar o princípio do consensualismo, acertadamente optou-se pela segunda via. Somente diante de uma ressalva expressa é que ele deixa de ser aplicado. Isso importa dizer que, a partir do momento que o Brasil aderiu à CISG, regras refrentes à forma (substancial ou probatória) encontradas no Direito interno deixam de ser aplicáveis aos contratos regidos pela Convenção.

A reserva do art. 96 CISG deve ser imperativamente respeitada pelas partes contratantes. Com efeito, o art. 12 da Convenção expressamente consigna, em sua parte final, que "as partes não poderão derrogar nem modificar o efeito do presente artigo". Em outras palavras, nem o art. 11 nem o art. 29 serão aplicáveis se uma das partes tiver estabelecimento comercial em Estado contratante que tenha feito a reserva do art. 96, não se admitindo a derrogação desta disposição por vontade das partes.

Trata-se de uma excepcional situação na qual a CISG nega espaço à liberdade contratual, tida como pedra angular do regime convencional: as partes não podem afastar a exclusão apresentada pelo Estado soberano contratante e, com isso, o princípio da liberdade de formas não será automaticamente aplicado.

Os países aderentes que ressalvaram o art. 96 são Argentina,[124] Bielorrússia, Chile,[125] Hungria, Letônia, Lituânia, Rússia e Ucrânia. A Estônia,

---

[124] De acordo com o disposto nos artigos 1015 a 1009 do Código Civil e Comercial de la Nacion a regra vigente na Argentina, contudo, é o consensualismo e a liberdade de formas, *in verbis*: "ARTÍCULO 1015. Libertad de formas. Solo son formales los contratos a los cuales la ley les impone una forma determinada".

[125] O Chile também não tem regra geral de negativa de liberdade de forma em seu Direito interno.

que também havia declarado a reserva, retirou-a em 2004, assim com o fez a China, em 2013.

Tendo em vista o intenso mercado que o Brasil desenvolve com alguns dos países declarantes, mostra-se fundamental compreender que o contrato de compra e venda internacional firmado com contratantes sediados em tais países deverá, por cautela, observar a forma escrita, no que se incluem também as suas alterações posteriores bem como a declaração de resolução ou extinção.

Diz-se por cautela pois, não sendo a CISG aplicável *diretamente* nesse ponto, nada impede, contudo, que seja *indiretamente* aplicável por força das regras de DIP do foro. Conforme apontam Peter Schlechtriem e Martin Schmidt-Kessel, se a regra de DIP apontar para a aplicação da lei de um Estado contratante que não fez a reserva do art. 96, então a CISG voltará a ser aplicável no que toca à liberdade de formas.[126]

O tema da formalidade contratual no Brasil é relevante para bens que não são atingidos pela CISG, que trabalha com o conceito de coisas móveis e dotadas de materialidade. Para essas o Direito brasileiro não exige, em regra, forma específica.

No entanto, um conjunto de indagações emerge deste dispositivo. A primeira pergunta diz respeito à eficácia, ou não, de um contrato de compra e venda internacional celebrado sem a observância de forma, quando um dos contratantes tem sua sede em Estado que ressalvou o art. 96 CISG. Lembre-se que nos explica o Direito doméstico que a forma negocial tem uma natureza *ad substantiam tantum* ou *ad probationem tantum*.

A primeira alude à forma como elemento essencial do negócio jurídico (art. 108 e 109, CC), ao passo que a segunda se dirige à forma escrita como mecanismo de prova do negócio jurídico, não atingindo sua validade (requisito que deixou de existir no Brasil com a entrada em vigor do NCPC, que expressamente revogou o art. 227, CC, *caput*).[127]

Deixada de ser observada a forma, quando esta for essencial ou substancial, nulo será o negócio (art. 166, IV, CC). Contudo, desrespeitada a forma probatória, o negócio não padecerá de vício insanável, mas constituirá fator de limitação probatória dos seus efeitos (o que importa dizer que sua própria *existência* possa ser colocada à prova, não porém a seu validade).

---

[126] SCHLECHTRIEM, Peter e SCHMIDT-KESSEL, Martin. In: SCHWENZER, Ingeborg, GREBLER, Eduardo; FRADERA, Vera; PEREIRA, César A. Guimarães (coords.). Comentários à Convenção das Nações Unidas sobre contratos de compra e venda internacional de mercadorias. *Revista dos Tribunais*, São Paulo, p. 344, 2014.

[127] Referido dispositivo, a partir da entrada em vigor do NCPC, vigora apenas com seu parágrafo único alterado, *in verbis*: "Parágrafo único. Qualquer que seja o valor do negócio jurídico, a prova testemunhal é admissível como subsidiária ou complementar da prova por escrito".

Nos países que aderiram à CISG sem a ressalva de não aplicação do art.11, há de se considerar afastadas, para a finalidade específica de reger contratos de compra e venda internacional de mercadorias, normas internas que atestem quanto à validade do contrato por vício de forma bem assim quanto a questões processuais.[128] É o caso do Brasil.

Já na hipótese de países que ressalvaram a aplicação do art. 11, por não corresponder à sua regra interna de validade e/ou processual, então estas útimas continuam vigentes e poderão a vir a ser aplicáveis se for o seu Direito o competente para reger o litígio.

2.5 Execução específica da obrigação (art. 28, CISG)

Para finalizar a apresentação introdutória da CISG objetivada neste capítulo, há de se elucidar o disposto no art. 28 da Convenção. Apesar de referido artigo estar inserido na Parte III da Convenção, sua regra dialoga com as exceções previstas na Parte IV (ou seja, às *reservas* dos país signatários). Em suma, o art. 28 estabelece regras quanto ao pedido de cumprimento específico da obrigação, em atenção ao Direito do foro.

Quando dos *remédios* contratuais se trabalhará a aplicação do pedido de cumprimento específico (item 6.3.2). Por ora, contudo, apresenta-se a sua faceta que pode causar a redução da eficácia da CISG.

Assim sendo, antes de tratar da natureza e dos efeitos do cumprimento específico, na parte especial deste livro (Parte III), decidiu-se mostrar como deve a parte proceder para que a execução específica ou o cumprimento específico da obrigação fique à sua disposição, na hipótese de inadimplemento do contrato. Dispõe a CISG:

Artigo 28.

Se, de conformidade com as disposições da presente Convenção, uma das partes tiver o direito de exigir da outra o cumprimento de obrigação, o juiz não estará obrigado a ordenar sua execução específica salvo se devesse fazê-lo segundo seu direito nacional, em relação a contratos de compra e venda semelhantes não regidos pela presente Convenção.

O artigo em comento contempla, como em outras partes da CISG, uma solução dialogada entre os sistemas do *civil law* e do *common law*.

Em que pese no Brasil a execução específica da obrigação tenha ganhado maior visibilidade nos últimos 20 anos, após a Lei 8.952/94, que

---

[128] SCHMIDT-KESSEL, Martin. *In*: SCHWENZER, Ingeborg; GREBLER, Eduardo; FRADERA, Vera; PEREIRA, César A. Guimarães (coords.). Comentários à Convenção das Nações Unidas sobre contratos de compra e venda internacional de mercadorias. *Revista dos Tribunais*, São Paulo, p. 335. 2014.

alterou o art. 461 e parágrafos do CPC/1973 – dispositivos mantidos no NCPC[129] –, este é um instituto por excelência previsto nos sistemas jurídicos do *civil law* europeu continental, por ser reflexo do princípio do *pacta sunt servada*.[130]

Ao contrário, só excepcionalmente a execução específica é admitida no sistema do *common law* britânico. No sistema norte-americano, há uma previsão específica no UCC (par. 2-716),[131] desde que as partes tenham acordado e que existam bens singulares do executado ou em outras circunstâncias especiais. No Direito inglês, porém, e conforme ensina Neil Andrews, "a execução específica só é admitida em contratos pautados por uma contraprestação (*consideration*) (...) e desde que a indenização ou a cobrança não confira reparação adequada".[132] A regra é, pois, a indenização e não a execução *in natura*.

Dessa forma, ao mesmo tempo em que a CISG prevê o *cumprimento específico*, também excepciona a vinculação da sua aplicação à existência de autorização no direito processual interno do local do foro.

É o que se extrai do texto da Convenção, que elege dois requisitos complementares para aplicação deste *remedy*: i) a parte precisa ter o direito de requerer o cumprimento específico, o que se aperfeiçoa quando a CISG assim o permita, diante da obrigação concreta; ii) por sua vez, o juiz não está obrigado a determinar o seu cumprimento específico a não ser quando o direito doméstico ao qual está vinculado assim o determine, para contratos de compra e venda nacionais.

O direito ou a pretensão (de natureza processual) ao cumprimento específico da obrigação depende da natureza da obrigação e das circunstâncias do contrato, lembrando a doutrina as hipóteses nas quais se está diante de um contrato de fornecimento de longo prazo (*requirements contracts*) ou quando se trata de fornecedor exclusivo (*commercial uniqueness*), sem que

---

[129] Dispositivos que têm correspondente no Novo Código de Processo Civil, especialmente no art. 497.

[130] MÜLLER-CHEN, Markus. In SCHWENZER, Ingeborg; GREBLER, Eduardo; FRADERA, Vera; PEREIRA, César A. Guimarães (coords.). Comentários à Convenção das Nações Unidas sobre contratos de compra e venda internacional de mercadorias. *Revista dos Tribunais*, São Paulo, p. 586. 2014.

[131] §2-716. BUYER'S RIGHT TO SPECIFIC PERFORMANCE OR REPLEVIN.
(1) Specific performance may be decreed where the goods are unique or in other proper circumstances.
(2) The decree for specific performance may include such terms and conditions as to payment of the price, damages, or other relief as the court may deem just.
(3) The buyer has a right of replevin for goods identified to the contract if after reasonable effort he is unable to effect cover for such goods or the circumstances reasonably indicate that such effort will be unavailing or if the goods have been shipped under reservation and satisfaction of the security interest in them has been made or tendered.

[132] ANDREWS, Neil. *Direito contratual na Inglaterra*. Tradução de Teresa Arruda Alvim Wambier e Luana Pedrosa de Figueiredo Cruz. *Revista dos Tribunais*, São Paulo, p. 279. 2012.

ele possa ser facilmente substituído.[133] Contudo, o segundo requisito está em linha direta com sistema processual doméstico, sendo este, em última análise, que determinará a eficácia ou não do art. 28 CISG. No Brasil, tanto o CPC/1973 como o Novo Código de Processo Civil (Lei 13.105/2015) estabelecem regras de cumprimento específico da obrigação, inclusive no âmbito do processo de conhecimento (e não apenas no processo de execução).

Parece de todo evidente que o sistema processual brasileiro não somente autoriza a tutela específica da obrigação de dar (inclusive a de pagamento, portanto), como ainda emprega o verbo no imperativo, ao juiz, pois ele "fixará o prazo para cumprimento"; o mesmo se pode dizer em relação às tutelas de fazer e não fazer. É clara a intenção do legislador em priorizar a obrigação específica, remetendo para um juízo sucessivo ou secundário a conversão da prestação devida em perdas e danos que, contudo, não se confunde com a tutela indenizatória.[134]

Assim posto, mostra-se em harmonia o sistema processual civil brasileiro com o art. 28 CISG, de tal modo que o juiz brasileiro poderá conceder ou, na dicção do CPC, *concederá*, a tutela específica da obrigação de fazer. Adiante-se que a CISG não dispõe deste *remedy* somente em favor do comprador, podendo dele também fazer uso o vendedor, sendo esta a mesma lógica do CPC.

Esta conclusão tem fundamento na doutrina sobre a CISG, que revela que o juiz ou a Corte não estão obrigados a conceder a tutela específica à luz do art. 28 CISG, a não ser que no próprio sistema nacional assim esteja previsto. "The obligation to enter a judgment for specific performance thus depends on the court's own law in respect of similar contracts of sale not governed by this Convention", ressalta Franco Ferrari.[135]

Por tal razão, a escolha do local do julgamento do contrato (*choice of forum*) é crucial para que se tenha ao alcance da parte a execução específica da obrigação. Com efeito, e em vista das regras processuais brasileiras, parece ser um foro de eleição adequado para o contratante que deseja ter em seu favor a tutela específica do cumprimento da obrigação.

Para aplicação da exceção do art. 28 CISG, contudo, nenhuma declaração por parte do Estado contratante é necessária. Basta que, sob a

---

[133] MÜLLER-CHEN, Markus. In: SCHWENZER, Ingeborg; GREBLER, Eduardo; FRADERA, Vera; PEREIRA, César A. Guimarães (coords.). Comentários à Convenção das Nações Unidas sobre contratos de compra e venda internacional de mercadorias. *Revista dos Tribunais*, São Paulo. p. 588, 2014.

[134] Embora ambos sejam chamados de perdas e danos, a tutela pelo equivalente susbtitui a prestação devida, e a indenização repara os danos causados pelo descumprimento.

[135] FERRARI, Franco. *Choice of forum and CISG*: remarks on the latter's impact on the former. In: FLECHTNER, Harry M.; BRAND, Ronald A.; WALTER, Marks S. Drafting contracts under the CISG. Nova Iorque: Oxford, 2008, p. 137.

ótica de seu Direito interno, a concessão da execução específica não seja permitida. Exatamente por isso, conforme se afirmou, não se trata de uma *reserva* (no sentido que lhe é conferido pelo Direito Internacional Público) embora possa ter efeitos análogos, consistentes na não aplicação da CISG neste ponto particular.

PARTE II

APLICAÇÃO E INTERPRETAÇÃO DA CISG

CAPÍTULO III

O ÂMBITO DE APLICAÇÃO DA CISG

Para que se possa compreender o escopo da regulamentação do contrato de compra e venda organizada pela CISG é necessário reconhecer a sua natureza internacional, bem como características próprias do objeto deste contrato, dos sujeitos da relação contratual e de exclusões de aplicação constantes da própria Convenção. São estes os temas aos quais este capítulo se dedica.

De maneira bastante sintética, o campo de aplicação da Convenção é obtido pela análise dos seguintes elementos: (1) um contrato, (2) de vendas, (3) de mercadorias, (4) entre partes (4.1) cujos negócios se situam em diferentes Estados aderentes, ou (4.2) cujas regras de Direito Internacional Privado direcionem o contrato à sua aplicação.[136]

Não se deve deixar enganar pela natureza muito conhecida do contrato de compra e venda doméstico, ainda que muito similar àquele internacional regido pela CISG, pois nem todos os seus conceitos e efeitos são idênticos àqueles regidos pela Convenção e tampouco compatíveis com ela. Pode-se afirmar, aliás, que a própria conceituação de contrato de compra e venda tem conteúdo peculiar à luz da Convenção, o que alerta para a necessidade de sua intepretação autônoma e uniforme, isto é, despida de pré-comprensões domésticas, consoante será estudado no Capítulo IV.

Em verdade, a amplitude oferecida pelo CC ao modelo nacional de compra e venda decorre da conjunção do sistema normativo do direito contratual como um todo, perpassando a Parte Geral, a Parte Especial do CC sobre os contratos até atingir o contrato de compra e venda em espécie.

---

[136] ZIEGEL, Jacob. The scope of the convention: reaching out to article one and beyond. In: *The Journal of Law and Commerce*. University of Pittsburgh. Celebrating the 25th Anniversary of The United Nations Convention on Contracts for the International Sales of Goods. Buffalo: William S. Hein, v. 1, 2005-2006, p. 59.

PAULO NALIN, RENATA C. STEINER
COMPRA E VENDA INTERNACIONAL DE MERCADORIAS

Tal riqueza de detalhamento não é reproduzida na CISG, uma vez que as matérias controversas oriundas dos inúmeros sistemas jurídicos nacionais foram excluídas do seu projeto, preferindo-se um texto mais estreito, porém aceitável aos olhos dos Estados aderentes.

Em outras palavras, a CISG optou por previsões mais simples em detrimento de um texto mais completo, ainda que se mantenha seu caráter complexo e controvertido.[137] É justamente por isso que, conforme se afirmou, a CISG trabalha exclusivamente as questões de formação do contrato e direitos e obrigações das partes. Demais questões não tratadas pela Convenção deverão ser resolvidas à luz do Direito aplicável ao contrato, obtido pelas regras de DIP do foro.

Por este motivo, a CISG não se ocupa de todos os temas que encontramos no CC relativos à compra e venda, sendo esta uma restrição em favor da sua legitimação global. Isso não importa, contudo, concluir que estes espaços não regulados pela CISG sejam ou devam ser automaticamente preenchidos pelo Direito brasileiro: são as regras de Direito Internacional Privado que irão remeter à legislação aplicável e, como se sabe, nenhuma regra há que imponha, no Brasil, a aplicação exclusiva do Direito brasileiro.

3.1 Campo de aplicação da CISG: a internacionalidade do contrato

A CISG tem em foco exclusivamente contratos internacionais, sendo que a definição da internacionalidade é realizada pela própria Convenção, a partir de critérios por ela desenhados. Não se deve qualificar o contrato como internacional a partir de uma compreensão doméstica, portanto, porque isso significaria desnaturar a compreensão uniforme objetivada pela Convenção.

O primeiro elemento fundamental para que um contrato seja reputado como internacional e ingresse no âmbito de incidência da Convenção decorre da posição geográfica distinta dos lugares de negócios dos contratantes. A definição de internacionalidade é, pois, feita a partir da diversidade de estabelcimento dos contratantes.

Trata-se de um critério objetivo que dirige o caráter internacional do contrato para o fato de o comprador e o vendedor terem seus

---

[137] KRÖLL, Stefan. Selected problems concerning the CISG's scope of application. In: The *Journal of Law and Commerce*. University of Pittsburgh. Celebrating the 25th Anniversary of The United Nations Convention on Contracts for the International Sales of Goods. Buffalo: William S. Hein, v 1, 2005-2006, p. 39.

estabelecimentos em Estados contratantes diversos. Assim, dispõe a Convenção logo em seu primeiro dispositivo:

> Artigo 1
> (1) Esta Convenção aplica-se aos contratos de compra e venda de mercadorias entre partes que tenham estabelecimentos em Estados distintos:
> (a) quando tais Estados forem Estados Contratantes; ou
> (b) quando as regras de direito internacional privado levarem à aplicação da lei de um Estado Contratante.

O artigo em comento caracteriza a aplicação da CISG tanto pelo *critério direto* [Art. 1º (1) (a)], como, na alínea (b) estabelece a aplicação pelo *critério indireto*, ou seja, pela aplicação de uma regra de conexão própria ao DIP. Neste último caso, a CISG será aplicada quando as regras de conflitos de leis dirigem a solução da controvérsia ao Direito de um Estado contratante. Convém elucidar cada uma destas formas de aplicação.

3.1.1 Aplicação direta: art. 1º (a), CISG

Segundo art. 1º (1) (a) CISG, a Convenção será aplicada quando as partes de um contrato de compra e venda tiverem seus estabelecimentos em Estados distintos, sendo ambos contratantes da Convenção.

A regra é bastante enxuta na definição de estabelecimento, não se referindo ao conceito de sede. Aliás, vide que a sede de determinada pessoa jurídica não necessariamente reflete o local no qual ela exerça sua atividade empresária ou mesmo que ele seja o único local de negócios. Mais do que isso, ao tratar do termo estabelecimento, a CISG não está limitando sua aplicação apenas a pessoas jurídicas e também não elege o critério da *nacionalidade* como fundamental para verificação de sua aplicação.

Por essa razão a regra estampada no art. 1º (1) (a) deve ser eventualmente lida em consonância com a do art. 10, a qual regulamenta tanto o fato da pluralidade de estabelecimentos como também a falta dele, já que a Convenção não foi projetada exclusivamente para pessoas jurídicas:

> Artigo 10
> Para os fins da presente Convenção:
> (a) quando uma parte tiver mais de um estabelecimento, será considerado como tal aquele que tiver relação mais estreita com o contrato e com sua execução, tendo em vista as circunstâncias conhecidas pelas partes ou por elas consideradas antes ou no momento da conclusão do contrato;
> (b) se uma parte não tiver estabelecimento comercial, considerar-se-á sua residência habitual.

Depurando-se as regras dispostas neste art. 10, em relação às pessoas jurídicas vê-se que, no caso da pluralidade de estabelecimentos, o que se mostra relevante é saber com qual deles o contrato tenha ligação mais estreita, não se podendo extrair do texto convencional qualquer regra de preferência à sede da pessoa jurídica.[138] Na busca desta conexão, vem à tona o local de negócios em que o contrato foi celebrado, ou será executado, por exemplo. É o conceito de estabelecimento que vem em primeiro lugar.

Aplica-se, na espécie, o que a doutrina denomina de *"closest connection" criterion*,[139] ou critério de relação mais estreita, no sentido de definir o local do estabelecimento que será relevante para a fixação da aplicação da CISG. Portanto, para os efeitos dos arts. 1º (1) (a) e 10 (a), e a *contrario sensu*, se o negócio tiver sido celebrado por empresa cuja parte predominante da sua atividade (para fins daquele específico contrato) esteja situada no mesmo Estado da outra parte, este contrato não será regido pela Convenção,[140] não sendo, para finalidade específica de aplicação da CISG, considerando como um contrato internacional. E, neste ponto, é indiferente que a sede de tais companhias seja estabelecida em diversos Estados.

Em outra hipótese, o local da entrega pode ser o mesmo onde se localiza a fábrica ou o estoque do vendedor, embora estrangeiro o comprador, sem que tal peculiaridade desqualifique o emprego da CISG. Exemplifica-se: uma rede de lojas de departamentos americana que compre sapatos de uma empresa italiana, para serem entregues na sua loja em Florença, terá o seu contrato regido pela CISG,[141] uma vez que o negócio foi celebrado por empresas sediadas em Estados distintos. Depósitos ou escritórios administrativos e por vezes até de negócios, contudo de menor expressão para a operação, não caracterizam a sede ou o local dos negócios preponderantes que levam à aplicação ou à exclusão da CISG, por força do seu artigo 1 (1) (a).

---

[138] SCHWENZER, Ingoberg e HACHEM, Pascal. In: SCHWENZER, Ingeborg; GREBLER, Eduardo; FRADERA, Vera; PEREIRA, César A. Guimarães (coords.). Comentários à Convenção das Nações Unidas sobre contratos de compra e venda internacional de mercadorias.: *Revista dos Tribunais*, São Paulo, p. 326. 2014.

[139] HACHEM, Pascal. Aplicability of the CISG – Articles 1 and 6. Currente issues in the CISG and arbirations. In: SCHWENZER, Ingeborg [coord.]. *Internacional commerce and arbitration*. Haia: Eleven, 2014, v. 15, p. 34.

[140] SCHWENZER, Ingeborg e HACHEM, Pascal. In: SCHWENZER, Ingeborg; GREBLER, Eduardo; FRADERA, Vera; PEREIRA, César A. Guimarães (coords.). Comentários à Convenção das Nações Unidas sobre contratos de compra e venda internacional de mercadorias. *Revista dos Tribunais*, São Paulo, p. 170. 2014

[141] DE LY, Filip. Sources of international sales law: an eclectic model. In: *The Journal of Law and Commerce*. University of Pittsburgh. Celebrating the 25th Anniversary of The United Nations Convention on Contracts for the International Sales of Goods. Buffalo: William S. Hein, v. 1, 2005-2006, p. 6.

A escolha por um critério objetivo, baseado no dado geográfico da localização dos contratantes, mostrou-se lógico e acertado à época da Convenção. Porém, a unificação de regiões geográficas em grandes blocos comunitários ou comerciais, a tentativa da unificação ou, ao menos, da harmonização dos direitos nacionais e regionais (Princípios UNIDROIT,[142] projetos sobre um Código Europeu de Contratos etc.), bem como o emprego cotidiano da internet nos negócios, inclusive de compra e venda internacional, o que não raro oculta o local da sede do vendedor, adicionam dificuldades na definição de "contrato internacional" e do seu sentido para a CISG.

Ainda assim, o critério objetivo adotado pela CISG para a definição da internacionalidade do contrato sob a sua regência é válido, correto e deve ser rigorosamente observado, cumprindo ao intérprete acautelar-se sobre a verificação do suprimento do critério objetivo adotado pela Convenção, qual seja: (i) o estaebelcimento das partes se situar em Estados contratantes distintos, (ii) independentemente da sua nacionalidade e (iii) independentemente da natureza civil ou comercial ou empresarial do contrato, pois o art. 1º (3) desconsidera as duas últimas características.[143]

Recorre-se a uma oportuna ilustração citada por F. Oliva Blázquez que explica os arts. 1 (1) e (3) CISG: para ser internacional um contrato de compra de compra e venda celebrado por dois brasileiros, a mercadoria deve cruzar a fronteira nacional. Portanto, um exportador brasileiro sediado na Argentina que venda a um comprador brasileiro sediado no Brasil terá o contrato regido pela CISG.[144]

No Direito brasileiro, o art. 9º da LINDB fixa como critério geral para definição da lei regente das obrigações o local na qual estas foram constituídas (*locus regit actum*) e, no caso de contratação entre ausentes, no local de domicílio do proponente. Este critério espacial de constituição do contrato é distinto do empregado pela CISG que, conforme se viu, fixa-se na dualidade de Estados do estabelecimento comercial das partes, sendo que apenas indiretamente se recorre ao local da constituição da obrigação.

À luz da intepretação uniforme e autônoma da Convenção, não se pode qualificar o contrato como internacional de acordo com as regras brasileiras, sob pena de desnaturar a regra convencional. Vê-se, ainda, que o Direito brasileiro não define legalmente o que venha a ser um contrato internacional. O disposto no art. 9º, aliás, somente será aplicado quando

---

[142] Sobre os Princípios, remete-se à indispensável obra de GAMA JR., Lauro. *Contratos internacionais à luz dos princípios do UNIDROIT 2004: soft law*, arbitragem e jurisdição. Rio de Janeiro: Renovar, 2006.

[143] Art. 1º (3) CISG: Para a aplicação da presente Convenção não serão consideradas a nacionalidade das partes nem o caráter civil ou comercial das partes do contrato.

[144] BLÁZQUEZ, F. Olivia. *Compraventa international de mercaderías (ámbito de aplicación del Convenio de Viena de 1980)*. Valencia: Tirant lo Blanch, 2002, p. 69-70.

108 | PAULO NALIN, RENATA C. STEINER
COMPRA E VENDA INTERNACIONAL DE MERCADORIAS

houver conflito de leis no espaço, o que se dará quando a CISG não for aplicada ou, ainda, não contiver a regulamentação de determinada matéria.

3.1.1.1 Negócios celebrados por representante, agente e comissário

Em algumas situações, comprador e vendedor podem ser representados no exterior por um escritório local ou disponibilizar um prédio para estocagem ou recebimento de mercadorias. Nesses casos, intenta saber se tais endereços perfazem o conceito de local de negócios ou de estabelecimento, para os fins do art. 10.

Na hipótese da representação, via de regra, entende-se não ser o escritório posicionado em local diverso da sede um local de negócios autônomo.[145] Mas esse é um tema que também interessa ao direito nacional de regência do contrato de representação, especialmente à luz da obrigação constituída pelo representante em favor do representado e em face do terceiro.

No caso do direito brasileiro (Lei 4.886/65), o representante comercial atua em nome próprio, no interesse alheio, para mediar negócio, os quais deverá transmitir ao representado. Os poderes de mandato, que poderiam levar à conclusão da autonomia do representante, são excepcionais na representação brasileira e precisam ser expressamente outorgados, nos termos do Código Civil.[146]

Em vista disso, afigura-se como sendo a sede do representado (e não a do representeante) o local de negócios que deverá ser considerada para se definir a natureza internacional do contrato de compra e venda celebrado por representante comercial. Ilustra-se: o representante brasileiro de vinhos argentinos, ao vender o produto no território brasileiro para estabelecimento nacional, via de regra, estará celebrando um contrato regido pela CISG, entre o vendedor argentino e o comprador brasileiro.

---

[145] DE LY, Filip. Sources of international sales law: an eclectic model. In: *The Journal of Law and Commerce*. University of Pittsburgh. Celebrating the 25th Anniversary of The United Nations Convention on Contracts for the International Sales of Goods. *Buffalo*: William S. Hein, v 1, 2005-2006, p. 5-6.

[146] Lei 4.886/65: Art. 1º Exerce a representação comercial autônoma a pessoa jurídica ou a pessoa física, sem relação de emprêgo, que desempenha, em caráter não eventual por conta de uma ou mais pessoas, a mediação para a realização de negócios mercantis, agenciando propostas ou pedidos, para, transmiti-los aos representados, praticando ou não atos relacionados com a execução dos negócios.

Parágrafo único. Quando a representação comercial incluir podêres atinentes ao mandato mercantil, serão aplicáveis, quanto ao exercício dêste, os preceitos próprios da legislação comercial.

Art . 2º É obrigatório o registro dos que exerçam a representação comercial autônoma nos Conselhos Regionais criados pelo art. 6º desta Lei.

A figura do representante comercial brasileiro e a intermediação por ele realizada são irrelevantes para os fins do art. 1º (1) (a) CISG, já que não existe uma transferência de titularidade do produto importado para a esfera jurídica do representante comercial. A mesma lógica se aplica ao agente e ao comissário, não incidindo neste contrato (de agência) a CISG, muito embora se revele confusa a distinção brasileira entre agente e distribuidor, em vista da unificação, em único artigo de lei, destas duas figuras contratuais tão distintas do direito comercial.[147]

O contrato de agência e de comissão não são regulados pela CISG, pois os negócios são feitos "[...] à conta de outrem [...]", ou seja, por conta do industrial ou do comitente, sem que o agente ou o comissário comprem ou vendam algo a um terceiro. Não se trata de compra e venda de mercadorias.

3.1.2 Aplicação indireta, art. 1º, "b": o Direito Internacional Privado

Conforme afirmado, o art. 1º CISG estabelece nas alíneas de sua seção (1) duas regras de aplicação da CISG: alínea (a) caracterizadora da *aplicação direta* da CISG, aplicável quando houver um contrato internacional de compra e venda de mercadorias firmado por partes com estabelecimento em Estados contratantes diversos e, alínea (b), pela qual se determina sua *aplicação indireta*, a ser resolvida pelas regras de Direito Internacional Privado que, uma vez aplicadas, "levarem à aplicação da lei de um Estado Contratante".

Trata-se da hipótese em que não há base para a aplicação direta da CISG mas que, contudo, a regra de DIP do foro leve à aplicação da lei de um Estado contratante.

É justamente por incidência desta regra indireta que, por exemplo, a CISG poderia ser a lei aplicável no Brasil antes mesmo da adesão à Convenção pelo país. Bastava que as regras de DIP brasileiras remetessem à aplicação da lei de um Estado contratante da Convenção. Isso se daria, por exemplo, se o local de constituição da obrigação fosse um Estado contratante (art. 9º, *caput*, LINDB). Neste caso, e conforme já se teve oportunidade de demonstrar, a CISG haveria de ser considerada a lei do Estado respectivo, por ser considerada como lei doméstica após internalizada (item 1.3.2).

Como já se sabe, a CISG compõe o sistema jurídico (doméstico) do Estado contratante e, assim sendo, o contrato poderá ser julgado com base

---

[147] Art. 710 CC. Pelo contrato de agência, uma pessoa assume, em caráter não eventual e sem vínculos de dependência, a obrigação de promover, à conta de outra, mediante retribuição, a realização de certos negócios, em zona determinada, caracterizando-se a distribuição quando o agente tiver à sua disposição a coisa a ser negociada.

nela, em que pese um dos contratantes não ter a sua sede em um Estado aderente, pela via indireta, portanto:

> Se o próprio Estado do foro for um Estado não Contratante, a CISG pode ser aplicável, por força do art. 1º (1) (b) se o direito ao qual conduzem as regras de direito internacional privado for o de um Estado Contratante da CISG.[148]

Antes de se ingressar na temática da aplicação indireta da CISG, cumpre apontar que a aplicação da CISG por este mecanismo não é mandatária e universal, ao contrário da anterior hipótese (aplicação direta), uma vez que o Estado aderente pode ressalvar a sua eficácia nos termos do artigo 95, submetendo-se, por consequência, somente à incidência direta da CISG (item 2.4.5).

O apontamento inicial da matéria é contemplado por Franco Ferrari,[149] ao lembrar que a CISG não explica ou conceitua o que seria o DIP ou qual seria o critério de conexão a ser adotado pelo intérprete, ingressando tal conceito no conjunto de tantos outros de natureza indeterminada, conforme explicamos no item 4.2.1, adotados pela Convenção.

Comparando conceitos de DIP, Ferrari conclui que a CISG adota uma perspectiva doméstica ou nacional, mais especificamente do "direito internacional privado do *foro*",[150] ou seja, do local da competência onde a sentença deva ser proferida. Portanto, o foro de competência determinará qual regra do DIP será aplicável ao contrato – frise-se, novamente, que a regra de DIP é tipicamente doméstica.

Mais crítico, M. G. Bridge[151] qualifica a regra do art. 1º (1) (b) como *imperfeita*, considerando que a lei nacional a ser aplicada pode ser tanto do Estado do vendedor quanto do comprador. Ademais, confirma que a CISG não dispõe qual regra do DIP deve ser adotada, podendo, neste quadro, ser somente a do foro do Estado que resolve o conflito normativo. Veja-se, neste sentido, que a CISG é uma lei uniformizada sobre matérias contratuais, e não uma lei uniforme sobre regras de conflito.

---

[148] SCHWENZER, Ingeborg e HACHEM, Pascal. In: SCHWENZER, Ingeborg; GREBLER, Eduardo; FRADERA, Vera; PEREIRA, César A. Guimarães (coords.). Comentários à Convenção das Nações Unidas sobre contratos de compra e venda internacional de mercadorias.: *Revista dos Tribunais*, São Paulo, p. 173. 2014.

[149] FERRARI, Franco. *Choice of forum and CISG*: remarks on the latter's impact on the former. In: FLECHTNER, Harry M.; BRAND, Ronald A.; WALTER, Marks S. Drafting contracts under the CISG. Nova Iorque: Oxford, 2008, p. 111.

[150] FERRARI, Franco. *Choice of forum and CISG*: remarks on the latter's impact on the former. In: FLECHTNER, Harry M.; BRAND, Ronald A.; WALTER, Marks S. Drafting contracts under the CISG. Nova Iorque: Oxford, 2008, p. 113. "[...] more particularly, to the 'private international law' of the forum".

[151] BRIDGE, M. G. *The international sales of goods*. 3. ed. Oxford: Oxford, 2013, p. 475-476.

Em outras palavras, as regras de Direito Internacional Privado e, consequentemente, as regras de conexão a ditar a lei aplicável podem ser diversas, a depender do local do foro. Não há uma unidade de regra de conflitos disposta na CISG e pode-se mesmo afirmar que isso que foge ao escopo da própria Convenção.

Tal aspecto traz à tona a grande importância da cláusula da eleição do foro de discussão, pois a partir de tal cláusula poderão as partes ter o caso decidido com base no DIP de um Estado específico – e que, indiretamente, levará à definição da lei materialmente aplicável. Conhecer a lei de DIP do foro é, assim, uma cautela necessária.

Franco Ferrari[152] vai além, ao lembrar que advogados que redigem os contratos e que, por consequência, elegem o foro, podem interferir diretamente nos fundamentos do julgamento, sem que escolham diretamente a lei de regência do contrato.

Dentro das limitações de um livro introdutório, não seria possível identificar todos os critérios do DIP para a solução do conflito de leis contratuais, de modo que se elegeu e se comparará a solução europeia, incluindo Reino Unido, e o sistema brasileiro para este tratamento introdutório.

3.1.2.1 Regras de conflito europeias

Dentro do panorama da Comunidade Europeia e dos países europeus, dois instrumentos de Direito Internacional Privado (ou, neste caso específico, de Direito Comunitário) são peças chave para regular o conflito de leis aplicável às obrigações contratuais. Refere-se à Convenção sobre a lei aplicável às obrigações contratuais na União Europeia, ou Convenção de Roma (1980), posteriormente substituída pelo Regulamento 593/2008 do Parlamento Europeu e do Conselho, conhecida como Roma I. Trata-se de dois documentos dos quais o Brasil, por natureza, não é contratante, na medida em que delimitada aos Estados europeus. Pela importância que representa no âmbito da Comunidade Europeia, contudo, hão de ser mencionados para compreensão global do tema aqui exposto.

A Convenção de Roma de 1980 é qualificada por Jacob Dolinger como exemplo do que chama de Direito Internacional Privado uniformizado, ou seja, aquele que visa "evitar conflitos entre as regras do DIP de dois ou mais sistemas", e que há de ser distinguido do Direito Internacional uniforme, no qual as convenções disciplinam as próprias regras jurídicas materialmente aplicáveis. Neste último grupo de casos, encontra-se a

---

[152] FERRARI, Franco. *Choice of forum and CISG*: remarks on the latter's impact on the former. In: FLECHTNER, Harry M.; BRAND, Ronald A.; WALTER, Marks S. Drafting contracts under the CISG. Nova Iorque: Oxford, 2008, p. 114.

CISG.[153] Em outras palavras, enquanto a CISG afasta o conflito de soluções materiais (ou o próprio conflito de leis), as regras dispostas na Convenção de Roma (e também em Roma I), uniformizam a solução do conflito, ou seja, as regras de determinação da lei aplicável.

Determinava a Convenção de Roma que a lei regente do contrato, na ausência de escolha pelas partes contratuais, seria a do Estado com o qual apresentasse conexão mais estreita. Presumivelmente, o contato mais próximo era reputado aquele em que a parte exercia mais habitualmente as suas atividades negociais ou onde se situasse a administração da empresa transnacional contratante. *In verbis*:

Artigo 4º
Lei aplicável na falta de escolha
1. Na medida em que a lei aplicável ao contrato não tenha sido escolhida nos termos do artigo 3º, o contrato é regulado pela lei do país com o qual apresente uma conexão mais estreita. Todavia, se uma parte do contrato fôr separável do resto do contrato e apresentar uma conexão mais estreita com um outro país, a essa parte poderá aplicar-se, a título excepcional, a lei desse outro país.
2. Sem prejuízo do disposto no nº 5, presume-se que o contrato apresenta uma conexão mais estreita com o país onde a parte que está obrigada a fornecer a prestação característica do contrato tem, no momento da celebração do contrato, a sua residência habitual ou, se se tratar de uma sociedade, associação ou pessoa colectiva, a sua administração central. Todavia, se o contrato for celebrado no exercício da actividade económica ou profissional dessa parte, o país a considerar será aquele em que se situa o seu estabelecimento principal ou, se, nos termos do contrato, a prestação deve ser fornecida por estabelecimento diverso do estabelecimento principal, o da situação desse estabelecimento.

Como se vê, o art. 4º, parágrafo 1º da Convenção de Roma adotava o princípio da conexão mais estreita do contrato ao regime legal e, excepcionalmente, aceitava a *dépeçage*, que vem a ser a cisão dos direitos aplicáveis ao contrato, também determinada pela conexão mais estreita. Ao seu turno, o parágrafo 2º do mesmo artigo, adotava uma presunção de conexão mais estreita, ligada à administração central (em caso de pessoas jurídicas) ou residência habitual (no caso de pessoas físicas) da parte obrigada à prestação característica do contrato.

Nova regra veio à tona entre os países europeus por força do Regulamento 593/2008, conhecido como Regulamento Roma I, e que dispõe

---

[153] DOLINGER, Jacob. *Direito Internacional Privado*. Parte Geral. 10. ed. Rio de Janeiro: Forense, 2011, p. 170-171.

sobre a lei aplicável às obrigações contratuais.[154] O primeiro e primordial elemento de conexão é a vontade das partes, que podem determinar a lei aplicável ao contrato, inclusive apontando para a lei de um Estado estranho à Comunidade Europeia.

O Regulamento opera a cisão dos tipos contratuais para definir, a partir de sua natureza jurídica, a lei aplicável. No que toca aos contratos de compra e venda, o artigo chave é o art. 4º (1), que assim estabelece:

> 1. Na falta de escolha nos termos do artigo 3º e sem prejuízo dos artigos 5º a 8º, a lei aplicável aos contratos é determinada do seguinte modo:
> a) O contrato de compra e venda de mercadorias é regulado pela lei do país em que o vendedor tem a sua residência habitual.

A esta disposição segue-se a fixação de outros critérios aplicáveis a diferentes tipos contratuais (tais como prestação de serviços e contrato de franquia, por exemplos). Pelo critério vigente aos membros da Comunidade Europeia, aos contratos de compra e venda civis e comerciais aplica-se a lei do Estado onde se situa a residência habitual do vendedor, desde que as partes contratuais não tenham escolhido outra lei aplicável (ou seja, expressamente se alberga a autonomia da vontade).

Caso o contrato não possa ser enquadrado exclusivamente no conceito de compra e venda, então o art. 4º (2) estabelece que deverá ser aplicada a lei da residência habitual da parte que deverá efetuar a prestação característica do contrato.

O novo regulamento adotou, de fato, um dos clássicos critérios do DIP, que vem a ser o da *residência habitual*.[155] Na impossibilidade de se fixar a lei aplicável com base neste critério, e somente subsidiariamente, o Regulamento Roma I remete à lei que tiver conexão mais estreita com o contrato, conceito aberto disposto em seu art. 4º (4).

Por fim, necessário apontar que CISG e Roma I dialogam sem que haja substituição da primeira pela última. Aliás, é essencial concluir que, nos termos do art. 90 da Convenção, bem como do art. 25, I do

---

[154] Há diferentes fontes de Direito Comunitário a obrigar os Estados-membros. É o caso das tradicionais fontes convencionais, tanto no que diz respeito aos Tratados Comunitários, como aos Tratados firmados pelos Estados-membros ou pela Comunidade em relação a terceiros países, em nome e interesse daqueles; dos Atos Unilaterais emitidos pela Autoridade Comunitária, nos quais se destacam os Regulamentos e as Diretivas Comunitárias (também conhecidos como atos derivados); das decisões comunitárias, recomendações e pareceres e, por fim, até mesmo fontes não escritas de Direito Comunitário, aqui se sobressaindo os princípios gerais do Direito Comunitário. A elucidação e o estudo especificado de cada fonte é feito em MOTA DE CAMPOS, João e MOTA DE CAMPOS, João Luiz. *Manual de Direito Comunitário*. 4. ed. Fundação Calouste Gulbenkian, Lisboa, 2004, p. 317-357.

[155] BRIGGS, Adrian. *The conflict of laws*. 3 ed. Oxford: Oxford, 2013, p, 239.

PAULO NALIN, RENATA C. STEINER
COMPRA E VENDA INTERNACIONAL DE MERCADORIAS

Regulamento,[156] há de se estabelecer a primazia da CISG nos limites das matérias por ela reguladas (ela é, pois, lei material).

Referido dispositivo convencional estabelece que a Convenção não prevalecerá sobre outro acordo internacional já celebrado ou que vier a sê-lo, e que contenha disposições sobre as matérias por ela regidas. Não é o caso de um Regulamento europeu, considerado um direito secundário não abrangido pelo dispositivo.[157]

Sob o ponto de vista do Regulamento Roma I, por sua vez, entende-se que apesar de a literalidade do art. 25 (1) referir-se a sua não prevalência sobre tratados internacionais que regulem o conflito de leis – não sendo este o objetivo da CISG,[158] evidentemente – Peter Schlechtriem e Ulrich Schroeter entendem que o dispositivo estende-se à Convenção de Viena que, pela disposição de seu art. 1º (1), funcionaria também como uma regra de conflito.[159]

Conclui-se, portanto, que os dispositivos da CISG continuam a determinar o seu âmbito de aplicação mesmo no contexto da Comunidade Europeia. Somente se deverá socorrer do disposto no Regulamento Roma I se houver necessidade de se buscar outra lei aplicável, por não incidência da CISG, ou pelo afastamento de sua incidência por vontade das partes (*opt-out*, item 3.2.1). Nas demais hipóteses, aliás, o Regulamento sequer seria aplicável, por não haver conflito de leis propriamente dito.

3.1.2.2 Regras de conflito brasileiras

E qual seria o entendimento brasileiro para a solução do conflito de leis contratuais? A resposta, bastante sintética e de certa forma anacrônica às contratações internacionais modernas, encontra-se na Lei de Introdução às Normas do Direito Brasileiro LINDB, a qual dispõe em um único dispositivo sobre tema tão relevante:

Art. 9º. Para qualificar e reger as obrigações aplicar-se-á a lei do país em que se constituírem.

---

[156] Regulamento Roma I: Artigo 25. Relações com convenções internacionais existentes
1. O presente regulamento não prejudica a aplicação das convenções internacionais de que um ou mais Estados-Membros sejam parte na data de aprovação do presente regulamento e que estabeleçam normas de conflitos de leis referentes a obrigações contratuais.
2. Todavia, entre Estados-Membros, o presente regulamento prevalece sobre as convenções celebradas exclusivamente entre dois ou vários Estados-Membros, na medida em que estas incidam sobre matérias regidas pelo presente regulamento.

[157] SCHLECHTRIEM, Peter e SCHROETER, Ulrich. *Internationales UN-Kaufrecht*. 5. Auflage. Tübingen: Mohr Siebeck, 2013, p. 356.

[158] Em relação específica à Convenção de Roma, contudo, o dispositivo a reger a relação de substituição é o art. 25, Roma I.

[159] SCHLECHTRIEM, Peter e SCHROETER, Ulrich. *Internationales UN-Kaufrecht*. 5. Auflage. Tübingen: Mohr Siebeck, 2013, p. 356.

§1º. Destinando-se a obrigação a ser executada no Brasil e dependendo de forma essencial, será esta observada, admitidas às peculiaridades da lei estrangeira quanto aos requisitos extrínsecos do ato.

§2º. A obrigação resultante do contrato reputa-se constituída no lugar em que residir o proponente.

A regra geral, disposta no *caput* do art. 9º, indica a adoção do local da celebração do contrato como aquele da lei que irá reger e qualificar as obrigações respectivas.[160] Excepcionando tal regra, o §2º deste dispositivo considera a obrigação contratual constituída no lugar de residência do proponente, sendo aplicável aos casos de contratação entre ausentes – por força doutrinária, uma vez que a lei é silente quanto à distinção.

Com o Regulamento Roma I, os membros da União Europeia adotaram o critério do lugar da residência habitual da parte, mas desde logo o critério do vendedor como regra de solução do conflito de leis contratuais sobre a compra e venda – na hipótese de não haver escolha da lei. É que a lei aplicável, na ausência de indicação pelos contratantes, é aquela da residência habitual do vendedor, consoante se infere do art. 4º, (1) a.

Nesse detalhe, distinguem-se os sistemas brasileiro e europeu em três pontos. Primeiro porque a regra geral brasileira aplica o *locus regit actum*, considerando-se o contrato como firmado no local de sua celebração. Em segundo ponto, porque sendo o contrato entre ausentes, aqui se adotou o *standard* do proponente, enquanto que a experiência europeia adota o do vendedor. Em terceiro, porque a lei brasileira não se refere expressamente à liberdade das partes na escolha da lei aplicável, diferente da premissa adotada na legislação europeia, vista no tópico imediatamente anterior.

Para ilustrar, considere-se que um exportador brasileiro entra em litígio com um importador venezuelano, e que a forma de constituição do contrato chame à incidência a regra do art. 9º, §2º LINDB. Neste caso, e sendo o Brasil o foro de julgamento, aplicar-se-ão as regras internas de DIP, regendo-se a disputa pela lei do país onde residir o ofertante ou proponente (afinal, insiste-se, a lei de DIP é a lei doméstica do foro).

Por se tratar de compra e venda, supostamente o ofertante é o vendedor, mas nem sempre assim o será, caso o vendedor esteja a atender à oferta (dirigida a pessoa incerta) ou à proposta (dirigida a pessoa certa) de venda formulada pelo comprador. Como se vê, estabelecer o critério do

---

[160] Há de se apontar, conforme ensina Maristela BASSO, que a regra do art. 9º, *caput*, presume que o local da celebração é o local da sede do fato, ou da irradiação de efeitos da relação jurídica obrigacional. Pode ser que, diante das peculiaridades do caso, o juiz brasileiro deixe de aplicar a regra do *locus regit actum*, para aplicar a lei que tenha maior conexão com a execução do contrato, sem que com isso haja infração ao disposto neste artigo. (BASSO, Maristela. *Curso de Direito Internacional Privado* 2. ed. São Paulo: Atlas, 2011, p. 197)

proponente (entre ausentes) é diverso do que eleger o critério do vendedor como regra geral.

Com efeito, se neste caso fosse o brasileiro o proponente, com sede ou lugar de negócio no país, seria a CISG a reger o contrato, pois a lei aplicável seria a brasileira e, como se viu, é a Convenção a lei nacional brasileira aplicável aos contratos de compra e venda internacional. Porém, será o direito nacional da Venezuela aplicável se a oferta partir do contratante estrangeiro, com sede ou lugar de negócios na Venezuela. O juiz brasileiro deverá aplicar a lei determinada pelo DIP, que no caso do Brasil está incorporada à LINDB, legislação datada de 1942 e que contém regras bastante simples para uma realidade internacional cada vez mais complexa.

Convém asseverar que a característica de um Brasil com estatura para negócios internacionais é um fato recente na história política e econômica do país.

De certa maneira, somente após a estabilização das recorrentes crises econômicas nacionais internas e da retomada da democracia é que o Brasil passou a frequentar os foros internacionais políticos e de negócios, o que de certa forma coincide com a Constituição de 1988 ou, ao menos, pode ser ela tomada como o marco inicial desta projeção internacional.

Como consequência anterior ao fenômeno da internacionalização do Brasil, acabou por se formar uma cultura jurídica nacional bastante criativa e autônoma de suas raízes coloniais,[161] consolidando um saber jurídico, entretanto, voltado para a própria nação brasileira. Isso se reflete em uma quase inexistente integração jurídica do país com os seus vizinhos latino americanos, cujos regimes jurídicos privados são pouquíssimo conhecidos, quando não totalmente ignorados.

A ratificação da CISG pelo Estado brasileiro vem inaugurar um novo capítulo no Direito Internacional Privado nacional. E, embora a Convenção em nada altere a forma de solução de conflitos de lei, que continua sendo regido fundamentalmente pela disposição do art. 9º LINDB (no que toca às obrigações contratuais), há de se separar dois momentos diversos de aplicação das leis pelo juiz nacional.[162]

Se antes da ratificação da CISG pelo Brasil o conflito de leis era solucionado exclusivamente pelo art. 9º LINDB, com a sua entrada em vigor pode-se afirmar que vários conflitos deixam de existir, uma vez que

---

[161] NALIN, Paulo. *A contribuição dos Professores Francisco José Ferreira Muniz e Carmen Lucia Silveira Ramos para o Direito Civil na Faculdade de Direito da UFPR*. In: KROETZ, Maria Candida do Amaral. Direito Civil: Inventário teórico de um século. Curitiba: Kairós, 2012.

[162] O reflexo da CISG na concepção da autonomia da vontade do DIP brasileiro é objeto da análise de STEINER, Renata C. e SILVA, Jorge Cesa Ferreira da. *Party autonomy in brazilian international private law*. In: SCHWENZER, Ingeborg; PEREIRA, Cesar e TRIPODI, Leandro (org). CISG and Latin America: Regional and Global Perspectives. The Hague: Eleven Internacional, 2016, pp. 349-359.

o texto da Convenção é regra material e uniforme aplicável ao tratamento dos contratos internacionais. Ao menos é isso que se passa quando houver aplicação direta do texto convencional (item 3.1.1), permanecendo o conflito apenas residualmente, em relação às matérias não trabalhadas pela Convenção.

Por evidente, para definir pela incidência da CISG, o juiz nacional haverá de qualificar o contrato como internacional de compra e venda de mercadorias. Para isso, contudo, deverá observar as disposições da CISG: a qualificação do contrato internacional é feita pela interpretação a ele conferida pela própria Convenção, e não por critérios domésticos.

As regras de conflitos serão utilizadas em ao menos duas circunstâncias. A primeira delas, quando não houver aplicação direta da CISG. A segunda, quando for preciso estabelecer a lei aplicável àquelas matérias excluídas do tratamento da Convenção (como, por exemplo, as questões de invalidade contratual, transmissão de propriedade ou de regras afetas ao Direito do consumidor, naõ reguladas pela Convenção).

No primeiro caso, de aplicação indireta, a CISG não é de plano aplicável pelo fato de um dos contratantes não estar situado em um Estado contratante da Convenção. Nesta hipótese, o juiz brasileiro aplicará a regra do art. 9º LINDB, a qual remeterá ao Direito aplicável. Este, contudo, pode ser tanto o Direito brasileiro como o estrangeiro. Não há, e isso deve ficar bastante claro, qualquer preferência abstrata do DIP brasileiro à aplicação da lei nacional – ao menos em contratos paritários como aqueles dos quais tratamos (a compra e vende internacional de mercadorias, exceto para uso pessoal).

Estabelecida qual a lei aplicável pelas regras de DIP, é possível que haja um retorno à própria CISG. Isso se passa, conforme já se viu (item 3.1.2), na medida em que o Estado cuja lei é aplicável seja contratante da CISG. Um exemplo ajuda a entender a situação. Suponhamos um contrato firmado na Alemanha entre um contratante situado no Brasil e outro em Portugal. A CISG não se aplica diretamente, pois Portugal não é um país contratante.

Ao receber a demanda de cumprimento deste contrato, e pelo Direito brasileiro, é a lei alemã aquela a regê-lo, vez que o contrato foi firmado na Alemanha (art. 9º, *caput*, LINDB). Voltando os olhos ao Direito alemão, contudo, o juiz brasileiro será remetido à CISG, que é a lei nacional alemã a respeito dos contratos de compra e venda internacional de mercadorias.

Esse retorno à CISG não será admitido no caso de o Estado ao qual seja remetida a resolução do litígio (*i.e.*, o Estado cuja lei seja aplicável) tenha feito a reserva do art. 95 que, consoante se viu (item 2.4.5) afasta a possibilidade de aplicação da CISG por via indireta. Dentre eles, destacam-se os Estados Unidos da América.

No segundo caso, embora aplicável a CISG, cabe ao juiz decidir sobre questões por ela não tratadas, como invalidade e transmissão de propriedade; volta-se também ao método de conexão disposto no art. 9º da Lei de Introdução. É plenamente possível que parte do contrato seja regida pela CISG e parte por um Direito nacional, indicado por aplicação da regra de DIP brasileira. Veja-se, novamente, que não há preferência *in abstrato* pela aplicação da lei nacional, ressalvado, por evidente, o filtro da ordem pública internacional, que não se confunde com as matérias de ordem pública interna.

Muito embora a CISG não modifique as regras de conexão brasileiras, é certo que introduz um elemento de extraterritorialidade e internacionalidade ao Direito brasileiro, tornando mais comum que o juiz ou árbitro nacional sejam instados a aplicar uma norma uniformizada, de caráter transancioanl (ainda que, desde 2014, lei doméstica brasileira).

A rejeição ou a resistência do juiz ou do árbitro brasileiros a esta perspectiva internacional poderá implicar em inadequada e simplista decisão no sentido de se adotar o regime jurídico brasileiro ao caso concreto, em descumprimento da Convenção e das regras do DIP, expondo a sentença à sua invalidação.

Na hipótese específica de ser necessário o socorro ao Direito doméstico estrangeiro ou nacional – o que, como já deve estar claro, é exceção perante os países contratantes da CISG – caberá então ao juiz nacional aplicar o Direito estrangeiro ou doméstico obtido pelas regras de DIP brasileiras (art. 9º LINBD).

Naturalmente que não se espera do juiz e do árbitro que conheçam as regras estrangeiras sobre contratos e que tampouco dirijam seus afazeres para a tradução de textos de lei, doutrinas e acórdãos em língua estrangeira, competindo às partes, em verdade, aos advogados, a adequada informação ao julgador.

De fato, três regras brasileiras imperam nesse contexto: art. 14 da Lei de Introdução às Normas do Direito Brasileiro (LINDB), em consonância com os arts. 376 e 192, parágrafo único do NCPC, respectivamente.[163] Vejamos:

> Art. 14 - Não conhecendo a lei estrangeira, poderá o juiz exigir de quem a invoca prova do texto e da vigência.

***

> Art. 376. A parte que alegar direito municipal, estadual, estrangeiro ou consuetudinário provar-lhe-á o teor e a vigência, se assim o juiz determinar.

---

[163] Artigos que correspondem aos arts. 337 e 157 do CPC/1973.

Art. 192. Em todos os atos e termos do processo é obrigatório o uso da língua portuguesa.

Parágrafo único. O documento redigido em língua estrangeira somente poderá ser juntado aos autos quando acompanhado de versão para a língua portuguesa tramitada por via diplomática ou pela autoridade central, ou firmada por tradutor juramentado.

Como já afirmado, não se espera que o juiz e, por extensão, os árbitros brasileiros conheçam do direito estrangeiro. É da parte que o invoca o ônus de provar tanto o seu texto quanto a sua vigência. Mas não é só. Segundo Luiz Olavo Baptista, com apoio na teoria de Batifoll, compete à parte desde logo aportar ao juiz a prova do direito estrangeiro e também da sua interpretação original, pois não competirá ao juiz brasileiro interpretar a fonte alienígena, seja ela legal, consuetudinária ou jurisprudencial (*stare decises*).[164]

Não se trata de um impedimento ao juiz brasileiro no sentido de interpretar a lei, mas sim de constituir ônus processual à parte que alega o direito estrangeiro de instruir o caso com a fonte normativa e com a sua interpretação pela Corte do Estado de origem, para que o juiz brasileiro possa ter uma plena compreensão do direito estrangeiro invocado, enquanto norma.

Esta constatação leva a uma importante conclusão. Veja-se que a CISG poderia ser aplicada no Brasil antes mesmo de sua ratificação pelo Estado brasileiro, desde que as regras de DIP remetessem à lei de um Estado contratante (aplicação indireta). Neste caso, a Convenção equivaleria à lei estrangeira e, portanto, haveria de ser provada, o que se estendia à sua interpretação.

Hoje, contudo, a situação é diversa. Muito embora seja instrumento de Direito Internacional, a CISG é também lei nacional brasileira e que, portanto, deve ser conhecida pelo aplicador da lei. Isso importa concluir que não há ônus processual da parte em comprovar a vigência ou a interpretação da CISG – o que é afirmação diversa do que aquela referente à tradução de textos em língua estrangeira, como a maioria da jurisprudência sobre a Convenção.

Apesar disso, contudo, e sob a visão estrita da advocacia, entendemos recomendável que se proceda a apresentação de tais materiais complementares em juízo, como reproduções de jurisprudência estrangeira, em analogia com o que se deve fazer em relação ao Direito estrangeiro propriamente dito.

---

[164] BAPTISTA, Luiz Olavo. Aplicação do direito estrangeiro pelo juiz brasileiro. In: *Revista de Direito Legislativo*. Brasília: Senado Federal, a. 36, n. 142, abr.jun. 1999, p. 269-270.

3.2 Natureza dispositiva ou não mandatória da CISG; exclusão (*opting out*) e adoção (opting in) pela vontade das partes

A compreensão das regras de aplicação *direta* e *indireta* da CISG não é suficiente para traçar um panorama definitivo sobre seu escopo de aplicação. Isso perpassa também a compreensão de sua natureza dispositiva, o que é o mesmo que se trabalhar com o papel da vontade e liberdade das partes (*party autonomy*) no âmbito da Convenção.

Em vista da sua origem essencialmente privatista, a CISG é destituída de qualquer imposição aos contratantes internacionais, podendo a sua aplicação ser voluntariamente excluída pelas partes (mecanismo comumente chamado de *opt out*). Dessa forma se apresenta, pois a Convenção se embasa na fonte essencial das vendas internacionais, qual seja, na *prevalência da autonomia das partes*,[165] conforme lembra Franco Ferrari.

Antes de se descer às vicissitudes da liberdade das partes, algumas palavras hão de ser tecidas no que toca à liberdade conferida aos próprios Estados contratantes, e que vem em momento anterior à própria aplicação da autonomia dos contratantes.

Consoante já se viu, a Convenção estabelece a possibilidade de que os Estados contratantes, no momento da adesão à Convenção ou posteriormente, façam a reserva de não contratação tanto da Parte II como da Parte III [art. 92 (1)] ou de disposições específicas conforme arts. 95 e 96. O Brasil é contratante integral da CISG, não tendo depositado nenhuma declaração neste sentido.

As situações de reserva e de exclusão de aplicação da CISG, embora possam conduzir a resultados idênticos (*i.e.*, não aplicação da CISG), são diversas entre si. Assim, quando se fala em liberdade das partes tem-se em mente exclusivamente a possibilidade de exclusão, total ou parcial, da aplicação da CISG por ato particular das partes contratuais – e não pela vontade dos Estados soberanos, como se passa com a *reserva*. A hipótese de exclusão por liberdade das partes é regulada no art. 6º da Convenção:

> Artigo 6
> As partes podem excluir a aplicação desta Convenção, derrogar qualquer de suas disposições ou modificar-lhes os efeitos, observando-se o disposto no Artigo 12.

---

[165] FERRARI, Franco. Remarks on the UNCITRAL digest's comments on article 6 CISG. In: *The Journal of Law and Commerce*. University of Pittsburgh. Celebrating the 25th Anniversary of The United Nations Convention on Contracts for the International Sales of Goods. Buffalo: William S. Hein, v 1, 2005-2006, p. 16.

Em linhas gerais, pelo mecanismo do *opting out*, podem as partes sem maiores dificuldades contratar a exclusão de aplicação da CISG, simplesmente indicando que a Convenção deixa de se aplicar àquele negócio específico, com ou sem indicação de uma lei substitutiva.

Não se exige qualquer justificativa para tanto, bastando a manifestação de vontade respectiva, algo próximo ao que se poderia chamar de *derrogação vazia*. O artigo 12 contém uma regra limitativa desta possibilidade, aplicável quando feita a reserva do art. 96 acima estudada (item 2.4.6), e que diz respeito à questão da liberdade das formas.

Incontestável, por sua vez, que o disposto no art. 6º CISG é parte integrante do Direito brasileiro e que, ao menso desde a sua entrada em vigor no Brasil, admite-se uma escolha negativa de lei (ou seja, no mínimo, a exclusão da aplicação da Convenção). Outrossim, inconcebível admitir-se a vigência da CISG no Brasil desacompanhada da liberdade prevista no art. 6º, regra fundamental da Convenção.

3.2.1 Exclusão da CISG pela vontade das partes: *opting out*

A admissão da esfera de liberdade de exclusão da aplicação da CISG é condizente com o próprio tipo contratual regido pela Convenção.[166] Com efeito, ela pressupõe a igualdade substancial entre as partes (comerciantes internacionais), além de configurar um conjunto de regras que se limita a confirmar a prática do comércio internacional segundo modelos iguais ou similares entre os Estados contratantes.[167] Por tal razão, a compra e venda ao consumidor não é atingida pela CISG,[168] pois esta pressupõe, ao contrário, a desigualdade substancial entre os contratantes, a vulnerabilidade e, não eventualmente, também a hipossuficiência, sendo atribuição de cada Estado contratante a regulação nacional do tema.[169]

---

[166] Ao estudioso brasileiro pode soar estranho o relevo conferido pela CISG à autonomia das partes, máxime quando se reconhece os esforços doutrinários e jurisprudenciais brasileiros em busca da limitação de uma autonomia irrestrita, em favor de uma contratação justa e fundada na boa-fé e na função social – conceitos estes não encontrados, com o mesmo sentido de sua acepção interna, na Convenção. Há de se destacar, contudo, que o tipo contratual trabalhado pela CISG é bastante específico, e envolve em sua grande maioria contratos firmados em igualdade de condições ou, no mínimo, igualdade de oportunidade de informação ou de conhecimento das *regras do jogo*. Isso permite dar maior relevo à autonomia das partes.

[167] RESCIGNO, Pietro [coord.]. *Trattato di diritto private*. Obbligazioni e contratti. Turim: UTET, 2000. v 11. 3 t. p 386.

[168] Sobre a questão da definição do consumidor no Brasil e na CISG, remete-se o leitor ao texto de BENETI, Ana Carolina. *A Convenção de Viena sobre Compra e Venda Internacional de Mercadorias (CISG) e a questão do Direito do Consumidor*. In: SCHWENZER, Ingeborg; PEREIRA, Cesar A. Guimarães e TRIPODI, Leandro. A CISG e o Brasil. Convenção das Nações Unidas para os Contratos de Compra e Venda Internacional de Mercadorias. São Paulo: Marcial Pons, 2015.

[169] RESCIGNO, Pietro [coord.]. *Trattato di diritto private*. Obbligazioni e contratti. Turim: UTET, 2000. v. 11. 3 t., p. 387.

Na medida em que o campo de aplicação da CISG é também por ela regido (sendo, portanto, de se compreender autonomamente), o alcance do princípio da autonomia privada (art. 6º, CISG) deve ser enxergado dentro das disposições da própria Convenção.[170] Isso importa, portanto, na inserção da possibilidade de utilização da autonomia da vontade como regra de conexão no Direito brasileiro, sem que se precise socorrer das regras dispostas na LINDB. Ao menos é o que se passa em relação ao *opting-out*.

Por consequência do caráter fundamental da liberdade das partes, mesmo que um Estado seja contratante da Convenção, sua aplicação poderá ser afastada, de modo *direto*, por meio de cláusula contratual que expressamente assim o disponha, mesmo que outra lei material não seja indicada para a solução do conflito, ou com a indicação de outra lei material (*positive choice of law*) que regulará o contrato, no seu adimplemento e também inadimplemento.

A exclusão também pode se dar modo *indireto*, como no caso em que as partes elegem outra fonte de direito material, por exemplo, BGB, CC brasileiro, e que importam a exclusão da aplicação da CISG, ainda que sem direta referência a ela.

Contudo, uma vez não excluída, sua aplicação será *ex officio*,[171] como qualquer outra lei brasileira, pois a CISG não é uma lei modelo (*model law*), vale dizer, meramente sugestiva às partes e às instâncias decisórias. Nos Estados contratantes, aqui especialmente tendo em vista o Brasil, a CISG é a lei aplicável por força das regras de Direito Internacional Público, pois é uma Convenção Internacional de aplicação cogente (salvo a hipótese do *opt-out*) após a sua ratificação pelo Estado brasileiro.

Em verdade, poder-se-ia dizer que a CISG é dotada de uma *natureza híbrida*: é ao mesmo tempo uma *faculdade jurídica* derrogável disponível às partes antes da contratação ou até a formação do contrato – que podem, portanto, afastar a sua aplicação, quando ela fosse a norma naturalmente aplicável; e, sob outra perspectiva, e uma vez não excluída pela vontade das partes, passa a ser uma regra *imperativa* não apenas a elas (partes), como também às Cortes estatais e arbitrais, como qualquer lei doméstica.

---

[170] Isso não importa desconhecer que as partes sempre encontram um importante limite ao exercício da autonomia da vontade, que se dirige às regras internas de ordem pública e que se aplicam subsidiariamente à Convenção. (SCHWENZER, Ingeborg e HACHEM, Pascal. In: SCHWENZER, Ingeborg; GREBLER, Eduardo; FRADERA, Vera; PEREIRA, César A. Guimarães (coords.). Comentários à Convenção das Nações Unidas sobre contratos de compra e venda internacional de mercadorias. *Revista dos Tribunais*, São Paulo, p. 234-235, 2014).

[171] SCHWENZER, Ingeborg e HACHEM, Pascal. In: SCHWENZER, Ingeborg; GREBLER, Eduardo; FRADERA, Vera; PEREIRA, César A. Guimarães (coords.). Comentários à Convenção das Nações Unidas sobre contratos de compra e venda internacional de mercadorias. *Revista dos Tribunais*, São Paulo, p. 153, 2014.

CAPÍTULO III
O ÂMBITO DE APLICAÇÃO DA CISG | 123

Em termos mais simples, a eficácia da CISG não depende da declaração de vontade dos contratantes, bastando serem eles sediados ou terem estabelecimentos, ao tempo da celebração do contrato, em distintos Estados aderentes à Convenção,[172] o que se denomina de *aplicação direta*[173] ou *automática*[174] [art. 1º (1) (a), CISG, item 3.1.1] da Convenção, sendo desnecessária, por consequência, qualquer escolha da lei aplicável (*choice of law*), pelas partes. Da mesma forma, as partes não têm a prerrogativa nem o ônus de comprovar o conteúdo da CISG em litígios judiciais ou em arbitragem, vez que a Corte respectiva terá o dever de aplicá-la, assim como o tem em relação ao CC, por exemplo.

A exclusão de aplicação da CISG, no todo ou em parte, é dependente de um ato bilateral – afinal, se está a tratar do uso da *autonomia* das partes. Exclusões unilaterais não são admitidas, e discussões quanto à abrangência dos *standard terms* (cuja redação é unilateral) serão realizadas na sequência deste livro (item 5.6).

A exclusão parcial, ao seu turno, poderá ainda levar em conta que os contratantes expressamente elegeram somente uma parcela da CISG a ser aplicada ao contrato, de modo que outra fonte legal poderá ser eleita ou determinada pelo Tribunal para aqueles setores sobre os quais as partes a excluíram – podendo isso se passar também na hipótese de o Estado contratante ter feito as ressalvas dos art. 92 (1). Nessa linha de concurso de leis incidentes ao contrato, pode-se, *v.g.*, eleger o tema da transferência de risco da coisa à luz do direito doméstico e as demais partes sob a regência da CISG. Trata-se de uma forma de aplicação do *depeçáge*.

3.2.1.1 Questões controvertidas do *opt-out*

O estudo da possibilidade de *opt-out* da CISG é extremamente relevante para compreensão da própria aplicação da Convenção no Brasil. Apesar de à primeira vista não se vislumbrar dificuldades na sua compreensão, há campos de aplicação um tanto conflituosos, e que costumam suscitar discussões. Resta apontar tais questões para que se possa ter uma visão panorâmica das controvérsias.

a) Afastamento da CISG pela escolha do local do foro?

Uma primeira questão controvertida refere-se à discussão quanto ao afastamento implícito da CISG pela escolha do local do foro. A doutrina

---

[172] SCHLECHTRIEM, Peter; BUTLER, Petra. *UN law on international sales*: the UN convention on the international sales of goods. Berlin: Springer-Verlag, 2009, p. 13.

[173] FERRARI, F. *Op. cit.*, p. 58.

[174] BERNSTEIN, Herbert; LOOKOFSKY, Joseph. *Understanding the CISG in Europe*. 2. ed. Haia: Klumer, 2003, p. 12-13.

internacional ressalva que não se deve admitir como necessária e automática a exclusão *implícita* da CISG, nas situações em que há escolha contratual de uma Corte estatal ou arbitral em Estado não aderente à Convenção, bem assim pela adoção de contrato padrão (contrato tipo ou de adesão, ou ainda *standard terms*) redigido antes da vigência da CISG no país dos contratantes[175] ou de ao menos de um deles.

No que toca especificamente à escolha do foro, não se pode deixar de notar a diferença existente entre a *lei aplicável* e a *lei do foro* que, se por vezes são coincidentes, em outras são diversas – é isso que permite, por exemplo, que o juiz brasileiro seja obrigado a aplicar o Direito estrangeiro. Além disso, o simples fato de se ter o foro em um Estado não contratante não importa negar-se a aplicação da CISG vez que, consoante já visto acima (item 3.2), o art. 1º (1) (b) da Convenção estabelece sua aplicação universal (aplicação indireta), caso o litígio seja a ela direcionado pelas regras de DIP do foro.

A questão está intimamente ligada à possibilidade de derrogação implícita, tema amplamente debatido por ocasião da aprovação da CISG.[176] Apesar de a possibilidade de exclusão implícita não estar determinada de forma expressa na Convenção, ela é aceita pela doutrina que, contudo, destaca que a ausência de expressa menção no art. 6º CISG deve ser interpretada como o afastamento de uma pressuposição imediata de exclusão implícita por parte dos aplicadores.[177]

Nesse sentido, o tema da exclusão da CISG pela escolha de um Estado não aderente como local do foro não é completamente rejeitado, o que acaba sendo um efeito consequente da escolha do foro judicial ou arbitral de debate (*choice of forum*). Ele depende, em boa medida, do comportamento ou das declarações das partes, no sentido de realmente assim pretenderem, uma vez que a escolha do foro de debate pode levar em consideração fatores meramente negociais ou operacionais, não concernentes à real intenção de afastar a CISG.[178] O que não se tolera é que

---

[175] BERNSTEIN, Herbert; LOOKOFSKY, Joseph. *Understanding the CISG in Europe*. 2 ed. Haia: Klumer, 2003, p. 19.

[176] BONELL, Michael Joachim; GONZALO, M. Lopez De. *In*: BIANCA, Cesare Massimo [coord.]. *Convenzione di Vienna sui contratti di vendita internazionale di beni mobile*, p. 18.

[177] É o que afirmam Ingeborg Schwenzer e Pascal Hachem anotando, contudo, que a falta de menção expressa quanto à possibilidade de derrogação implícita tem causado certos problemas interpretativos, especialmente nas Cortes americanas, que tendem a interpretar o art. 6º como proibitivo desta possibilidade. (SCHWENZER, Ingeberg e HACHEM, Pascal. *In*: SCHWENZER, Ingeborg; GREBLER, Eduardo; FRADERA, Vera; PEREIRA, César A. Guimarães (coords.). Comentários à Convenção das Nações Unidas sobre contratos de compra e venda internacional de mercadorias. *Revista dos Tribunais*, São Paulo, p. 232-233, 2014).

[178] SCHWENZER, Ingeborg e HACHEM, Pascal. *In*: SCHWENZER, Ingeborg; GREBLER, Eduardo; FRADERA, Vera; PEREIRA, César A. Guimarães (coords.). Comentários à

as partes inconscientemente derroguem a CISG ao elegerem um foro de debate não aderente, ou seja, que a escolha do *foro* seja confundida com a escolha da *lex*.

Tal como apontam Ingeborg Schwenzer e Pascal Hachem, uma interpretação que considere a eleição de foro como derrogação da CISG somente será cabível quando as circunstâncias adicionais assim indicarem, não havendo razão para uma presunção neste sentido.[179] Dito isso, se é permitida a derrogação implícita pela escolha do local do *foro*, isso somente é possível diante de circunstâncias complementares que assim indiquem.

Em ilustração, se o contrato celebrado entre um vendedor brasileiro e um comprador argentino tiver como foro de eleição a Venezuela que, conforme visto, não é um Estado aderente, só a firme intenção de afastar a CISG, além de terem eleito um país não aderente como local do foro, é que evitará a CISG como regra de julgamento do mérito. Não parece ser o caso, exemplificativamente, quando a obrigação houver de ser cumprida naquele país. Aceitando-se, contudo, a exclusão da Convenção pela escolha do *foro*, e nesta hipótese, seriam dois atos de vontade que levariam à derrogação da CISG, embora um deles possa ser excepcionalmente implícito.

b) Referência genérica à lei de determinado país

Uma segunda controvérsia, e que constitui um ponto polêmico, debatido e afastado pela Convenção em Viena é sobre os efeitos da referência genérica das partes ao emprego da lei doméstica ou nacional de um certo país, mesmo que aderente à Convenção, o que implicitamente poderia sugerir o seu afastamento. É o caso, por exemplo, de se indicar que um contrato será regido pela lei alemã, genericamente, sem se fazer menção ao afastamento da CISG ou à regência pelo BGB.

Nessas hipóteses, não parece ser aceitável concluir-se pela exclusão da CISG, na medida em que ela faz parte do conjunto do ordenamento jurídico doméstico ou nacional dos países contratantes, como já verificado e que prevalece sobre a lei doméstica no seu campo de aplicação.[180] Isso importa dizer, no exemplo citado, que a lei alemã aplicável será a própria CISG. O Direito, ademais, reconhece esta hipótese de imprecisão das partes

---

Convenção das Nações Unidas sobre contratos de compra e venda internacional de mercadorias. *Revista dos Tribunais*, São Paulo, p. 242, 2014.

[179] SCHWENZER, Ingeborg e HACHEM, Pascal. *In*: SCHWENZER, Ingeborg; GREBLER, Eduardo; FRADERA, Vera; PEREIRA, César A. Guimarães (coords.). Comentários à Convenção das Nações Unidas sobre contratos de compra e venda internacional de mercadorias. *Revista dos Tribunais*, São Paulo, p. 241, 2014.

[180] RESCIGNO, Pietro [coord.]. *Trattato di diritto privato*. Obbligazioni e contratti. Turim: UTET, 2000. v 11. t 3. p. 475.

como sanável pelo princípio *iuri novit cúria*,[181] cabendo ao juiz ou árbitro aplicar a lei competente (CISG) ao fato.

Transportando-se a afirmação ao Direito brasileiro, e considerando o caráter de lei federal da CISG (item 1.3.1), o raciocínio aplicável seria o seguinte: a lei brasileira aplicável aos contratos de compra e venda internacional de mercadorias é, hoje, a própria Convenção. Isso importa dizer que um contrato que remeta à lei brasileira, sem excluir a aplicação da CISG, esta remetendo à aplicação da CISG (ou seja, à lei brasileira aplicável ao caso concreto).

A vagueza das partes, vertida numa cláusula de contrato que remete a um sistema "nacional", pode, contudo, conduzir a julgamentos inconsistentes, o que tem se revelado mais acentuado nos tribunais norte-americanos. A este respeito, Henry D. Gabriel[182] relembra o julgamento pela Corte (primeiro grau) do Distrito de Rhode Island, de contrato que dispunha sobre a *choice of law*: "shall be construed and enforced in accordance with the laws of the state of Rhode Island".[183] Por consequência da cláusula, tanto a Corte Distrital quanto a Corte de Apelação (segundo grau) desconsideram o fato de os litigantes serem empresas sediadas em Estados adentes à CISG, norte americano e canadense, para aplicar a lei estadual de Rhode Island ao contrato.[184]

Por outro lado, a referência expressa das partes sobre o emprego de institutos específicos do direito doméstico (cessão de direito, transferência de risco, exclusão de responsabilidade etc.),[185] quando regulados pela CISG, pode implicar a derrogação total ou parcial desta. No entanto, entendemos que se o instituto doméstico citado pelas partes no contrato não rivalizar com qualquer outro aludido pela CISG, é ela que irá incidir no caso, até mesmo porque a Convenção não pretende esgotar todo o programa econômico da relação jurídica contratual, sendo o seu escopo, de fato, relativamente limitado.

Portanto, se o contrato contemplar cláusula sobre a assunção de dívida, tema não desenvolvido na CISG, isto não significa que será o

---

[181] FERRARI, Franco. Remarks on the UNCITRAL digest's comments on article 6 CISG. In: *The Journal of Law and Commerce*. University of Pittsburgh. Celebrating the 25th Anniversary of The United Nations Convention on Contracts for the International Sales of Goods. Buffalo: William S. Hein, v. 1, 2005-2006, p. 31.

[182] GABRIEL, Henry Deed. *Contracts for the sale of goods*. A Comparison of U.S. and internacional law. Oxford: Oxford, 2009, 57-58.

[183] Deve ser formado e executado de acordo com as leis do estado de Rhode Island, em tradução livre.

[184] Lembre-se que nos EUA compete aos Estados membros legislar sobre contratos em geral.

[185] SCHWENZER, Ingeborg e HACHEM, Pascal. In: SCHWENZER, Ingeborg; GREBLER, Eduardo; FRADERA, Vera; PEREIRA, César A. Guimarães (coords.). Comentários à Convenção das Nações Unidas sobre contratos de compra e venda internacional de mercadorias. *Revista dos Tribunais*, São Paulo, p. 235, 2014.

Código Civil brasileiro a lei do contrato, mas tão somente da regulação desta parte do contrato; os demais efeitos do negócio continuarão a ser interpretados pela CISG.

Essa pluralidade de fontes de regência de um único contrato, que pode decorrer da escolha de mais de uma lei pelas partes (*split choice*) ou pela regulação oficial do contrato por mais de uma lei, é absolutamente possível no campo do Direto Internacional Privado, constituindo a *dépeçage*, ou seja, a possibilidade de que haja mais de uma lei aplicável ao contrato. A única advertência que se faz, na hipótese de serem múltiplas as leis escolhidas pelas partes (*split choice*), é no sentido de que não se escolham leis que possas produzir efeitos contraditórios entre si,[186] *v.g.*, o conceito de inadimplemento deve ser uniforme entre elas.

c) Afastamento de lei nacional, sem expressa exclusão da CISG

Uma terceira controvérsia no campo da exclusão da CISG encontra-se no grupo de casos em que há cláusula indicando a não aplicação da lei nacional, porém sem expresso afastamento da aplicação da Convenção. A situação é diversa daquela estudada no item anterior pois, enquanto no primeiro caso há uma escolha positiva da lei de regência (*v.g.*, o contrato é regido pela lei brasileira), aqui haverá exclusão desta lei (o contrato não é regido pela lei brasileira).

Embora semelhantes as disposições, os resultados interpretativos em cada uma das hipóteses são diversos. Na situação de eleição negativa da lei aplicável, entende a doutrina internacional que não há afastamento de aplicação da CISG, a qual dependeria (salvo interpretação em contrário) de expressa disposição neste sentido.[187]

Portanto, uma cláusula que, por exemplo, faça referência à exclusão da "lei brasileira" ao contrato, não estará necessariamente apartando a CISG, a não ser que as partes expressamente refiram também à Convenção ou indiquem o afastamento de "toda a lei brasileira" ao contrato,[188] no que também se inclui a CISG.

---

[186] BRIDGE, M. G. *The international sales of goods*. 3 ed. Oxford: Oxford, 2013, p. 18.

[187] SCHWENZER, Ingeborg e HACHEM, Pascal. In SCHWENZER, Ingeborg; GREBLER, Eduardo; FRADERA, Vera; PEREIRA, César A. Guimarães (coords.). Comentários à Convenção das Nações Unidas sobre contratos de compra e venda internacional de mercadorias. *Revista dos Tribunais*, São Paulo, p. 241, 2014.

[188] SCHWENZER, Ingeborg e HACHEM, Pascal. In: SCHWENZER, Ingeborg; GREBLER, Eduardo; FRADERA, Vera; PEREIRA, César A. Guimarães (coords.). Comentários à Convenção das Nações Unidas sobre contratos de compra e venda internacional de mercadorias.: *Revista dos Tribunais*, São Paulo, p. 241, 2014.

Uma variação de cláusula voltada à exclusão da CISG foi objeto de julgamento pela *Federal Court of Australia*, lembrado por Pascal Hachem,[189] na qual as partes elegeram a lei australiana com a exclusão das regras provisionadas pela UNCITRAL. Na medida em que a CISG é um instrumento desenvolvido pela UNCITRAL, a Convenção restou afastada.

Na hipótese de *negative choice of law*, caberá à Corte decidir a lei aplicável à luz DIP ou, simplesmente, determinar a aplicação da CISG, haja vista a inexistência de expressa referência que possa resultar na sua exclusão.

A solução, no entanto, está longe de ser pacífica, lembrando Franco Ferrari que somente após uma decisão de Corte Alemã de 1995 é que se notou certa estabilidade, pois antes disso prevalecia o entendimento decorrente da Convenção de Haia (1964), no sentido de que a exclusão à lei nacional implicava também a exclusão da Convenção.[190] Sobre essa polêmica, ressalvam Ingeborg Schwenzer e Pascal Hachem que os Tribunais internacionais têm optado por decidir pela aplicação da CISG, na falta de expressa menção pelas partes,[191] embora possam inclusive aludir ao ordenamento jurídico como um todo de um certo Estado contratante.

d) Exclusão por comportamento das partes

Um quarto grupo de casos pode ser localizado na derrogação da CISG a partir do comportamento das partes, como se passa pela fundamentação de pleitos em legislação outra que não a CISG, embora internacional a compra e venda discutida.

A questão já foi objeto de decisão pela Suprema Corte chilena. No caso, os contratantes fundamentaram seus pleitos na legislação nacional, ainda que a CISG fosse a lei aplicável, o que levou a Corte ao entendimento pela renúncia bilateral da Convenção, aplicando, no caso, o Código Civil Chileno.[192] É como se as partes tivessem renunciado à aplicação da CISG

---

[189]   HACHEM, Pascal. Aplicability of the CISG – Articles 1 and 6. Current issues in the CISG and arbirations. In: SCHWENZER, Ingeborg [coord.]. *Internacional commerce and arbitration*. Haia: Eleven, 2014, v. 15, p. 39.

[190]   FERRARI, F. Remarks on the UNCITRAL digest's comments on article 6 CISG. In: *The Journal of Law and Commerce*. University of Pittsburgh. Celebrating the 25th Anniversary of The United Nations Convention on Contracts for the International Sales of Goods. Buffalo: William S. Hein, v 1, 2005-2006, p. 27.

[191]   SCHWENZER, Ingeborg e HACHEM, Pascal. In: SCHWENZER, Ingeborg; GREBLER, Eduardo; FRADERA, Vera; PEREIRA, César A. Guimarães (coords.). Comentários à Convenção das Nações Unidas sobre contratos de compra e venda internacional de mercadorias. *Revista dos Tribunais*, São Paulo, p. 241. 2014.

[192]   *Ibidem*, p. 40.

por ato comportamental, denominado por M. Bridge de *pos-contractual conduct*, o que, no entender do autor, é possível e se funda no art. 6º CISG.[193]

Com a devida vênia, como já mencionado alhures, tal renúncia é inviável, pois a Convenção se aplica de ofício às partes, ao juiz e ao árbitro, não se reputando legítima uma renúncia que parece ter sido produzida mais por ignorância das partes e descuido dos seus advogados do que por um ato de autonomia privada. Seria o mesmo que afirmar, em um exemplo extremo, que a parte que invoca equivocadamente uma legislação (imagine-se o Código Civil) estaria derrogando a aplicação da legislação adequada (o Código de Defesa do Consumidor, por exemplo).

Nada obstante, entende-se que, eventualmente, a questão poderia ser objeto de negócio jurídico processual entre as partes, nos termos admitidos no art. 190 NCPC brasileiro – pendendo contrarialmente à hipótese o fato de que a lei aplicável não é regra processual, e sim material.

e) Exclusão da CISG em contratos de adesão ou por *standard terms*

Quinto grupo de casos controvertidos diz respeito à cláusula de exclusão de aplicação da CISG inserta em contratos de adesão ou em *standard terms*, cuja análise específica será realizada quando do tratamento da formação do contrato (item 5.6). A grande discussão envolvendo tais formas de contratos é o fato de que conferir eficácia às disposições de exclusão seria bastante criticável, já que a regulação do contrato e a escolha da lei regente depende do real exercício da autonomia privada dos contratantes.[194]

Vale ressaltar que questões de validade se submetem à lei nacional, pelo que plenamente possível que a análise quanto à validade da cláusula inserta em tais contratos seja regida pelo Direito doméstico, ou seja, no Brasil, pelo Código Civil.[195] E, assim, diante de uma disposição de tal natureza, o juiz ou o árbitro poderá declará-la inválida e ineficaz, com o efeito de restaurar a aplicação da CISG ao contrato, sem que isso desconsidere o pacto por inteiro.

---

[193] BRIDGE, M. G. *The international sales of goods*. 3 ed. Oxford: Oxford, 2013, p. 475.

[194] As expressões autonomia privada, autonomia da(s) parte(s) e autonomia da vontade são tomadas neste livro como sinônimas, porque qualquer distinção ideologicamente entre elas somente se justifica em um contexto civil-constitucional brasileiro, não fazendo sentido ao contratante estrangeiro.

[195] Lembrando-se que a CISG não se aplica a contratos de consumo, pelo que inaplicáveis as regras do CDC. Aliás, na hipótese de se entender pela existência de um contrato de consumo, sequer se haverá de analisar a validade de exclusão de aplicação da CISG, vez que ela deixa de ser norma aplicável.

A contratação internacional muitas vezes é realizada sem que as partes tenham condições de discutir todos os termos do contrato, por razões econômicas, geográficas ou por economia de tempo, sendo muito comum o recurso às chamadas "cláusulas gerais de contratação", unilateralmente formuladas. A utilização dos *standard terms* cria inúmeras discussões na prática contratual, especialmente no que toca ao conteúdo vinculante, o que será objeto de análise quando do estudo da formação do contrato (item 5.6). Por ora, contudo, já se pode adiantar que a lei aplicável é questão substancial ao pacto de formação do contrato, pelo que não se pode afastar o efetivo acordo de vontades também a seu respeito.

Disso não se conclui, no entanto, que o exercício da autonomia privada para exclusão da CISG deva sempre ser feito a partir de negociações individuais.[196] Consoante entendem Ingeborg Schwenzer e Pascal Hachem, é indubitável que uma cláusula de exclusão possa ser obtida por um termo padrão, mas isso dependerá de dois fatores complementares, quais sejam: que estes termos tenham sido incorporados ao contrato e que sejam válidos.[197]

São dois os momentos de análise, portanto. Primeiro há de se verificar se houve efetiva incorporação da cláusula de exclusão ao contrato. É o que se passa, no exemplo dos *standard terms*, quando os termos propostos por ambos os contratantes (e por eles unilateralmente formulados), sejam idênticos no que toca à exclusão da CISG. Em segundo, ainda que se entenda pela incidência de um ou outro *standard term*, há de se analisar a sua validade – e isso se dá sob a luz do ordenamento doméstico.

No que diz respeito à análise da validade em si da cláusula, em nosso entendimento, elementos estéticos da cláusula de renúncia, como ser ela redigida em destaque (negrito) ou em instrumento apartado, em verdade, não superam o fato de ser este um falso recurso para convencer o julgador de que o aderente concordou, conscientemente, com o seu conteúdo. Ora, a ausência de efetivo acordo entre as partes não se resolve pelo simples destaque em negrito da cláusula, muito menos se hipoteticamente o aderente rubricasse várias vezes o seu texto. O tipo de renúncia que contemplamos

---

[196] Ora, relações contratuais duradouras (*long terms contracts*), sejam elas continuadas ou não, podem ser regidas por *standard terms*, desde que tais cláusulas sejam fruto da negociação bilateral para a sua formação, configurando-se, então, um *contrato quadro*, o qual regerá todas as contratações futuras entre aqueles específicos contratantes, sem que precisem se deter em novas redações de instrumentos contratuais a cada nova edição contratual ou partida de mercadoria.

[197] SCHWENZER, Ingeborg e HACHEM, Pascal. In: SCHWENZER, Ingeborg; GREBLER, Eduardo; FRADERA, Vera; PEREIRA, César A. Guimarães (coords.). Comentários à Convenção das Nações Unidas sobre contratos de compra e venda internacional de mercadorias. *Revista dos Tribunais*, São Paulo, p. 236, 2014.

exige o exercício da autonomia *real* da vontade e não somente o seu aparente exercício; embasa-se, portanto, no efetivo consenso mútuo.

Franco Ferrari revela outros caminhos de interpretação, ressalvando o efeito de invalidação sob dois pontos: a) quando os termos predispostos são tão profundamente vinculados a algum sistema jurídico em particular que se mostra no todo incompatível com a CISG, o que revela a vontade implícita dos contratantes verem o contrato regulado por outra fonte e b) os termos do contrato, ao mesmo tempo, excluam a aplicação da CISG como um todo.[198] Veja-se que, nestas hipóteses, não se trata de sopesar a validade da exclusão, mas antes de reconhecer que as partes efetivamente estão de acordo quanto a ela.

3.2.1.2 A importância da escolha consciente de exclusão

Sem dúvida, a CISG pode trazer vantagens ao contratante brasileiro, seja porque será encarado como um contratante equânime, ao se servir de uma lei de alcance e ciência internacionais, cujas regras do jogo são conhecidas por todos; seja porque os custos transacionais e operacionais poderão ser mais facilmente estimados; seja porque materialmente a CISG oferece ao contratante direitos e deveres adaptados à prática do comércio internacional.

Com efeito, a escolha pela derrogação da CISG, total ou parcialmente, deve ser excepcional, bastando ao contratante que deseje preservá-la, por outro lado, assessorar-se adequadamente para que nenhuma cláusula do contrato a derrogue, direta ou indiretamente, explicita ou implicitamente. Ademais, agora fazendo parte o Brasil deste grupo de Estados contratantes, deverá o importador-exportador nacional verificar se a outra parte contratante está sob a regência da CISG, sob pena de se ter um contrato operacionalizado e eventualmente julgado a partir do Direito daquele outro contratante (o que será definido pela aplicação do DIP), embora a lei nacional brasileira seja a CISG.

Em linhas gerais, o que se espera do contratante que decida afastar a CISG do seu contrato é que ele tenha consciência do ato, opção esta estabelecida direta ou indiretamente, de modo a exercer a sua real autonomia privada. Para tanto, vem à tona a importância do assessoramento jurídico adequado.

---

[198] FERRARI, F. Remarks on the UNCITRAL digest's comments on article 6 CISG. In: *The Journal of Law and Commerce*. University of Pittsburgh. Celebrating the 25th Anniversary of The United Nations Convention on Contracts for the International Sales of Goods. Buffalo: William S. Hein, v 1, 2005-2006, p. 29.

3.2.1.3 Aplicação da CISG por vontade das partes: *opting in*

Enquanto as regras e situações acima estudadas tinham em consideração a possibilidade de excluir a aplicação da CISG pela vontade das partes, o caráter dispositivo da Convenção também permite que, em alguma medida, os contratantes possam determinar a regência do contrato pela CISG (*opt into*), mesmo quando ela não seja a lei material e naturalmente aplicável àquela contratação.

Esta possibilidade é viável com base no DIP do foro, ou seja, na medida em que as regras de Direito Internacional prevejam a possibilidade de escolha da lei de regência do negócio em contratos internacionais. É o que se extrai da lição de Ingeborg Schwenzer e Pascal Hachem, para quem a possibilidade de escolha da CISG como lei aplicável é dependente da autorização de escolha pela lei nacional. Os autores indicam o Brasil como país em que não se admite esta escolha, por força do silêncio eloquente existente no art. 9º da LINDB, o que há de ser lido com ressalvas.[199]

Com efeito, a questão ainda está em aberto no Direito brasileiro, na medida em que persistem dúvidas quanto à possibilidade de a autonomia da vontade ser elemento de conexão no DIP brasileiro (como referenciado na nota de rodapé nº 51). Há várias vozes relevantes, contudo, que se colocam contrárias à uma leitura restritiva do art. 9º LINDB.

Afastando-se desse campo de aplicação, admite-se no Brasil sem maiores controvérsias a possibilidade de escolha da lei aplicável à arbitragem. Aliás, em demandas arbitrais há nítido espaço para exercício da autonomia da vontade, já que as partes podem escolher a lei de julgamento, nos termos do art. 2º e parágrafos da lei de arbitragem,[200] seja por cláusula contratual, seja no próprio termo de arbitragem.

Muito embora a *opting-in clause* possua, mesmo à luz da CISG, mais força ao foro arbitral, vem crescendo o movimento no sentido de poder ser sustentada inclusive diante Cortes estatais, conforme lembra Franco

---

[199] SCHWENZER, Ingeborg e HACHEM, Pascal. In: SCHWENZER, Ingeborg; GREBLER, Eduardo; FRADERA, Vera; PEREIRA, César A. Guimarães (coords.). Comentários à Convenção das Nações Unidas sobre contratos de compra e venda internacional de mercadorias. *Revista dos Tribunais*, São Paulo, p. 173. 2014. A conclusão há de ser temperada, vez que há inúmeras vozes no Direito brasileiro que consideram plenamente possível a escolha da lei aplicável, conforme já se elucidou acima (Nota de Rodapé nº 51). Sobre o tema, uma das autoras deste livro já teve oportunidade de se dedicar com maior atenção, remetendo-se o leitor a STEINER, Renata C. e SILVA, Jorge Cesa Ferreira da. *Party autonomy in brazilian international private law*. In: SCHWENZER, Ingeborg; PEREIRA, Cesar e TRIPODI, Leandro (org). CISG and Latin America: Regional and Global Perspectives. The Hague: Eleven Internacional, 2016, p. 349-359.

[200] Lei 9.307/1996 art. 2º, §1º Poderão as partes escolher, livremente, as regras de direito que serão aplicadas na arbitragem, desde que não haja violação aos bons costumes e à ordem pública. §2º Poderão, também, as partes convencionar que a arbitragem se realize com base nos princípios gerais de direito, nos usos e costumes e nas regras internacionais de comércio.

Ferrari,[201] ao indicar decisão de Corte chinesa neste sentido. Tudo dependerá, consoante se afirmou, das regras de DIP do foro, no sentido de que possibilitem a vontade das partes com elemento de conexão.

A forma mais comum de se optar pela incidência da CISG é expressamente referir-se a ela como lei de regência do contrato. Michel Bridge[202] indica uma redação defensável de tal cláusula: "The applicable law of this contract shall be the United Nations Conventions on the International Sales of Goods 1980".

A CISG também pode ser a lei de regência (*opt into*) do contrato e do mérito da disputa na hipótese de as partes elegeram a lei de um Estado contratante para a solução do conflito, ainda que naturalmente a Convenção não fosse aplicável. É o que se passa desde a adesão do Brasil à CISG, por exemplo, com cláusula contratual que genericamente refira-se à lei brasileira como lei de regência, dirigindo-se tal cláusula tanto à Corte quando ao Tribunal arbitral, com fundamento no art. 1º (1) (b) CISG.

É certo que a clareza na opção pela regência pela CISG é facilitadora da interpretação da cláusula de eleição, tornando clara a vontade das partes. Aqui entra em relevância a atuação das partes e seus advogados no momento da redação do contrato.

É também de Michel Bridge o conselho de que as partes devam escolher a lei de um Estado aderente e também o local de julgamento, e não somente indicar a CISG como lei aplicável.[203] Em se tratando de jurisdição estatal, devem observar se o Estado no qual se situa a Corte não fez qualquer ressalva prevista no art. 95, em alusão ao art. 1º (1) (b), ou seja, se aceita a aplicação indireta da Convenção.[204] A partir disso, sugere a seguinte redação de cláusula, considerando serem as partes um vendedor inglês (o Reino Unido não é Estado aderente, lembre-se) e um comprador Irlandês:

> The applicable law of this contract shall be the law of [the Netherlands], including the United Nations Conventions on the International Sale of Goods

---

[201] FERRARI, F. Remarks on the UNCITRAL digest's comments on article 6 CISG. In: *The Journal of Law and Commerce*. University of Pittsburgh. Celebrating the 25th Anniversary of The United Nations Convention on Contracts for the International Sales of Goods. Buffalo: William S. Hein, v. 1, 2005-2006, p. 35. Fonte: Xiamen Intermediate People's Court, People Republic of China, 5 Sep. 1994 in: <http://www.unilex.info/case.cfm?pid=1&do=case&id=211 &step=Abstract>.

[202] "A lei aplicável a este contrato deve ser a Convenção das Nações Unidas sobre compra e venda internacional de mercadorias de 1980", em tradução livre. BRIDGE, Michel. Choice of law and the CISG: opting in and opting out. In: FLECHTNER, Harry M.; BRAND, Ronald A.; WALTER, Marks S. *Drafting contracts under the CISG*. Nova Iorque: Oxford, 2008, p. 72-73.

[203] BRIDGE, Michel. Choice of law and the CISG: opting in and opting out. In: FLECHTNER, Harry M.; BRAND, Ronald A.; WALTER, Marks S. *Drafting contracts under the CISG*. Nova Iorque: Oxford, 2008, p. 73.

[204] Sobre o tema, *vide* 3.4.5.

1980. The courts of [the Netherlands] shall have exclusive jurisdiction over all dispute than may arise under this contract.

Trata-se, portanto, de uma cláusula dúplice, de escolha da lei e da jurisdição (foro), sendo fundamental para sua aplicabilidade que o Estado da jurisdição admita a possibilidade de escolha de lei aplicável com base na autonomia privada das partes contratantes.

Aparentemente, se o caso for endereçado à arbitragem, estaria superada a questão da jurisdição e da sede da arbitragem, pois conforme já tratamos alhures, o Tribunal arbitral não está sujeito a nenhuma jurisdição (item 1.4.2).

Contudo, há uma pequena dificuldade também para o cenário da cláusula *opt into* na arbitragem, pois os árbitros internacionais estão habituados a empregar outras fontes normativas que não somente aquela de eleição das partes, como os princípios do direito e a *lex mercatoria*, combinando os sistemas, com base na *lex arbitri*. E para que tal não ocorra, no cenário da arbitragem, além da escolha da lei (CISG), as partes devem expressamente contratar a exclusão de qualquer outra como fonte normativa da futura sentença, caso queiram realmente reduzir o escopo normativo da arbitragem.

Na hipótese de as partes terem eleito a CISG como sendo a lei de regência do contrato, convém também referir à lei que servirá de base para os temas não abordados pela Convenção, por exemplo, o direito de propriedade sobre a coisa vendida, as causas de invalidade contratual, a lei de regência na hipótese de fato do produto ou do serviço ao consumidor, sob pena de se ter um quadro de múltiplas leis determinadas, na omissão dos contratantes, pelo Tribunal ou pela Corte.

O tempo do exercício da escolha da lei de regência (*opting in*) não necessariamente coincide com o momento da formação do contrato, podendo as partes, por exemplo, eleger a CISG como regra de julgamento no termo de arbitragem, inclusive para um contrato celebrado antes da vigência da Convenção, em um ou ambos os Estados aderentes onde se situem as partes.

No contexto internacional, já se constatou que 11% dos julgamentos arbitrais adotou a CISG como lei material por vontade das partes.[205] Ademais, de todos os casos julgados pela ICC, no ano de 2000, 70% foram regulados pela escolha da lei material pelas partes em seus contratos, podendo-se assumir que tais cláusulas conduziram o julgamento à lei nacional dos contratantes, o que, *mutatis mutandis*, vem a ser a CISG.

---

[205] KRÖLL, Stefan. Arbitration and the CISG. In: SCHWENZER, Ingeborg [coord.]. *Internacional commerce and arbitration*. Haia: Eleven, 2014, v. 15, p. 61.

Igualmente importante sempre ter em mente que o art. 1º (1) (b) da Convenção promove uma grande expansão da sua incidência, importando, não raramente, no seu uso por Estados não contratantes, ao se evidenciar o conflito de normas potencialmente aplicáveis quando, por fim, se decide pelo emprego de norma nacional de um terceiro país contratante.[206]

3.3 O direito intertemporal: regras de aplicação das CISG à formação do contrato e ao seu desenvolvimento

O fato jurídico do tempo mostra-se bastante relevante no estudo do direito dos contratos quando a regência interpretativa de um instrumento transita de uma lei mais antiga para uma mais moderna, sobretudo em contratos cuja execução das prestações não se restringe a um ato instantâneo, o que pode ser o caso daqueles regidos pela CISG. Por tal motivo, as fontes legais sobre o direito contratual usualmente contemplam disposições de ordem pública que regulam essa *passagem* da antiga para a nova lei, capturando efeitos intertemporais para a operação do negócio.

Considerando que o âmbito de aplicação da CISG é por ela regido, natural que a Convenção também regule o direito intertemporal aplicável, o que é feito pelo art. 100 (1) e (2):

Artigo 100
(1) Esta Convenção somente se aplicará à formação do contrato quando a oferta de conclusão o contrato se fizer na data de entrada em vigor da Convenção, com relação aos Estados Contratantes a que se refere a alínea (a) do parágrafo (1) do art. 1º, ou com relação ao Estado Contratante a que se refere a alínea (b) do parágrafo (1) do art. 1º.
(2) Esta Convenção somente se aplicará aos contratos concluídos a partir da data de entrada em vigor da Convenção com relação aos Estados Contratantes a que se refere a alínea (a) do parágrafo (1) do art. 1º, ou com relação ao Estado Contratante a que se refere a alínea (b) do parágrafo (1) do art. 1º.

Os parágrafos (1) e (2) sob análise dividem o tema do direito intertemporal quanto à *formação do contrato* (Parte II), em especial observância à oferta e à aceitação, e à *compra e venda* (Parte III), no que tange à operacionalização do contrato em si.

A contemplação apartada das fases do processo de contratação reflete multiplicidade de fases do contrato internacional, o qual realmente leva em conta negociações preliminares, usualmente seguidas ou incluídas na

---

[206] *Vide* nota 11 com jurisprudência específica a respeito.

troca de oferta e aceitação (ou contraoferta) e no fechamento (*conclusion*), para daí se estudar sua execução. A formação do contrato e o estudo das obrigações ajustadas são dois capítulos importantíssimos – e distintos – do contrato internacional. A separação procedida pelo art. 100 CISG pode levar, em determinadas circunstâncias, à discrepância entre a lei que rege a formação do contrato e aquela que rege o seu conteúdo e regras materiais. Resta analisar em pormenores as regras aplicáveis à Parte II e à Parte II da CISG.

3.3.1 Aplicação da CISG à formação do contrato (Parte II)

O art. 100 (1) retrata as duas formas de incidência da CISG previstas no seu art. 1º, dispondo que para ser aplicável à formação do contrato, a oferta deve ter sido efetivada após a vigência da Convenção, distinguindo as hipóteses de aplicação direta e indireta.

No caso de aplicação direta da CISG, a oferta deve ter sido realizada na vigência da Convenção em ambos os Estados dos contratantes [art. 1º (1) (a)]. Em relação à aplicação indireta [art. 1º (1) (b)], deve ter sido formulada após a vigência da Convenção no Estado em que, por força das regras de DIP, seja o Estado cuja lei é aquela aplicável ao contrato.

Muito embora, nos termos da CISG, a oferta somente se torne eficaz quando é recebida pelo destinatário [art. 15 (1)],[207] para os fins de aplicação intertemporal da Convenção entende-se relevante todo o processo de *oferta*, desde o momento de sua formulação (ou seja, expedição) e não de sua recepção pelo destinatário. Aliás, a opção é condizente com a compreensão de que o ato de vontade é determinado no momento da *expedição*, sendo que a chegada ao destinatário é apenas um complemento necessário à sua eficácia que, contudo, não altera o seu conteúdo.

Em suma, a CISG aplica-se à formação do contrato quando a oferta tiver sido elaborada (e não somente recebida)[208] ao tempo em que já vigente a Convenção para ambos os contratantes (ou seja, em ambos os Estados dos contratantes) ou, no caso de a lei aplicável ser determinada pelas regras de DIP (aplicação indireta, art. 1º (1) (b), CISG), se ao tempo da expedição a Convenção já esteja em vigor no Estado ao qual a solução material do conflito for remetida.

---

[207] O tema da oferta e de sua eficácia será analisado no item 5.3.4.

[208] SCHLECHTRIEM, Peter, SCHWENZER, Ingeborg e HACHEM, Pascal. In: SCHWENZER, Ingeborg; GREBLER, Eduardo; FRADERA, Vera; PEREIRA, César A. Guimarães (coords.). Comentários à Convenção das Nações Unidas sobre contratos de compra e venda internacional de mercadorias. *Revista dos Tribunais*, São Paulo, p.1298. 2014.

Assim sendo, a oferta precisa ter sido elaborada, expedida e recebida[209] quando já vigente a CISG para ambos os contratantes, na primeira passagem do art. 100 (1), e, na segunda passagem, quando já vigente no Estado cuja lei for aplicável.[210]

3.3.2 Aplicação da CISG ao desenvolvimento do contrato (Parte III)

O art. 100 (2), por sua vez, estabelece a regra de aplicação da Parte III da Convenção. O dispositivo não é dissonante daquele acima estudado, pois estabelece o comando de que as regras materiais da Convenção somente serão aplicáveis quando o contrato for concluído após a sua vigência.

Reprisam-se aqui as duas possibilidades de incidência da CISG, por aplicação direta ou indireta. No primeiro caso, o contrato há de ter sido concluído quando ambos os contratantes se situem em Estados aderentes, incidindo o art. 1º (1) (a), e no segundo, aplicando-se a regra do art. 1º (1) (b) CISG, quando a CISG já estiver em vigor no Estado ao qual as regras de DIP remetam o contrato.

A segunda hipótese é particularmente relevante para os operadores brasileiros, cujos contratos celebrados anteriormente a 1º de abril de 2014[211] poderão ser regidos pela CISG por via indireta [art. 1º (1) (b), CISG], caso as regras de DIP brasileiras remetam à aplicação do Direito de um Estado contratante ao tempo da conclusão do contrato.

A partir da distinção operada pelo art. 100, entre a fase de formação do contrato e a fase contratual propriamente dita, é plenamente possível que o contrato em si seja regido pela CISG, ainda que discussões referentes à sua formação não o sejam.[212] É o que se passa no caso de a *oferta* ter sido

---

[209] Embora a CISG refira-se ao momento em que a oferta foi feita, daí se concluindo que se trata do momento de sua expedição pelo ofertante, dúvidas não há de que os atos posteriores estão logicamente inseridos neste contexto, pois são atos necessariamente posteriores.

[210] E que pode ser o Estado de um dos contratantes ou um terceiro, tudo a depender da regra de DIP aplicável.

[211] Acerca da controvérsia quanto ao termo inicial de vigência da CISG no Brasil, e especialmente a razão pela qual os autores entendem que ela entrou em vigor em 1º de abril de 2014, *vide* o item 1.3.1.

[212] Caso o Direito aplicável fosse o Direito interno brasileiro, a oferta lançada entre presentes deve ser imediatamente aceita, sob pena de deixar de ser obrigatória ao ofertante (art. 482, II, CC). No que tange aos contratos formados entre ausentes, que vêm a ser as hipóteses mais usuais nos negócios internacionais, o CC contempla a matéria em relação à proposta formada, (i) com termo final (certo) para ser respondida e, (ii) sem termo final, respectivamente, nos incisos II e III, do art. 428 do CC. Em qualquer caso, e nos termos do art. 429 CC, o contrato é em regra formado com a expedição da aceitação. Na hipótese do art. 482, II CC, a resposta deve chegar ao proponente em *tempo suficiente* para ser *recebida* pelo ofertante, uma vez destituída de termo final de eficácia. Ao seu turno, o inc. III determina que a resposta deva ser *expedida* dentro do prazo concedido pelo ofertante. Ultrapassado este tempo suficiente

expedida antes da vigência da CISG [de acordo com as regras do art. 100 (1)], mas ter sido aceita quando já em vigor a Convenção [art. 100 (2)] – ainda que, em uma situação curiosa, a lei nacional aplicável determine a conclusão do contrato no momento da expedição da *oferta*.[213]

Evidentemente, excluem-se dessa regência as manifestações privadas de vontade dos contratantes que venham a optar pela lei aplicável, com afastamento de vigência da CISG. Nestes casos, afastam-se também as regras de Direito aplicável previstas pela Convenção.

3.4 Requisitos do contrato de compra e venda internacional na CISG

Conforme já se elucidou, as regras da CISG dirigem-se ao contrato de compra e venda internacional de mercadorias. A Convenção, contudo, não descreve ou conceitua este tipo contratual. O caráter internacional da compra e venda foi acima trabalhado, quando se estudou a regra do art. 1 CISG no que toca à aplicação direta ou indireta da Convenção (item 3.2). Neste tópico, fixa-se a análise quanto ao *tipo contratual* trabalhado.

A ausência de um conceito legal expresso de compra e venda na CISG não é um impedimento para que se chegue à sua descrição a partir da própria Convenção, havendo inúmeros dispositivos convencionais que levam a esta compreensão. Dentre eles, destacam-se o art. 30, que trata das obrigações do vendedor, e o art. 53, o qual versa sobre as obrigações do comprador e que, devidamente combinados, elucidam o tema. Vejamos:

---

ou o tempo determinado, não haverá formação do contrato. Mas, se a resposta atender a tais requisitos temporais, ter-se-á o contrato como formado desde o tempo de sua expedição. Como genericamente se aplicava o CC aos contratos celebrados por brasileiros e foro no Brasil, antes de 1º de abril de 2014 (a não ser que as normas de Direito Privado Internacional indicassem outro Direito aplicável), em observância ao art. 428 e incisos II e III do CC, tem-se que na hipótese do inciso II a aceitação deveria ser expedida ao ofertante a partir (e inclusive) de 1º de abril de 2014, desde que dentro do prazo determinado e, considerando o inc. III, a resposta deveria ter sido *expedida* a partir (e inclusive) de 1º de abril de 2014, desde que chegue ao ofertante em tempo adequado. É que se analisaria a formação do contrato à luz do Direito brasileiro e, uma vez estabelecido este momento, se concluiria pela incidência da CISG ao contrato, à luz do art. 1º (1) (a), ou seja, por aplicação direta. Como a data de vigência inicial da CISG no Brasil é 1º de abril de 2014 (sobre a controvérsia quanto à entrada em vigor da CISG, remete-se o leitor ao item 1.3.1), assim sendo, em linhas gerais, será aplicável a CISG aos contratos celebrados por contratantes brasileiros, quando, naquela data, inclusive: (a) redigirem uma oferta contratual, (b) receberem uma oferta contratual ou (c) celebrarem um contrato, tendo como contraparte pessoa pertencente a Estado signatário. Esse é o panorama geral e parcial do art. 100 (1) e (2) CISG, em suas primeiras partes, ressalvadas as partes adicionais de aplicação indireta do mesmo art. 100.

[213] SCHELECHTRIEM, Peter; SCHWENZER, Ingrborg e HACHEM, Pascal. In: SCHWENZER, Ingeborg; GREBLER, Eduardo; FRADERA, Vera; PEREIRA, César A. Guimarães (coords.). Comentários à Convenção das Nações Unidas sobre contratos de compra e venda internacional de mercadorias.: *Revista dos Tribunais*, São Paulo, p. 1298, 2014.

Artigo 30

O vendedor estará obrigado, nas condições previstas no contrato e na presente Convenção, *a entregar as mercadorias, a transmitir a propriedade sobre elas e, se for caso disso, a remeter os respectivos documentos*. (grifamos)

Artigo 53

O comprador *deverá pagar o preço das mercadorias e recebê-las nas condições estabelecidas no contrato* e na presente Convenção. (grifamos)

De uma maneira particular e mais extensiva, a CISG aponta os mesmos requisitos do contrato de compra e venda doméstico brasileiro para caracterizá-lo, ainda que sem recurso a um conceito ditado pela lei: a vontade contratual ("obriga-se"), o preço ("pagar o preço") e a coisa ("transmitir a propriedade e/ou remeter documentos"). Nada mais, nada menos, do que o contrato fundado no acordo de vontades, destinado à entrega definitiva de um produto mediante o pagamento do preço é o que configura a compra e venda. Discussões quanto ao caráter consensual ou real do contrato de compra e venda escapam à regulamentação da CISG, exatamente porque a transferência da propriedade não é por ela regida [art. 4º (b), CISG].

Diga-se, ainda, que as figuras descritas no Código Civil como *cláusulas especiais* à *compra e venda*, e que acabam por produzir condições (resolutiva ou extintiva), direitos potestativos e garantias não são óbices à aplicação da CISG e, portanto, sua inserção nos contratos internacionais não é forma de excluir a Convenção.

Dessa forma, as cláusulas especiais sobre a *retrovenda* (art. 505 a 508, CC), a *venda a contento e da sujeita à prova* (art. 509-512, CC), a *preempção ou preferência* (art. 513-520, CC), a *venda com reserva de domínio* (art. 521-528, CC), não podem ser encaradas como figuras estranhas ao contrato de compra e venda internacional regido pela CISG, sendo perfeitamente aceitáveis sem que com isso se afaste a incidência da Convenção. Já a *venda sobre documentos* (art. 529-532, CC) vem expressamente inferida no art. 30 CISG, o qual estabelece a obrigação de remessa de documentos.[214]

Eventualmente, outras cláusulas peculiares à compra e venda em outros regimes legais domésticos também possam ser verificadas sem que tragam efeito revogatório quanto à aplicação da Convenção, uma vez que

---

[214] A *venda sobre documentos* vem a ser uma figura consagrada pela CISG. Comparativamente, essa modalidade de compra e venda era desconhecida do direito nacional enquanto gênero, muito embora excepcionalmente verificada no antigo contrato de compra e venda comercial, pelas figuras do conhecimento de depósito e conhecimento de transporte. Ela foi importada do direito italiano e a peculiaridade da *fattispecie* reside no recurso ao mecanismo da cártula que representa a coisa vendida na operação de compra e venda. (RESCIGNO, Pietro [coord.]. *Trattato di diritto private. Obbligazioni e contratti*. Turim: UTET, 2000. v 11. 3 t., p 723).

meramente acessórias. Consoante já se afirmou, a revogação da aplicação da CISG há de ser realizada por acordo entre as partes, do qual se extrai com alto grau de convencimento a intenção séria de afastamento da Convenção. Isso não decorre do fato de que agregar ao contrato cláusulas cujos conteúdos não sejam tratados pela CISG.

Em linhas gerais, os elementos assim ditos acidentais aos negócios são admitidos e não derrogam a CISG. Contudo, eventuais cláusulas acidentais ao negócio distintas daquelas previstas no CC devem ser objeto de específica análise e preocupação do operador brasileiro, pois poderão ser regidas pelo direito local estrangeiro – por aplicação das regras de DIP. Resta então estudar com maiores detalhes o tipo contratual sujeito à incidência da CISG, bem como alguns contratos próximos à compra e venda e seu relacionamento com a Convenção.

3.4.1 Compra e venda e outros tipos contratuais

Nem sempre a configuração de um contrato de compra e venda será uma tarefa fácil de ser desempenhada, havendo contratos que se situam numa zona *gris* pois, apesar de possuírem características próprias da compra e venda, não podem ser qualificados puramente como tal. É o caso do *leasing* e da *permuta*.

Alerta sempre conveniente quando se trata do problema da *qualificação* no Direito internacional[215] é ter em mente que a operação de classificação de determinado contrato deverá ser feita à luz da própria CISG (*i.e.*, de seu texto e da doutrina e jurisprudência internacionais). O aplicador brasileiro não pode pretender qualificar o contrato como de compra e venda exclusivamente a partir do Direito nacional, sob pena de colocar em risco a uniformidade de interpretação buscada pela Convenção.

Mesmo a partir de uma interpretação puramente internacional e uniforme, contudo, as dificuldades de qualificação se mantêm. Necessário então apresentar algumas das discussões mais recorrentes.

Primeiro exemplo de contrato situado nesta *zona gris* é o contrato de compra e venda em que o pagamento é realizado mediante financiamento que, de alguma forma, possa impedir a aquisição futura da coisa ou que a coisa, objeto do contrato, se encontre completamente consumida ou exaurida, ao final do tempo do financiamento.[216]

---

[215] Ou seja, de conceituação e consequente classificação, na lição DOLINGER, Jacob. *Direito Internacional Privado*. Parte Geral. 10. ed. Rio de Janeiro: Forense, 2011, p. 364.

[216] SCHWENZER, Ingeborg e HACHEM, Pascal. In: SCHWENZER, Ingeborg; GREBLER, Eduardo; FRADERA, Vera; PEREIRA, César A. Guimarães (coords.). Comentários à Convenção das Nações Unidas sobre contratos de compra e venda internacional de mercadorias.: *Revista dos Tribunais*, São Paulo, p. 165-166, 2014.

Não são submetidos à CISG o *leasing-back* e o *leasing operacional*, uma vez que a coisa nunca pertencerá ao suposto comprador, o qual é, em verdade, mero locatário; nestes casos, não é preenchida a moldura do art. 30 CISG. Ainda mais radical, pela exclusão de todas as figuras de *leasing*, Franco Ferrari enaltece que nem mesmo quando se tenha um acordo relativo à aquisição do bem a Convenção será aplicável.[217]

Percebe-se que no âmbito da CISG o contrato de *leasing* mantém a sua natureza internacionalmente reconhecida de locação, e não de financiamento ou mútuo feneratício que disfarça uma compra e venda parcelada, cujo entendimento predomina nos Tribunais brasileiros. O pitoresco entendimento brasileiro sobre a natureza jurídica do *leasing* é um dos temas, reflexo da prática bancária, que remete o intérprete nacional ao caráter internacional e uniforme da CISG, cuja jurisprudência é abundante ao excluir o *leasing* como figura sob sua regência, pelos motivos antes expostos. Em termos simples: a CISG não rege contratos locatícios ou que tenham esta natureza; rege contratos de compra e venda.

Discutível também é a aplicação da CISG a contratos de *permuta*. Sobressai-se dos sistemas nacionais do *civil law* uma forte aproximação entre a compra e venda e a permuta, como se vê no CC brasileiro, cuja permuta é regulada pelo art. 553, o qual determina, em um único artigo, "aplicam-se à troca as disposições referentes à compra e venda". No entanto, a CISG claramente restringe a sua incidência à troca de coisa por dinheiro, conforme já trabalhado, não contemplando nenhum dispositivo equivalente ao CC brasileiro, que reenvia a permuta à compra e venda.

Nesse ponto específico, diverge a doutrina internacional, pois de um lado Ingeborg Schwenzer[218] sustenta que o conceito de preço da CISG não se limita a dinheiro, ao passo que Petra Butler rejeita qualquer abertura para outros contratos [a não ser que as partes tenham elegido a CISG como lei de regência (*positive choice of law*), ou *opting in*, tratado no item 3.3.2],[219] nem mesmo se o contrato contemple parte do pagamento em bens e parte em dinheiro, conforme salienta Franco Ferrari.[220]

---

[217] FERRARI, Franco. La vendita internazionale – applicabilità ed applicazioni della Convenzione di Vienna del 1980. GALGANO, Francesco [coord.]. *Trattato di diritto commercial e di dirito pubblico dell'economia*. Cedam, Milão, v. 20. p. 101. 1997.

[218] SCHWENZER, Ingeborg e HACHEM, Pascal. SCHWENZER, Ingeborg; GREBLER, Eduardo; FRADERA, Vera; PEREIRA, César A. Guimarães (coords.). Comentários à Convenção das Nações Unidas sobre contratos de compra e venda internacional de mercadorias. *Revista dos Tribunais*, São Paulo, p. 165-166, 2014.

[219] SCHLECHTRIEM, Peter; BUTLER, Petra. *UN law on international sales*: the UN convention on the international sales of goods, Heidelberg: Springer, 2009, p, 22.

[220] FERRARI, Franco. La vendita internazionale – applicabilità ed applicazioni della Convenzione di Vienna del 1980. GALGANO, Francesco [coord.]. *Trattato di diritto commercial e di dirito pubblico dell' economia*. Milão: Cedam, 1997. v. 20. p. 101.

Uma terceira opinião, divergente de todas, nas palavras de John Honnold,[221] lembra que a CISG não impede a permuta e que alguns contratantes levem mais em conta a balança de pagamentos (em bens ou dinheiro), sem que precisamente definam o que está sendo permutado. De tal modo, na conta corrente de pagamentos mediante trocas, a CISG pode ser aplicada, pois indistintas as prestações.

O direito nacional tem uma solução simples, e ao mesmo tempo aberta, para definir permuta, considerando tal contrato aquele que contempla a troca de uma coisa por outra que não em dinheiro. Se uma das prestações for mista, dinheiro e bens, estar-se-á diante de permuta, caso a expressão econômica do bem supere a do dinheiro ou caso a vontade das partes aponte para a realização deste tipo de contrato. Mas conforme antes visto, nem mesmo assim, segundo parcela da doutrina, autoriza a incidência da CISG, tendo ela uma compreensão mais restrita do que seja compra e venda.

3.4.1.1 Contratos de distribuição e afins: a questão dos contrato-quadro ou *framework agreements*

Outro tema igualmente importante na definição do tipo contratual regido pela CISG é aquele concernente a alguns tipos contratuais específicos e que podem derivar de um contrato-quadro (*framework contracts*),[222] os quais são evidenciados por relação negocial duradoura, derivados ou não de contratos relacionais, entre empresários, e cujo tipo ou moldura contratual somente define as regras gerais da contratação. Na definição de Cristiano de Sousa Zanetti, contratos-quadro são aqueles que servem para definir cláusulas de sucessivos contratos, simplificando os custos da negociação.[223]

Essa é a hipótese da distribuição (*distribution agreements* ou *distributiorship*), da concessão (*concession*), da agência, da franquia e todo e qualquer contrato que não defina as obrigações principais alusivas à coisa e ao preço, e dos quais pode ou não surgir uma compra e venda. Tais tipos contratuais tendem a escapar da incidência da CISG, pela falha no preenchimento dos requisitos dos arts. 1º, 14, 30 e 53, pois o valor da coisa, a quantidade a ser entregue ou a simples natureza de administração da coisa alheia

---

[221] HONNOLD, Jonh O. *Uniform law for international sales*. 3 ed. p. 53.

[222] SCHLECHTRIEM, Peter; BUTLER, Petra. *UN law on international sales*: the UN convention on the international sales of goods, Heidelberg: Springer, 2009, p. 22-23.

[223] Em síntese, "as cláusulas do contrato quadro, portanto, compõem diversos outros contratos, sem que seja necessária discuti-las novamente". (ZANETTI, Cristiano de Sousa. *Responsabilidade pela ruptura das negociações*. São Paulo: Juarez de Oliveira, 2005, p. 21).

CAPÍTULO III
O ÂMBITO DE APLICAÇÃO DA CISG | 143

com fornecimento sucessivo a terceiros, subtrai do negócio as certezas necessárias sobre as recíprocas prestações, tal qual reclamado pela CISG. De fato, não se tem como negar que o contrato de distribuição é de natureza complexa em vista da compra e venda. Ora, a compra e venda de mercadorias entre fornecedor e distribuidor perfaz somente um dos efeitos da distribuição, pois a ele são agregados outros deveres, como a existência de um estoque e da sua administração, a publicidade e o *marketing*, o fornecimento de serviços aos compradores finais ou consumidores, pagamento de *royalties* pelo uso da marca do fornecedor ou de seu *know-how*, cláusulas de garantias aos compradores finais e que, não excepcionalmente, ainda reclama investimentos prévios e contínuos por parte do distribuidor (territorialidade, exclusividade e confidencialidade, por exemplos).

Em outras palavras, o objeto principal da distribuição não é a compra e venda, mas a cooperação entre partes no sentido de o distribuidor iniciar, desenvolver ou ampliar um novo mercado em favor do industrial. Por isso a compra e venda do produto a ser distribuído é uma obrigação secundária (ou uma obrigação de meio), voltada à satisfação do objeto cooperativo e desenvolvimentista do contrato de distribuição.

Mesmo no que diz respeito ao tempo da execução dos contratos em comparação eles se diferem, já a compra e venda é usualmente projetada para um ato translativo do objeto (mercadoria) do contrato, podendo, eventualmente, ser diferida ou fracionada. Ao seu turno, a distribuição é um contrato de longa duração, descaracterizando-se a sua natureza a existência de ato translativo singular.

Em suma, a distribuição internacional não preenche os requisitos formais do contrato à luz da Convenção. O contrato de distribuição de bens em geral, portanto, não é regido pela CISG, pois não obstante a obrigação de seguir comprando quantidades de bens a serem distribuídos, deixa todas as demais prestações em "aberto", como lembram Peter Schlechtriem e Petra Butler.[224]

Todavia, mesmo neste cenário formalista, se as demais prestações não se apresentarem "em aberto", excepcionalmente o contrato de distribuição poderá ser regido pela CISG, como já verificado na jurisprudência.[225] Tal cenário é bastante factível pois, via de regra, os grandes industriais deixam à disposição de seus distribuidores uma lista de preços e condições de entrega dos produtos a serem distribuídos em seus sítios eletrônicos, verificando-se negociações *vis-a-vis* entre tais contratantes somente em

---

[224] ZANETTI, Cristiano de Sousa. *Responsabilidade pela ruptura das negociações*. São Paulo: Juarez de Oliveira, 2005, p. 22.

[225] RESCIGNO, Pietro [coord.]. Trattato di diritto privato. Obbligazioni e contratti. Turim: UTET, 2000, v. 11. t 3. p. 476. Vide Cort. App. (Oberlandsgricht) Monaco, 22-9-1995 (23 U 3750/95), *In Recht der Internationalen Wirtschaft*, 1996, 1035.

PAULO NALIN, RENATA C. STEINER
COMPRA E VENDA INTERNACIONAL DE MERCADORIAS

circunstâncias especiais. Tal constitui uma oferta permanente com todos os elementos essenciais à compra e venda, muito embora seja ela de adesão, o que de qualquer modo não afasta a incidência da CISG.

Ora, se a CISG está aberta para a fixação futura e determinável do preço em compra e venda singular ("*open*" *price term*,[226] o que será trabalhado no item 5.3.2.2), não faz sentido impor um preço invariavelmente "fechado" para que o contrato de distribuição possa ser regido pela CISG.

Por consequência, entendemos que mesmo quando a divulgação do preço não faça parte da oferta do industrial ao distribuidor, este contrato ainda assim poderá ingressar na incidência da CISG.

Dúvida não haverá sobre a aplicação da CISG se do assim denominado contrato tipo (*framework contract*) derivar contratos singulares ou individuais sucessivamente celebrados, todavia, "fechados", ou seja, que contenham todos os elementos da compra e venda internacional.[227]

Em posicionamento bastante mais flexível sobre a distribuição, Pilar Perales Viscasillas sustenta que a falta de preenchimento dos componentes do contrato, tal qual característico da compra e venda, não pode ser visto como obstáculo para a aplicação da CISG, uma vez que a situação pode ser encarada como uma modificação parcial (derrogação parcial) do art. 14 da Convenção, com base no seu art. 6º.[228] Desse modo, no campo da autonomia privada das partes podem elas derrogar parcialmente o art. 14 CISG,[229] o qual define o conceito de proposta para a formação do contrato, de modo a apresentar-se esta sutilmente indefinida quanto aos elementos objetivos do preço e do objeto da compra e venda. E, por fim, as partes podem optar pela aplicação irrestrita da CISG ao contrato (*opting in*).

A franquia internacional, ao seu turno, tem recebido tratamento favorável da doutrina no sentido de ser regida pela CISG, quando presente a figura da compra e venda com uma das obrigações do contrato.

Entretanto, uma sutil distinção deve ser realizada, já que nos contratos internacionais de franquia, via de regra, opera-se, preliminarmente, uma *franquia master*, a qual se multiplica em subcontratos de franquia, nacionais ou regionais. Na hipótese deste master franqueado ser somente

---

[226] BERNSTEIN, Herbert; LOOKOFSKY, Joseph. *Understanding the CISG in Europe*. 2. ed. Haia: Klumer, 2003, p. 101.

[227] VISCASILLAS, Pilar Perales. International distribution contracts and CISG. p. 48. *In*: SCHWENZER, Ingeborg [coord.]. *Internacional commerce and arbitration*. Haia: Eleven, 2014, v. 15, p. 48.

[228] VISCASILLAS, Pilar Perales. International distribution contracts and CISG. p. 48. *In*: SCHWENZER, Ingeborg [coord.]. *Internacional commerce and arbitration*. Haia: Eleven, 2014, v. 15, p. 57.

[229] Art. 14 (1). Segunda oração: *a oferta é considerada suficientemente precisa quando designa as mercadorias e, expressa ou implicitamente, fixa a quantidade e o preço ou dá indicações que permitam determiná-los.*

CAPÍTULO III
O ÂMBITO DE APLICAÇÃO DA CISG | 145

um administrador regional dos interesses do concedente ou titular da franquia,[230] para exploração de marca e *know-how*, por exemplo, a CISG não se aplicará, seja ao contrato, seja aos subcontratos, tendo em vista que não existe um objeto de compra e venda internacional. Contudo, o fornecimento de bens para propiciar a execução desta franquia, desde que tenha cunho internacional, pode ser regido pela Convenção, transitando ela ou não pela esfera jurídica do master franqueado.

Entendemos, por fim, que não se pode restringir o tema ao simples argumento formal e abstrato do não atendimento dos requisitos da compra e venda na distribuição de mercadorias. É fundamental observar o contrato de distribuição e os demais contratos-tipo à luz de todos os efeitos obrigacionais almejados e, sendo possível identificar, ao menos, os pressupostos do objeto e do preço, entendemos que ele poderá ser regido pela CISG.

3.4.1.2 Pré-contrato

Os pré-contratos na CISG têm uma regência similar a dos pré-contratos regidos pelo CC brasileiro. Exige-se que contenham os requisitos essenciais do contrato definitivo a ser celebrado e com isso ganham a incidência da Convenção e dos seus *remedies*.[231] O pré-contrato de compra e venda pode se sujeitar ao regime da CISG, se observada a presença dos elementos dispostos nos arts. 30 e 53 e razoavelmente estiver em estrita conexão objetiva e funcional com o contrato definitivo.[232]

Porém, com os pré-contratos não se confundem os *gentlemens agreements, memoranda of understandings* (MOU) e *letters of intent*. Tratam-se, estas, de expressões que revelam a intenção meramente honrosa de potenciais contratantes no futuro se vincularem por um contrato ou pré-contrato, sem constituir, até um certo momento, qualquer meio de compulsoriamente se tornar obrigações exigíveis, de lado a lado.

Portanto, os escritos encaminhados, de parte a parte, as memórias de reuniões, os registros escritos de qualquer origem, demonstram a mera intenção de as partes no futuro contratarem, não constituindo oferta ou proposta, tampouco, contraoferta a resposta encaminhada. E mesmo que

---

[230] TORSELLO, Marco. *Preliminary Agreements and CISG contracts*. In: FLECHTNER, Harry M.; BRAND, Ronald A.; WALTER, Marks S. Drafting contracts under the CISG. Nova Iorque: Oxford, 2008, p. 244.

[231] O fato de os pré-contratos conterem todos os elementos do contrato principal os diferencia dos contratos-quadro acima citados que apenas fixam regras gerais da contratação. (ZANETTI, Cristiano de Sousa. *Responsabilidade pela ruptura das negociações*. São Paulo: Juarez de Oliveira, 2005, p. 21).

[232] FERRARI, Franco. La vendita internazionale – applicabilità ed applicazioni della Convenzione di Vienna del 1980. GALGANO, Francesco [coord.]. *Trattato di diritto commercial e di dirito pubblico dell'economia*. Milão: Cedam, 1997. v. 20. p. 98.

uma das partes gere danos à outra, por *culpa in contrahendo*, a CISG não se aplica na espécie,[233] por não haver contrato,[234] remetendo-se a hipótese para um direito doméstico, dirigido em razão das regras do DIP.

3.4.2 Os sujeitos da contratação e o caso específico do consumidor

A análise do âmbito de aplicação da CISG à luz dos elementos da compra e venda também é complementada pela verificação dos sujeitos de direito cujas relações contratuais são atingidas pela CISG e, por consequência, aqueles excluídos da sua incidência.

Todos os sujeitos de direito interno (privado ou público) podem se submeter à regência da CISG, na medida em que celebrem contratos de compra e venda internacional.[235] A Convenção não delimita nenhum tipo de distinção entre contratante civil e empresarial, privado e público. Os arts. 30 e 53 CISG cobrem tanto a venda civil quanto a comercial,[236] nos locais onde ainda se faça tal distinção. O único requisito afeto às partes é, como se viu, o local de seu estabelecimento relevante para o contrato (para fins de aplicação direta), os quais devem ser localizados em Estados distintos e contratantes da Convenção.

Na antiga dicção do Código Comercial brasileiro de 1850, distinguia-se entre contratante civil e comercial e, em alguma medida, o atual CC também lança mão destas duas figuras, para especializar a atividade econômica de um dado sujeito de direito, representado na figura do empresário.

A CISG, contudo, não traça qualquer distinção desta espécie, até mesmo porque detalhes conceituais e classificatórios são afetos ao direito interno e não produzem qualquer efeito oposto à Convenção.[237] Portanto,

---

[233] TORSELLO, Marco. *Preliminary Agreements and CISG contracts*. In: FLECHTNER, Harry M.; BRAND, Ronald A.; WALTER, Marks S. Drafting contracts under the CISG. Nova Iorque: Oxford, 2008, p. 218-219.

[234] Ora, a *culpa in contrahendo* somente existe na ausência de um contrato. A quebra de um pré-contrato é quebra contratual e, conforme lição de Judith MARTINS-COSTA, regida pelo regime que lhe é próprio. (MARTINS-COSTA, Judith. *A boa-fé no Direito Privado. Revista dos Tribunais*, São Paulo, p. 480, 1999.).

[235] Isso importa apontar, como faz Cesar A. Guimarães Pereira, a possibilidade de incidência da CISG também a compras governamentais. Veja-se o já citado PEREIRA, Cesar A. Guimarães. *Aplicação da CISG a compras governamentais*. In: NALIN, Paulo; STEINER, Renata C. e XAVIER, Luciana. Compra e Venda Internacional de Mercadoriais: vigência, aplicação e operação da CISG no Brasil. Curitiba: Juruá, 2014.

[236] TERCIER, Pierre. *Les contrats spéciaux*. 2. ed. Zurique: 1995, p. 142.

[237] SCHWENZER, Ingeborg e HACHEM, Pascal. In: SCHWENZER, Ingeborg; GREBLER, Eduardo; FRADERA, Vera; PEREIRA, César A. Guimarães (coords.). Comentários à Convenção das Nações Unidas sobre contratos de compra e venda internacional de mercadorias. *Revista dos Tribunais*, São Paulo, p. 164, 2014.

o que está em mira na CISG é a relação jurídica contratual celebrada por todos aqueles sujeitos de direito não excluídos pela própria Convenção e que celebrem um contrato com a entrega de mercadoria além-fronteira.[238] Apesar de não haver uma distinção genérica entre diferentes contratantes, há uma delimitação do campo de incidência da CISG – especificamente pela exceção do art. 2º (a), o qual dispõe que não se aplica a Convenção para compra e venda realizada para fins pessoal, familiar ou doméstico:[239]

> Artigo 2
> Esta Convenção não se aplicará às vendas:
> (a) de mercadorias *compradas para uso pessoal, familiar ou doméstico*, salvo se o vendedor, antes ou no momento de conclusão do contrato, não souber, nem devesse saber, que as mercadorias são adquiridas para tal uso.

Para definição de seu conteúdo (ou seja, o que é uma venda para fim pessoal, familiar ou doméstico), como se dá em relação a todas as demais disposições convencionais, há de se proceder a uma interpretação autônoma, ou seja, a partir dos critérios e balizas da própria CISG. E, neste ponto, pode-se imaginar algum conflito em relação às atuais leis brasileiras em vigor e a Convenção, especialmente porque o conceito de "uso pessoal, familiar ou doméstico" é menos amplo do que a interpretação doméstica que se dá à abrangência de consumidor para fins de incidência do Código de Defesa do Consumidor.[240]

A discussão sobre a qualidade do sujeito contratante e a lei que lhe alberga foi posta no Brasil por ocasião do Código de Defesa do Consumidor (CDC) e do conceito de consumidor. Não obstante o longo acervo jurisprudencial brasileiro sobre o tema, o CDC estabelece limites muito tênues entre o sujeito consumidor e não consumidor, de modo a fazer com que o tema do conceito de consumidor esteja sempre em evidência e cada vez mais especializado, em observância a relações contratuais e às suas particularidades.[241]

---

[238] É isso, por exemplo, que faz com que seja possível abstratamente falar-se em incidência da CISG também a Estados soberanos ou a contratações públicas, conforme se trabalhou no item 1.4.3.

[239] A parte final do dispositivo contém uma regra de exceção, "salvo se o vendedor, antes ou no momento de conclusão do contrato, não souber, nem devesse saber, que as mercadorias são adquiridas para tal uso".

[240] Sobre o tema, remete-se o leitor ao texto de BENETI, Ana Carolina. *A Convenção de Viena sobre Compra e Venda Internacional de Mercadoriais (CISG) e a questão do Direito do Consumidor.* In: SCHWENZER, Ingeborg; PEREIRA, Cesar A. Guimarães e TRIPODI, Leandro. A CISG e o Brasil. Convenção das Nações Unidas para os Contratos de Compra e Venda Internacional de Mercadorias. *Marcial Pons*, São Paulo, p. 93-107. 2015.

[241] É o que se passa com o entendimento de um conceito ampliado de consumidor, como se vê no seguinte excerto: CONSUMIDOR. DEFINIÇÃO. ALCANCE. TEORIA FINALISTA. REGRA.

PAULO NALIN, RENATA C. STEINER
COMPRA E VENDA INTERNACIONAL DE MERCADORIAS

Percebe-se, contudo, a mesma situação no que toca à CISG, pois apesar de seu caráter comercial e a certeza de que a sua aplicação se destina a fins igualmente comerciais,[242] algumas questões têm sido levantadas no sentido de a Convenção ser aplicável para outra gama de negócios. Ora, a aquisição de um veículo importado diretamente do fabricante, a compra de uma coleção de livros pela internet, cuja origem do vendedor é de outro Estado contratante, ou o simples fato de se cruzar a fronteira entre Brasil e Argentina para comprar vinhos não deixam de ser negócios caracterizados como de compra e venda internacional.

A propósito, com a expansão do mercado eletrônico, grande parte das vendas feitas pela internet por brasileiros são internacionais. A questão é saber se a tais vendas se aplicam a CISG.

Para ilustrar a solução adotada pela Convenção, a Suprema Corte Austríaca decidiu que a compra de uma *Lamborghini* não era sujeita à incidência da CISG porque o adquirente tinha intenção de uso meramente pessoal para o veículo,[243] mesmo que após a operação o bem tenha sido usado para outros fins como, por exemplo, para revenda. Na mesma senda,

---

MITIGAÇÃO. FINALISMO APROFUNDADO. CONSUMIDOR POR EQUIPARAÇÃO. VULNERABILIDADE. (...) 3. A jurisprudência do STJ, tomando por base o conceito de consumidor por equiparação previsto no art. 29 do CDC, tem evoluído para uma aplicação temperada da teoria finalista frente às pessoas jurídicas, num processo que a doutrina vem denominando finalismo aprofundado, consistente em se admitir que, em determinadas hipóteses, a pessoa jurídica adquirente de um produto ou serviço pode ser equiparada à condição de consumidora, por apresentar frente ao fornecedor alguma vulnerabilidade, que constitui o princípio-motor da política nacional das relações de consumo, premissa expressamente fixada no art. 4º, I, do CDC, que legitima toda a proteção conferida ao consumidor. 4. A doutrina tradicionalmente aponta a existência de três modalidades de vulnerabilidade: técnica (ausência de conhecimento específico acerca do produto ou serviço objeto de consumo), jurídica (falta de conhecimento jurídico, contábil ou econômico e de seus reflexos na relação de consumo) e fática (situações em que a insuficiência econômica, física ou até mesmo psicológica do consumidor o coloca em pé de desigualdade frente ao fornecedor). Mais recentemente, tem- se incluída também a vulnerabilidade informacional (dados insuficientes sobre o produto ou serviço capazes de influenciar no processo decisório de compra). 5. A despeito da identificação *in abstracto* dessas espécies de vulnerabilidade, a casuística poderá apresentar novas formas de vulnerabilidade aptas a atrair a incidência do CDC à relação de consumo. Numa relação interempresarial, para além das hipóteses de vulnerabilidade já consagradas pela doutrina e pela jurisprudência, a relação de dependência de uma das partes frente à outra pode, conforme o caso, caracterizar uma vulnerabilidade legitimadora da aplicação da Lei nº 8.078/90, mitigando os rigores da teoria finalista e autorizando a equiparação da pessoa jurídica compradora à condição de consumidora.(...) (REsp 1195642/RJ, Rel. Ministra Nancy Andrighi, Terceira Turma, julgado em 13.11.2012, DJe 21.11.2012).

[242] SCHWENZER, Ingeborg e HACHEM, Pascal. In: SCHWENZER, Ingeborg; GREBLER, Eduardo; FRADERA, Vera; PEREIRA, César A. Guimarães (coords.). Comentários à Convenção das Nações Unidas sobre contratos de compra e venda internacional de mercadorias. *Revista dos Tribunais*, São Paulo, p. 181. 2014.

[243] HONNOLD, John O. *Uniform law for international sales under the 1980 United Nations convention.* 4 ed. Austin: Klumer, 2009. p. 49. O autor extraiu o exemplo referido da fonte UNCITRAL - CLOUT case n. 190.

se o veículo esportivo tivesse sido comprado por uma pessoa jurídica para o uso pessoal do seu acionista, por exemplo, o contrato também não seria regido pela CISG. Portanto, a intenção ou o propósito da compra de natureza meramente pessoal desqualifica o contrato de compra e venda internacional sujeito à CISG, independentemente de quem seja o comprador, conforme anteriormente visto.

Nesse contexto genérico excluem-se as compras feitas para fins familiares (coisas compradas para os familiares), domésticos (coisas compradas para uso no domicílio do adquirente), o que, em última análise, confundem-se com as compras feitas por consumidores e os direitos a ele concernentes.

No caso da CISG, a intencionalidade ou os fins da compra prevalecem sobre qualquer outro elemento de qualificação do sujeito comprador. E é esta a consideração que o aplicador brasileiro deverá ter em mente quando der sentido interpretativo à exceção de aplicação da Convenção. Repita-se: a CISG não exclui o consumidor compreendido à luz do CDC de sua aplicação, mas sim aquele consumidor qualificado como tal pelo próprio regime convencional (a Convenção, repita-se, deve ser interpretada dentro de seus *four corners*).

Veja-se que, ao excluir a aplicação dela própria aos bens comprados para "uso pessoal, familiar ou doméstico", a CISG em nada se refere ao vendedor. Para incidência da Convenção este não precisa ser uma indústria ou fabricante, desde que a coisa seja posta no mercado como sendo de confecção profissional. Razão pela qual corretores internacionais de *commodities* também são vendedores, aos olhos da CISG.

A regra de afastamento da CISG às compras para uso pessoal contém uma exceção, aplicável no caso de o vendedor não saber ou não ter como saber que a coisa vendida seria usada para fins pessoais. Nestes casos, protege-se a expectativa do vendedor, aplicando-se a CISG.

Potencialmente, este deverá ser um tema de grande debate e provocação jurisprudencial, haja vista que as bases e os fundamentos protetivos do CDC certamente serão lembrados em eventual disputa envolvendo um vendedor (diretamente) sujeito à CISG e um comprador brasileiro que não declare a sua intenção pessoal de uso da coisa.Some-se a isso, ainda, doutrina consumeirista que entende que as regras do CDC seriam qualificáveis como regras de aplicação imediata e, por isso, inafastáveis.[244]

Todavia, lembra-se, desde logo, que um dos critérios de interpretação da CISG é o seu caráter internacional (art. 7º), o qual, associado ao seu perfil comercial (art. 2º) certamente criará um ambiente aplicativo para a

---

[244]   MARQUES, Claudia Lima. A proteção do consumidor de produtos e serviços estrangeiros no Brasil: primeiras observações sobre os contratos a distância no comércio eletrônico. In: *Revista de Direito do Consumidor*, vol. 41, 2002.

Convenção, em profundo diálogo com o Direito brasileiro posto antes da vigência da Convenção, embora sujeito a muitas polêmicas sistêmicas.

3.4.3 Objeto contratual: bens ou coisas

O objeto do contrato de compra e venda é um bem ou uma coisa. A definição de coisa não é tarefa simples, bastando lançar um olhar ao CC brasileiro para logo entender quantos são os bens ou classes de bens por ele descrito.[245]

A CISG, ao seu turno, não apresenta uma lista descritiva de quais bens se sujeitam a sua relação de compra e venda, havendo um breve consenso, no entanto, que são aqueles móveis e tangíveis ao tempo da entrega.[246] A definição de bens para a CISG decorre da grande construção jurisprudencial sobre o tema. Dentre tais bens se incluem máquina, alimentos, sapatos, roupas, carros, motores de avião e até mesmo elefantes de circo, como lembram Peter Schlechtriem e Petra Buteler.[247]

Contudo, existem variações sobre o conceito de bem ou coisa, inclusive como já foi aludido nesta obra ao se recordar a venda sobre documento (item 3.5), cujo título ou cártula de propriedade vem a ser uma representação da verdadeira coisa, objeto do contrato, a qual futuramente substituirá o documento.

Nessa linha ampliativa do conceito de bens ou coisas encontram-se os intangíveis, os quais ganham a cada dia mais e mais espaço nos mercados global e regional. Portanto, a concepção da materialidade da coisa objeto da compra e venda está longe de ser uma realidade atual para a CISG, o que à época da sua aprovação, em 1980, até poderia ser sustentável.

Como razoavelmente distinguir, por exemplo, a parte mais relevante de um veículo, considerando ser ele uma estrutura de metal e plástico que reveste uma infinidade de sensores eletrônicos controlados por softwares? Quem compra um novo computador está a adquirir o *hardware* ou os *softwares* nele instalados ou, ainda, ambos? O fato é que a velocidade do desenvolvimento tecnológico imporá ao Direito, em breve, uma revisão dos conceitos de bens materiais e imateriais ou simplesmente decretará o fim de tal distinção jurídica.

---

[245] No Livro II – Dos bens, do Código Civil brasileiro, encontram-se várias classes de bens privados, iniciando-se pelos bens *considerados em si mesmos* (Capítulo I), dos quais têm-se os bens imóveis (art. 79 a 81); bens móveis (art. 82 a 84); bens fungíveis e consumíveis (art. 85 e 86); bens divisíveis (art. 87 e 88); bens singulares e coletivos (art. 89 a 91); bens reciprocamente considerados (Capítulo II) – *principais e acessórios* - (art. 92 a 97).

[246] GABRIEL, Henry Deeb. *Contracts for the sale of goods*. A comparison of U.S. and international law. 2. ed. Nova Iorque: Oxford, 2009, p. 28.

[247] SCHLECHTRIEM, Peter e BUTLER, Petra. *UN Law on International Sales*. The UN Convention on the International Sale of Goods. Heidelberg: Springer, 2009, p. 27.

CAPÍTULO III
O ÂMBITO DE APLICAÇÃO DA CISG | 151

Para a CISG, existe somente uma exclusão textual quanto a bens imateriais: a eletricidade. Portanto, negócios cujo objeto seja a eletricidade não são regidos pela Convenção (art. 2º (f)):

Artigo 2º
Esta Convenção não se aplicará às vendas:
(f) de eletricidade.

Nesse contexto relativo aos direitos imateriais, a CISG tem absorvido uma grande flexibilização do conceito de coisa e de direito. Isso porque, numa perspectiva conceitual estrita, a compra e venda se aplica somente à transferência definitiva de coisas ou de bens e não à cessão, definitiva ou temporária, de direitos.

Assim sendo, em um cenário clássico do Direito Privado, a transferência, mesmo que definitiva de direitos, seria regida por uma outra classe de negócios jurídicos que vem a ser a *cessão do direito*, escapando, por consequência, da incidência da CISG. No entanto, a doutrina oferece vários encaminhamentos ao tema.

A posição mais clássica naturalmente rejeita a natureza de bem (tangível) do *software*, de modo a rejeitar tal aproximação conceitual, o que é inaceitável pois relegaria a CISG a negócios cujos objetos fosses destituídos de qualquer aporte tecnológico, somente *commodities* em geral.

Parte da doutrina entende que o *software* é um bem, no sentido adotado pela CISG, quando salvo em algum dispositivo que possa ser materialmente transportado e carregado (*harddrive*, disco, computador, smartphone, *pendrive*)[248] ao passo que outra banda de doutrinadores considera irrelevante como o *software* é entregue, seja se por meio de dispositivo, seja pelo acesso à internet,[249] de modo a que sempre se aplicará a CISG aos contratos de cuja parte deles constitui uma licença pelo uso da propriedade intelectual eletrônica ou *software*, incorporados a coisas (carros, smartphone, computador, equipamentos médicos etc.).

Outra perspectiva interessante levantada é quando a cessão ou permissão de uso do *software* se faz de modo permanente ou sem a cobrança de *royalties* pelo cessionário. Nesta hipótese se está diante de uma figura análoga à da transmissão da propriedade, aplicando-se a CISG ao contrato

---

[248] SCHLECHTRIEM, Peter e BUTLER, Petra. *UN Law on International Sales*. The UN Convention on the International Sale of Goods. Heidelberg: Springer, 2009, p. 31.

[249] SCHWENZER, Ingeborg e HACHEM, Pascal. In: SCHWENZER, Ingeborg; GREBLER, Eduardo; FRADERA, Vera; PEREIRA, César A. Guimarães (coords.). Comentários à Convenção das Nações Unidas sobre contratos de compra e venda internacional de mercadorias. *Revista dos Tribunais*, São Paulo, p. 167-168. 2014.

de cessão de direitos.[250] Adicione-se que eventuais serviços futuros de garantia ou de atualização do *software* não inibe a aplicação da CISG, a não ser que o serviço seja a parcela predominante do contrato, o que provoca a exclusão da CISG, à luz do seu art. 3º(2).[251]

Demais negócios não atingidos, na extensão dos bens imateriais, são os direitos autorais, a propriedade intelectual em geral (patentes, marcas, desenhos de indústria, modelos) e seu licenciamento, muito embora a compra e venda de uma máquina contendo direitos imateriais, uma patente licenciada, *v.g.*, entra no escopo da CISG.[252]

3.5 Demais situações jurídicas excluídas pela CISG

Duas primeiras situações jurídicas excluídas pela CISG ((a) *sujeitos contratantes* e a (f) *eletricidade*) já foram abordadas nos itens anteriores (3.5.2 e 3.54). Mas para não remanescer uma omissão quanto às demais situações jurídicas materiais e processuais afastadas pela Convenção, passa-se à análise mais pontual do seu art. 2º:

Artigo 2
Esta Convenção não se aplicará às vendas:
(b) em hasta pública;
(c) em execução judicial;
(d) de valores mobiliários, títulos de crédito e moeda;
(e) de navios, embarcações, aerobarcos e aeronaves;
(f) eletricidade.

A primeira hipótese (leilão) é alusiva ao tipo do negócio celebrado. O leilão referido na *letra "b"* do artigo em comento diz respeito ao ato público de venda de coisa alheia por meio de hasta pública (pela autoridade do Poder Judiciário) e não aos leilões privados, os quais têm uma natureza de oferta ao público, na qual subjaz um contrato de compra e venda com pessoa a determinar. São bastante usuais os leilões internacionais tendo por objeto *commodities* e, para estes, a CISG é aplicável.

Excluem-se os leilões públicos porque são regidos por leis processuais domésticas[253] e também por usos e costumes locais; são negócios de

---

[250] SCHWENZER, Ingeborg e HACHEM, Pascal. In: SCHWENZER, Ingeborg; GREBLER, Eduardo; FRADERA, Vera; PEREIRA, César A. Guimarães (coords.). Comentários à Convenção das Nações Unidas sobre contratos de compra e venda internacional de mercadorias. *Revista dos Tribunais*, São Paulo, p. 168-69. 2014.

[251] *Ibidem.*

[252] *Ibidem.*

[253] NEUMAYER, Karl H.; MING, Catherine. *Convention de Vienne sur les contrats de vente internationale de marchandise.* Lausane: Cedidac, 1993. p. 56-57.

CAPÍTULO III | O ÂMBITO DE APLICAÇÃO DA CISG | 153

caráter periférico aos internacionais.[254] Ademais, distancia-se das intenções do comprador elementos essenciais à CISG, como a ciência sobre a natureza internacional do negócio, pois nem sempre se conhece a sede do vendedor e muito menos é possível dimensionar o conteúdo do contrato, de uma forma geral.[255]

A leitura do art. 2º (b) deve ser feita, portanto, em atenção à exclusão constante do art. 2º (c), que expressamente afasta a aplicação da CISG às vendas judiciais, sejam elas em procedimentos de falência, execução ou outros.[256]

No que tange à natureza do bem móvel, a CISG exclui a sua incidência sobre valores mobiliários, títulos de crédito e moedas [art. 2º (d)].

O contexto dos valores mobiliários e a expressão em si foi objeto de amplos debates anteriores à CISG, sobretudo no campo da ULIS [art. 5º (1) (a)], buscando-se empregar uma terminologia que pudesse alcançar as mais variadas formas de "direitos ou valores" mobiliários dos países signatários da Convenção. Isso porque a extensão dos "direitos e valores mobiliários" muda conforme cada regime jurídico nacional. Essencialmente, por valores mobiliários a CISG toma as ações e quotas empresárias, investimentos securitizados, títulos ao portador, letra de câmbio e cheques[257] e ordem de pagamento.

É necessário relembrar que a CISG trabalha com a venda sobre documento e, portanto, os documentos representativos de uma propriedade alienada não podem ser confundidos com a exceção ora analisada (não sendo, pois, títulos mobiliários).

Negócios envolvendo pessoas jurídicas empresárias, tais como os de fusão, cessão e aquisição, não tocam à CISG, pois nesse quadrante se apresenta a exclusão do item d (valores mobiliários), justamente porque a natureza dessas operações empresariais é de cessão de direitos e não de venda de bens. Não obstante, se a operação empresarial tiver como objetivo, em verdade, a compra do patrimônio da empresa, e o contrato comercial de cessão for somente um artifício para se chegar a tal fim, a CISG pode ser considerada como regra aplicável.

---

[254] *Ibidem*, p. 57.

[255] FERRARI, F. *Op. cit.*, p. 143.

[256] SCHWENZER, Ingoberg e HACHEM, Pascal. In: SCHWENZER, Ingeborg; GREBLER, Eduardo; FRADERA, Vera; PEREIRA, César A. Guimarães (coords.). Comentários à Convenção das Nações Unidas sobre contratos de compra e venda internacional de mercadorias. *Revista dos Tribunais*, São Paulo, p. 187. 2014.

[257] SCHWENZER, Ingeborg e HACHEM, Pascal. In: SCHWENZER, Ingeborg; GREBLER, Eduardo; FRADERA, Vera; PEREIRA, César A. Guimarães (coords.). Comentários à Convenção das Nações Unidas sobre contratos de compra e venda internacional de mercadorias. *Revista dos Tribunais*, São Paulo, p.187-188. 2014.

Os títulos de crédito são todos aqueles descritos pela lei nacional ou internacional, caso do cheque, razão pela qual entram nessa zona de exclusão.

A moeda ou o dinheiro, enquanto instrumento de pagamento da prestação pecuniária devida, não são regidos pela CISG. No entanto, quando o dinheiro é o objeto mediato da obrigação ou do próprio contrato, *v.g.*, pelo seu valor histórico, dai então ele se sujeita à Convenção. Nessa mesma linha de pensamento, lembram Peter Schlechtriem, e Ingeborg Schwenzer, entram os títulos, ações e garantias de valor essencialmente histórico.[258]

Ainda em vista da natureza dos bens, a Convenção exclui do seu foco os navios, barcos, *hovercrafts* e aeronaves, mas peças e partes necessárias à sua construção, por sua vez, são consideradas mercadorias.

No Brasil, os navios, as embarcações e as aeronaves em geral são bens *sui generis*, pois apesar de fisicamente móveis estão sujeitos ao registro[259] e à hipoteca.[260] Ao seu turno, as aeronaves são bens móveis, pela definição especial do Código Brasileiro de Aeronáutica, mas que dependem de registro.[261] A natureza especial de bem imóvel, seja pela descrição legal, seja pela sua natureza em si, não é aceitável em vários países e, tampouco, exigível o registro deles.

Essa é a polêmica em torno da CISG e dos bens expressamente excluídos da sua incidência (navios, barcos, *hovercraft* e aeronaves), já que a (revogada) Convenção de Haia de 1964 (ULIS) previa a sua aplicação sobre os barcos registrados,[262] mas tal conceito foi abandonado pela CISG, pois o sistema registral de bens é um tema interno a cada país.[263] E, como alguns países não empregam tal sistema de registro, a CISG perderia seu caráter uniforme, na hipótese de ser o registro um pressuposto formal para a sua aplicação.

Assim, o conceito de navio para a CISG não está associado ao seu registro, pois mesmo nos países que assim exigem, pequenas embarcações podem estar excluídas da sua incidência. Muito menos se aplica o critério

---

[258] *Ibidem.*

[259] Lei 7.652 de 1988: Art. 12. O registro de direitos reais e de outros ônus que gravem embarcações brasileiras deverá ser feito no Tribunal Marítimo, sob pena de não valer contra terceiros.

[260] Hipoteca Naval - Decreto 15.788 de 1922.

[261] Código Brasileiro de Aeronáutica, no parágrafo único do art. 106, dispõe: A aeronave é bem móvel registrável para o efeito da nacionalidade, matrícula, aeronavegabilidade (arts. 72, I, 109 e 114), transferência por ato entre vivos (arts. 72, II e 115, IV), constituição de hipoteca (arts. 72, II e 138), publicidade (arts. 72, III e 117) e cadastramento geral (art. 72, V).

[262] NEUMAYER, Karl H.; MING, Catherine. *Convention de Vienne sur les contrats de vente internationale de marchandise.* Lausane: Cedidac, 1993. p. 59.

[263] SCHWENZER, Ingeborg e HACHEM, Pascal. In: SCHWENZER, Ingeborg; GREBLER, Eduardo; FRADERA, Vera; PEREIRA, César A. Guimarães (coords.). Comentários à Convenção das Nações Unidas sobre contratos de compra e venda internacional de mercadorias. *Revista dos Tribunais*, São Paulo, 2014, p. 188-189.

CAPÍTULO III | 155
O ÂMBITO DE APLICAÇÃO DA CISG

do tamanho da embarcação ou da sua autopropulsão para se afirmar pela exclusão da Convenção ao contrato; quando muito distingue-se pelo critério funcional da embarcação: se empregado como meio de transporte serão "navios" e excluída a aplicação da CISG; contudo se empregados para fins esportivos (*offshore*, barcos a remo de competição, velas olímpicas etc.) se encontram no campo de incidência da CISG.[264]

As aeronaves seguem idêntica conceituação geral, de modo a que somente a compra e venda de peças isoladas que compõem uma aeronave (turbina de avião, *v.g.*)[265] podem ser atingidas pela CISG.

A compra e venda de eletricidade igualmente não é regulada pela CISG, embora tenha uma natureza de bem móvel. As justificativas para a sua exclusão surgiram na revogada Convenção de Haia, e foram mantidas na CISG. Justifica-se pela existência de condições especiais na cadeia internacional de produção e venda de energia que não poderiam se reguladas uniformemente. Observe-se, particularmente, o caso brasileiro, no qual a produção de energia elétrica é majoritariamente estatal e, eventualmente, regulada por acordo internacional, no caso de Itaipu Binacional. Tais cenários múltiplos impedem a formação de uma disciplina isolada ao tema.

Sua exclusão denota, ainda, a escolha da CISG de não se imiscuir em assuntos polêmicos e que poderiam gerar controvérsias entre os países contratantes. Esta escolha, em parte, é um dos fundamentos do sucesso da Convenção, conforme se vem destacando ao longo deste livro.

Contudo, ressalva a doutrina que a exclusão não se aplica analogamente aos negócios envolvendo gás e petróleo, não somente porque a CISG não contempla tais bens nas suas exclusões, como ainda pelo fato de que o tema foi objeto de debates na preparação da Convenção, tendo sido rejeitado.[266] Em outros termos, os contratos de compra e venda internacional de gás e petróleo são regidos pela CISG.[267]

---

[264] SCHWENZER, Ingeborg e HACHEM, Pascal. In: SCHWENZER, Ingeborg; GREBLER, Eduardo; FRADERA, Vera; PEREIRA, César A. Guimarães (coords.). Comentários à Convenção das Nações Unidas sobre contratos de compra e venda internacional de mercadorias. *Revista dos Tribunais*, São Paulo, p. 189-190, 2014.

[265] SCHLECHTRIEM, Peter e BUTLER, Petra. *UN Law on International Sales*. The UN Convention on the International Sale of Goods. Heidelberg: Springer, 2009, p 27, nota 86.

[266] SCHWENZER, Ingeborg e HACHEM, Pascal. In: SCHWENZER, Ingeborg; GREBLER, Eduardo; FRADERA, Vera; PEREIRA, César A. Guimarães (coords.). Comentários à Convenção das Nações Unidas sobre contratos de compra e venda internacional de mercadorias. *Revista dos Tribunais*, São Paulo, p. 190. 2014.

[267] Conforme conferência proferida por Florian Mohs na oportunidade da CISG Basel Conference 2015, a exceção da aplicação da CISG à eletricidade deveu-se, ao tempo da edição da Convenção, ao fato de que a eletricidade não era considerada um *bem* para vários direitos nacionais. O gás natural seria, ao contrário, considerado um bem para incidência da Convenção. (MOHS, Florian. *Natural Gas and the CISG*. In: CISG Basel Conference, 20.01.2015).

3.5.1 Questões referentes à tradição ou transferência de propriedade

O escopo da CISG, como vem sendo abordado, é a relação contratual ou o contrato de compra e venda e os seus efeitos. Portanto, escapa da abordagem da Convenção o direito de propriedade que se desconstitui da esfera jurídica do vendedor e, por consequência, se constitui, naquela do comprador (ou seja, a discussão quanto à eficácia real ou meramente obrigacional da compra e venda). Destaque-se o seu art. 4º (b):

Artigo 4
Esta Convenção regula apenas a formação do contrato de compra e venda e os direitos e obrigações do vendedor e comprador dele emergentes. Salvo disposição expressa em contrário da presente Convenção, esta não diz respeito, especialmente:
(b) aos efeitos que o contrato pode ter sobre a propriedade das mercadorias vendidas.

Decidiu-se pela exclusão do tema do direito de propriedade uma vez mostrarem-se inconciliáveis os diversos regimes proprietários domésticos, sobretudo o francês e o alemão.[268] Com efeito, a regência do direito proprietário, a transmissão desta, as faculdades proprietárias e a posse sobre a coisa vendida, são temas submetidos ao direito doméstico, no caso brasileiro, ao CC.[269]

Acertadamente, a CISG evitou abstrações sobre o tema da propriedade e do título de propriedade, apresentando um viés prático quando, exemplificativamente, alude à passagem do risco ao comprador "[...] a partir da entrega das mercadorias ao primeiro transportador [...]" [art. 67 (1)] ou "[...] quando este retira as mercadorias [...]" [art. 69 (1)].

Alguns sistemas jurídicos governados pela CISG aludem ao tema da retenção do título de propriedade pelo vendedor, até que o preço seja completamente pago pelo comprador, de tal modo a com isto reter para si a propriedade da coisa, embora a posse já tenha sido entregue ao comprador.[270] O mesmo posicionamento de segurança se aplica em vista de

---

[268] SCHLECHTRIEM, Peter e BUTLER, Petra. *UN Law on International Sales*. The UN Convention on the International Sale of Goods. Heidelberg: Springer, 2009, p 36.

[269] Observando o Código Civil brasileiro, ao seu turno, vê-se que a propriedade da coisa móvel é transferida com a simples tradição, sendo insuficiente a celebração do contrato, mesmo que tenha sido integralmente cumprido pelo comprador, vale dizer, pago o preço: Art. 1.267. *A propriedade das coisas não se transfere pelos negócios jurídicos antes da tradição.*

[270] SCHWENZER, Ingeborg e HACHEM, Pascal. In: SCHWENZER, Ingeborg; GREBLER, Eduardo; FRADERA, Vera; PEREIRA, César A. Guimarães (coords.). Comentários à Convenção das Nações Unidas sobre contratos de compra e venda internacional de mercadorias. *Revista dos Tribunais*, São Paulo, p. 222, 2014.

uma eventual falência do comprador que ainda não tenha integralmente pago o preço.

Especialmente na América do Norte (EUA e Canadá), o tema da titulação da propriedade ganha importância, sendo corriqueira a venda sob condição (*conditional sale*) do pagamento da última parcela do contrato, por meio da qual o título de propriedade somente é entregue com a quitação do contrato.[271]

O Direito civil brasileiro é bastante preciso ao diferenciar os direitos obrigacionais ou pessoais dos direitos reais. Nesse setor, o tema antes posto (retenção do título de propriedade) não tem aplicação prática no Brasil, uma vez que, se uma propriedade mobiliária não pode ser constituída na esfera jurídica do comprador sem uma causa que lhe de suporte (o negócio jurídico), por outro lado o inadimplemento quanto ao dever de pagar não subtrai do comprador a propriedade, se já realizada a tradição da coisa em seu favor – ressalvado o efeito da resolução ou a existência de cláusula de reserva de domínio.

O tema do inadimplemento toca ao campo da responsabilidade contratual e não ao direito proprietário, portanto. Em síntese, celebrado o contrato, entregue a coisa, mas não pago o preço, sob a regência do direito nacional, o vendedor não tem pretensão à restituição ou retomada do bem, conquanto tenha pretensão para cobrar o preço. Diferentemente se dá, contudo, se houver possibilidade de resolução contratual, cuja eficácia é a extinção do vínculo obrigacional.

Particularmente à possibilidade de retomada da coisa vendida pelo alienante, a CISG regulamenta a resolução do contrato (*avoidance*) e, de acordo com seu art. 81, ter-se-á a repetição do preço, total ou parcialmente pago, e a reivindicação da coisa. Trata-se do direito de restituição do que já foi prestado e que será adiante trabalhado, como efeito da resolução (item 6.4.3.5).

Sob o viés do vendedor brasileiro, no entanto, faz-se necessário sempre ter em perspectiva o direito doméstico do comprador relativo à aquisição da propriedade mobiliária e também a relevância do título de propriedade como instrumento de aquisição proprietária. Por consequência, a retenção do título pelo vendedor brasileiro pode ser uma espécie de garantia de futuro recebimento do preço, considerado o sistema doméstico do comprador e a importância que tal sistema atribui ao título de propriedade da coisa móvel.

---

[271] ZIEGEL, Jacob. *The scope of the convention*: reaching out to article one and beyond. *In*: The Journal of Law and Commerce. University of Pittsburgh. Celebrating the 25th Anniversary of The United Nations Convention on Contracts for the International Sales of Goods. Buffalo: William S. Hein, v 1, 2005-2006, p. 60.

3.5.2 Responsabilidade por morte ou lesão corporal causadas por mercadorias

Por fim, outra exceção prevista na Parte I da CISG é a sua não incidência no que toca à responsabilidade por morte ou lesão corporal causadas por mercadorias a qualquer pessoa (art. 5º). Isso importa concluir que, embora o contrato de compra e venda das mercadorias respectivas seja sujeito à Convenção, a responsabilidade por tais fatos escapa à regulamentação por ela realizada. Para definir a lei aplicável, deve-se observar a lei de regência obtida por aplicação do DIP do foro.

CAPÍTULO IV

INTERPRETAÇÃO DA CISG

Como se tem demonstrado, a CISG é uma Convenção internacional com inúmeras diferenças estruturais e funcionais quando comparada aos Códigos e leis brasileiros, o mesmo se podendo dizer em referência a outros Direitos domésticos internacionais. A sua interpretação, por evidente, submete-se a algumas regras especiais e é matéria de suma importância para a sua compreensão, sendo apresenta-la o objetivo deste capítulo.

A simples leitura dos artigos da CISG, numa perspectiva de técnica legislativa, já direciona o intérprete brasileiro a um nível de compreensão incomum se comparado ao Código Civil, por exemplo. Não que sua redação seja melhor ou pior, mas sempre se deve ter em mente que ela parte da conjunção de sistemas legais díspares (*civil law* e *common law*), revelando textos mais longos e detalhados, cujo objeto é tornar a lei mais clara (ainda que este objetivo nem sempre seja alcançado a partir de longos textos).

Observando-se especialmente o *civil law*, um comando normativo não guarda necessário apego a termos técnicos, muitas vezes herméticos e acessíveis somente à comunidade jurídica, a exemplo de como ocorre com o Código Civil brasileiro, não raro inacessível aos próprios estudantes de direito. Muito ao contrário, no *common law*, a simples constatação de um sistema legal baseado em precedentes já revela o seu caráter pragmático, o mesmo se aplicando aos textos legais que se formam a partir dos *cases*.

O texto da CISG tem uma tarefa dupla, pois visa levar a compreensão uniforme das suas bases legais aos operadores do *civil law* e do *common law*, servindo-se de uma linguagem acessível a ambos os lados, ao mesmo tempo em que apresenta conteúdos semânticos precisos aos princípios e institutos por ela abordados. Com efeito, nos deparamos com uma abundância de cláusulas gerais e de conceitos indeterminados, sendo esta técnica uma opção marcante da Convenção.

A necessidade de preenchimento interpretativo de tais conceitos indeterminados – e de todos os outros conceitos insertos na CISG – leva à necessidade de sua interpretação autônoma, ou seja, realizada a partir dos parâmetros da própria Convenção. Isso porque, mesmo quando mantida a nomenclatura idêntica àquela encontrada no Brasil, como se passa com vários termos utilizados na Convenção (dentre eles, por exemplo, a resolução do contrato ou *avoidance*), o seu alcance e seu conteúdo podem ser distintos daqueles encontrados na aplicação doméstica.

Exemplo de conceito indeterminado adotado pela CISG é o *standard* da *razoabilidade* comportamental do contratante, expressão que permeia o texto da Convenção sem que ela própria traga alguma definição ou sentido (*vide*, por exemplo, a utilização do conceito no art. 8º (2), CISG).

A despeito do caráter internacional e da aplicação uniforme que orientam a Convenção, o emprego de conceitos indeterminados aproxima sua experiência legislativa às culturas nacionais nas quais ela será aplicada, pois abre sua interpretação ao aplicador doméstico – sem que isso signifique, em absoluto, que a busca de significados destes conceitos deva ser realizada sob a ótica doméstica.

A técnica de preenchimento das cláusulas gerais do Código Civil brasileiro de 2002, que vem a ser um dos elementos de maior distinção metodológica se comparado ao CC de 1916, poderá ser aplicada pelo intérprete brasileiro, sem, embora, recorrer a conceitos internos ou nacionais de *pessoa razoável*, por exemplo, a não ser que estes sejam coincidentes com aqueles internacionais ou de caráter internacional.[272] Deve-se ressalvar, contudo, que se metodologia possa ser próxima àquela encontrada no Direito interno, o resultado interpretativo nem sempre o será.

Com mais detalhe, não existe uma necessária distinção entre a moldura da razoabilidade brasileira e internacional, podendo a prática revelar serem *standards* coincidentes. Mas, se o preenchimento dessa moldura pelo juiz ou árbitro conduzir a um conceito concreto e localizado de *razoabilidade* marcado pela sua nota internacional, essa interpretação não poderá ser encarada como equivocada, pois o contrato sob análise será especial em relação ao contrato brasileiro que determinou o conceito de pessoa razoável ou razoabilidade.

O presente Capítulo trabalha a interpretação da CISG nos termos do art. 7º (1), o que se difere da questão referente à intepretação do contrato internacional a ela submetido. Com efeito, referido dispositivo direciona-se à interpretação da própria Convenção, *in verbis*:

---

[272] DI MATTEO, Larry; DHOOGE, Lucien J.; GREENE, Stepahnie; MAURER, Virginia G.; PAGNATTARO, Marisa Anne. *International sales law*: a critical analysis of CISG jurisprudence. Cambridge: Cambridge, 2005, p. 29-30.

Artigo 7 (1)

Na interpretação desta Convenção ter-se-ão em conta seu caráter internacional e a necessidade de promover a uniformidade de sua aplicação, bem como de assegurar o respeito à boa fé no comércio internacional.

Diferentemente, mas ainda inserido na Parte I da CISG, o art. 7º (2) direciona-se ao preenchimento de lacunas no contrato internacional, e também indica um sistema autorreferencial: matérias não reguladas pela Convenção e que não seja por ela expressamente resolvidas serão remetidas aos seus princípios gerais. Neste ponto, trabalha-se com a interpretação do contrato por ela regido. O art. 7º como um todo se destina ao juiz e ao árbitro; a razoabilidade e as disposições do art. 8º, por sua vez, são direcionados essencialmente às partes contratantes, conforme se vê:

Artigo 8º

(1) Para os fins desta Convenção, as declarações e a conduta de uma parte devem ser interpretadas segundo a intenção desta, desde que a outra parte tenha tomado conhecimento dessa intenção, ou não pudesse ignorá-la.

(2) Não sendo caso de aplicação do parágrafo anterior, as declarações e a conduta de uma parte devem ser interpretadas segundo o sentido que lhes teria dado uma pessoa razoável, com a mesma qualificação e nas mesmas circunstâncias da outra parte.

(3) Para determinar a intenção de uma parte, ou o sentido que teria dado uma pessoa razoável, devem ser consideradas todas as circunstâncias pertinentes ao caso, especialmente negociações, práticas adotadas pelas partes entre si, usos e costumes e qualquer conduta subsequente das partes.

Tais distinções quanto ao endereçamento dos artigos de lei em comento estão sujeitas a um bom grau de abstração e arbitrariedade doutrinária, quiçá didática, pois a CISG não as estabelece. De modo mais concreto, pode-se afirmar que este pequeno sistema axiológico da CISG se dirige tanto à Corte e ao Tribunal arbitral como às partes.[273]

Verifica-se, neste conjunto de dispositivos, um importante microssistema hermenêutico composto pelos dois parágrafos do art. 7º, contudo, sem se fechar para novas leituras e interpretações, sobretudo em temas tecnológicos e econômicos[274] não previstos originalmente pela Convenção.

---

[273] KOMAROV, Alexander S. *Internationality, uniformity and observance of good faith as criteria in interpretation of CISG*: some remarks on art. 7º (1). In: The Journal of Law and Commerce. University of Pittsburgh. Celebrating the 25th Anniversary of The United Nations Convention on Contracts for the International Sales of Goods. Buffalo: William S. Hein, v 1, 2005-2006, p. 75.

[274] SCHWENZER, Ingeborg e HACHEM, Pascal. In: SCHWENZER, Ingeborg; GREBLER, Eduardo; FRADERA, Vera; PEREIRA, César A. Guimarães (coords.). Comentários à Convenção das Nações Unidas sobre contratos de compra e venda internacional de mercadorias. *Revista dos Tribunais*, São Paulo, p. 250. 2014.

As particularidades da interpretação da Convenção serão desenvolvidas nas linhas seguintes, dividindo-se o tema em métodos de interpretação e fontes de interpretação e aplicação.

4.1 Caráter internacional e aplicação uniforme

As duas expressões referenciadas à interpretação da Convenção no texto do art. 7º (1) CISG, são *caráter internacional* e *aplicação uniforme*, devendo a elas ser atribuído um conteúdo imperativo, sendo este o sentido que se extrai do comando "[...] ter-se-ão em conta [...]".

Este é um dispositivo fundamental da CISG, cujo respeito deve ser rigoroso, uma vez que leva tanto em consideração a sua natureza pública e internacional como a sua própria razão de ser, que vem a ser a promoção da boa prática do comércio internacional, fundada no conhecimento de regras jurídicas comuns aos Estados contratantes – um dos principais objetivos da CISG e da UNCITRAL.

Os princípios apresentados pelo art. 7º (1) são reputados como os guardiões da CISG contra a "renacionalização" do direito internacional de contratos.[275] Isso importa dizer que tais princípios afastam a possibilidade de se interpretar a Convenção a partir do Direito doméstico, o que colocaria em perigo toda a uniformidade internacional pretendida por um estatuto jurídico único.

Com efeito, e na medida em que um dos objetivos da CISG é reduzir os custos de transação ligados ao conhecimento do Direito estrangeiro, justamente porque a existência de uma lei material uniformizada apaga a convivência de duas ordens jurídicas diversas, seria inaceitável que cada país interpretasse os comandos convencionais a partir de sua própria experiência e legislação. Isso equivaleria em desconstituir um texto uniformizado, que seria variável a depender do local do foro.

A seção (1) do artigo em comento traduz em termos legais o preâmbulo da Convenção e o seu escopo de promoção do comércio internacional, com base na igualdade e nas vantagens mútuas e a construção de uma relação de amizade entre os Estados. Esse comprometimento foi realizado pelo Estado brasileiro quando da adesão à CISG, e deverá ser observado na sua aplicação em território nacional.

Por sua vez, ao assegurar "o respeito à boa-fé no comércio internacional", o dispositivo remete ao *telos* da própria Convenção, muito embora seja viva a discussão se dele se poderia extrair algum caráter deontológico,

---

[275] SCHLECHTRIEM, Peter H. *25 years of the CISG*: an international *lingua franca* for drafting uniform laws, legal principles, domestic legislation and transnational contracts. In: FLECHTNER, Harry M.; BRAND, Ronald A.; WALTER, Marks S. Drafting contracts under the CISG. Nova Iorque: Oxford, 2008, p. 173.

mediante a caracterização da boa-fé como geradora de deveres exigíveis das partes (cooperação, por exemplo), o qual seria potencialmente violável e, logo, sujeito a sanções.[276] Essa orientação faz da CISG um sistema autorreferencial, de modo a promover uma interpretação dela por ela própria, sem que a experiência das Cortes nacionais possa interferir no seu caráter internacional e uniforme.

Apesar de a intepretação da CISG a partir do Direito doméstico ser defesa, observou-se ao longo de sua vigência um movimento inverso, qual seja, de influência de suas disposições na compreensão das jurisdições nacionais ou mesmo na alteração legislativa, o que sublinha o acerto das soluções contratuais da Convenção.

Particularmente, esse pode ser tendencialmente o caso brasileiro, pois institutos adotados em maior ou menor medida pela jurisprudência nacional, tais como o dever de mitigar o próprio dano (art. 77, CISG),[277] o adimplemento substancial ou, seu oposto, o inadimplemento essencial do contrato (art. 25, CISG)[278] e a quebra antecipada do contrato (arts. 71 e 72,

---

[276] Sobre o tema, remete-se o leitor ao item 5.7.

[277] RESPONSABILIDADE CIVIL. SENTENÇA UBLICADA ERRONEAMENTE. CONDENAÇÃO DO ESTADO A MULTA POR LITIGÂNCIA DE MÁ-FÉ. INFORMAÇÃO EQUIVOCADA. AÇÃO INDENIZATÓRIA AJUIZADA EM FACE DA SERVENTUÁRIA. LEGITIMIDADE PASSIVA. DANO MORAL. PROCURADOR DO ESTADO. INEXISTÊNCIA. MERO DISSABOR. APLICAÇÃO, ADEMAIS, DO PRINCÍPIO DO DUTY TO MITIGATE THE LOSS. BOA-FÉ OBJETIVA. DEVER DE MITIGAR O PRÓPRIO DANO.(...) . Não fosse por isso, é incontroverso nos autos que o recorrente, depois da publicação equivocada, manejou embargos contra a sentença sem nada mencionar quanto ao erro, não fez também nenhuma menção na apelação que se seguiu e não requereu administrativamente a correção da publicação. Assim, aplica-se magistério de doutrina de vanguarda e a jurisprudência que têm reconhecido como decorrência da boa-fé objetiva o princípio do duty to mitigate the loss, um dever de mitigar o próprio dano, segundo o qual a parte que invoca violações a um dever legal ou contratual deve proceder a medidas possíveis e razoáveis para limitar seu prejuízo. É consectário direto dos deveres conexos à boa-fé o encargo de que a parte a quem a perda aproveita não se mantenha inerte diante da possibilidade de agravamento desnecessário do próprio dano, na esperança de se ressarcir posteriormente com uma ação indenizatória, comportamento esse que afronta, a toda evidência, os deveres de cooperação e de eticidade. 5. Recurso especial não provido. (REsp 1325862/PR, Rel. Ministro Luis Felipe Salomão, Quarta Turma, julgado em 05.09.2013, DJe 10.12.2013).

[278] DIREITO CIVIL. CONTRATO DE VENDA E COMPRA DE IMÓVEL. OTN COMO INDEXADOR. AUSÊNCIA DE ESTIPULAÇÃO CONTRATUAL QUANTO AO NÚMERO DE PARCELAS A SEREM ADIMPLIDAS. CONTRATO DE ADESÃO. INTERPRETAÇÃO MAIS FAVORÁVEL AO ADERENTE. EXCEÇÃO DO CONTRATO NÃO CUMPRIDO. AFASTADA. INADIMPLEMENTO MÍNIMO VERIFICADO. ADJUDICAÇÃO COMPULSÓRIA CABÍVEL. APLICAÇÃO DA EQUIDADE COM VISTAS A CONSERVAÇÃO NEGOCIAL. APLICAÇÃO DA TEORIA DO ADIMPLEMENTO SUBSTANCIAL. DISSÍDIO NÃO DEMONSTRADO. (...) 4.- No adimplemento substancial tem-se a evolução gradativa da noção de tipo de dever contratual descumprido, para a verificação efetiva da gravidade do descumprimento, consideradas as consequências que, da violação do ajuste, decorre para a finalidade do contrato. Nessa linha de pensamento, devem-se observar dois critérios que embasam o acolhimento do adimplemento substancial: a seriedade das consequências que

CISG),[279] encontram expresso abrigo na CISG e, agora, passam a fazer parte do Direito brasileiro – ainda que a aplicação da Convenção e, portanto, destes dispositivos, limite-se aos contratos internacionais. Trata-se de uma abordagem moderna do tema do descumprimento contratual e que pode orientar a oxigenização do Direito doméstico brasileiro, algo possibilitado pelas cláusulas gerais adotadas no CC de 2002.

Com efeito, observa-se um sutil e espontâneo movimento das Cortes no sentido de encontrar um ponto comum entre o direito internacional dos contratos e o direito nacional. Com propriedade, explicam Ingeborg Schwenzer e Pascal Hachem que a gradual aproximação dos sistemas internacional e nacional configura métodos de interpretação não tão diferenciados, podendo o direito doméstico ajudar na interpretação da CISG, desde que não a contrarie ou entre em conflito com o art. 7º (1).[280]

Apresentada em linhas gerais a guia interpretativa da Convenção, passemos aos métodos de interpretação ou de aplicação da CISG.

4.2 Princípios de interpretação

Os princípios de interpretação da Convenção têm como base o seu (a) caráter internacional e a inderrogável busca pela sua (b) aplicação uniforme, observada a (c) boa-fé no comércio internacional.

4.2.1 Caráter internacional e interpretação autônoma

Exortam-se Cortes estatais e Tribunais arbitrais para que apliquem a CISG de modo uniforme, considerando que pouco ou nenhum resultado prático se alcança se uma Convenção Internacional não guardar a sua natureza internacional e uniforme. A aplicação uniforme nada mais é do que uma consequência lógica da natureza internacional da CISG.[281]

---

de fato resultaram do descumprimento, e a importância que as partes aparentaram dar à cláusula pretensamente infringida. 5.- Recurso Especial improvido. (REsp 1215289/SP, Rel. Ministro Sidnei Beneti, Terceira Turma, julgado em 05.02.2013, DJe 21.02.2013)

[279] PROMESSA DE COMPRA E VENDA. RESOLUÇÃO. QUEBRA ANTECIPADA DO CONTRATO. Evidenciado que a construtora não cumprirá o contrato, o promissário comprador pode pedir a extinção da avença e a devolução das importâncias que pagou. Recurso não conhecido. (REsp 309.626/RJ, Rel. Ministro Ruy Rosado de Aguiar, Quarta Turma, julgado em 07.06.2001, DJ 20.08.2001, p. 479).

[280] SCHWENZER, Ingeborg e HACHEM, Pascal. In: SCHWENZER, Ingeborg; GREBLER, Eduardo; FRADERA, Vera; PEREIRA, César A. Guimarães (coords.). Comentários à Convenção das Nações Unidas sobre contratos de compra e venda internacional de mercadorias. *Revista dos Tribunais*, São Paulo, p. 258. 2014.

[281] BIANCA, Cesare Massimo [coord.]. *Convenzione di Vienna sui contratti di vendita internazionale di beni mobile*. Milão: Cedam, 1992, p. 20.

O método de interpretação uniforme é chamado também de "interpretação autônoma", o que significa que os conceitos (determinados ou indeterminados) trazidos pela Convenção hão de ser obtidos a partir dela própria, e não das experiências domésticas. Conforme abordado no item 1.1, o sentido internacional da Convenção decorre da sua formação internacional, com um amplo debate que se estabeleceu até a sua diplomática aprovação, em 1980, configurando, ao final, um grande acordo entre nações. Tais debates antecedentes (*i.e.*, os trabalhos preparatórios) lapidaram o atual texto, a partir de discussões que culminaram em escolhas técnicas, ao estilo de Convenção e não de *model law* (ou seja, a CISG não pode ser compreendia como *soft law*, daí decorrente sua aplicação cogente aos Estados contratantes).[282]

Por isso, quando a Convenção alude, por exemplo, ao regime jurídico das obrigações do comprador (arts. 53 a 60), tal deve ser interpretado privilegiando-se o contexto internacional da compra e venda e não à luz do regime nacional, muito embora possam ser verificadas coincidências entre os sistemas (meramente circunstanciais).

O tratamento uniforme da CISG implicitamente rende homenagens ao seu caráter internacional, pois o acúmulo doutrinário e jurisprudencial sobre ela procura reforçar o seu caráter internacional que, ao seu passo, traduz a sua natureza autorreferencial na base da interpretação autônoma: "Article 7(1) deals with the interpretation of the CISG treaty itself".[283]

A interpretação autônoma se dá em relação aos sistemas domésticos, pois somente será internacional a Convenção na medida em que ela estabelece uma cultura e um saber próprios em relação aos múltiplos direitos domésticos. Embora muito relevante para a subsistência da CISG, o princípio da interpretação autônoma é implícito ao art. 7º (1),[284] o que em nada lhe subtrai em importância e eficácia. Além do que, a interpretação autônoma é absolutamente reconhecida pela doutrina que assim se posiciona sobre o tema:

> This international character calls for a non-domestic, autonomus interpretation of CISG rules. It is hoped that such autonomus interpretation, divorced

---

[282] DI MATTEO, Larry; DHOOGE, Lucien J.; GREENE, Stepahnie; MAURER, Virginia G.; PAGNATTARO, Marisa Anne. *International sales law*: a critical analysis of CISG jurisprudence. Cambridge: Cambridge, 2005, p. 8.

[283] "O art. 7º (1) trabalha com a interpretação da CISG em si mesma", em tradução livre. (BERNSTEIN, Herbert; LOOKOFSKY, Joseph. Understanding the CISG in Europe. 2. ed. Haia: Klumer, 2003, p. 31).

[284] FERRARI, Franco. *La vendita internazionale* – applicabilità ed applicazioni della Convenzione di Vienna del 1980. GALGANO, Francesco [coord.]. Trattato di diritto commerciale e di diritto pubblico dell'economia. Milão: Cedam, 1997. v. 20, p. 10.

from the idiosyncrasies of domestic jurisprudence, will result in more truly supranational law.[285]

Por outro lado, a CISG não criou um sistema jurídico original, pois como temos sustentado, ela é a síntese dos dois grandes sistemas jurídicos prevalentes, *civil law* e *common law*. Tais sistemas ofereceram princípios e institutos à Convenção os quais foram incorporados ao seu texto, mas que devem ser interpretados autonomamente em relação aos sistemas originais. Em outras palavras, os institutos nacionais adotados pela CISG servem de explicação à Convenção desde que observada a sua natureza internacional e respeitado o contexto do contrato por ela regulado.

4.2.2 Aplicação uniforme

Paradoxalmente, o princípio da uniformidade contempla ao mesmo tempo o maior desafio da CISG e é a a razão do seu sucesso. Se de um lado ela apresenta um texto fluido, empregando conceitos indeterminados, uma verdadeira cláusula geral que se configura no art. 7º (1) e (2), é justamente esta flexibilidade que permite contar com oitenta e três Estados aderentes (vide nota de rodapé nº 8), até o lançamento desta obra, e mais de trinta anos de existência.

A aplicação uniforme da CISG pressupõe, como o próprio nome não deixa dúvida, que a interpretação da Convenção se faça de modo similar, se não idêntico, nas diversas jurisdições e Tribunais arbitrais. É claro que a absoluta similitude decisória entre os mais variados Estados e Tribunais é impossível de ser alcançada, não se verificando esta possibilidade nem mesmo numa singular jurisdição nacional, como a brasileira, em que pese servida de instrumentos processuais de uniformização jurisprudencial, como a súmula vinculante e a sistemática dos recursos repetitivos.

A CISG procura promover a uniformidade, eliminando incertezas na aplicação da lei regente da compra e venda internacional. Satisfaz-se com aquilo que se intitula de *uniformidade relativa*, já que as diferenças regionais e nacionais impedem a absoluta uniformidade.[286] Aliás, sempre

---

[285] "Este caráter internacional demanda uma interpretação não doméstica, ou autônoma das regras da CISG. É esperado que esta interpretação autônoma, divorciada das idiossincrasias da jurisprudência doméstica, resulte em uma lei verdadeiramente supranacional", em tradução livre. (DI MATTEO, Larry; DHOOGE, Lucien J.; GREENE, Stepahnie; MAURER, Virginia G.; PAGNATTARO, Marisa Anne. *International sales law*: a critical analysis of CISG jurisprudence. Cambridge: Cambridge, 2005, p. 12).

[286] DI MATTEO, Larry; DHOOGE, Lucien J.; GREENE, Stepahnie; MAURER, Virginia G.; PAGNATTARO, Marisa Anne. *International sales law*: a critical analysis of CISG jurisprudence. Cambridge: Cambridge, 2005, p. 10-11.

que se trabalha com interpretação jurídica a objetividade absoluta não é um padrão atingível.

Para além de um mero ideal, a aplicação uniforme da CISG é indissociável de sua posição no cenário do comércio internacional, pois o caráter extraterritorial da Convenção transita na compreensão uniforme que os diferentes contratantes, sediados em diferentes Estados membros, conseguem entender e prever sobre o contrato de compra e venda que celebram. Em oposição, se a CISG for interpretada a partir do senso doméstico perde ela a sua razão de existir, que vem a ser o conhecimento uniforme e acessível sobre a lei de regência do contrato.

A aplicação uniforme da CISG também está associada ao preenchimento das suas lacunas, quando verificadas, na base do art. 7º (2), e o recurso ao método da analogia, da leitura de um artigo pelo outro: "[...] In this way, the code itself provides the best evidence of what it means".[287] Muito embora se tenha a plena compreensão de que um código de leis, na perspectiva doméstica, não é completo, fechado e autônomo, tal qual o modelo codificador dos sécs. XVIII-XIX, sujeito, inclusive, a interpretações a partir de fontes metalegais, a realidade da CISG, enquanto Convenção Internacional, é outra, uma vez que entendimento oposto romperia com o princípio da aplicação autônoma.

Sem embargo do método analógico, a própria CISG determina que as suas lacunas serão preenchidas pelos princípios gerais que a inspiram, não havendo uma ordem hierárquica entre tais fontes de preenchimento de lacunas e, tampouco, uma descrição de quais seriam tais princípios gerais, abrindo-se espaço para princípios não escritos da CISG, como, por exemplo, os princípios gerais da boa-fé, razoabilidade e estoppel.[288] Defeso, contudo, que a interpretação de lacunas seja realizada primordialmente a partir de princípios do Direito interno, pois aí o caráter uniforme estaria em perigo.

O recurso ao Direito doméstico não é totalmente afastado, contudo. Esgotados os recursos hermenêuticos da analogia e dos princípios gerais inspiradores da CISG, o Direito Internacional Privado entra em cena, admitindo-se, na falta de melhor solução, o emprego do direito doméstico [art. 7º (2)] ou seja, "[...] solo se ed quanto una soluzione non si possa trovare attraverso l'applicazione analogica di specifiche disposizioni oppure ala

---

[287] DI MATTEO, Larry; DHOOGE, Lucien J.; GREENE, Stepahnie; MAURER, Virginia G.; PAGNATTARO, Marisa Anne. *International sales law*: a critical analysis of CISG jurisprudence. Cambridge: Cambridge, 2005, p. 13.

[288] LOOKOFSKY, Joseph. Walking the article 7(2) tightrope between CISG and domestic law. The journal of law and commerce. In: *The Journal of Law and Commerce*. University of Pittsburgh. Celebrating the 25th Anniversary of The United Nations Convention on Contracts for the International Sales of Goods. Buffalo: William S. Hein, v 1, 2005-2006, p. 89.

stregua dei 'principi generali' che sono alla base della normativa uniforme nel suo insieme".[289]

Portanto, em homenagem à interpretação uniforme, e em viés pragmático, cumpre ao juiz e ao árbitro primeiramente percorrer todos os meandros da CISG, com o emprego da analogia e dos seus princípios fundadores, antes de abordar o direito nacional, sujeita a eleição deste direito nacional fundante da sentença, ademais, às peculiaridades da escolha do foro.

Nesse contexto, e na experiência brasileira, cumpre advertir a importância de se prover ao juiz ou ao árbitro julgados e doutrina especializada para a interpretação dos conceitos insertos na Convenção, conforme se trabalhou no item 3.2.2.

Um exemplo bastante simples da aplicação da Convenção para sanar lacunas se extrai do art. 13 CISG, de um tema por ela regulado, mas não expressamente, relativo ao uso do fax ou mais atualmente dos meios eletrônicos de comunicação como prova de tratativas escritas e do atual sentido que se extrai da Convenção sobre "documento escrito",[290] porquanto a CISG somente alude ao telegrama e ao telex, no seu art. 13: "Para os fins desta Convenção, o termo 'escrito' abrange o telegrama e o telex".

Nesse quadrante de "lacuna" da CISG, a Corte pode declarar que o meio eletrônico é um documento escrito, para os fins probatórios do contrato, pois o texto da CISG é exemplificativo, devendo o intérprete também ler nas suas entrelinhas.[291] Observe-se, em conclusão, que a CISG alcança matérias por ela reguladas de modo expresso ou não, conforme previsto no art. 7º (2), ressalvados os temas expressamente afastados pela CISG e que escapam do seu escopo (arts. 2, 3 e 5), abordados no item 3.5 e seguintes.

Também não se deve esquecer do papel importante que os usos e costumes da prática do comércio internacional exercem na interpretação da CISG e no preenchimento das lacunas do contrato, sendo tais práticas uma fonte direta da Convenção, conforme dispõe o art. 9º (1) (2).

Nesse contexto dos usos e dos costumes é que várias decisões preenchem a moldura do art. 78 CISG, o qual determina o pagamento de juros em detrimento do devedor moroso, sem, contudo, fixar montantes ou

---

[289] BONELL, Michael Joachim. In: BIANCA, Cesare Massimo [coord.]. *Convenzione di Vienna sui contratti di vendita internazionale di beni mobile*. Milão: Cedam, 1992, p. 29.

[290] Sobre a extensão interpretativa do art. 13 da CISG e o emprego dos meios eletrônicos de comunicação, vide SCHROETER, Ulrich. In: SCHWENZER, Ingeborg; GREBLER, Eduardo; FRADERA, Vera; PEREIRA, César A. Guimarães (coords.). Comentários à Convenção das Nações Unidas sobre contratos de compra e venda internacional de mercadorias.: *Revista dos Tribunais*, São Paulo, p. 348, nota 3, 2014.

[291] LOOKOFSKY, Joseph. Walking the article 7(2) tightrope between CISG and domestic law. The journal of law and commerce. In: *The Journal of Law and Commerce*. University of Pittsburgh. Celebrating the 25th Anniversary of The United Nations Convention on Contracts for the International Sales of Goods. Buffalo: William S. Hein, v 1, 2005-2006, p. 89.

percentuais. Na omissão das partes, a Corte ou o Tribunal fixará os juros (i) conforme os usos internacionais, (ii) conforme as taxas praticadas pelo Estado membro que sedia o julgamento, no caso de jurisdição estatal, ou (iii) da sede do credor.[292] Na medida em que não existe uma jurisdição internacional uniformizadora das decisões sobre a CISG – tal como o Tribunal de Justiça Europeu, no âmbito da Comunidade Europeia, por exemplo – é natural que doutrina e jurisprudência nacionais venham a contribuir com a sua interpretação, sobretudo se existir consenso internacional sobre o tema em julgamento, cujo posicionamento poderá ser seguido pela Corte.[293] Por consequência, se esta mesma Corte for a última instância decisória do Estado contratante, tal julgado tomará a natureza de sentença ou acordão relevante para outras Cortes e Tribunais arbitrais, muito embora não seja vinculante (*persuasive precedent*),[294] uma vez que a CISG não adota o sistema de *stare decisis*.

Na hipótese de se localizar decisões divergentes, de diferentes jurisdições, situação não excepcional apesar dos esforços de uniformização, competirá à Corte buscar a decisão que seja mais uniforme, no conjunto dos casos disponíveis para a análise.

No que tange à fundamentação das decisões, mediante o emprego de decisões comparadas, sempre em vista de um posicionamento uniforme, o que se verifica é o posicionamento diferente se postas em paralelo cortes norte-americanas e italianas, por exemplo. Ao contrário das Cortes italianas, as quais fazem amplo uso de decisões estrangeiras, as Cortes norte-americanas são vacilantes em tomar como fundamento válido os casos estrangeiros sobre a CISG.[295]

Vivian Currant[296] observa, a esse respeito, que a metodologia de fundamentação das decisões do *civil law* é pouco aceitável aos olhos do juiz do *common law*, pois, para serem reconhecidas, precisam priorizar os fundamentos (doutrinários e jurisprudenciais) críticos e explicativos da razão de decidir do que a decisão em si mesma (relatório fático e dispositivo da sentença), embora seja autoexplicativa. Tal reforça, uma vez mais,

---

[292] Vide inúmeros casos citados sobre a aplicação do art. 78 CISG, na Pace International Law Review. Review of the convention on contracts for the international sales of goods (CISG), 2003-2004, p. 163 -301.

[293] Diferentemente ocorre, por exemplo, no contexto europeu, no qual a aplicação do Direito comunitário (que também segue o princípio da intepretação autônoma), pode ser feita pela Corte de Justiça Europeia.

[294] SCHWENZER, Ingeborg; FOUNTOULAKIS, Christiana; DIMSEY, Mariel. *International sales law*: a guide to the CISG. Oxford: Hart, 2012, p. 46.

[295] SCHWENZER, Ingeborg; FOUNTOULAKIS, Christiana; DIMSEY, Mariel. *International sales law*: a guide to the CISG. Oxford: Hart, 2012, p. 46.

[296] CURRAN, Vivian Grosswald. *A comparative perspective on the CISG*. In: FLECHTNER, Harry M.; BRAND, Ronald A.; WALTER, Marks S. Drafting contracts under the CISG. Nova Iorque: Oxford, 2008, p. 50-51.

a qualidade não vinculante das decisões estrangeiras perante as Cortes norte-americanas, ainda que sejam provenientes da última instância da jurisdição estrangeira, mesmo porque decisões sobre a CISG em geral não vinculam Cortes em outras jurisdições.[297] Tal postura das Cortes americanas é antes uma questão de entendimento comum dos sistemas jurídicos em diálogo do que uma crítica à metodologia de redação das decisões do *civil law*. Contudo, absolutamente inaceitável, segundo John Honnold,[298] é a internalização da CISG, que passa a ser interpretada à luz de uma fonte doméstica, como o UCC, o que foi objeto de severas e acertadas críticas. Nada mais correto, já que a CISG não é uma lei complementar da lei nacional, ao pretender regular exaustivamente o compra e venda internacional.[299]

Mas a advertência é válida para os advogados brasileiros que militam ou assistem a clientes nos EUA, no que se refere à limitada importância de decisões brasileiras ou do *civil law* em geral que possam ser empregadas como fundamento ou argumentação naquele país. Nessa linha, relevante o apoio e fundamentação dos casos em decisões norte-americanas que tenham aplicado a CISG.

Além do mais, advertiu-se anteriormente que o emprego do Direito comparado é um método tão indesejado quanto o uso do Direito nacional para interpretar a CISG. Pelas mesmas razões já expostas, o uso de sentenças e de acórdãos estrangeiros devem ser utilizados com muita ponderação pela Corte, caso tais decisões não tenham passado por algum crivo de investigação doutrinária ou refinamento jurisprudencial, como o CISG *Advisory Council* e o UNCITRAL *Digest*, sobre o que se tratará no item 4.3, *infra*.

Para melhor posicionar a Corte e auxiliar na sua missão de julgar uma nova matéria ou ao menos distinta em sua estrutura, princípios e operação daquela nacional, criaram-se fontes de interpretação da CISG, sobre o que passamos a abordar na sequência.

4.3 Fontes de interpretação

As aqui denominadas fontes de interpretação têm em vista o acesso do operador jurídico, seja ele juiz, árbitro ou advogado, ao acervo de

---

[297] HONNOLD, John O. *Uniform law for international sales under the 1980 United Nations convention*. 4. ed. Austin: Klumer, 2009, p. 92.

[298] HONNOLD, John O. *Uniform law for international sales under the 1980 United Nations convention*. 4. ed. Austin: Klumer, 2009, p. 92.

[299] KOMAROV, Alexander S. Internationality, uniformity and observance of good faith as criteria in interpretation of CISG: some remarks on art. 7º (1). In: *The Journal of Law and Commerce*. University of Pittsburgh. Celebrating the 25th Anniversary of The United Nations Convention on Contracts for the International Sales of Goods. Buffalo: William S. Hein, v 1, 2005-2006, p. 77.

decisões acumuladas ao longo dos trinta anos de vigência da CISG. *A latere* da extensa bibliografia internacional escrita sobre a CISG, pouco disponível no Brasil e por vezes mesmo inacessível em vista dos múltiplos idiomas empregados, desenvolveram-se fontes públicas e privadas de consulta sobre a CISG, todas pela via eletrônica, as quais se propõem a realmente atender à construção de um direito internacional e uniforme sobre a compra e venda. Sobre a utilização de documentos ou decisões em língua estrangeira em processo judicial brasileiro, remete-se o leitor ao item 3.2.2. Vejamos algumas fontes disponíveis de consulta:

A) *Case law on UNCITRAL texts* ou *CLOUT* (http://www.uncitral. org/uncitral/en/case_law/abstracts.html). Em 1988, a UNCITRAL estabeleceu os procedimentos para a divulgação das decisões sobre a CISG e demais leis uniformes preparadas pela Comissão. Assim, cada Estado deve designar um correspondente nacional para selecionar e enviar ao Secretário da UNCITRAL, em Viena, o texto integral das decisões na sua língua original. A decisão é posta ao público, pelo seu *abstract* ou sumário, nas seis línguas oficiais da Convenção.

B) *UNILEX*. Projeto coordenado pelo Center for Comparative and Foreign Law Studies in Rome (www.unilex.info) disponibiliza a legislação convencional, atos de ratificação, bibliografia e decisões de vários países. Dispõe, ainda, de material sobre os PICC (UNIDROIT).

C) *The Digest* (http://www.uncitral.org/uncitral/en/case_law/digests. html). Em consequência do grande número de casos armazenados no CLOUT, em 2001, a UNICTRAL criou uma ferramenta para a sistematização da jurisprudência originada da CISG, de modo a oferecer uma interpretação clara, concisa e objetiva das decisões. A primeira publicação do *Digest* foi em 2004, seguida de uma segunda em 2008 e a última em 2012. O *Digest* é um comentário artigo por artigo da CISG em vista das decisões armazenadas, publicado nas seis línguas oficias da Convenção.

D) *Pace University* (www.cisg.law.pace.edu). O *Institute of International Commercial Law at Pace University School of Law* disponibiliza um considerável acervo de casos devidamente sistematizados sobre a CISG. Até a redação deste livro eram 2.500 casos selecionados e 10.000 comentários publicados. Adicione-se a joint-venture entre a *Pace University* e o *Center for Commercial Law Studies at Queen Mary College*, voltada à tradução de decisões fundadas na CISG e nos princípios UNIDROIT.[300]

---

[300] "The Queen Mary Case Translation Programme is a public service open to the academic and practising legal communities and provides high quality professional translations into

E) CISG-Brasil (http://cisg-brasil.net). Proposta pioneira de estudiosos e pesquisadores brasileiros sobre o direito internacional de contratos que desde muito antes da adesão do Brasil à CISG já publicavam textos legais, bibliografias e decisões concernentes à Convenção. É a única fonte brasileira sistematizada sobre a CISG.

Como se vê, são organizações públicas e privadas que se debruçam na tarefa de oferecer ao operador do direito fontes sistematizadas sobre a CISG, visando atender ao primado da uniformidade aplicativa da Convenção, sem que qualquer delas tenha competência legal para oferecer uma acervo de casos ou opinião, por assim, dizer oficial.

Assim sendo, todas as fontes são válidas mesmo que um certo acórdão ou decisão não tenha sido divulgado pelas fontes antes referidas. Tal peculiaridade se evidencia ainda mais quando lembramos que parte significativa das decisões sobre a CISG são arbitrais, as quais, por natureza e em regra, são regidas pela confidencialidade. Com efeito, o conjunto de decisões publicadas sobre a CISG sempre será incompleto, não devendo causar estranheza que uma certa decisão judicial ou arbitral não localizada nos acervos jurisprudenciais seja mencionada em determinada lide.

Sobre o *Digest*, cabe ressalvar que se trata de um conjunto de apontamentos sumários e objetivos dos membros da Comissão da UNCITRAL, mas que se orienta pela ausência de viés crítico em relação às decisões das Cortes nacionais, o que importa numa série de considerações críticas em relação ao próprio trabalho da Comissão.

Jernej Selock, ex-secretário da UNCITRAL, ao comentar a primeira edição do *Digest*, lembrou que a crítica desenvolvida pelos doutrinadores e pesquisadores de um certo Estado em relação à jurisprudência doméstica é apreciável,[301] pois, de fato, enseja o desenvolvimento do Direito nacional, sempre em construção, tal qual verificamos no Brasil. Contudo, quando se trata de um órgão intergovernamental que expõe tais opiniões, no caso a UNCITRAL, inúmeras questões são suscitadas aos olhos da Corte nacional, tais como: Quem seria o autor da opinião, já que anônima? Existirá alguma

---

English of foreign case law (including arbitral awards) relating to the CISG and UNIDROIT Principles. The cases are translated by lawyers from all over the world and translations are edited by Dr Loukas Mistelis, Clive M Schmitthoff Lecturer in International Commercial Law, Centre for Commercial Law Studies, Queen Mary, University of London, and Vikki Rogers, Director, Pace University Institute of International Commercial Law" (<http://cisgw3.law.pace.edu/cisg/text/queenmary.html>).

[301] SEKOLEC, Jernej. 25 years UN Convention on contracts for the international sales. In: *The Journal of Law and Commerce*. University of Pittsburgh. Celebrating the 25th Anniversary of the United Nations Convention on Contracts for the International Sales of Goods. Buffalo: William S. Hein, v 1, 2005-2006, p. XV, p xvii-xviii.

opinião contrária à publicada, igualmente proveniente da UNICTRAL? Teria a crítica levado em consideração particularidades fáticas do caso ou só o direito em debate? Como ou quando poderia a Corte ou o Estado membro responder à crítica? Em que medida a crítica endossaria uma opinião formal da UNICITRAL? Por isso, conclui o mesmo J. Selock que o *Digest* deve ser tomado como um sumário analítico de muitas decisões e não de somente um caso, sem que ele se atenha a aspectos fáticos destas decisões.[302]

Essa visão, por assim dizer, sutil e neutral do *Digest* não é compartilhada por parte dos doutrinadores mais clássicos da CISG, exigindo-se, de alguma forma, posicionamento da UNCITRAL quanto a um papel opinativo firme e fundamentado dos comentários. É como manifesta Joseph Lookofsky, que ao criticar a inclinação "politicamente correta" da ONU, deixa de oferecer ao operador do direito e mais particularmente da CISG, a *ratio* opinativa e crítica das decisões selecionadas e praticamente nenhuma opinião sobre a "qualidade" da decisão em comento.[303]

No entendimento de Franco Ferrari outro problema do *Digest* é relativo ao idioma, percebendo-se eventuais erros de tradução, uma vez que ele é publicado nas seis línguas oficiais da Convenção,[304] sem a devida acuidade.

Sem embargo das legítimas críticas que são levantadas contra o *Digest*, não se pode retirar o mérito de seu laborioso trabalho de sistematização dos incontáveis casos, servidos com apontamentos da Comissão da UNCITRAL, embora atingidos de incompletude e viés de neutralidade.

4.4 Exemplos de interpretação autônoma e aplicação uniforme de conceitos previstos na CISG

Apresentadas as linhas gerais de interpretação da Convenção, e para situar o leitor em uma necessidade prática de observância de tais princípios, passemos à análise de duas situações mais concretas, e que interessam ao

---

[302] SEKOLEC, Jernej. 25 years UN Convention on contracts for the international sales. In: *The Journal of Law and Commerce*. University of Pittsburgh. Celebrating the 25th Anniversary of the United Nations Convention on Contracts for the International Sales of Goods. Buffalo: William S. Hein, v 1, 2005-2006, p. XV, p. xviii.

[303] LOOKOFSKY, Joseph. Walking the article 7(2) tightrope between CISG and domestic law. The journal of law and commerce. In: *The Journal of Law and Commerce*. University of Pittsburgh. Celebrating the 25th Anniversary of the United Nations Convention on Contracts for the International Sales of Goods. Buffalo: William S. Hein, v 1, 2005-2006, p. 88.

[304] FERRARI, Franco. Remarks on the UNCITRAL digest's comments on article 6 CISG. In: *The Journal of Law and Commerce*. University of Pittsburgh. Celebrating the 25th Anniversary of the United Nations Convention on Contracts for the International Sales of Goods. Buffalo: William S. Hein, v 1, 2005-2006, p. 13.

PAULO NALIN, RENATA C. STEINER
COMPRA E VENDA INTERNACIONAL DE MERCADORIAS

contratante brasileiro, considerando a inexistência de disposições análogas (ao menos legais) no Direito nacional. Refere-se ao *dever de mitigação do próprio prejuízo* e ao *critério da previsibilidade* na quantificação dos danos.

4.4.1 O dever de mitigação do próprio prejuízo (*duty to mitigate de loss*)

O dever de mitigação do próprio prejuízo, o qual é de origem do *common law* e tem sido paulatinamente incorporado à jurisprudência brasileira, possui um desenho nacional que não pode ser simplesmente justaposto ao artigo da CISG (art. 77, CISG), o qual especificamente o contempla, embora sirva de chave de leitura para a sua compreensão no cenário internacional.

De um modo ainda mais prático e seguindo com o mesmo exemplo, ao interpretar o contrato cuja hipótese abstrata leve à aplicação do dever de mitigação do próprio dano, o operador brasileiro deve acautelar-se para simplesmente não transportar a jurisprudência em construção do STJ para o caso regido pela CISG, a não ser que a jurisprudência nacional traduza o sentido da jurisprudência internacional para a hipótese (vide julgado citado na NR 255, *supra*).

Mesmo que o operador brasileiro esteja diante de institutos jurídicos consagrados pelo sistema doméstico, exemplos da boa-fé e do inadimplemento, é fundamental compreender que o conteúdo científico de um princípio ou de um instituto jurídico na CISG pode não ser o mesmo daquele nacional.[305] É claro que o juiz e o árbitro nacionais podem tirar proveito da circunstância de o instituto que fundamenta o julgamento ser similar ao doméstico, mas desde que a sua aplicação não conduza a um resultado incongruente com a natureza internacional da CISG, dos seus dispositivos e princípios gerais.

Por essa razão, não se deve deixar levar pela terminologia coincidente e rapidamente concluir pela semelhança de conteúdos, tanto é que a boa-fé no Brasil tem um alcance muito mais amplo do que na CISG e o inadimplemento, por sua vez, na CISG, precisa ser substancial para se alcançar os efeitos resolutórios previstos pelo CC para o (simples) inadimplemento de um contrato nacional. Ou seja, o instituto deve ser interpretado na função e no contexto da Convenção,[306] embora semanticamente similar ao nacional.

---

[305] BONELL, Michael Joachim; GONZALO, M. Lopez De. In: BIANCA, Cesare Massimo [coord.]. *Convenzione di Vienna sui contratti di vendita internazionale di beni mobile*. Milão: Cedam, 1992, p. 21.

[306] BONELL, Michael Joachim; GONZALO, M. Lopez De. In: BIANCA, Cesare Massimo [coord.]. *Convenzione di Vienna sui contratti di vendita internazionale di beni mobile*. Milão: Cedam, 1992, p. 252.

CAPÍTULO IV
INTERPRETAÇÃO DA CISG | 175

4.4.2 A previsibilidade dos danos e a medida da sua quantificação

A mesma advertência é verticalizada para institutos desconhecidos do direito brasileiro, como o método da estimação dos prejuízos causados pelo inadimplente e dos danos a serem pagos à parte inocente adotado pela CISG, fundado na teoria da previsibilidade dos danos ou *foreseeability doctrine*. A teoria se origina no *common law* inglês[307] e mais especificamente no caso *Hadley* versus *Baxendale*.[308]

Com base na *foreseeability doctrine*, (art. 74, CISG), o qual será oportunamente analisado (item 6.2.1.3), combina o princípio da reparação integral do dano (primeira oração) à limitação desta à previsibilidade dos danos potencialmente causados pelo inadimplemento (segunda oração), previstos ao tempo da celebração do contrato, considerando-se, ademais, as circunstâncias e a sua finalidade.

Diversas fontes legais nacionais e internacionais adotam tal combinação de princípios:[309] o Código Civil francês (art. 1150); o parágrafo 351 Restatement (Second) of, Contracts dos EUA (1); art. 7.4.4 PICC 2010; art. 113 do PRC CL;[310] bem como convenções internacionais sobre transportes.[311]

No entanto, como a teoria não encontra paralelo no Direito brasileiro na base da responsabilidade contratual, será necessário compreender na origem inglesa os critérios para a sua aplicação, o *foreseeabilty test*, em homenagem à interpretação autônoma da Convenção, ora em análise.

---

[307] SCHWENZER, Ingeborg; FOUNTOULAKIS, Christiana; DIMSEY, Mariel. *International sales law*: a guide to the CISG. Oxford: Hart, 2012, p. 46.

[308] Hadley V. Baxendale, 23 February 1854, 9 ExCh. 341 | 156 Eng. Rep. 145. Court of Exchequer. REASONING: "[...]. For consequential damages, Court instilled three criteria of "Knowledge, Reasonably, Foreseeability". For "Knowledge", Court determined that Appellee's servant dispatched to request delivery service from Appellant only stated "the mill was stopped, and that the shaft must be sent immediately". Via this communication, no mention of any special urgency in getting the crankshaft back to restore Appellee's business operations, therefore it was "Reasonable" for the Appellant not to have realized such a neglected transportation delay would have negative collateral impact on the Appellee. *Therefore, Appellant did not possess "Foreseeability" that its actions would have automatically garnish such expanded negative results. Henceforth, Court declared that Consequential Damages "are limited to those that arise naturally from a breach and those that are reasonably contemplated by the parties at the time of contracting". The possession of communicative knowledge or even customary trade practices between contracting parties is crucial in determining scope of contractual reasonableness, foreseeability, and responsibility. [...]"* (grifamos)

[309] SCHWENZER, Ingeborg; FOUNTOULAKIS, Christiana; DIMSEY, Mariel. *International sales law*: a guide to the CISG. Oxford: Hart, 2012. p p. 548.

[310] Contract Law of the People's Republic of China

[311] SCHWENZER, Ingeborg. In: SCHWENZER, Ingeborg; GREBLER, Eduardo; FRADERA, Vera; PEREIRA, César A. Guimarães (coords.). Comentários à Convenção das Nações Unidas sobre contratos de compra e venda internacional de mercadorias. *Revista dos Tribunais*, São Paulo, p. 1107. 2014.

Esse movimento não poderá perder de vista a origem remota da teoria e as construções doutrinárias e jurisprudenciais as quais resultam da interpretação uniforme do art. 74.

Por fim, mas não menos importante, o critério brasileiro de quantificação dos danos, previsto no art. 944 CC (a indenização mede-se pela extensão do dano) não se aplica aos contratos regidos pela CISG, pois, conforme visto, o padrão de quantificação da Convenção se pauta pelo binômio teórico *reparação integral + previsibilidade do dano*, enquanto o Direito nacional se apoia somente no princípio da reparação integral, mormente na responsabilidade contratual.[312]

Nesse contexto, também se mostra interessante apontar que os critérios de fixação e quantificação dos danos adotados pela CISG, em relação à previsibilidade, não leva em consideração a culpa do contratante, na medida em que a responsabilidade contratual nela estabelecida é objetiva. Por isso, os fundamentos objetivos da sua fixação são tão necessários e emergentes, o que será mais adiante abordado.

---

[312] O atual Código Civil brasileiro de 2002 mitigou a força do princípio da *restitutio in integrum* ao determinar ao juiz que reduza a quantificação da indenização na medida da culpa leve do ofensor (art. 944, parágrafo único, CC). Contudo, esse é um quadro mais afeto à responsabilidade civil extracontratual, pois na contratual os danos emergentes e os lucros cessantes prevalecem em relação ao grau de culpa do ofensor, muito embora seja subjetiva, em linhas gerais, a responsabilidade civil contratual no Brasil.

PARTE III

REGRAS MATERIAIS DA CISG: FORMAÇÃO DO CONTRATO, CUMPRIMENTO E DESCUMPRIMENTO CONTRATUAL E EFICÁCIA EXTINTIVA DO TEMPO

CAPÍTULO V

A FORMAÇÃO DO CONTRATO

Uma vez já apresentado o panorama geral a CISG e seu relacionamento com a ordem jurídica brasileira, pode-se então trabalhar com as suas regras de direito material e que constituem, em verdade, o núcleo duro da Convenção. A exposição que segue mantém a divisão adotada na CISG, o que faz com que se trabalhe, primeiramente, com a formação do contrato para após, no próximo capítulo, trabalhar a questão das obrigações nascidas às partes e as consequências de sua infração.

A Parte II da CISG dedica-se ao estudo da formação do contrato, sendo composta por 11 (onze) artigos (arts.14-24), os quais dispõem sobre as regras aplicáveis à *oferta* e à *aceitação*. Tais dispositivos gozam de apenas aparente simplicidade, sendo relevantes as discussões doutrinárias e jurisprudenciais acerca de sua aplicação.

Conforme visto (item 2.4.1), a adesão à Convenção pode ser feita com exclusão desta parte (conforme previsão do art. 92), sendo também admitida a denúncia posterior [art. 101 (1)]. Nestas duas hipóteses, as regras ali inscritas deixam de se aplicar ao Estado respectivo, o qual não é considerado contratante dos dispositivos insertos nesta divisão.[313] No Brasil, nenhuma ressalva foi feita quando do depósito do instrumento de ratificação, razão pela qual a Parte II da CISG está plenamente em vigor no país.

Conjuntamente às regras da Parte II da CISG, a formação do contrato também é complementada pelas disposições dos arts. 11 a 13, inseridos na sua Parte I, dispondo sobre a liberdade de forma, bem como o art. 29,

---

[313] Tais regras não são aplicáveis por força da denúncia expressa, mas podem ainda assim ser vinculantes caso haja redirecionamento a elas por aplicação das normas de Direito Internacional Privado de determinado país, à semelhança do que ocorre com a aplicação da CISG a Estados não contratantes. Sobre o tema, vide o item 3.2. Os países escandinavos, conforme já se viu, declaram não ratificar a Parte II da Convenção (item 2.4.1).

sobre modificação do contrato, inserido na Parte III. Não se pode também descurar, por evidente, as regras de intepretação gerais já estudadas, que são aplicáveis também ao tema da formação contratual, como é natural.[314] Apesar de uma primeira passagem de olhos nas disposições da Parte II da CISG ressaltar a utilização do paradigma *proposta* e *aceitação*, não se poderia supor que o estudo da formação do contrato na CISG se resuma à compreensão apenas destas duas figuras. Aliás, como bem sintetiza John Murray, trata-se de regras de ambíguo tratamento, ora simples, ora complexas:

> "The principles and rules of contract formation appear so fundamental that significant exploration may be viewed as superfluous. The application of the law of contract formation, however, quickly reveals complexity and even frustration° Formation issues are sometimes like the performance of Mozart sonatas – too easy for children and too difficult for artists".[315]

Em resumo, o tema da formação contratual é, apenas em aparência, simples. Para seu estudo é necessário apontar previamente algumas ressalvas (ou premissas) para a boa compreensão do texto convencional.

A primeira delas vai no sentido de se compreender que a CISG contém regras quanto ao processo de formação do contrato, mas suas disposições não tratam – e deve-se desde logo excluir uma tal interpretação – de questões referentes à validade das manifestações de vontade. Lembre-se que, por força do art. 4º (1) da Convenção, regras de validade estão expressamente afastadas de seu âmbito de incidência – a não ser que a própria CISG indique o contrário. Isso significa dizer, por exemplo, que discussões quanto à capacidade, legitimidade ou poder de representação, ou vícios de consentimento serão resolvidas por remissão ao direito doméstico aplicável de acordo com as regras tradicionais de DIP.

Em decorrência desta primeira ressalva, pode-se desde logo concluir que as regras expressas na Convenção, por força de uma interpretação sistemática de seus dispositivos, afastam a aplicação de regras de validade. Isso importa admitir que aqueles conteúdos tratados na CISG são exclusivamente por ela regidos, ainda que perante o Direito brasileiro as regras respectivas pudessem ser (ou sejam) qualificadas como de validade. É o que se obtém pela qualificação autônoma do conteúdo convencional, método que se adequa ao seu caráter internacional e à interpretação uniforme.

---

[314] Segundo John HONNOLD, Parte II da CISG é sujeita às regras da Parte I, mas independente daquelas inscritas na Parte III, as quais trabalham as obrigações das partes nos contratos. (HONNOLD, John O. *Uniform law for international sales under the 1980 United Nations convention*. 4. ed. Austin: Klumer, 2009, p. 195)

[315] MURRAY, John E. in: FLECHTNER, Harry M.; BRAND, Ronald A. e WALTER, Mark S. *Drafting Contracts under the CISG*. Oxford Universtity Press, 2008, p. 269.

Também deriva desta primeira ressalva a percepção de que a formação do contrato internacional de compra e venda será submetida a uma dupla análise, não se podendo dizer que seu estudo esgote-se no texto da CISG. Ora, se há uma cisão entre as regras convencionais e aquelas ligadas à validade, é intuitivo concluir que são dois os momentos de análise do tema, realizada sob diferentes óticas e à luz de diferentes regras complementares, especialmente porque a (in)validade é medida no momento da formação do contrato.

Dito isso, a análise que segue não se propõe a estudar os requisitos de validade do contrato à luz do Direito brasileiro, muito embora algumas menções ao diálogo entre regras de validade e regras da CISG sejam necessárias para a compreensão do texto convencional. O foco – sem pretender abstrair a imprescidibilidade das regras de validade – funda-se no ato de formação do contrato.

Uma segunda ressalva perpassa a compreensão de que o texto convencional, datado de 1980, tem sua gênese em discussões bastante anteriores a este momento temporal, por ato e força das Convenções que lhe deram origem,[316] o que justifica a ausência de tratamento de algumas questões relevantes, como são aquelas destinadas ao tratamento das comunicações eletrônicas na formação dos contratos. Isso significa compreender que, embora a CISG seja a primeira fonte para resolução de controvérsias oriundas no momento da formação contratual, somente a compreensão de sua aplicação pela jurisprudência internacional e interpretação doutrinária, sobretudo aquelas salientadas pelo *Digest*, é que podem conferir um tratamento completo do tema.

Por fim, uma última ressalva é necessária para o entendimento do tema. Refere-se à distinção entre o *conteúdo do contrato* e o *ato de sua formação*, sendo este dependente apenas da conjugação dos elementos essenciais à compra e venda conforme ressalvam Ingeborg Schwenzer e Florian Mohs.[317] A Parte II da CISG trabalha o ato (ou processo) de formação contratual, cujo conteúdo será analisado em momento posterior – estando fundamentalmente vinculado ao conteúdo da prestação.

Em mais de uma passagem, em especial à luz da jurisprudência internacional, a fusão do *conteúdo* com o *ato de formação*, representado pelo princípio do consenso, vem sendo submetida à flexibilização, consoante de

---

[316] Uniform Law on Formation os Contracts for the International Sales of Goods (ULF) e Uniform Law on the International Sale of Goods (ULIS). Sobre o histórico legislativo da CISG, remete-se o leitor ao item 1.1.

[317] SCHWENZER, Ingeborg e MOHS, Florian. Old Habits Die Hard: Traditional Contract Formation in a Modern World. Reproduced with permission of Internationales Handelsrecht (6/2006) 239-246, published by Sellier, *European Law Publishers*. Disponível em <http://www. cisg.law.pace.edu/cisg/biblio/schwenzer-mohs.html>. Acesso em: 4 fev. 2014.

PAULO NALIN, RENATA C. STEINER
COMPRA E VENDA INTERNACIONAL DE MERCADORIAS

tornará claro no decorrer da exposição deste capítulo.[318] Ao se delimitar o estudo da formação do contrato apenas ao *ato de formação*, reduz-se a complexidade do tratamento do tema, depurando-se do processo contratual a resposta quanto à existência ou não de contrato, o que é bastante diverso de perquirir-se o seu conteúdo.

A intenção deste método é constituir um sistema formativo do contrato leve e descomplicado, sem requintes de sofisticação doutrinários próprios de cada país, que possa ser compreendido pelo contratante de Hong Kong com os mesmos contornos e efeitos apreendidos pelo contratante Paraguaio, por exemplo, mas que, evidentemente, não deixa de denotar a importância de se compreender o conteúdo contratual.

5.1 O papel conferido à autonomia das partes (*party autonomy*)

A formação do contrato na CISG fundamenta-se no sistema consensual, representado pela justaposição da *oferta/proposta* (arts. 14-18) e da *aceitação* (arts. 19-24), com base legal e modo de operação que se assemelham ao regime adotado no CC. Muito embora a sistemática da Convenção pressuponha esta ligação em torno do consenso, e eleja como elementos de estudo justamente as figuras que lhes são representativas (oferta e aceitação), não se pode descurar do papel fundamental conferido à liberdade das partes pelo art. 6º CISG, cuja interpretação pode levar a uma ressignificação do princípio consensual, mais elástica do que se observa no regime nacional.

Resta, então, antes de estudar individualmente estas, estabelecer uma compreensão quanto ao alcance da inserção do princípio da autonomia previsto na Convenção, elucidando o seu papel, que se pode dizer positivo e negativo. Este estudo é necessário para percepção adequada das figuras insertas no processo de formação dos contratos.

A CISG, consoante já explanado, é resultado de uma série de trabalhos, em grande parte muito anteriores a 1980, data de realização da Convenção de Viena. No que toca especificamente à formação do contrato, a Convenção carrega o apego a uma concepção que se pode dizer datada historicamente, essencialmente no século XIX.[319] A ideia de que se possa

---

[318] SCHROETER, Urlich. In: SCHWENZER, Ingeborg; GREBLER, Eduardo; FRADERA, Vera; PEREIRA, César A. Guimarães (coords.). Comentários à Convenção das Nações Unidas sobre contratos de compra e venda internacional de mercadorias. *Revista dos Tribunais*, São Paulo, p. 475, 2014.

[319] SCHWENZER, Ingeborg e MOHS, Florian. Old Habits Die Hard: Traditional Contract Formation in a Modern World. Reproduced with permission of Internationales Handelsrecht (6/2006) 239-246, published by Sellier, *European Law Publishers*. Disponível em <http://www.cisg.law.pace.edu/cisg/biblio/schwenzer-mohs.html>. Acesso em: 4 fev.2014.

extrair do processo complexo de negociação as noções jurídicas de *oferta* e de *aceitação* e, ao mesmo tempo, compreensão de que seus conteúdos seriam idênticos, é desmentida pela realidade prática dos contratos internacionais.[320] Mais do que isso, a compreensão histórica da CISG faz com que alguns temas bastante recorrentes na prática do comércio internacional, tais com o comércio eletrônico e a contratação por utilização das cláusulas de contratação geral (*standard terms*), não sejam tratados no texto convencional. A doutrina internacional remete à aplicação complementar de outras normas internacionais, tais como a Convenção das Nações Unidas sobre o Uso de Comunicação Eletrônica nos Contratos Internacionais e os ICC E-Terms de 2004.[321]

De qualquer modo, sobre ambos os temas, a circunstância de a CISG não referi-los expressamente não significa que suas disposições não incidirão sobre contratos de compra e venda internacional celebrados eletronicamente ou por meio de contratos de adesão ou cláusulas padrão (*standard terms*). O fato de um contrato de adesão ser apresentado ou sugerido ao contratante aderente não implica derrogação da CISG, ao argumento de que deste tipo contratual não trata. Verifica-se, ao contrário, o incremento da utilização de tal figura contratual nas relações internacionais, o que igualmente não representa, de maneira necessária, a vulnerabilidade de uma das partes, mas, via de regra, conveniência ou busca pela agilidade no fechamento do negócio.

Esta constatação permite concluir que, apesar deste "apego ao consensualismo" (em especial a partir de uma compreensão oitocentista da formação do contrato), o tratamento convencional dado ao momento de formação do vínculo não se mostra antiquado, exatamente porque em constante construção pela jurisprudência internacional, em diálogo com outros textos internacionais que lhe complementam a aplicação e interpretação. Significa dizer que a compreensão de seus mecanismos não pode

---

[320] Não apenas dos contratos internacionais, como bem elucida E. Allan FARNSWORTH, ao sublinhar que pouco se tem escrito sobre o Direito a governar as negociações, muito embora estejamos em uma era [o autor escrevia em 1987!] de contratos de longa duração, tais como os contratos de suprimento de energia, desenvolvimento de *shoppings centers*, dentre outros. As ideias de *aceitação* e *oferta* simplificariam o processo de compreensão da fase de negociação, e estão ligadas à cadência dos contratos no século XIX, diferente daquela hoje existente. (FARNSWORTH, E. Allan. Precontractual liability and preliminary agreements: fair dealing and failed negotiations. In: *Columbia Law Review*. Volume 87, March 1987, n. 2, p. 218, Acesso pelo JStor em 24 jul. 2014).

[321] SCHWENZER, Ingeborg e MOHS, Florian. Old Habits Die Hard: Traditional Contract Formation in a Modern World. Reproduced with permission of Internationales Handelsrecht (6/2006) 239-246, published by Sellier, *European Law Publishers*. Disponível em <http://www.cisg.law.pace.edu/cisg/biblio/schwenzer-mohs.html>. Acesso em: 4 fev. 2014.

ser feita por uma leitura estática, nem sequer em desconsideração à sua aplicação nos tribunais, sejam estatais, sejam arbitrais.

Na comparação com o Direito brasileiro, cuja estrutura formal no tema da formação do contrato não é tão díspare daquela encontrada na CISG, a ressalva adquire ainda mais importância. Se uma leitura literal e comparatista conduziria à inexistência de profunda distinção de tratamento em ambos os sistemas, a compreensão a fundo da forma de aplicação das regras da CISG pode conduzir a conclusões diversas – o que será tratado no curso do presente capítulo.

Há, assim, três grandes modos de compreensão das disposições referentes à formação do contrato. O primeiro deles, a leitura literal dos arts. 14-24, o que denotaria a influência de uma concepção clássica de contrato. O segundo, no sentido de compreender tais artigos não a partir de sua literalidade, mas sim tendo em consideração a forma de aplicação dos dispositivos, o que os torna mais flexíveis às necessidades práticas do comércio internacional. Por fim, uma terceira forma de compreensão da formação do contrato é a efetiva integração das regras convencionais, quando inexistentes, com outras fontes do Direito Internacional, o que se faz necessário para a completude do sistema.

Já tornado claro que o texto convencional não estabelece as regras aplicáveis à formação do contrato de forma exaustiva, resta também advertir o leitor que a ideia de consenso perante a CISG não se resume na noção de adequação da *oferta* e da *aceitação*, em especial a partir da concepção do *mirror image* que, em tradução literal, significaria reflexo da imagem no espelho, a denotar a fiel adequação entre as declarações de vontade. A própria crítica dirigida à construção convencional bem demonstra que esta visão somente se justifica se fosse possível extrair momentos estanques de um processo bastante complexo, como é aquele de formação de um contrato internacional.

Na medida em que a autonomia das partes é princípio estruturante da Convenção (art. 6º, CISG), tem-se por verdadeiro que a interpretação do *consenso* também se embasa na liberdade negocial. A CISG protege a liberdade das partes, e isso se reflete também na noção jurídica de contrato por ela construída. Isso não significa, contudo, que as partes devam concordar em relação a todos os elementos contratuais, reconhecendo-se que o uso da autonomia privada pode vir em sentido negativo, ou seja, para se afastar o *consenso* em relação a pontos contratuais, sem que com isso se afaste a própria formação do contrato.

Veja-se que a concepção recorrente de liberdade ou autonomia está ligada a um senso positivo, ou seja, de determinação do conteúdo do contrato, ou da própria criação do vínculo contratual, para se afirmar que só é vinculante aquilo que foi querido pelas partes. Esta compreensão clássica do *consenso* não admitirá a existência de contratação sem o acordo em relação a todos os seus termos, que só seriam vinculantes às partes na medida em que voluntariamente aceitos.

À luz da CISG, contudo, admite-se a existência de contrato sem que haja acordo em relação a todos os termos desde que a melhor interpretação leve a esta conclusão. Conforme ensinam Peter Schlechtriem e Petra Butler, "se as partes não atingiram o consenso em partes do contrato, é decisivo saber se teriam concluído o contrato também sem estas partes em questão".[322]

Como se vê, a constatação não retira o papel estruturante do *consenso* da formação do contrato, não sendo compatível com o regime convencional a ideia de contratação cogente ou obrigatória. A ideia de acordo de vontades, porém, limita-se a um núcleo que se pode dizer duro – os *essentialia negotii* – sendo que fora de seus quadrantes é possível que surja vinculação jurídica sem que haja efetivo acordo de vontades coincidentes. Mesmo na interpretação deste núcleo duro, contudo, pode-se encontrar limitações ao princípio do consenso.

A situação pode se dar tanto na hipótese em que as partes deixam, de forma deliberada, de entrar em acordo sobre determinado ponto, como nos casos em que há uma lacuna contratual intencional. Por evidente, e na medida em que lacunas são inerentes à atividade humana, tem-se em especial consideração a primeira hipótese, dos contratos *voluntariamente* incompletos, sem que se configure, *v.g.*, uma simulação danosa.

Esta percepção quanto ao alcance da autonomia das partes é chamada a resolver e interpretar as próprias noções de *oferta* e *aceitação*. Mais do que isso, permite alertar que nem sempre estas regras serão essenciais à análise da formação do contrato, vez que mesmo sem que se possa extrair conteúdo autônomo destas figuras, é possível haver contratação. Isso se dá nas hipóteses em que as partes assumem direitos e obrigações recíprocos, sem utilização dos mecanismos tradicionais da oferta e da aceitação.

5.2 Os *essentialia* negotii

A CISG cuida de regular um único tipo contratual, que é o contrato internacional de compra e venda de mercadorias. Isso faz com que seja possível determinar *in abstrato* quais sejam os elementos essenciais à existência do contrato, e que são aplicáveis de maneira homogênea a toda a Convenção, facilitando a compreensão das regras referentes à *proposta* e à *aceitação*.

---

[322] SCHLECHTRIEM, Peter e BUTLER, Petra. *UN Law on International Sales*. The UN Convention on the International Sale of Goods. Heidelberg: Springer, 2009, p. 66.

PAULO NALIN, RENATA C. STEINER
COMPRA E VENDA INTERNACIONAL DE MERCADORIAS

Falar-se em elementos essenciais, os *essentialia negotii*, significa depurar aqueles elementos que compõem o mínimo indispensável à existência do contrato de compra e venda internacional. O seu estudo permite distinguir: a) aqueles contratos que existem e submetem-se à CISG, sendo qualificados como compra e venda internacional de mercadorias; b) aqueles que existem, porém não são adequados ao tipo contratual regulado na Convenção (conforme se tratou no item 3.5 e seguintes) e, por fim, c) contratos que não chegam a existir, por lhes faltar justamente o preenchimento adequado de seus elementos necessários, ou seja, por não ter sido concluído o processo de formação contratual.

Assim como no Direito brasileiro, compõem o suporte fático do contrato de compra e venda três elementos essenciais, sem os quais não se pode concluir pela existência do contrato. São eles o *preço*, o *objeto* e a *intenção de vinculação*. Resta estudá-los em ligação aos negócios jurídicos da *oferta* e da *aceitação*.

5.3 A proposta

5.3.1 Introdução ao art. 14, CISG: precisão terminológica

O art. 14 CISG inicia o tratamento da formação do contrato estabelecendo o que entende por *offer*, definida como uma proposta qualificada por alguns elementos, *in verbis*:

> Artigo 14
>
> (1) Para que possa constituir uma proposta, a oferta de contrato feita a pessoa ou pessoas determinadas deve ser suficientemente precisa e indicar a intenção do proponente de obrigar-se em caso de aceitação. A oferta é considerada suficientemente precisa quando designa as mercadorias e, expressa ou implicitamente, fixa a quantidade e o preço, ou prevê meio para determiná-los.
>
> (2) A oferta dirigida a pessoas indeterminadas será considerada apenas um convite para apresentação de propostas, salvo se o autor da oferta houver indicado claramente o contrário.

Os termos utilizados pela CISG são, em inglês, *proposal* e *offer*, os quais em perspectiva técnica não podem ser confundidos como sinônimos.[323] Neste ponto específico, há de se elucidar uma peculiaridade da

---

[323] John HONNOLD, por exemplo, considera que os termos dispostos no art. 14 estão a definir quando uma proposta se constitui em oferta, a indicar a existência de distinção entre ambos os vocábulos. (HONNOLD, John O. *Uniform Law of International Sales under the 1980 United Nations Convention*. 4. ed. The Hague: Wolters Kluwer, 2009, p. 204).

tradução oficial do art. 14 CISG que, em redação inglesa, dispõe que "a proposal for concluding a contract addressed to one or more specific persons constitutes an offer if (...)" e, em português, "para que possa constituir uma proposta, a oferta de contrato feita a pessoa ou pessoas determinadas deve ser (...)". Como se vê, o termo *proposal* em inglês foi traduzido como *oferta* e *offer* como *proposta*.

Isso porque, no Direito brasileiro, utiliza-se da expressão *proposta* no art. 427 do Código Civil brasileiro, para se referir àquilo que a CISG denomina como oferta, e de *oferta ao público* para designar, no art. 429 CC, aquelas ofertas realizadas a pessoas indeterminadas, e que podem, em determinados casos, ser qualificadas como propostas.[324] Desde que se compreenda o alcance do conteúdo de cada uma das figuras, tanto no Código brasileiro, como na CISG, a questão terminológica é, na visão dos autores, meramente secundária.

No âmbito deste livro, utilizam-se as expressões *oferta* e *proposta* como equivalentes, reservando-se a qualificação *oferta ao público* para designar uma modalidade específica de declaração que pode ou não ser configurada como vinculante.

O processo de formação contratual inicia-se com a apresentação de uma *oferta* pelo *proponente* ou *policitante*. Trata-se de um ato jurídico,[325] tipicamente unilateral. A ideia subjacente é a de que, uma vez aceita, tenha-se o ajuste de vontades apto a formar o contrato internacional de compra a venda. Exatamente por isso é que a configuração de *oferta* pressupõe a observância de certos requisitos que, uma vez preenchidos, vinculem o *proponente* à palavra ofertada e representem suficientemente o conteúdo contratado.

A leitura do art. 14 CISG permite concluir que a *oferta* é composta por ao menos três elementos: a) direcionamento a uma pessoa ou pessoas determinadas; b) conteúdo suficientemente preciso e c) indicação da intenção do proponente de vinculação em caso de aceitação. A esta configuração, que se pode dizer inicial, seguem-se algumas regras que a excepcionam ou lhe restringem o conteúdo, sendo necessária uma compreensão global dos dispositivos convencionais para elucidação do que vem a ser uma *proposta*.

O artigo é a base convencional também para a análise da *contraproposta* que, portanto, há de conter os mesmos elementos da *proposta*. Da mesma forma, e como afirma John Honnold, as regras são aplicáveis

---

[324] Art. 427, Código Civil brasileiro: A proposta de contrato obriga o proponente, se o contrário não resultar dos termos dela, da natureza do negócio, ou das circunstâncias do caso.

[325] SCHROETER, Urlich. In: SCHWENZER, Ingeborg; GREBLER, Eduardo; FRADERA, Vera; PEREIRA, César A. Guimarães (coords.). Comentários à Convenção das Nações Unidas sobre contratos de compra e venda internacional de mercadorias.: *Revista dos Tribunais*, São Paulo, p. 386. 2014.

também a acordos subsequentes à formação do contrato, como os contratos modificativos e extintivos (distrato).[326] Não se exige em nenhum momento que a declaração seja designada como *oferta* ou *proposta* para que seja assim considerada.[327] A doutrina internacional costuma simplificar a redação do art. 14 (1) e apontar apenas dois elementos essenciais à configuração da proposta: (i) a intenção de vinculação e (ii) o conteúdo mínimo, a partir dos quais se trabalham o conjunto de regulamentações a respeito da *oferta*.[328] Resta estudá-los, novamente salientando que o texto convencional há de ser entendido à luz da doutrina e da jurisprudência internacionais que, a partir de uma interpretação autônoma, têm contribuído à elucidação de seus conteúdos. Exatamente por isso é que se exemplificam, sempre que possível, as situações com menção a julgados.

5.3.2 Conteúdo mínimo da proposta

Primeiro requisito fundamental à existência de *proposta* é que esta preencha um *conteúdo mínimo*, ou seja, contenha os elementos essenciais da contratação, permitindo que, uma vez aceita, surja um contrato vinculante às partes. A afirmação é bastante lógica, na medida em que somente se poderá falar em efetiva *oferta* ou *proposta* (sobre a diversidade dos termos, *vide* NR 93) quando esta, uma vez aceita, puder gerar um contrato. Nas hipóteses em que determinada declaração não contenha os elementos mínimos e essenciais à compreensão do contrato futuro, não se poderá qualificá-la juridicamente como *proposta*, ainda que seja assim nomeada pela parte declarante.

Esta intepretação tem o condão de diferenciar as declarações de vontade que efetivamente sejam dirigidas à conclusão de um contrato daquelas que, também inseridas no momento pré-contratual, ainda não são suficientes para criar um vínculo contratual entre as partes. Como já se afirmou, as últimas constituem *oferta* nem *aceitação*.

O art. 14 (1), parte final, da CISG, explicita o que se considera como conteúdo mínimo da proposta, *in verbis*: "a oferta é considerada suficientemente precisa quando designa as mercadorias e, expressa ou

---

[326] HONNOLD, John O. *Uniform Law of International Sales under the 1980 United Nations Convention*. 4. ed. The Hague: Wolters Kluwer, 2009, p. 197.

[327] BRUNNER, Christoph. *UN Kaufrecht – CISG*. Kommentar zum Übereinkommen der Vereinten Nationen über Verträge über den internationalen Warenkauf von 1980. Bern: Stämpfli Verlag, 2004, p. 106.

[328] Exemplificativamente *vide* SCHROETER, Urlich. In: SCHWENZER, Ingeborg; GREBLER, Eduardo; FRADERA, Vera; PEREIRA, César A. Guimarães (coords.). Comentários à Convenção das Nações Unidas sobre contratos de compra e venda internacional de mercadorias. *Revista dos Tribunais*, São Paulo, p. 386. 2014.

implicitamente, fixa a quantidade e o preço, ou prevê meio para determiná-los". A redação convencional permite que se extraiam algumas conclusões preliminares, que serão abaixo verticalizadas:

(i) Os elementos mínimos aos quais a Convenção faz referência são o *objeto*, sua *quantidade* e *preço*;
(ii) Não se exige que os essentialia negotii estejam já definidos na oferta, bastando-lhe que sejam *expressa ou implicitamente determinados*;
(iii) A proposta é considerada oferta vinculante se dirigida a uma ou mais pessoas determinadas; e
(iv) Por fim, não se exige que a proposta seja designada como oferta para que se possa classificá-la como tal. Por evidente, é a análise de seus elementos e de seu conteúdo que é relevante para esta tarefa.

Ocorre que a intepretação da CISG não pode ser feita apenas pela leitura literal e isolada de seus dispositivos, como se tem afirmado ao longo deste livro. Exatamente por isso, e com base em Peter Huber e Alastair Mullis, há de se destacar que acordos expressos entre as partes, os usos e costumes do comércio bem como usos comuns às partes em negociações anteriores [art. 9º (1), CISG] podem fazer com que o conteúdo mínimo da proposta seja complementado com outros elementos, para além daqueles indicados no art. 14 (1) CISG. E, nestas hipóteses, ainda que presentes os elementos essenciais *gerais*, a declaração respectiva não poderá ser considerada como efetiva *oferta*.[329]

De fato, cabe resgatar que as práticas do comércio internacional, versado na CISG como "usos e costumes" têm um papel preponderante na interpretação do contrato, muito diversamente do que se observa no regime brasileiro, pois, não obstante o art. 113 CC referir aos "usos do lugar" como critério de interpretação do negócio jurídico, fica patente no sistema brasileiro que tal fonte axiológica não supera a lei, nem a boa-fé. Ao contrário disso, a CISG reserva para os "usos e costumes" e aos "usos das partes" um papel preponderante na interpretação do contrato por ela regido.

Na medida em que tais situações dependem da aplicação prática e casuística, resta estabelecer o conteúdo primeiro extraído do dispositivo da Convenção e anotar, sempre que cabível, a exemplificação a partir de julgados que complementam a regra geral. Justifica-se também uma cisão entre o tratamento conferido às *mercadorias* e aquele conferido ao *preço*, considerando a existência de controvérsias específicas referentes a este último.

---

[329] Os autores exemplificam com a indicação do tempo ou do lugar do embarque dos bens. (HUBER, Peter e MULLIS, Alastair. *The CISG: a new textbook for students and practitioners.* Munique: Sellier, 2007, p. 72).

5.3.2.1 Objeto: especificação de mercadorias e de quantidade

Exige-se que as *mercadorias*, ou seja, o objeto da compra e venda internacional, sejam devidamente indicadas na *oferta*, o que poderá ser feito de maneira expressa ou implícita, inclusive em momento futuro.[330] A exigência de que haja indicação de *mercadoria* é bastante lógica, e não parece suscitar necessidade de maiores aprofundamentos. Afinal, só há contrato de compra e venda se houver um *objeto* negociado, ao que se soma a necessidade de indicação de sua quantidade.

Ainda que tais elementos não venham estabelecidos na *oferta*, é possível que haja sua complementação pela indicação de quantidade e especificação de outras formas. É o que se passa, por exemplo, quando o *ofertante* repassa oralmente ao *oblato* a indicação, ou envia mercadorias com o preço afixado em etiquetas.[331] O importante, conforme se vê, é que haja indicação de tais elementos, não importando efetivamente que componham uma oferta escrita.

Há duas considerações, contudo, que podem indicar a existência de alguma controvérsia na aplicação do disposto na CISG em relação às mercadorias.

A primeira delas refere-se às características específicas do bem negociado. Conforme ensina Ulrich Schroeter, o art. 14 (1) CISG prevê apenas a indicação das mercadorias e de sua quantidade como elementos mínimos, não fazendo referência à necessidade de explicitação de suas características específicas. Interpretado em conjunto com o art. 65 CISG, que estabelece a forma de especificação dos bens pelo comprador, quando contratualmente previsto, conclui-se que tais características específicas não são essenciais à configuração de uma *oferta*.[332]

Uma segunda discussão diz respeito à definição apenas implícita da quantidade ou especificação do bem negociado, possibilidade prevista no art. 14 (1) CISG. Com efeito, admite-se que as mercadorias e sua quantidade estejam apenas implicitamente indicadas na *oferta*, sendo a determinação deixada a momento futuro. Havendo fixação dos parâmetros

---

[330] Como a CISG trabalha apenas com os contratos de compra e venda de mercadorias, o seu objeto (mediato) será sempre um bem corpóreo. Sobre as características do contrato regulado pela Convenção e as discussões doutrinárias e jurisprudenciais sobre seu âmbito de aplicação, remete-se o leitor aos itens 3.5 e seguintes.

[331] SCHROETER, Urlich. In: SCHWENZER, Ingeborg; GREBLER, Eduardo; FRADERA, Vera; PEREIRA, César A. Guimarães (coords.). Comentários à Convenção das Nações Unidas sobre contratos de compra e venda internacional de mercadorias. *Revista dos Tribunais*, São Paulo, p. 389. 2014.

[332] SCHROETER, Urlich. In: SCHWENZER, Ingeborg; GREBLER, Eduardo; FRADERA, Vera; PEREIRA, César A. Guimarães (coords.). Comentários à Convenção das Nações Unidas sobre contratos de compra e venda internacional de mercadorias. *Revista dos Tribunais*, São Paulo, p. 387, 2014.

para determinação, pode-se afirmar haver conteúdo mínimo, ainda que a quantidade não esteja definida desde logo. Dificuldades interpretativas repousam justamente na qualificação da existência de critérios suficientemente definidos para a determinação das mercadorias.

Na doutrina, por exemplo, Christoph Brunner considera satisfazer o requisito de definição de quantidade a indicação de venda de todo o estoque (*all we have available*) ou mesmo da quantidade necessária (*all our requirements*), remetendo a um critério de boa-fé a sua definição.[333] Na impossibilidade de se precisar de antemão os requisitos para definição da quantidade, e sendo mesmo discutível um recurso tão aberto à boa-fé, um grupo de três julgados pode ajudar a compreensão da jurisprudência internacional a respeito do tema.

No primeiro deles, a Corte de Nova Iorque considerou haver conteúdo definido em oferta para fornecimento de produto químico *em quantidades comerciais*, ainda que sem explicitação da exata quantidade ofertada. O comprador norte-americano sustentava que, à luz da CISG, haveria oferta vinculante na indicação de venda de quantidades comerciais, aliada aos usos e costumes da indústria farmacêutica (entrega de amostras para aprovação no FDA, realizada pelo vendedor para aprovação do produto), tese que foi aceita.[334]

Um segundo julgado, conhecido como "peles de chinchila", foi julgado pela Suprema Corte austríaca, e é sempre relembrado pela doutrina internacional quando do tratamento da questão da oferta (e será relembrado abaixo quando do tratamento do preço, item 5.3.2.2). A *proposta*, a partir da qual se entendeu haver contratação, indicava a venda de peles de chinchila de "*média ou melhor qualidade*", e foi considerada suficiente definida para que fosse configurada como *oferta*.[335]

Um terceiro caso, julgado na França, envolvia um vendedor suíço e um comprador francês, os quais firmaram um contrato-quadro para fornecimento de determinada mercadoria, especificada em relação a cor, peso e embalagem, em montante variável de acordo com as necessidades do comprador final. Apesar de o comprador, que àquela altura não queria estar vinculado ao contrato, sustentar que não havia definição da quantidade,

---

[333] BRUNNER, Christoph. UN Kaufrecht – CISG. Kommentar zum Übereinkommen der Vereinten Nationen über Verträge über den internationalen Warenkauf von 1980. *Stämpfli Verlag*, Bern, p. 108-109, 2004.

[334] Geneva Pharmaceuticals Technology Corp. v. Barr Laboratories, Inc., et al., U.S District Court, S.D., New York, j. 10.05.2002, Acesso em: 4 maio 2014 <http://www.unilex.info/case. cfm?id=739>.

[335] Austria, Oberest Gerichtshof, j. 10.11.1994, Acesso em: 5 maio 2014 em <http://cisgw3.law. pace.edu/cases/941110a3.html>.

o Tribunal considerou preliminarmente não haver falta de determinação, ainda que o montante a ser vendido fosse variável.[336] Destes três casos, elucidativos de tantos outros, observa-se uma constante: o mote da interpretação quanto à formação contratual na CISG fixa-se no comportamento, pretérito e atual, das partes para definir a existência ou não de vinculação contratual. Ainda que não definidas as mercadorias, ou sua quantidade, é possível concluir-se pela formação do contrato desde que se observe que a melhor interpretação conduza à conclusão pela intenção de contratar, elemento essencial que se sobressai do art. 14 (1) CISG. Algo, como se vê, diverso da percepção usualmente adotada no Brasil.

A afirmação dialoga de forma estreita com o sentido da autonomia e da interpretação da liberdade das partes supra referido (item 1.4.4).

5.3.2.2 Preço

Diferentemente da questão relativa às mercadorias e sua determinação, a qual não suscita maiores dúvidas – ainda que gere controvérsias judiciais ou arbitrais –, a questão em torno do *preço* é ainda bastante viva na doutrina, merecendo atenção especial. O questionamento reside justamente na possibilidade de haver *oferta* sem que haja determinação do preço, ou seja, nas hipóteses em que este é deixado em aberto.

A disposição literal do art. 14 CISG determina a fixação do preço, ou dos *meios para determiná-lo* como elementos fundamentais da oferta. O problema está nas hipóteses em que não se estabelece um mecanismo contratual à determinação do preço vez que, do contrário, dúvidas não há de que uma *oferta* foi realizada.

O chamado "preço deixado em aberto" há de ser distinto em duas hipóteses diversas entre si. Na primeira delas, as partes estariam de acordo em contratar mesmo sem a determinação do preço, o qual seria fixado em momento futuro. Em um segundo grupo de situações, no entanto, as partes concordam que o preço, do qual depende o contrato, está sujeito a futuro acordo entre elas, e não apenas determinação futura após a contratação. Nestas últimas, pode-se concluir que a menção ao "*to be agreed*" seja suficiente para indicar a inexistência de intenção de vinculação antes da determinação do preço.[337] O estudo aqui levado a cabo, por evidente, fixa-se no primeiro grupo de casos.

---

[336] Partes desconhecidas. Cour d'Appel de Colmar, j. 12.06.2001, Acesso em: 16 ago. 2014, em <http://www.unilex.info/case.cfm?id=814>. O julgado é relevante por outras considerações, tais como aquela no sentido de que o nome conferido ao contrato pelas partes (acordo) não era vinculante, devendo-se observar o conteúdo do acordo entre elas.

[337] SCHLECHTRIEM, Peter e BUTLER, Petra. UN Law on International Sales. The UN Convention on the International Sale of Goods. *Springer*, Heidelberg, p. 75. 2009.

A noção de que possa haver contrato com preço em aberto é incongruente com o fundamento do *pretium certum*, aceito em inúmeros ordenamentos. À luz desta compreensão, a indeterminação do preço poderia afetar a existência ou a validade do contrato. A questão foi extremamente debatida na Convenção de Viena, encontrando resistência de diversos países que defendiam a necessidade de *pretium certum*, dentre os quais se destacava a França.[338]

A discussão foi travada entre países defensores da necessidade de fixação (ao menos implícita) do preço, e aqueles delegados que consideravam ser suficiente a indicação de que um preço seria pago, vez que fundamental à existência de compra e venda.[339] Apesar de a redação do art. 14 (1) apontar para a prevalência da primeira posição, a compreensão global da controvérsia perpassa também a análise do art. 55 CISG, o qual fixa método suplementar de fixação do preço contratual, remetendo-o ao preço usual para operações semelhantes, à luz das circunstâncias subjacentes ao negócio.

É importante lembrar que a formação do contrato nem sempre ocorre de modo instantâneo, podendo ser lembrada, por exemplo, a venda por amostra, a contento ou sujeita à prova (art. 509 a 512, CC), cuja entrega futura da mercadoria pode recomendar que o seu preço igualmente seja fixado futuramente, por ocasião da entrega ou da confirmação da compra pelo comprador. Outra hipótese que sugere a fixação futura de preços é no mercado de safra futura ou da extração futura de algum *commodity*, genericamente regidos no Brasil pela sistemática dos contratos aleatórios ou de mercado futuro.

Retornando à CISG, como se vê, a redação dos arts. 14 (1) e 55 são em princípio contraditórias. Ao mesmo tempo em que o art. 14 (1) prevê a necessidade de um preço certo, ou de mecanismos ajustados para sua fixação, o art. 55 por sua vez estabelece a forma de determinação do preço deixado em aberto. A convivência entre ambos os dispositivos tem sido objeto de profunda e exaustiva análise, cuja reprodução neste livro não encontraria espaço adequado. Limita-se o estudo, assim, à apresentação dos principais pontos de conclusão a respeito do tema.

---

[338] SCHWENZER, Ingeborg e MOHS, Florian. Old Habits Die Hard: Traditional Contract Formation in a Modern World. Reproduced with permission of *Internationales Handelsrecht* (6/2006) 239-246, published by Sellier, *European Law Publishers*. Disponível em <http://www.cisg.law.pace.edu/cisg/biblio/schwenzer-mohs.html>. Acesso em: 4 fev. 2014.

[339] Um estudo especificado da histórica do dispositivo pode ser encontrado em SCHROETER, Urlich. In: SCHWENZER, Ingeborg; GREBLER, Eduardo; FRADERA, Vera; PEREIRA, César A. Guimarães (coords.). Comentários à Convenção das Nações Unidas sobre contratos de compra e venda internacional de mercadorias. *Revista dos Tribunais*, São Paulo, p. 394-398, 2014.

PAULO NALIN, RENATA C. STEINER
COMPRA E VENDA INTERNACIONAL DE MERCADORIAS

Nesse sentido, Ingeborg Schwenzer e Florian Mohs sustentam não haver dúvidas de que um contrato pode ser validamente formado desde que o preço seja passível de determinação à luz das circunstâncias subjacentes. E, para ilustrar a impossibilidade de apego ao *pretium certum* interpretado de maneira absoluta, apontam que mesmo a Suprema Corte francesa tem flexibilizado o princípio.[340]

A noção de determinação do preço pelas circunstâncias subjacentes, além de prevista no art. 55 CISG, pode ser inferida também da regra geral de interpretação da própria Convenção e da atuação das partes, consoante o art. 8º CISG deixa entrever.[341] Significa dizer que a ausência de inserção de preço certo ou critério de determinação pode levar à presunção de que as partes pretenderam a fixação do preço de acordo com a regra suplementar inscrita no art. 55.[342]

Foi o que se passou no caso das *peles de chinchila*, acima citado (item 5.3.2.1, nota de rodapé nº 304), quando do estudo da determinação das mercadorias. O preço fixado pelas partes, entre 35 e 65 Marcos alemães, sem que houvesse regras de determinação, reportaria ao disposto no art. 55 da Convenção, ou seja, ao preço de mercado.[343] No Brasil, por sua vez, a regra de fechamento do sistema remete-se ao preço praticado habitualmente pelo vendedor (art. 488, CC).

Mais do que isso, e na medida em que as partes têm liberdade para derrogar a aplicação dos dispositivos convencionais (art. 6º, CISG), nada impede que se conclua pela existência de contratação com preço em aberto (isto é, sem inserção de um critério de determinação). A contradição entre os dispositivos supra mencionados, conforme demonstra a experiência da CISG, é meramente aparente e pode ser resolvida à luz dos próprios princípios e mecanismos de interpretação conferidos pela própria Convenção. A pedra de toque está na análise da autonomia das partes.[344]

---

[340] SCHWENZER, Ingeborg e MOHS, Florian. Old Habits Die Hard: Traditional Contract Formation in a Modern World. Reproduced with permission of Internationales Handelsrecht (6/2006) 239-246, published by Sellier, *European Law Publishers*. Disponível em <http://www.cisg.law.pace.edu/cisg/biblio/schwenzer-mohs.html>. Acesso em: 04.02.2014.

[341] Aplicando justamente o art. 8º em conjunto com o art. 55, decidiu o Landgericht Neubrandenburg, na Alemanha, que a fixação do preço "durante a estação" era suficiente para se configurar preço determinável de acordo com a conduta e declarações das partes (art. 8º), importando implícita referência à regra do art. 55 CISG. (Partes desconhecidas. Landgericht Neubrandenburg, j. 03.08.2005, Acesso em: 16 ago. 2014 em <http://www.unilex. info/case.cfm?id=1097>).

[342] SCHROETER, Urlich. In: SCHWENZER, Ingeborg; GREBLER, Eduardo; FRADERA, Vera; PEREIRA, César A. Guimarães (coords.). Comentários à Convenção das Nações Unidas sobre contratos de compra e venda internacional de mercadorias. *Revista dos Tribunais*, São Paulo, p. 396, 2014.

[343] Austria, Oberest Gerichtshof, j. 10.11.1994, Acesso em: 5 maio 2014 em <http://cisgw3.law.pace.edu/cases/941110a3.html>.

[344] LOOKOFSKY, Joseph. *Understanding the CISG*. A compact guide to the 1980 United Nations Convention on Contracts for the International Sales of Goods. 4. ed. The Hague: Wolters Kluwer, 2012, p. 47.

De se notar ainda o importante alerta de Ulrich Schroeter, no sentido de que a discussão quanto ao preço em aberto é indiferente nas situações em que o contrato foi executado sem objeções.[345] Apenas em hipóteses excepcionais, em que o preço seja componente vital do acordo, e que não seja possível socorrer-se da forma de determinação do art. 55, CISG é que haveria como se concluir pela não formação do contrato.[346]

5.4 Outros elementos contratuais

Ainda que o art. 14 (1) CISG somente faça referência às mercadorias (e sua quantidade) e ao preço como elementos do conteúdo mínimo da proposta, não se pode desconsiderar que outros elementos podem ser imprescindíveis para que se conclua pela existência de uma oferta vinculante. Dentre eles, destaca-se a determinação do *ofertante*, daquele a quem dirige a proposta, o prazo e local da entrega, por exemplo.[347]

Trata-se de elementos que também podem compor os *essentialia negotii*, como se infere da identidade das partes, essencial não apenas ao contrato de compra e venda, como a todo e qualquer negócio jurídico. A determinação do *ofertante* é imprescindível, dentre outras razões, para que se possa estabelecer a quem se deve pagar.[348]

---

[345] Por evidente, há de ser compreendido mutuamente, não sendo sinônimo de envio de mercadorias. Veja-se para exemplificar a controvérsia o julgado da Corte de Cassação francesa, em discussão envolvendo um produtor de frutas argentino e um comprador francês. Após a entrega de determinada quantidade de frutas, surgiu a questão quanto à formação válida do contrato. O preço básico das peras havia sido fixado em 9 Euros, servindo de base para que a compradora francesa passasse a fazer o *marketing* do produto. A Corte, contudo, entendeu que isso não significava haver preço mínimo do contrato, ao que se somava a inexistência de determinação da quantidade e da qualidade do produto. (Partes desconhecidas. Cour de Cassation, j. 07.02.2012, Acesso em: 16 ago. 2014 em <http://www.unilex.info/case.cfm?id=1673)>.

[346] SCHROETER, Urlich. In: SCHWENZER, Ingeborg; GREBLER, Eduardo; FRADERA, Vera; PEREIRA, César A. Guimarães (coords.). Comentários à Convenção das Nações Unidas sobre contratos de compra e venda internacional de mercadorias. *Revista dos Tribunais*, São Paulo, p. 397-398. 2014.

[347] SCHROETER, Urlich. In: SCHWENZER, Ingeborg; GREBLER, Eduardo; FRADERA, Vera; PEREIRA, César A. Guimarães (coords.). Comentários à Convenção das Nações Unidas sobre contratos de compra e venda internacional de mercadorias. *Revista dos Tribunais*, São Paulo, p. 388. 2014.

[348] Em relação específica à importância da determinação do proponente, remete-se o leitor à discussão travada no Oberster Gerichtshof da Áustria, envolvendo um comprador austríaco que encomendou sapatos de um vendedor alemão, tendo estes sido entregues por um fabricante italiano, que veio a cobrar o pagamento do preço, já realizado ao vendedor alemão. Segundo a fábrica italiana, o vendedor alemão seria apenas um agente, agindo em seu nome, sendo ela legítima à cobrança do preço. O Tribunal considerou que a resolução da controvérsia deveria se dar nas esferas inferiores, com a aplicação do direito doméstico alemão, para se decidir se o vendedor agia ou não como agente da fábrica italiana, e se tal fato era ou não de conhecimento (ou pudesse ser) do comprador austríaco. (Partes desconhecidas.

Significa dizer que se uma *proposta* não permite a compreensão específica de quem seja o *ofertante*, não haverá correspondência ao elemento mínimo exigido para que se constitua uma *oferta*. O mesmo se diga em relação àquele a quem é dirigida a oferta – requisito aliás expressamente disposto no art. 14 (1) CISG. Na medida em que tais requisitos dialogam de forma estreita com a noção de poder de representação e de legitimidade, trata-se de questões comumente remetidas ao Direito doméstico, ao qual se chega pela aplicação das regras tradicionais de Direito Internacional Privado.

Para determinação de quais seriam estes elementos extravagantes essenciais à configuração da *oferta* há de se efetuar interpretação condizente ao disposto nos artigos 8º e 9º da Convenção os quais, consoante se viu, são também fundamentais à interpretação também do *objeto* e do *preço*.[349] Dessa forma, é possível que o conteúdo mínimo da *oferta* seja alargado para além daqueles expressamente previstos no art. 14 (1).

a) O problema da determinação futura e o Direito brasileiro

Consoante se vê, a possibilidade de determinação futura dos elementos que compõem o conteúdo mínimo da proposta é elemento essencial ao tema da formação dos contratos na CISG. E, justamente em um ponto tão sensível, é que se encontram algumas possíveis divergências entre o regramento da Convenção e o Direito brasileiro, as quais merecem ser elucidadas de maneira aproximativa.

A noção principal que se extrai do art. 14 (1) da Convenção de Viena é a de que preço e mercadorias podem ser expressos ou implicitamente determinados. A determinação implícita pode se dar tanto no momento da *oferta*, fixando-se desde logo os parâmetros respectivos, como futuramente, conforme o próprio art. 55 CISG deixa entrever em relação ao preço, ao remeter sua fixação ao preço usualmente fixado para determinada operação.

Numa perspectiva bastante pragmática, aplicável a contratos de longo prazo com o fornecimento contínuo de mercadorias, regida a operação por "contrato tipo", o comprador simplesmente consulta o preço divulgado globalmente, o qual é publicado na internet pelo vendedor. O *pedido* de compra é feito com base em tais publicações. De modo ainda mais dinâmico, no mesmo quadro fático-negocial, quando o vendedor se

---

Oberster Gerichthof, j. 18.06.1997, Acesso em: 16 ago. 2014 em <http://www.unilex.info/case.cfm?id=284)>.

[349] SCHWENZER, Ingeborg e MOHS, Florian. *Old Habits Die Hard*: Traditional Contract Formation in a Modern World. Reproduced with permission of Internationales Handelsrecht (6/2006) 239-246, published by Sellier, European Law Publishers. Disponível em <http://www.cisg.law.pace.edu/cisg/biblio/schwenzer-mohs.html>. Acesso em: 4 fev. 2014.

favorece de uma economia estável, o preço originalmente estabelecido pode ser mantido no futuro, sem que novas rodadas de negociação sejam necessárias, prevalecendo os *usos e as práticas* da operação. Para a CISG, a *proposta* apenas se converte em *oferta* vinculante quando preenchidos tais elementos descritos no art. 14 (1). No Direito brasileiro, por sua vez, o art. 427 CC presume que a *proposta* é vinculante, devendo o contrário ser extraído da sua natureza, dos seus termos ou das circunstâncias. A lei não estipula os requisitos mínimos essenciais à existência do contrato, muito embora a *determinação* do seu objeto e do preço possam ser obtidos pela leitura sistemática das disposições aplicáveis ao negócio jurídico, e não apenas ao contrato.

É o que se pode obter pela leitura tanto do art. 104, II quanto do art. 166, II do CC, localizados na Parte Geral e que tratam dos requisitos de validade do negócio jurídico. Deles, conclui-se que o objeto há de ser *determinado* ou *determinável*, não sendo possível a formação válida de um contrato sem esta característica.[350]

Em relação ao preço, por sua vez, a possibilidade de haver determinação futura é matéria tratada nos artigos 485 a 489, referentes especificamente ao contrato de compra e venda. Tais dispositivos preveem a possibilidade de que o preço seja arbitrado por terceiro indicado pelas partes (tanto no momento da contratação, como futuramente), seja variável à taxa de mercado ou bolsa ou, na ausência de estabelecimento de critérios, seja remetido ao preço corrente nas vendas habituais do vendedor.

Nesta última hipótese, aliás, observa-se uma distinção sutil, porém essencial, em relação à CISG. O art. 55 da Convenção, ao dispor sobre o método subsidiário de fixação do preço, remete às circunstâncias da operação, e não ao preço habitual do vendedor. Conforme ressalta Ulrich Schroeter, o dispositivo convencional aplica um teste objetivo ao caso concreto, limitando eventuais arbítrios de um vendedor economicamente mais forte.[351] No Direito brasileiro, por sua vez, prevalece o parâmetro das vendas habituais do vendedor (art. 488, CC).

Fato relevante é notar que a determinação implícita prevista na CISG pode ser feita tanto em conjunto por ambas as partes, no momento da contratação ou mesmo futuramente, quanto por um terceiro ou mesmo

---

[350] Em inúmeros textos, tanto jurisprudência quanto doutrina internacionais utilizam-se da expressão *valid formation of the contract*. O termo não parece designar a análise da validade da formação do pacto, ao menos não no sentido ligado ao plano da validade. Fala-se muito mais em efetiva formação do pacto, cuja validade pode posteriormente ser reconhecida (ou negada) à luz do direito doméstico.

[351] SCHROETER, Urlich. In: SCHWENZER, Ingeborg; GREBLER, Eduardo; FRADERA, Vera; PEREIRA, César A. Guimarães (coords.). Comentários à Convenção das Nações Unidas sobre contratos de compra e venda internacional de mercadorias. *Revista dos Tribunais*, São Paulo, p. 397, 2014.

por apenas uma delas. E, exatamente neste ponto, é que se pode observar alguns pontos de conflito entre as regras convencionais e o Direito doméstico brasileiro, especificamente no que toca a regras de validade ligadas à fixação do preço. A (im)possibilidade de que se deixe apenas a uma das partes a determinação do preço, por exemplo, é tratada no Direito brasileiro no art. 489 CC, o qual estabelece que são nulos os pactos em que a determinação do preço é deixada ao arbítrio de uma das partes. Como se vê, ainda que seja admissível o preço em aberto (porém, desde que determinável), não é possível que se conclua pela válida formação do contrato quando o método de sua fixação seja unilateral e arbitrário.

Por evidente, nem toda fixação unilateral pode ser tida como arbitrária, vez que mesmo quando a fixação é regida por uma das partes, é possível que se remetam a critérios objetivos ou previamente acordados. Falar-se em arbítrio significa deixar à vontade pura e incondicional de uma das partes a fixação do preço, sendo esta a proibição constante do Código Civil brasileiro,[352] uma vez que a potestatividade unilateral e condicionante do negócio é indesejada no sistema doméstico.

Ocorre que, na prática, pode surgir a discussão quanto ao cabimento da fixação unilateral (e arbitrária) do preço em um contrato internacional e sua admissão no Direito brasileiro. Chega-se à necessidade de se estabelecer quais das duas regras haveria de prevalecer em relação à determinação do preço. Se a Convencional, possibilitando a fixação unilateral (conforme interpretação conferida por doutrina e jurisprudência ao art. 55), ou a doméstica, proibindo-a (quando arbitrária) e levando à nulidade do contrato.

Na doutrina internacional, afirma Ulrich Schroeter que as regras de determinação deixadas em aberto devem passar pelo filtro do Direito doméstico, ou seja, não é possível que se admita uma forma de determinação proibida internamente, vez que "o direito nacional pode impedir que tal poder seja concedido a uma das partes".[353] É exatamente o caso do Direito brasileiro, em que se tem a proibição – cuja consequência é a nulidade do pacto – de determinação do preço por uma das partes.

---

[352] Para Paulo LOBO, o termo é sinônimo de *arbitramento*, sendo que a lei proíbe que esta função seja realizada pela própria parte contratante. (LOBO, Paulo. *Contratos*. São Paulo: Saraiva, 2011, p. 224).

[353] SCHROETER, Urlich. In: SCHWENZER, Ingeborg; GREBLER, Eduardo; FRADERA, Vera; PEREIRA, César A. Guimarães (coords.). Comentários à Convenção das Nações Unidas sobre contratos de compra e venda internacional de mercadorias. *Revista dos Tribunais*, São Paulo, p. 392, 2014. Em relação específica à hipótese de o Direito interno taxar como nulo o contrato em que o preço seja fixado por uma das partes, afirma SCHROETER em outra passagem que a ausência de preço determinável pode indicar a não celebração do contrato, "quando a determinação do preço por uma parte ou o seu direito de especificar o preço for nulo de acordo com o direito nacional aplicável" (p. 394).

A mesma lição é trazida por Peter Schlechtriem e Petra Butler que vão além ao afirmar que a opinião é a prevalecente, à luz do art. 4º (a) CISG, que afasta de seu âmbito de aplicação regras de validade contratual.[354] Na medida em que as regras proibitivas são tipicamente de validade, sua aplicação seria prevalente em relação à CISG.

Veja-se que, na medida em que a CISG não estabelece de forma expressa a possibilidade de fixação unilateral do preço (*i.e.*, que o preço pode ser fixado unilateralmente por uma das partes), não se pode argumentar que a interpretação convencional se sobreporia à regra do art. 489 CC. Houvesse menção específica a esta possiblidade em seu texto, então seria possível afirmar que a matéria foi tratada pela CISG e, neste ponto, prevalecente em relação a uma hipótese de nulidade inserta no regramento dos contratos de compra e venda.[355] Não é o caso, contudo, embora este caminho interpretativo possa vir a ser utilizado em discussões que, seguramente, surgirão.

5.5 Intenção de vinculação

Ao lado do conteúdo mínimo da proposta, o qual vem a refletir justamente o conteúdo mínimo necessário à formação válida do contrato, exige-se que a *proposta* denote a intenção do *proponente* em se vincular à sua declaração de vontade, o que faz com que se tenha efetiva *oferta*. O requisito está expressamente indicado no art. 14 (1) CISG ("indicar a intenção do proponente de obrigar-se em caso de aceitação").

Significa dizer que sem que haja intenção de vinculação por parte do *proponente* não se pode falar em *oferta* nos termos da CISG. O pressuposto dialoga com a própria inclusão da *oferta* no processo de formação

---

[354] SCHLECHTRIEM, Peter e BUTLER, Petra. *UN Law on International Sales*. The UN Convention on the International Sale of Goods. Heidelberg: Springer, 2009, p. 75. Vide, dentre outros a lição de Peter MANKOWSKI, no sentido de que a questão da determinação do preço por uma das partes está sujeita ao controle interno do direito nacional. (MANKOWSKI, Peter. In: FERRARI, KIENINGER, MANKOWSKI, OTTE, SAENGER, SCHULZE E STAUNDINGER. Internationales Vertragsrecht. Rom I-VO, CISG, CMR, FactÜ Kommentar. 2. ed. Munique: C.H.Beck, 2012, p. 483).

[355] A conclusão seria plenamente possível, considerando que se trata de uma hipótese de nulidade inserta no regramento dos contratos de compra e venda, não sendo aplicável, portanto, a todo e qualquer tipo contratual – do que se extrai, a contrário senso, que não se trata de uma nulidade que se possa dizer ontológica. Quanto à conclusão, duas ressalvas haveriam de ser feitas. A primeira, no sentido de que nenhuma nulidade parece efetivamente poder ser assim qualificada, na medida em que se trata de uma escolha legislativa, mutável e mutante em diferentes ordenamentos jurídicos. A segunda, embasada no fato de que a disposição do art. 489 pode ser lida como desdobramento da proibição do art. 122 CC, dispondo sobre a vedação às cláusulas potestativas puras (TEPEDINO, Gustavo; BARBOZA, Heloísa Helena; MORAES, Maria Celina Bodin de. *Código Civil interpretado de acordo com a Constituição da República*. Rio de Janeiro: Renovar, 2006, v. 2, p. 149).

200 | PAULO NALIN, RENATA C. STEINER
COMPRA E VENDA INTERNACIONAL DE MERCADORIAS

contratual, o que se dá no sentido de salientar que somente as declarações que efetivamente sejam dirigidas à contratação é que serão consideradas relevantes – o que não significa dizer que não haja outras formas de manifestação de vontade nesta fase pré-contratual (conforme visto no item 3.5.1.2).

Havendo intenção de vinculação à *proposta*, pode-se inferir que um contrato será formado caso esta venha a ser aceita, sem que seja necessária qualquer outra manifestação de vontade por parte do *ofertante* (art. 23, CISG). A contrário senso, a aceitação somente terá o efeito formativo do contrato se disser respeito a uma *oferta* vinculante, pois, na hipótese de não haver intenção de vinculação, não há elemento volitivo essencial à formação do contrato pela "aceitação" eventual e futura.[356]

Em determinados casos a interpretação da existência de intenção de vinculação não suscita maiores controvérsias. Isso se dá quando a *proposta* é redigida de modo a indicar claramente a intenção de contratação, faltando-lhe apenas a aceitação por parte do destinatário. É o que se passa quando se oferta a venda para entrega imediata, por exemplo.[357]

Em outros casos, ao contrário, a redação de determinada declaração é feita com a inclusão de termos que indicam justamente a ausência de intenção de contratação, como aqueles usualmente utilizados em comunicações internacionais para designar a ausência de vinculação.[358] São propostas feitas "sem compromisso", ou mesmo meras "cartas de intenções", podendo-se, ainda, haver simples indicação quanto a não ser vinculante.

Em qualquer uma das possibilidades a aplicação do art. 8º CISG é essencial. A análise das circunstâncias estabelecidas entre as partes, seus contatos pretéritos e a forma de negociação usualmente adotada podem indicar o caráter vinculante ou não da proposta. Isso significa dizer que mesmo a inclusão de tais fórmulas padrão, a indicar numa primeira análise a inexistência deste caráter, pode ser insuficiente para se concluir pela não vinculação da *oferta*. Conforme afirma John Honnold, dúvidas eventualmente surgidas da mera leitura das declarações serão usualmente sanadas pela interpretação do contexto global no qual estão inseridas.[359]

---

[356] O termo "aceitação" vem entre aspas, pois, não havendo proposta vinculante, não se estará diante de uma aceitação no sentido próprio do termo.

[357] O exemplo é de Petra BUTLER e Peter SCHELCHTRIEM, que aderem também à hipótese de inserção da expressão "we offer to sale", como exemplificativa da intenção de vinculação. (SCHLECHTRIEM, Peter e BUTLER, Petra. UN Law on International Sales. The UN Convention on the International Sale of Goods. Heidelberg: *Springer*, p. 71, 2009).

[358] Christoph BRUNNER exemplifica com as seguintes expressões: "'freibleibend', 'ohne obligio', 'sans engagement' e 'without obligation'". (BRUNNER, Christoph. UN Kaufrecht – CISG. Kommentar zum Übereinkommen der Vereinten Nationen über Verträge über den internationalen Warenkauf von 1980. Bern: *Stämpfli Verlag*, p. 106, 2004).

[359] HONNOLD, John O. Uniform Law of International Sales under the 1980 United Nations Convention. 4. ed. The Hague: Wolters Kluwer, 2009, p. 202.

Complementado o tratamento do tema, o art. 14 (2) CISG, por sua vez, estabelece a presunção de que ofertas não dirigidas a uma ou mais pessoas determinadas não são consideradas vinculantes, sendo interpretadas como convites à negociação. Diferenciam-se, assim, as *ofertas* ou *propostas* vinculantes daquelas *ofertas ao público*, também chamadas de *invitatio ad offerendum*, as quais, ainda que contenham os elementos mínimos da oferta, não são vinculantes.[360]

O próprio dispositivo convencional estabelece, contudo, a possibilidade de o *ofertante* deixar clara sua intenção de vinculação ainda que não dirija sua oferta a pessoa determinada. Nessas hipóteses, haverá vinculação por força da manifestação de vontade do *ofertante*. Ingeborg Schwenzer e Florian Mohs, por sua vez, entendem que, nestes casos, a existência de intenção de vinculação pode ser inferida tacitamente, tal como se passa na oferta ao público com indicação de quantos bens permanecem em estoque, configurando-se em *oferta ad incertas personas*.[361]

Veja-se que a noção de *oferta ao público* há de ser compreendida nos limites da aplicação da CISG, com expressa exclusão àquelas ofertas feitas ao mercado de consumo [art. 2º (a)]. Assim, e em regra geral, anúncios dirigidos a número não específico de pessoas, como ocorre em propagandas, envios postais, catálogos e inserções em *websites*, por exemplo, não serão considerados *oferta* para fins de vinculação do *ofertante*.[362]

Neste ponto específico, observa-se uma diferença fundamental do tratamento conferido pela Convenção e aquele trazido pelo Código Civil brasileiro, o qual espelha a opção do Código de Defesa do Consumidor. Isso porque o art. 429 CC estabelece que a *oferta ao público*, quando possuir os elementos essenciais da *oferta*, é também vinculante, "salvo se o contrário resultar das circunstâncias ou dos usos". A presunção, consoante se vê, é exatamente no sentido contrário àquele estabelecido na CISG: enquanto que nos contratos internacionais a oferta ao público é, em regra, não vinculante,

---

[360] A afirmação se dá no contexto de que o art. 14 CISG conjuga dois elementos para a configuração da oferta: conteúdo mínimo e intenção de vinculação, não sendo suficiente a existência de apenas um deles. Ocorre que, e é necessário que se alerte, a elucidação dos elementos essenciais e dos suplementares pode indicar – a partir da interpretação à luz dos elementos dispostos no art. 8º CISG – a existência de intenção de vinculação. Significa dizer que os elementos são inter-relacionados e influenciados em sua interpretação.

[361] SCHWENZER, Ingeborg; MOHS, Florian. Old Habits Die Hard: Traditional Contract Formation in a Modern World. Reproduced with permission of Internationales Handelsrecht (6/2006) 239-246, published by Sellier, *European Law Publishers*. Disponível em <http://www.cisg.law.pace.edu/cisg/biblio/schwenzer-mohs.html>. Acesso em: 4 fev.2014.

[362] No caso específico dos *websites*, o art. 11 da Convenção das Nações Unidas sobre Comunicações Eletrônicas, – que complementa a CISG (doutrinariamente) no silêncio a respeito das comunicações eletrônicas – vai no mesmo sentido, ao considerar anúncios postados *on-line* como convites para ofertas, a não ser que haja disposição clara de que a parte tem interesse em vincular-se em caso de aceitação.

no Direito doméstico brasileiro ela o é, ou seja, vincula ao ofertante (desde que contenha os requisitos legaisl para tanto).

A diferença de tratamento indica uma cautela necessária na prática internacional, no sentido de não se considerar como vinculante uma *invitatio ad offerendum* submetida ao regime da Convenção de Viena. É certo, contudo, que a interpretação circunstancial pode (e deve) conduzir ao mesmo resultado quanto à possibilidade de se extrair o caráter vinculante ou não das ofertas feitas ao público no âmbito do direito brasileiro e da CISG. No caso desta, por aplicação dos artigos 8 e 14 (2), *final* e, no Brasil, por aplicação do art. 429 CC, regra geral.

5.6 Proposta/oferta dirigida à pessoa determinada ou a pessoas determinadas

Um último requisito da *oferta*, extraído do art. 14 CISG, é o de que a *proposta* seja dirigida a uma pessoa determinada ou a pessoas determinadas para que possa se configurar como *oferta*. A diferenciação entre *oferta* e *oferta ao público* já foi tornada clara no item 5.3.1, bem como a presunção relativa adotada pela Convenção quanto ao caráter não vinculante desta última.

Ao se estabelecer que a *oferta* há de ser dirigida a pessoas determinadas, a CISG fortalece a noção de que a parte contratante há de ser identificada para que se possa haver um contrato, elegendo tal característica como essencial à sua formação válida. As *ofertas ao público*, por sua vez, são aquelas dirigidas a um grupo indefinido de pessoas, o que é situação diversa da sua direção a pessoas (no plural), determinadas.

Ocorre que, também em relação a ofertas que atingem um número indeterminado de pessoas, a determinação da pessoa contratante pode ser realizada no momento de sua aceitação. Significa dizer que não há impossibilidade natural de formação do contrato mesmo diante de *ofertas ao público* em geral, mas que a *tendência* da CISG vai no sentido de não considerá-las como efetivas *ofertas* no sentido jurídico e técnico do termo.[363]

A aparente simplicidade das afirmações é colocada à prova por John Murray Jr., em texto bastante crítico, no qual aponta para problemas existentes na interpretação do art. 14 (2) – ironicamente chamados de *mistérios* do dispositivo convencional. Ora, se *propostas* dirigidas a pessoas indeterminadas não são consideradas ofertas, poder-se-ia concluir que *propostas* dirigidas a uma pessoa determinada ou a pessoas determinadas o são.[364]

---

[363] MANKOWSKI, Peter. In: FERRARI, KIENINGER, MANKOWSKI, OTTE, SAENGER, SCHULZE E STAUNDINGER. *Internationales Vertragsrecht*. Rom I-VO, CISG, CMR, FactÜ Kommentar. 2. ed. Munique: C.H.Beck, 2012, p. 478.

[364] MURRAY JR, John E. An Essay on the Formation of Contracts and Related Matters under the United Nations Convention on Contracts for the International Sale of Goods. Reproduced

CAPÍTULO V
A FORMAÇÃO DO CONTRATO | 203

Ocorre que esta simplificação não parece ser verdadeira – e a aplicação da CISG o deixa entrever que não é.

Murray aponta que o fundamental para configuração de uma *oferta* não é que seja dirigida a uma pessoa (ou pessoas) determinada(s), mas antes que se possa dela extrair a existência dos requisitos analidos acima, ou seja, o conteúdo mínimo e a intenção de vinculação. A sua crítica à disposição do art. 14 (2)CISG é no sentido de que sua interpretação literal cria o que chama de considerável confusão, ao escolher "um único fator subsidiário de limitado uso para esta determinação". De fato, a determinação do destinatário não é o *núcleo duro* para compreensão da *oferta* vinculante.

Diga-se, ainda, que é necessário distinguir entre duas modalidades de *oferta ao público* que sejam interpretadas como meros convites à negociação ou apresentação de *propostas*, e aquelas *ofertas ao público* que, ainda que não dirigidas a pessoas determinadas, possam ser qualificadas como *ad incertas personas*. Neste último caso, e desde que uma interpretação razoável da declaração de vontade permita esta conclusão, é plenamente possível considerar haver uma oferta vinculante, e é o que se passa, nos exemplos de Mankowski, na inserção de termos como "these goods will be sold to the first person who presents cash or an appropriate banker's account" ou "these advertisment constitutes an offer".[365]

Por fim, não se pode deixar de anotar que, havendo dúvidas quanto à qualificação da *oferta*, está será interpretada como *oferta ao público* não vinculante, sendo este o teor da presunção (relativa) estabelecida no art. 14 (2) CISG.

5.6.1 Eficácia da proposta

Ao lado dos elementos necessários ao conteúdo da *oferta*, é essencial para compreensão global do seu tratamento o estudo referente à sua eficácia. Isso porque, não basta que a *oferta* preencha os requisitos do art. 14 CISG, sendo também imprescindível que ela seja eficaz para que vincule o *ofertante* (a apresentação à formação do contrato na CISG já foi feita no item 2.2). Por evidente, trata-se de requisito complementar àqueles estudados acima, afirmação feita no sentido de que somente uma *oferta* que os preencha é que pode ser considerada *eficaz*.

O art. 15 (1) da Convenção dispõe que a *oferta* é eficaz no momento em que *chega* ao destinatário. A afirmação é bastante óbvia e dialoga com

---

with permission from 8 *Journal of Law and Commerce* (1988) 11-51. Acesso em: 18 ago. 2014 em <http://www.cisg.law.pace.edu/cisg/text/murray14.html>.

[365] MANKOWSKI, Peter. In: FERRARI, KIENINGER, MANKOWSKI, OTTE, SAENGER, SCHULZE E STAUNDINGER. *Internationales Vertragsrecht*. Rom I-VO, CISG, CMR, FactÜ Kommentar. 2. ed. Munique: C.H.Beck, 2012, p. 478.

PAULO NALIN, RENATA C. STEINER
COMPRA E VENDA INTERNACIONAL DE MERCADORIAS

a própria inserção da *oferta* no processo de formação contratual, o qual só terá início quando da apresentação (ainda que preliminar) dos termos do contrato a ser firmado.

O que se entende por "chegar ao destinatário", por sua vez, é obtido pela leitura do art. 24 CISG, o qual estabelece as regras gerais aplicáveis às diversas manifestações de vontade, tais como a *oferta*, mas também a aceitação e a contraproposta:

> Para os fins desta Parte da Convenção, se considerará que a proposta, a manifestação de aceitação ou qualquer outra manifestação de intenção "chega" ao destinatário quando for efetuada verbalmente, ou for entregue pessoalmente por qualquer outro meio, no seu estabelecimento comercial, endereço postal, ou, na falta destes, na sua residência habitual.

O dispositivo aponta para três pontos que merecem ser melhor elucidados. O primeiro deles, referente à existência de diferentes formas de *oferta*. O segundo, toca às controvérsias envolvendo comunicações eletrônicas, as quais não tratadas pelo dispositivo, embora extremamente comuns no comércio. E, por fim, a importância de elucidação dos diferentes momentos da *oferta*, em suma quanto a sua expedição e a sua chegada ao destinatário. Seguindo a regra geral, é daquele que alega a eficácia da oferta o ônus de comprovar que esta chegou ao destinatário.[366]

5.6.2 Meios de manifestação de vontade e o momento em que a oferta "chega" ao destinatário

Como se vê, a CISG diferencia as *ofertas* realizadas de modo verbal e aquelas realizadas por outros meios de comunicação. Em relação às primeiras, serão consideradas eficazes no momento em que as declarações são oralmente proferidas e, em relação às demais, no momento em que sejam entregues pessoalmente ou por outro meio ao *destinatário*, ou no seu estabelecimento comercial, endereço postal ou mesmo residência habitual.

No âmbito das ofertas orais incluem-se não apenas aquelas feitas entre pessoas fisicamente presentes, como também as feitas por meio de comunicação instantânea, como o telefone, em contraste com as propostas feitas entre ausentes – o tratamento convencional, neste ponto, é próximo àquele existente no art. 428, I CC brasileiro. Nada obstante, entende-se que as demais formas de comunicação, ainda que próximas à verbal, hão de ser

---

[366] SCHROETER, Urlich. In SCHWENZER, Ingeborg; GREBLER, Eduardo; FRADERA, Vera; PEREIRA, César A. Guimarães (coords.). Comentários à Convenção das Nações Unidas sobre contratos de compra e venda internacional de mercadorias. *Revista dos Tribunais*, São Paulo, p. 426, 2014.

consideradas como insertas no âmbito das ofertas realizadas "por qualquer outro meio". É o caso das declarações feitas por cartas, *fax, e-mail, teletex* e outras comunicações eletrônicas, ainda que instantâneas.[367] Mesmo que a *oferta* seja considerada declaração receptícia de vontade, ou seja, que se exija a seu efetiva entrega ao destinatário para que produza a sua eficácia, isso não significa que a CISG estabeleça a necessidade de se perquirir o momento em que o destinatário efetivamente tomou conhecimento de seu conteúdo. O que importa, e a leitura dos artigos 15 e 24 da Convenção deixe isso claro, é o tempo em que a *oferta* é entregue ao seu destinatário (a expressão utilizada, como visto, é a "chegada" ao destinatário).

Esta leitura inicial também permite apontar a omissão do texto convencional no que diz respeito às transmissões de informação via Internet ou de forma eletrônica. Com efeito, não há dispositivos da CISG dirigidos à eficácia de tais comunicações que, por suas características, podem importar complexas controvérsias.

5.7 As comunicações eletrônicas

Ainda que não haja grandes controvérsias em relação à aceitação das comunicações eletrônicas para formação do contrato de compra e venda internacional de mercadorias, a elucidação do momento em que tais comunicações "chegam" ao destinatário é um ponto em branco bastante relevante. Isso porque a disposição literal do art. 24 CISG não parece indicar uma conclusão segura a este respeito.

Para resolução deste problema, cuja importância é proporcional à ampla utilização usual de comunicações eletrônicas na formação de contratos internacionais, há de se socorrer de duas fontes de interpretação e integração para além do texto convencional.

A primeira delas diz respeito às opiniões emitidas pelo *CISG Advisory Council*, em especial a de nº 01.[368] A segunda compõe-se de outros estatutos internacionais (ou mesmo de *soft law*) a respeito do tema, em suma os ICC eTerms de 2004 e a Convenção das Nações Unidas sobre o Uso de Comunicações Eletrônicas nos Contratos Internacionais de 2013. Ambas as soluções conduzem a um resultado bastante próximo.

---

[367] As conclusões e os exemplos são de SCHLECHTRIEM, Peter e BUTLER, Petra. UN Law on International Sales. The UN Convention on the International Sale of Goods. Heidelberg: *Springer*, 2009, p. 78.

[368] CISG-AC Opinion no 1, Electronic Communications under CISG, 15 August 2003. Rapporteur: Professor Christina Ramberg, Gothenburg, Sweden. Acesso em: 20 ago. 2014 em <http://www.cisg.law.pace.edu/cisg/CISG-AC-op1.html>.

PAULO NALIN, RENATA C. STEINER
COMPRA E VENDA INTERNACIONAL DE MERCADORIAS

No que toca à opinião do *Advisory Council*, o momento de chegada da comunicação eletrônica é estabelecida pela sua entrega ao servidor do destinatário. A concepção fundamental ali exposta é a de que "*local* da mensagem é um conceito funcional, e não um conceito físico", como uma leitura tradicional do art. 24 CISG levaria a supor.

Isso significa que, no momento em que a mensagem é entregue ao servidor do destinatário, ela é considerada como entregue, independentemente de sua efetiva leitura ou de eventuais problemas técnicos internos ao servidor, que não permitam que a mensagem seja acessada pelo destinatário. Conforme ali exposto, tais situações pertencem à "esfera de influência" do destinatário, não sendo risco assumido pelo *ofertante*.

Solução próxima é estabelecida no tratamento dado ao tema pelo ICC eTerms de 2004 e pela Convenção das Nações Unidas sobre Uso de Comunicações Eletrônicas nos Contratos Internacionais (o Brasil não é contratante), ainda que com algumas especificações que merecem ser elucidadas.

Isso porque a regra quanto à "chegada" da comunicação ao servidor é aplicável apenas às hipóteses em que o destinatário houver indicado um determinado endereço eletrônico para envio de comunicações. Nas situações em que não tenha havido esta indicação, o destinatário deve ter tido efetiva ciência da mensagem, não bastando que esta adentre ao seu servidor para que seja tida como entregue.

É o que se extrai tanto dos termos do art. 10 (b) da Convenção das Nações Unidas sobre Uso de Comunicação Eletrônicas nos Contratos Internacionais,[369] quanto do art. 2.1 (b) e 2.2 dos ICC eTerms.[370]

A indicação de um endereço eletrônico para recebimento de comunicações tem relevância para indicar diferentes regras aplicáveis, e é também fundamental quando do estudo de uma comunicação específica,

---

[369] Art. 10 (2): "O momento de recebimento de uma comunicação eletrônica é o momento em que ela se torna possível de ser acessada pelo destinatário no endereço eletrônico por ele indicado. O momento de recebimento de uma comunicação eletrônica em outro endereço eletrônico do destinatário é o momento em que a comunicação se torna possível de ser acessada pelo destinatário neste endereço e em que o destinatário se torna ciente de que uma comunicação eletrônica foi enviada àquele endereço. Uma comunicação eletrônica é presumidamente capaz de ser acessada pelo destinatário quando adentra ao seu endereço eletrônico" (Em tradução livre).

[370] "Artigo 2 – Expedição e Recebimento
2.1 Uma mensagem eletrônica é considera como:
(a) expedida ou enviada quando adentra a um sistema de informação fora do controle do remetente; e
(b) recebida no momento em que adentra ao sistema de informação designado pelo destinatário.
2.2 Quando uma comunicação eletrônica é enviada a um sistema de informação diverso daquele designado pelo destinatário, a mensagem eletrônica é considerada recebida no momento em que o destinatário toma ciência desta mensagem" (Em tradução livre).

contendo a vontade de *retirada* ou *retratação* de *oferta*, a ser estudada abaixo (item 5.3.4.1).

5.8 A expedição da oferta e sua chegada ao destinatário

Apesar de o momento de chegada da oferta ser essencial à sua eficácia, também há de se sublinhar a relevância do momento de sua expedição. Isso porque, segundo o regramento convencional, eventuais prazos de aceitação inscritos na *oferta* serão contados desde este último ato (*expedição*) e não da sua efetiva "chegada" ao destinatário. Significa dizer que, embora a chegada seja fundamental à eficácia da *oferta*, há efeitos desta declaração que retroagem a momento pretérito.[371]

5.9 Questões remetidas ao direito interno

Ao tratar da eficácia da *oferta* que chega ao destinatário, a CISG tem em consideração aquelas declarações que podem ser consideradas válidas. Se, por erro na transmissão da vontade, ou equívoco em relação ao transmitente, ou mesmo qualquer outra forma de invalidade da manifestação de vontade importar a presença de vícios ou defeitos, isso será resolvido pelo direito interno. Como visto, questões de validade não estão dentro do âmbito de aplicação da CISG.

A determinação do direito aplicável, como sói, será realizada pelo recurso ao método tradicional do DIP, não sendo apontado pela Convenção – que, como se tem afirmado, também não contém regras de uniformização de solução de conflitos de leis.

5.9.1 Formas de extinção ou ineficácia da *oferta*

Ao lado do estudo da eficácia da *oferta*, que se estabelece no momento em que ela "chega" ao destinatário, é necessário estudar as formas de extinção da eficácia que, no regime da CISG, podem ser agrupadas em três diferentes grupos: a retirada (*withdrawal*), a revogação (*revocation*) e a extinção.

---

[371] Acerca desta opção da CISG, John MURRAY JR afirma a posição prevalente na *common law* quanto à contagem de prazos apenas após a chegada da comunicação ao destinatário, sendo que somente neste momento é que se torna dela ciente e pode exercer seu poder de aceitação. No mesmo sentido, a existência de regra quanto a necessidade de que a "chegada" ao destinatário seja complementada com o efetivo conhecimento quanto ao seu teor. (MURRAY, John E. in: FLECHTNER, Harry M.; BRAND, Ronald A. e WALTER, Mark S. *Drafting Contracts under the CISG*. Oxford Universtity Press, 2008, p. 277).

5.9.1.1 Retirada ou retratação da oferta (*withdrawal*)

Ao mesmo tempo que o art. 15 (1) CISG estabelece que a eficácia da *oferta* se dá com a sua chegada ao destinatário, o art. 15 (2) prevê a possibilidade de que ela seja *retirada* ou *retratada* (*withdrawal*) pelo proponente, desde que a comunicação respectiva chegue ao destinatário antes ou no mesmo momento da própria *oferta*. Consoante se vê, somente *ofertas* que não se tornaram eficazes é que podem ser retiradas ou retratadas pelo *proponente*, e uma declaração neste sentido impede a própria eficácia da *oferta*.[372]

A *retirada* há de ser desde logo distinguida da *revogação* da *oferta*, tratada em dispositivo próprio e que será abaixo elucidada (art. 16, CISG). Isso porque, ao contrário desta, a lógica subjacente à retirada é a de que, se a oferta ainda não chegou ao destinatário, não pode ser considerada como eficaz e não produz o seu efeito vinculante. Desta forma, é indiferente que a *oferta* tenha sido expedida com caráter de irrevogabilidade, podendo ser *retirada* ainda que seja *irrevogável*.[373]

A possibilidade de retratação de oferta é delimitada ao período de tempo em que a *oferta* ainda não chegou ao destinatário; após isso, somente terá a seu dispor – se as circunstâncias da *oferta* assim permitirem – a revogação de sua declaração. O momento de chegada da *oferta* ao destinatário é, assim, duplamente relevante: a uma, ele determina a sua eficácia; a duas, ele estabelece o marco temporal da possibilidade do exercício do direito previsto no art. 15 (2) CISG.

O tratamento da noção de "chegada" da *retirada* ao destinatário é também regido pelo art. 24 CISG, aplicável às declarações de vontade em geral. Em atenção à liberdade de formas, a retirada poderá ser exercida tanto de modo verbal, como por qualquer outro meio de comunicação – sua forma é livre, portanto. O único requisito para que possa produzir seu efeito de obstar a eficácia da *oferta* já expedida é o de que chegue ao destinatário anterior ou concomitantemente à ela.

A *retirada* submete-se à regra geral quanto à liberdade de formas estatuída na Convenção. Não se exige, assim, a declaração de retratação seja realizada pelo mesmo meio utilizado para envio da *oferta* (simetria de formas).

Assim, dúvidas não há quanto à possibilidade de expedição de uma *oferta* via correios ou outro meio de comunicação e a utilização de meio verbal para a sua *retirada*, o que obstará a produção de uma *oferta* *eficaz*; da mesma foram se a *retirada* foi realizada por via *fax*. Aliás, sempre

---

[372] A tradução oficial do art. 15 (2) CISG utiliza indistintamente os dois vocábulos, *retirada* e *retratação*. A redação em inglês, por sua vez, utiliza-se apenas o termo *withdrawal*.

[373] O que, aliás, é bastante lógico, no sentido de que a própria irrevogabilidade somente produziria seu efeito vinculante houvesse uma oferta eficaz.

que a retratação for realizada por meio mais expedito do que o utilizado para a *oferta*, não haverá grandes dificuldades para compreensão de sua possibilidade.

É possível mesmo afirmar que as regras referentes à *retirada* da *oferta* são simples de serem compreendidas, ou autoexplicativas.[374] Apesar de não haver *case law* a respeito da aplicação do art. 15, pode-se indicar a existência de controvérsias quanto à a) possibilidade de se *retirar* uma proposta feita verbalmente; b) a forma de *retirada* de *ofertas ao público* e c) sua operacionalização às comunicações eletrônicas – tendo este último tópico sido inclusive objeto de manifestação do *CISG Advisory Council*, acima citada.

No primeiro caso (a), e considerando que o art. 24 dispõe que as comunicações verbais "chegam" ao destinatário no momento em que são proferidas, conclui-se que a eficácia de uma *oferta* verbal é imediata, o que impede a sua retirada. Apesar disso, há quem entenda, como o faz Peter Mankowski, ser possível a retirada de *ofertas* verbais, desde que seu conteúdo não tenha sido ainda totalmente explicitado pelo *policitante*.[375] Embora se endosse a conclusão, poder-se-ia discutir se de fato a hipótese seria de retirada de oferta vez que, antes de finda a sua completa definição, não se poderia nem sequer aventar a existência de oferta no sentido do art. 14 (1) CISG.

No que toca às comunicações eletrônicas (c), o problema da *retirada* pode ser inicialmente trabalhado à luz da hipótese de retratação por meio eletrônico de uma *oferta* também expedida eletronicamente, bem como quanto à utilização de meio de retratação eletrônico a *ofertas* expedidas de forma diversa.

Tal como afirmado por Ingeborg Schwenzer e Florian Mohs, as regras de *withdrawal* da CISG foram pensadas para casos em que a oferta é realizada por um meio mais demorado, como via correios, e a retirada, por via mais rápida, como a telefônica. Esta visão, contudo, não se adequa às transmissões de informação via Internet, em especial quando se reconhece que a comunicação "chega" ao destinatário quando adentra a seu sistema de informação e pode ser por ele acessada, consoante se afirmou acima. Exceto a comunicação verbal e pessoal, não se conhece meio de comunicação mais rápido do que aquele feito por meios eletrônicos.[376]

---

[374] SCHWENZER, Ingeborg e FOUNTOULAKIS, Christiana. *International Sales of Law*. Londres, Nova Iorque: Routledge-Cavendish, 2007, p. 143.

[375] MANKOWSKI, Peter. In: FERRARI, KIENINGER, MANKOWSKI, OTTE, SAENGER, SCHULZE E STAUNDINGER. Internationales Vertragsrecht. Rom I-VO, CISG, CMR, FactÜ Kommentar. 2 ed. Munique: C.H.Beck, 2012, p. 488.

[376] CISG-AC Opinion no 1, Electronic Communications under CISG, 15 August 2003. Rapporteur: Professor Christina Ramberg, Gothenburg, Sweden. Acesso em: 20. ago. 2014 em <http://www.cisg.law.pace.edu/cisg/CISG-AC-op1.html>.

PAULO NALIN, RENATA C. STEINER
COMPRA E VENDA INTERNACIONAL DE MERCADORIAS

Entendimento rígido das regras convencionais levaria à impossibilidade de retirada de ofertas feitas por meio de transmissão eletrônica, as quais são usual e reiteradamente utilizadas no comércio internacional. Desta forma, os autores propõem que a retirada de tais comunicações possa ser feita desde que ambas (*oferta* e *retirada*) cheguem a conhecimento do destinatário concomitantemente. É o caso, por exemplo, de se enviar uma *oferta* no sábado, a *retirada* no domingo, e serem ambas lidas apenas na segunda-feira.[377]

Esta opinião é, contudo, expressamente rejeitada por Ulrich Schroeter, sob argumento de que o art. 15 (2) não exige em momento algum que a *oferta* tenha sido efetivamente lida pelo destinatário e, ainda, porque "as vantagens práticas advindas da velocidade das comunicações eletrônicas não parecem necessitar de adicionais possibilidades de retratação".[378] De fato, não se pode deixar de concordar com o fato de que a *leitura* da comunicação só é relevante quando se estiver diante de comunicações enviadas a endereços eletrônicos não consentidos pelo destinatário. Nas demais hipóteses, basta que estas adentrem ao seu servidor para que sejam consideradas como entregues (ou seja, para que preencham os requisitos de "chegada" ao destinatário).

Ao lado dessa situação específica, há ainda de se observar algumas disposições suplementares para essa forma de retratação, especialmente no que toca à possibilidade de utilização do meio eletrônico para *retirada* de *ofertas* realizadas por outro meio.

A Opinião nº 1 do *CISG Advisory Council* também vai no sentido de permitir a retirada da *oferta* via eletrônica, desde que "chegue" ao destinatário no mesmo momento ou antes da própria *oferta*. Ocorre que há requisito complementar, qual seja, o fato de que o destinatário tenha consentido em receber, expressa ou implicitamente, comunicações deste tipo, formato e naquele endereço específico.[379]

---

[377] SCHWENZER, Ingeborg e MOHS, Florian. Old Habits Die Hard: Traditional Contract Formation in a Modern World. Reproduced with permission of Internationales Handelsrecht (6/2006) 239-246, published by Sellier, *European Law Publishers*. Disponível em <http://www.cisg.law.pace.edu/cisg/biblio/schwenzer-mohs.html>. Acesso em: 4 fev. 2014.

[378] SCHROETER, Urlich. In: SCHWENZER, Ingeborg; GREBLER, Eduardo; FRADERA, Vera; PEREIRA, César A. Guimarães (coords.). Comentários à Convenção das Nações Unidas sobre contratos de compra e venda internacional de mercadorias. *Revista dos Tribunais*, São Paulo, p. 427, 2014.

[379] "An offer, even if it is irrevocable, can be withdrawn if the withdrawal enters the offeree's server before or at the same time as the offer reaches the offeree. A prerequisite for withdrawal by electronic communication is that the offeree has consented, expressly or impliedly, to receive electronic communications of that type, in that format and to that address" (CISG-AC Opinion no 1, Electronic Communications under CISG, 15 August 2003. Rapporteur: Professor Christina Ramberg, Gothenburg, Sweden. Acesso em: 20 ago. 2014 em <http://www.cisg.law.pace.edu/cisg/CISG-AC-op1.html)>.

CAPÍTULO V
A FORMAÇÃO DO CONTRATO | 211

E, justamente porque se exige este requisito complementar, é que a comunicação eletrônica de *retirada* não é considerada entregue simplesmente porque adentra ao sistema eletrônico do destinatário e pode ser por ele acessada; o será, contudo, se o destinatário houver consentido com esta forma de comunicação. O consentimento, por sua vez, pode ser inferido nos termos do art. 8º bem como art. 9º (1), sendo relevante as práticas comerciais estabelecidas entre as partes.

O texto de opinião quanto à aplicação do art. 15 às comunicações eletrônicas estabelece também que a entrega de uma comunicação a endereço equivocado de *e-mail*, ainda que adentre ao servidor, não poderá ser considerada como retirada eficaz de *oferta*, justamente por lhe faltar, quanto a este endereço, o consentimento de envio de comunicações.

5.9.1.2 Revogação da *oferta* (*revocation*)

Ao lado da *retirada*, o art. 16 CISG ocupa-se da *revogação* de uma *oferta* eficaz. Significa dizer que somente aquelas declarações que tenham "chegado" ao seu destinatário é que podem ser revogadas. Antes disso, conforme se viu no item anterior, a *oferta* pode ser retirada, submetendo-se aos requisitos específicos a esta forma de declaração, via de regra, antes que o contrato seja concluído. Assim, enquanto a *retirada* da *oferta* obsta a sua eficácia, a *revogação* é uma declaração que desconstitui a *eficácia* já existente.[380]

A possibilidade de que uma *oferta* seja revogada importa concluir que nem toda *oferta* é vinculante, *i.e.*, o policitante não se encontra vinculado de maneira absoluta à sua declaração de vontade em todos os casos em que realiza uma *oferta*. Representa também a noção de que o *ofertante* é o mestre da *oferta* e que pode se utilizar de sua autonomia privada para retirar efeitos de uma declaração anterior.

Resta estudar as hipóteses em que, por ato do próprio *declarante*, é possível tornar sem efeito uma declaração pretérita realizada na forma de *oferta*.

a) O tempo da revogação

A regra geral estabelecida pelo art. 16 da Convenção vai no sentido de permitir a revogação de *oferta* anteriormente à conclusão do contrato,

---

[380] Sobre o tema da revogação da oferta, remete-se o leitor ao texto de VOSGERAU, Isabella Moreira de Andrade. Revogação da oferta e aplicação do art. 16 da CISG. In: NALIN, Paulo; STEINER, Renata C. e XAVIER, Luciana. *Compra e Venda Internacional de Mercadorias*: vigência, aplicação e operação da CISG no Brasil. Curitiba: Juruá, 2014.

PAULO NALIN, RENATA C. STEINER
COMPRA E VENDA INTERNACIONAL DE MERCADORIAS

mas desde que a declaração de revogação chegue ao destinatário antes de que este tenha expedido a sua aceitação. Nessa passagem do texto legal, a Convenção procura extrair uma síntese dos sistemas que a influenciaram, *civil law* e *common law*, lembrando que nos sistemas europeus continentais a revogação é só excepcionalmente admitida, ao passo que é a regra para os sistemas do *common law*. Por isso, o art. 16 estabelece a regra geral da revogabilidade e, ao mesmo tempo, hipóteses especiais nas quais a oferta é irrevogável.

Novamente faz-se referência a dois momentos distintos da dinâmica oferta-aceitação, e que possuem eficácias também diversas. Com efeito, a mera *expedição* da aceitação pode afastar a possibilidade de *revogação* da *oferta*; mas, para que a *revogação* produza seus efeitos, não basta ter sido expedida, deve efetivamente chegar ao destinatário.

Trata-se, contudo, de regra dispositiva, que pode ser expressamente afastada na declaração de *oferta*.[381] Significa dizer que, apenas no silêncio de expressa disposição em contrário é que a expedição da *aceitação* obsta a revogação.

A menção ao momento da expedição da *aceitação* não importa negar que o contrato somente será concluído com sua efetiva chegada ao *ofertante* (art. 23, CISG), mas sim que a Convenção põe a salvo os direitos do *oblato* desde a expedição de sua aceitação. O fato de não se poder revogar a *oferta* quando já recebida a aceitação repousa numa interpretação bastante lógica: se o contrato já se formou, não haveria sentido possibilitar a revogação da *oferta*, a qual já se exauriu na formação contratual.

Assim, e com base em Ulrich Schroeter, pode-se dizer que a declaração de *revogação* posterior à expedição da aceitação ou de seu recebimento é ineficaz. Entre a expedição de aceitação e seu recebimento, por sua vez, há um "estado de suspensão", vinculado à chegada da aceitação ao destinatário (*proponente*).[382]

b) O caráter (ir)revogável da *oferta*

O art. 16 (1) CISG prevê a possibilidade de revogação da oferta, desde que observadas as regras estudadas no item anterior. Este caráter revogável da *oferta*, estabelecido como regra geral pela CISG, é ponto de

---

[381] SCHROETER, Urlich. In: SCHWENZER, Ingeborg; GREBLER, Eduardo; FRADERA, Vera; PEREIRA, César A. Guimarães (coords.). Comentários à Convenção das Nações Unidas sobre contratos de compra e venda internacional de mercadorias. *Revista dos Tribunais*, São Paulo, p. 434, 2014.

[382] SCHROETER, Urlich. In: SCHWENZER, Ingeborg; GREBLER, Eduardo; FRADERA, Vera; PEREIRA, César A. Guimarães (coords.). Comentários à Convenção das Nações Unidas sobre contratos de compra e venda internacional de mercadorias. *Revista dos Tribunais*, São Paulo, p. 433. 2014.

CAPÍTULO V
A FORMAÇÃO DO CONTRATO | 213

bastante controvérsia nas diferentes famílias jurídicas. Novamente, se no direito anglo-saxão prevalece o seu caráter não vinculante, sendo em princípio possível a revogação antes da formação do contrato, no direito continental a tendência é de se considerar a *oferta* irrevogável, salvo se o contrário for indicado pelo proponente.[383]

Apesar do art. 16 (1) apontar para a tendência de considerar as *ofertas* revogáveis, típica opção do *common law*, é verdade que sua própria redação contém em si uma delimitação do caráter revogável da *oferta*, ao excluir esta possibilidade quando a aceitação já houver sido expedida – e ainda que nenhum contrato tenha sido firmado até que esta seja eficaz. Ao lado disso, o art. 16 (2) CISG estabelece exceções à regra da revogabilidade. Os dispositivos encerram o que Ingeborg Schwenzer e Florian Mohs chamam de *happy fusion* entre as duas tradições jurídicas.[384]

A primeira exceção estabelecida no texto convencional decorre do fato de haver fixação de prazo para aceitação da *oferta*, delimitado pelo *proponente* [art. 16 (1) (a) primeira parte]. Nestas hipóteses, a *oferta* é tida como irrevogável durante a fluência do prazo fixado, ou seja, vincula-se o declarante ao prazo conferido.

Entende-se haver fixação de prazo na inserção de determinadas condições, tais como "our offer is at any rate good until [date]" ou "we stand by this offer until [date]", embora outras fórmulas (como "our offer is not good after [date]") possam indicar apenas a data de extinção natural da *oferta*, e não seu caráter irrevogável.[385] É cabível, contudo, que mesmo com a fixação de prazo para aceitação o *proponente*, este ressalve expressamente o caráter revogável da *oferta*, inclusive estabelecendo o prazo temporal para esta declaração. A conclusão é plenamente compatível com o caráter dispositivo das regras convencionais, bem como com a noção de que o *ofertante* é o "mestre da *oferta*".[386]

---

[383] SCHWENZER, Ingeborg e FOUNTOULAKIS, Christiana. *International Sales of Law*. Londres, Nova Iorque: Routledge-Cavendish, 2007, p. 145-156.

[384] SCHWENZER, Ingeborg e MOHS, Florian. Old Habits Die Hard: Traditional Contract Formation in a Modern World. Reproduced with permission of Internationales Handelsrecht (6/2006) 239-246, published by Sellier, European Law Publishers. Disponível em <http://www.cisg.law.pace.edu/cisg/biblio/schwenzer-mohs.html> Acesso em: 4 fev. 2014.

[385] Os exemplos são de MANKOWSKI, Peter. In: FERRARI, KIENINGER, MANKOWSKI, OTTE, SAENGER, SCHULZE E STAUNDINGER. Internationales Vertragsrecht. Rom I-VO, CISG, CMR, FactÜ Kommentar. 2 ed. Munique: C.H.Beck, 2012, p. 494.

[386] Conforme bem ressalta MURRAY JR, a falta de inserção de uma tal declaração importaria a presunção de que a oferta é irrevogável, a qual poderia ser afastada por aplicação do art. 8º (3). Para afastar dúvidas, o autor norte-americano sugere como exemplo a seguinte redação de cláusula contratual: "Apesar de esta oferta poder ser revogada a qualquer tempo antes da aceitação, a aceitação da oferta deve ser recebida no mais tardar às 15:00 horário de Nova Iorque, 5 de Outubro de 2006, após o qual a oferta terá expirado". (MURRAY, John E. In: FLECHTNER, Harry M.; BRAND, Ronald A. e WALTER, Mark S. *Drafting Contracts under the CISG*. Oxford Universtity Press, 2008, p. 277, em tradução livre).

PAULO NALIN, RENATA C. STEINER
COMPRA E VENDA INTERNACIONAL DE MERCADORIAS

O mesmo se passa se o próprio *proponente* declarar que sua oferta é irrevogável – "this is a firm offer" – hipótese em que também estará vinculado à sua declaração de vontade [art. 16 (1) (a) segunda parte]. Nos casos em que uma tal declaração é feita de forma expressa, dúvidas não há quanto às suas consequências. O problema nasce nas declarações implícitas de irrevogabilidade, portanto.

Isso porque se admite também que a *oferta* seja irrevogável desde que fosse razoável ao destinatário assim concluir, protegendo-se a confiança criada [art. 16 (2) (b),CISG]. Em jogo, novamente, estarão as circunstâncias das negociações, as atuações pretéritas envolvendo as partes e os usos e costumes do comércio internacional, remetendo-se aos já estudados artigos 8 e 9 da Convenção. Sobretudo, cabe sempre manter em mente que a CISG rechaça o comportamento contraditório ou inconsistente, sendo merecedor de tutela o *oblato* que, acreditando na proposta "firme e irrevogável" prepara-se para o cumprimento, comprando materiais, contratando pessoas, realizando estudos, dentre outras atuações, de modo a gerar custos e, por consequência, danos em vista do comportamento contraditório do proponente.

Para aplicação do dispositivo, exige-se a presença concomitante dos dois elementos distintos, nele dispostos: a) a confiança legítima do *oblato* quanto ao caráter irrevogável da proposta que lhe foi dirigida e b) sua atuação no sentido desta confiança. Assim, não basta que o *oblato* invoque a criação de confiança legítima para que se tenha por satisfeita a irrevogabilidade implícita: é necessário que tenha atuado positivamente, sendo ônus seu comprovar tal fato.[387]

Neste ponto, aliás, interessante notar que a CISG acaba por criar às partes uma espécie de dever pré-contratual (de proteçaõ às expectativas ou à confiança legítima), ainda que a responsabilidade tipicamente prénegocial seja excluída de seu âmbito de aplicação (conforme se trabalha no item 5.7).

c) Declaração de revogação intempestiva

Uma declaração de revogação intempestiva, isto é, entregue ao destinatário após a expedição de sua aceitação ou de outro momento expressamente fixado na *oferta*, não poderá produzir seu efetio extintivo da oferta ou da proposta. Significa dizer que a *oferta* permanecerá eficaz e que um contrato de compra e venda internacional será concluído quando

---

[387] HUBER, Peter e MULLIS, Alastair. *The CISG*: a new textbook for students and practitioners. Munique: Sellier, 2007, p. 83.

A FORMAÇÃO DO CONTRATO | 215

a aceitação chegue ao *policitante*. Nestas hipóteses, eventual negativa de vigência do contrato equivaleria ao seu descumprimento, vez que já concluída a compra e venda.

Em um tal caso, a negativa de cumprimento do contrato chamará à incidência os remédios existentes pelo descumprimento do contrato, inclusive a reparação de danos pelo chamado interesse contratual positivo (e não negativo).

5.9.1.3 Extinção da oferta

Além da extinção da oferta pela retirada ou pela revogação, a CISG prevê outras hipóteses extintivas, as quais devem ser trabalhadas para compreensão adequada e global das regras ali dispostas.

a) Exaurimento do prazo

Na hipótese de o ofertante indicar prazo para aceitação, o seu escoamento produzirá a natural extinção de eficácia da *oferta*. Isso importa concluir que a aceitação somente terá como efeito a conclusão do contrato se for expedida e chegar ao *policitante* antes do escoamento de tal prazo. Em relação às regras temporais aplicáveis, remete-se o leitor ao item 5.4.4 infra, no qual se trabalha o momento da *aceitação*.

b) Recusa da oferta

O art. 17 CISG estabelece que uma *oferta*, mesmo quando irretratável, exaure-se quando chega ao conhecimento do *ofertante* a declaração de recusa. A partir do recebimento da recusa, que pode ser explícita ou implícita, o *ofertante* deixa de estar vinculado à *oferta* realizada, mesmo que esta tenha sido realizada de maneira irrevogável.[388]

Tal efeito extintivo, contudo, depende da efetiva "chegada" da declaração de recusa ao *ofertante*, a qual será regida pela disposição do art. 24 CISG, permitindo-se, outrossim, que haja *retirada* da declaração nos termos do art. 22 CISG, abaixo tratado no item 5.4.3.

---

[388] HUBER, Peter e MULLIS, Alastair. The CISG: a new textbook for students and practitioners. Munique: Sellier, 2007, p. 84. Jospeh LOOKOFSKY afirma que, como na maioria dos sistemas domésticos, a recusa à *oferta* a mata". (LOOKOFSKY, Jospeh. *Convention on Contracts for the internacional sales of goods (CISG)*. The Hague: Kluwer Law, 2012, p. 71).

c) A extinção da oferta por morte, insolvência etc.

Na medida em que a CISG não trabalha com a validade dos contratos a ela submetidos, os efeitos da morte, declaração de insolvência ou recuperação judicial do *ofertante* serão regidos pelo direito doméstico aplicável segundo as regras de conexão do DIP do foro. Consoante ressalta Ulrich Schroeter, trata-se de uma "ausência consciente de quaisquer regras acerca dos efeitos da morte, incapacidade ou insolvência em uma proposta".[389] A solução é remetida ao direito doméstico aplicável.

5.10 A aceitação

A *aceitação* é, ao lado da *oferta*, uma declaração unilateral naturalmente inserta no período de formação contratual. Seu tratamento é feito nos artigos 18 a 22 da CISG, os quais estabelecem seus requisitos mínimos, sua eficácia, bem como as regras aplicáveis à sua *retratação*.

Desde logo há de se frisar que a eficácia natural da *aceitação*, assim entendida como aquela declaração que preencha os requisitos convencionais que serão abaixo estudados, é a formação do contrato de compra a venda (art. 23, CISG). É este encontro de vontade que dá luz ao princípio do consenso acima mencionado. Significa dizer, de maneira geral, que a *oferta* será *aceita* quando o *oblato* concordar com os seus termos, e manifestar a sua intenção de contratação de acordo com as regras aplicáveis.

Conforme ensinam Peter Huber e Alastair Mullis, há quatro requisitos que devem estar presentes para que se possa qualificar uma declaração como *aceitação*: primeiramente, há de haver uma indicação de assentimento à *oferta*; em segundo, a *aceitação* deve ser incondicional; terceiro, a *aceitação* deve ser efetiva e, por fim, a *aceitação* não pode ter sido *retratada*.[390] O estudo abaixo desenvolvido seguirá a divisão de requisitos por eles adotadas.

5.10.1 Espécies de aceitação

O art. 18 (1) CISG estabelece as regras gerais aplicáveis à *aceitação*, elucidando qual há de ser seu conteúdo para que dela se possa concluir pela eficácia formativa do contrato de compra e venda internacional, *in verbis*:

---

[389] SCHROETER, Urlich. In: SCHWENZER, Ingeborg; GREBLER, Eduardo; FRADERA, Vera; PEREIRA, César A. Guimarães (coords.). Comentários à Convenção das Nações Unidas sobre contratos de compra e venda internacional de mercadorias. *Revista dos Tribunais*, São Paulo, p. 428, 2014.

[390] HUBER, Peter e MULLIS, Alastair. *The CISG*: a new textbook for students and practitioners. Munique: Sellier, 2007, p. 84.

Art. 18 (1) CISG: "Constituirá aceitação a declaração, ou outra conduta do destinatário, manifestando seu consentimento à proposta. O silêncio ou a inércia deste, por si só, não importa aceitação".

A primeira lição extraída do conteúdo do texto convencional é o de que não se exige uma forma específica para manifestação da vontade, a qual pode ser expressa (por declaração), tácita (por comportamentos) ou mesmo pelo próprio silêncio, o qual se submete a algumas regras especiais. Em comum a todas elas, por evidente, está a intenção do *oblato* de aceitar a *oferta* que lhe foi dirigida.

Resta estudar cada uma destas formas de manifestação de vontade aptas a formar um contrato internacional.

5.10.1.1 Aceitação expressa

A aceitação expressa, via declaração, não suscita maiores dúvidas. Há, contudo, de se alertar que somente é compreendida como tal a *aceitação* que contenha efetiva intenção de contratação, não se podendo confundir a figura com declarações de confirmação de recebimento de *oferta* ou de agradecimento, por exemplos.[391] Havendo dúvidas quanto ao seu conteúdo, a interpretação deverá ser feita à luz dos critérios do art. 8º CISG.

Da mesma forma como em relação à *oferta*, não se exige que a *aceitação* seja assim nomeada para que dela se extrai o conteúdo de concordância. Também em atenção ao princípio da liberdade de forma, não há exigência de simetria entre o meio da *oferta* e o da *aceitação*, podendo esta ser feita por meio diverso, desde que "chegue" ao *proponente*. Em sendo o *proponente* o "senhor da oferta", admite-se, contudo, que este indique a forma de manifestação de *aceitação* que será aceita, o que faz com que, nestes casos, a forma passa a ser essencial à eficácia deste negócio unilateral.

Regras suplementares são aplicáveis quanto ao *momento* ou *prazo* para manifestação expressa da *aceitação*, remetendo-se o leitor ao item 5.4.4.

5.10.1.2 Aceitação tácita

Para conclusão do contrato internacional de compra e venda admite-se a *aceitação* tácita, que se dá pela análise de comportamentos tomados

---

[391] SCHROETER, Urlich. In: SCHWENZER, Ingeborg; GREBLER, Eduardo; FRADERA, Vera; PEREIRA, César A. Guimarães (coords.). Comentários à Convenção das Nações Unidas sobre contratos de compra e venda internacional de mercadorias. *Revista dos Tribunais*, São Paulo, p. 443, 2014.

PAULO NALIN, RENATA C. STEINER
COMPRA E VENDA INTERNACIONAL DE MERCADORIAS

pelo *oblato*. É o que a CISG se refere por "conduta do destinatário" no art. 18 (1) CISG.

Os exemplos colhidos da doutrina e da jurisprudência a respeito de quais condutas podem ser interpretadas como *aceitação* são fartos, destacando-se o despacho dos bens (inclusive parcialmente), a realização do pagamento, a emissão de nota promissória ou assinatura de documentos bancários para liberação de financiamento da compra pelo comprador,[392] dentre outros que possam ser interpretados no caso concreto.

Em consideração à análise do comportamento, e da possibilidade de se extrair eficácia formativa do contrato, serão considerados os usos e costumes estabelecidos entre as partes e a análise das circunstâncias negociais (arts. 8 e 9, CISG).

Duas considerações se fazem relevantes para compreensão da *aceitação* tácita. A primeira está ligada ao fato de que a prática de tais condutas, indicando *aceitação*, é suficiente para obstar a possibilidade de revogação da *oferta*, consoante dispõe o art. 16 (1), acima estudado. Significa dizer que, se o *oblato* manifestou tacitamente sua intenção de contratar mediante a prática de determinado ato, a *oferta* torna-se irrevogável.

A segunda está ligada ao disposto no art. 18 (3) da Convenção, o qual estabelece que a prática de ato relacionado, estabelecido na proposta, nas práticas usuais entre as partes ou nos usos e costumes, tem eficácia de aceitação independentemente de haver comunicação ao proponente. Trata-se de uma hipótese específica dentro daquela estabelecida no art. 18 (1) CISG.

Conforme se extrai da redação do dispositivo, sua aplicação é dependente do preenchimento de requisitos suplementares. Na síntese de Di Matteo, há de se observar se: a) o *ofertante* expressamente afirma ou autoriza a aceitação por conduta (como se dá quando insere a possibilidade de "mande-me as mercadorias" ou "mande-me o pagamento"); b) as partes estabeleceram em prévias negociações a possibilidade de aceitação por conduta ou c) o uso do comércio aceita uma tal espécie de aceitação.[393]

---

[392] SCHLECHTRIEM, Peter e BUTLER, Petra. UN Law on International Sales. The UN Convention on the International Sale of Goods. Heidelberg: *Springer*, 2009, p. 77. Elucidativo desta forma de *aceitação* é o sempre relembrado caso *Mangellan International Corporation* vs. *Saltzgitter Hands GMBH*. Trata-se de discussão envolvendo um distribuidor de produtos de aço de Illinois, que havia negociado com um comerciante alemão a compra do produto manufaturado na Ucrânia, sob suas especificações. Enviada a proposta, o vendedor alemão fez algumas modificações, que foram consideradas pela Corte de Illinois como contraproposta. O comprador, no entanto, teria tacitamente aceitado estes novos termos ao emitir letra de crédito em favor do vendedor, com a conclusão de um contrato. <http://www.unilex.info/case.cfm?pid=1&do=case&id=423&step=Abstract>. Acesso em: 19 jun. 2014).

[393] DI MATTEO, Larry. Critical Issues in the Formation of Contracts under the CISG. Reproduced with permission of the University of Belgrade, *Belgrade Law Review*, Year LIX (2011) nº 3, p. 67-83, Acesso em: 24 ago. 2014, em <http://www.cisg.law.pace.edu/cisg/biblio/dimatteo6.html#vi>.

A separação das hipóteses é relevante essencialmente quando se estuda a eficácia da manifestação de *aceitação*, conforme trabalhado no item 5.4.2. Isso porque, ainda que o comportamento possa ser suficiente para indicar *aceitação* tanto no caso do art. 18 (1) quanto no art. 18 (3) CISG, somente neste último é que a eficácia da *aceitação* dá-se com a própria prática do ato, independente de sua "chegada" ao destinatário.

5.10.1.3 O silêncio

Bastante controvertida é a questão referente ao silêncio como manifestação de vontade. O art. 18 (1), parte final, da Convenção, fixa a regra geral de que o silêncio por si só não importa *aceitação*. A lógica subjacente é a de que o destinatário da *oferta* não tem o dever de manifestação, ainda que o *policitante* indique uma tal consideração em sua *oferta*. Em outras palavras, uma afirmação neste sentido não teria o condão de produzir sua eficácia, mas se admite que a regra seja alterada por acordo mútuo entre as partes.

Ocorre, porém, que o silêncio qualificado pode indicar *aceitação*, o que se dará à luz dos critérios de interpretação dos artigos 8º e 9º da CISG. É o que se conclui pela inserção do termo "por si só" no art. 18 (1), a indicar a possibilidade interpretação em contrário.[394] A análise é tipicamente de *case law*, sendo dois julgados exemplificativos da forma de interpretação a ser conferida.

No primeiro deles, envolvendo um comprador norte-americano e um vendedor italiano, os quais já haviam estado em inúmeras negociações anteriores, entendeu-se que a menção a um modelo contratual adotado com outro parceiro, do qual constava cláusula de arbitragem, havia sido aceito pelo silêncio – fato este interpretado à luz das atuações pretéritas das partes. No segundo caso, entendeu-se ter havido rompimento do contrato pela informação do vendedor de madeiras tropicais da Nigéria de que pretendia vender por si ou por um intermediário holandês o estoque de madeiras que possuía em Hamburgo. O comprador francês, ciente da informação, teria acordado com a extinção do contrato pelo silêncio.[395]

---

[394] SCHROETER, Urlich. In: SCHWENZER, Ingeborg; GREBLER, Eduardo; FRADERA, Vera; PEREIRA, César A. Guimarães (coords.). Comentários à Convenção das Nações Unidas sobre contratos de compra e venda internacional de mercadorias. *Revista dos Tribunais*, São Paulo, p. 448. 2014.

[395] Os julgados são citados por SCHLECHTRIEM, Peter e BUTLER, Petra. UN Law on International Sales. The UN Convention on the International Sale of Goods. Heidelberg: *Springer*, 2009, p. 78. Primeiro caso, *Filanto* vs. *Chilwich*, vide <http://www.cisg.law.pace.edu/cases/920414u1.html>., Acesso em: 21 jun. 2014; segundo caso, vide <http://www.globalsaleslaw.org/content/api/cisg/display.cfm?test=127>., Acesso em: 21 jun. 2014. O caso *Filanto* vs. *Chilwich* é também citado por Ingeborg SCHWENZER e Florian MOHS, os quais

PAULO NALIN, RENATA C. STEINER
COMPRA E VENDA INTERNACIONAL DE MERCADORIAS

Como se vê, a intepretação do silêncio pressupõe a sua colocação dentro do processo de formação do contrato e de relacionamento entre as partes, e não apenas isoladamente. A regra da CISG é, contudo, um tanto diversa daquela inscrita no art. 111 CC brasileiro, o qual estabelece que "o silêncio importa anuência, quando as circunstâncias ou os usos o autorizarem, e não for necessária a declaração de vontade expressa". Mas a direção diversa entre ambos as leis de regência é, contudo, apenas aparente.

Isso porque, apesar de o Código brasileiro determinar que o silêncio seja interpretado como anuência, a não ser que os usos e costumes indiquem o contrário, doutrina e jurisprudência inclinam-se por considerar que o silêncio, por si, não tem valor jurídico. Em outras palavras, será sempre necessário verificar as condições subjacentes nas quais o silêncio esteja inserido.

A CISG, por sua vez, determina que o silêncio não produz efeitos, a não ser que os usos e costumes assim indiquem. Embora os resultados dependam da análise de tais usos e costumes, o caminho percorrido pelo Código Civil e pela CISG é diverso, ainda que ao fim e ao cabo o resultado alcançado possa (circunstancialmente) ser o mesmo. Mais importante que isso, contudo, é perceber que a interpretação do dispositivo convencional há de ser feita autonomamente, ou seja, sem que se transporte para a experiência internacional uma compreensão doméstica do art. 111 CC.

5.11 Eficácia da *aceitação*

O principal efeito da *aceitação* eficaz é a formação do contrato de compra e venda internacional (art. 23, CISG). Desta afirmação extrai-se a importância de se estabelecer o momento em que esta eficácia ocorre, o que é feito pelo art. 18 (2) e 18 (3) da Convenção.

5.11.1 Eficácia pela "chegada" da *aceitação*

A regra geral aplicável é a de que a *aceitação* torna-se eficaz quando "chega" ao seu destinatário, ou seja, ao *policitante*. A noção de "chegada" é determinada pela regra do art. 24 CISG, aplicável às manifestações de

---

salientam que os usos entre as partes podem indicar que a negativa quanto a determinada cláusula ou comportamento deveria ser feita imediatamente, sob pena de se interpretar o silêncio como aceitação. (SCHWENZER, Ingeborg e MOHS, Florian. Old Habits Die Hard: Traditional Contract Formation in a Modern World. Reproduced with permission of Internationales Handelsrecht (6/2006) 239-246, published by Sellier, *European Law Publishers*. Disponível em <http://www.cisg.law.pace.edu/cisg/biblio/schwenzer-mohs.html>. Acesso em: 4 fev. 2014).

vontade em geral. Aplicam-se, portanto, as mesmas considerações anteriormente feitas quanto à "chegada" da oferta ou da proposta (item 4.2.1). Sabe-se, contudo, que apesar de a principal eficácia da *aceitação* depender de sua chegada ao destinatário, é certo que a sua expedição já é suficiente para produção de alguns efeitos secundários, dentre eles destacando-se o de obstar a possibilidade de revogação da *oferta*, nos termos do art. 16 (1) CISG.

5.11.1.2 A regra especial do art. 18 (3) CISG

Regra especial aplica-se à *aceitação* tácita enquadrada no art. 18 (3), ou seja, quando permitida pela *oferta*, pelos usos e costumes e pela prática estabelecida entre as partes. Conforme disposição deste artigo convencional, a eficácia de uma tal *aceitação* não depende de sua "chegada" ao destinatário – até mesmo porque o dispositivo dispensa a comunicação ao *proponente* – sendo considerada eficaz no momento em que a conduta é praticada.[396]

Neste sentido, afirma Ulrich Schroeter que se deve perquirir quanto à presença dos requisitos do art. 18 (3), os quais não são satisfeitos apenas pela existência de *aceitação* tácita por comportamento da parte. Ao seu ver a regra da "chegada" da manifestação ao *proponente*, disposta no art. 18 (2), aplica-se indistintamente às hipóteses do art. 18 (1) CISG.[397]

A distinção entre as duas situações – declaração por comportamento que preenche os requisitos do art. 18 (3) e aquelas que apenas se enquadram no art. 18 (1) – tem reflexos diretos na eficácia da declaração. Ainda conforme Schroeter, somente quando não aplicável o art. 18 (3) é que pode o *oblato* retirar a sua aceitação, com o cancelamento da expedição das mercadorias, por exemplo.[398] Nas demais hipóteses, e como a *aceitação* é eficaz

---

[396] O dispositivo assemelha-se à regra usualmente adotada no *common law*, em que a *aceitação* é eficaz a partir do momento em que é despachada, e não desde que entregue ao seu destinatário (por adoção da regra do *mailbox rule*). Apesar disso, Alejandro GARRO salienta que esta distinção tem se mostrado de menor relevância. (GARRO, Alejandro M. Reconciliation of Legal Traditions in the U.N. *Convention on Contracts for the International Sale of Goods*. Reproduced with permission from 23 International Lawyer (1989) 443-483. Disponível em <http://www.cisg.law.pace.edu/cisg/text/garro16.html>. Acesso em: 25 ago. 2014).

[397] SCHROETER, Urlich. In: SCHWENZER, Ingeborg; GREBLER, Eduardo; FRADERA, Vera; PEREIRA, César A. Guimarães (coords.). Comentários à Convenção das Nações Unidas sobre contratos de compra e venda internacional de mercadorias. *Revista dos Tribunais*, São Paulo, p. 445, 2014.

[398] SCHROETER, Urlich. In: SCHWENZER, Ingeborg; GREBLER, Eduardo; FRADERA, Vera; PEREIRA, César A. Guimarães (coords.). Comentários à Convenção das Nações Unidas sobre contratos de compra e venda internacional de mercadorias. *Revista dos Tribunais*, São Paulo, p. 447, 2014.

PAULO NALIN, RENATA C. STEINER
COMPRA E VENDA INTERNACIONAL DE MERCADORIAS

desde a prática dos atos relacionados, então haverá formação do contrato desde logo, e uma tal atitude significaria descumprimento do contratado. Há de se observar, porém, que a dispensa de comunicação prevista por tal dispositivo afeta também o tipo de comportamento necessário para que se tenha eficácia formativa do contrato. É o que destaca, com autoridade, Larry Di Matteo, ao afirmar que, sendo dispensada a comunicação [art. 18 (3)], a *aceitação* somente terá lugar quando completa a prática do ato relacionado; se necessária a comunicação [art. 18 (1)], a mera notícia de início da performance do ato pode ser suficiente.[399]

5.11.1.3 Retirada ou retratação da *aceitação*

O art. 22 CISG estabelece a possibilidade de retirada da *aceitação*, desde que a sua comunicação "chegue" ao destinatário antes ou concomitantemente à *aceitação*. A regra é análoga àquela encontrada no art. 15 (2) CISG, o qual regula a *retirada* da *oferta*, remetendo-se o leitor ao disposto no item 5.3.4.1 supra.

De se destacar, contudo, que se a eficácia principal da *aceitação* é a formação do contrato, nos termos do art. 23 da Convenção, então é natural concluir que, após sua "chegada" ao destinatário não há mais possibilidade de retratação pelo *oblato*. A mesma lógica explica a inexistência da possibilidade de *revogação* da *aceitação* a qual, quando eficaz, exaure-se na formação do contrato de compra e venda internacional.[400]

Uma tal declaração, inclusive quando intempestiva, não pode produzir os efeitos desejados e deve ser interpretada como recusa ao cumprimento regular do contrato ou mesmo como proposta de alteração de seus termos.

5.11.1.4 O tempo da *aceitação*

O estudo da eficácia da *aceitação* é complementado pelo disposto no art. 18 (2), o qual estabelece regras quanto ao momento ou tempo em que a *aceitação* pode ser eficaz. Este prazo para *aceitação* pode ser delimitado pelo

---

[399] DI MATTEO, Larry. Critical Issues in the Formation of Contracts under the CISG. Reproduced with permission of the University of Belgrade, *Belgrade Law Review*, Year LIX (2011) n. 3, p. 67-83, Acesso em: 24. ago. 2014, em <http://www.cisg.law.pace.edu/cisg/biblio/dimatteo6.html#vi>.

[400] John Honnold diferencia oferta e aceitação, para demonstrar a necessidade de regras distintas a respeito de cada uma destas figuras. Em suma, ofertas podem ser feitas a qualquer tempo, o que não se passa com a aceitação. Em determinadas circunstâncias, a oferta pode ser revogada ou expirar, mas uma aceitação tem seu efeito imediato e irretratável. (HONNOLD, John O. Uniform Law of International Sales under the 1980 United Nations Convention. 4. ed. The Hague: Wolters Kluwer, 2009, p. 197).

policitante na *oferta* ou, na ausência de estipulação, pelo que a Convenção denomina "prazo razoável", a ser analisado à luz das circunstâncias do negócio. Em relação específica às *ofertas* verbais, presume-se que a *aceitação* deva ser imediata, a não ser que as circunstâncias indicarem o contrário.

Em qualquer uma destas situações revolve-se à regra geral quanto à *eficácia* da *aceitação*, ou seja, esta é dependente da efetiva "chegada" ao destinatário ou, excepcionalmente, da prática de ato relacionado, quando aplicável o art. 18 (3) CISG.

5.11.1.4.1 Aceitação quando há prazo estipulado

A possibilidade de que o *policitante* fixe prazo para *aceitação* está ligada ao fato de ser ele o "mestre da *oferta*", ao que se soma a autorização convencional – ainda que implícita – constante do art. 18 (2) CISG. Um prazo para aceitação pode ser fixado em referência a uma data específica (por exemplo, dia 04 de dezembro de 2014), ou em uma janela temporal contada da data do despacho da *oferta* ou mesmo de sua chegada ao destinatário (por exemplo, 15 dias após o recebimento da *oferta*).

Controvertidas são as situações em que, apesar de haver fixação de um prazo, não há delimitação do *dies ad quem*. Conforme aponta Ulrich Schroeter, a referência a termos indeterminados e que demandem interpretação deverão ser resolvidas à luz das circunstâncias, remetendo ao art. 8º CISG. Em consideração haverá de se ter as práticas estabelecidas entre as partes, bem como as práticas estabelecidas entre as partes.[401]

Dialoga com a fixação de prazo a existência de regras para sua contagem que, se não forem fixadas pelo *policitante*, serão regidas pelo disposto no art. 20 CISG.

Em suma, no caso de manifestação de vontade por carta ou telegrama, o prazo tem início quando da sua expedição, ou da data constante da carta ou, supletivamente, daquela que constar do envelope. Trata-se das formas de manifestação não instantâneas. Em se tratando de manifestação instantâneas, por telefone, telex ou outro meio, o prazo inicia a fluir no momento em que a *oferta* alcançar o destinatário.

Conforme afirma Joseph Lookofsky, a regra de contagem do prazo de aceitação desde o despacho da *oferta* é contrária àquela disposição

---

[401] São exemplos dados pelo jurista a fixação de prazos como "dentro de prazo necessário para análise dessa proposta", "período usual de aceitação" ou mesmo "resposta imediata". (SCHROETER, Urlich. In: SCHWENZER, Ingeborg; GREBLER, Eduardo; FRADERA, Vera; PEREIRA, César A. Guimarães (coords.). Comentários à Convenção das Nações Unidas sobre contratos de compra e venda internacional de mercadorias. *Revista dos Tribunais*, São Paulo, p. 452, 2014).

convencional de que esta somente é efetiva quando alcança o destinatário.[402] Trata-se mesmo de uma eficácia secundária da *oferta*, a qual tem início antes que esta "chegue" ao destinatário, mas que não importa a formação do contrato desde o seu despacho.[403] À luz do art. 20 (2) CISG, na contagem destes prazos há de ser observar feriados oficiais e dias não úteis. A exceção é feita em relação à hipótese de o último dia do prazo ser feriado ou dia não útil no estabelecimento do *proponente*, considerando-se então prorrogado até o primeiro dia útil subsequente. Em ambos os dispositivos a lógica subjacente é a de que as partes não têm obrigação de conhecer feriados estrangeiros, mas que a parte *ofertante* certamente conhece os seus.[404]

5.11.1.4.2 Aceitação quando não há prazo determinado: o prazo razoável

Na ausência de fixação de prazo, não se presume que a *oferta* possa ser indefinidamente aceita. Nesses casos, a CISG remonta ao que denomina prazo razoável,[405] a ser obtido por interpretação à luz das circunstâncias da transação [art. 18 (2)]. Em consideração deverão ser levados os meios de comunicação adotados, bem como as circunstâncias da negociação.[406] A complexidade do contrato também é peça fundamental, vez que a confirmação de *aceitação* pode depender da prática de outros atos anteriores, tais como aqueles tendentes a avaliar sua própria possibilidade.[407]

---

[402] LOOKOFSKY, Joseph. *Understanding the CISG*. A compact guide to the 1980 United Nations Convention on Contracts for the International Sales of Goods. 4. ed. The Hague: Wolters Kluwer, 2012, p. 57.

[403] E. Allan FARNSWORTH, por sua vez, indica a adoção de tal regra no art. 20 (1) está relacionada ao fato de que é mais fácil comprovar o despacho do que a chegada da comunicação ao destinatário. (FARNSWORTH, E. Allan. *Article 20*. In: Bianca-Bonell Commentary on the International Sales Law, Giuffrè: Milan (1987) 185-188. Reproduced with permission of Dott. A Giuffrè Editore, S.p.A. Disponível em <http://www.cisg.law.pace.edu/cisg/biblio/farnsworth-bb20.html>. Acesso em: 25 ago. 2014).

[404] SCHWENZER, Ingeborg e MOHS, Florian. Old Habits Die Hard: Traditional Contract Formation in a Modern World. Reproduced with permission of Internationales Handelsrecht (6/2006) 239-246, published by Sellier, *European Law Publishers*. Disponível em <http://www.cisg.law.pace.edu/cisg/biblio/schwenzer-mohs.html>. Acesso em: 4. fev. 2014.

[405] A CISG refere-se à fórmula do *prazo razoável* em mais de uma passagem. O tratamento desta questão é feito no Capítulo VI.

[406] SCHLECHTRIEM, Peter e BUTLER, Petra. *UN Law on International Sales*. The UN Convention on the International Sale of Goods. Heidelberg: Springer, 2009, p. 78.

[407] É o que Ulrich SCHROETER refere-se como "processo de tomada de decisão", e que depende tanto de características próprias das partes envolvidas (uma grande empresa, por exemplo), como do tempo do contrato e da qualidade do bem negociado. SCHROETER, Urlich. In: SCHWENZER, Ingeborg; GREBLER, Eduardo; FRADERA, Vera; PEREIRA, César A. Guimarães (coords.). Comentários à Convenção das Nações Unidas sobre contratos de compra e venda internacional de mercadorias. *Revista dos Tribunais*, São Paulo, p. 453 2014).

CAPÍTULO V
A FORMAÇÃO DO CONTRATO | **225**

5.11.1.4.3 Aceitação de ofertas verbais

Em regra, as *ofertas* verbais devem ser aceitas ou rejeitadas imediatamente. O contrário pode resultar da fixação de prazo pelo *ofertante* ou pela análise das circunstâncias negociais. Com efeito, nada impede que o próprio *ofertante*, apesar de utilizar o meio verbal para realizar sua *oferta*, desde logo já indique um prazo para aceitação diverso daquele adotado como regra geral pelo art. 18 (2) CISG, ou mesmo que negociações pretéritas entre as partes levem a tal consideração.

5.11.1.4.4 Aceitação tardia (art. 21)

As regras quanto ao tempo da *aceitação* são excepcionadas pelo art. 21 CISG, o qual estabelece a eficácia de uma manifestação tardia e que, ainda assim, produzirá seu principal efeito, que é a formação do contrato de compra e venda internacional. Aceita-se a exceção em duas hipóteses distintas.

Na primeira delas [art. 21 (1)], quando a *aceitação* for expedida tardiamente mas, o *ofertante* imediatamente comunicar ao *oblato* que está de acordo com a formação do contrato, a qual será tida como ocorrida no momento do recebimento da *aceitação*.[408] Veja-se que, nestas hipóteses, o silêncio da parte obsta a formação regular do contrato, exigindo-se manifestação expressa para que haja a *aprovação*.

A segunda [art. 21(2)] refere-se aos casos em que, ainda que expedida tempestivamente, a resposta não chegue ao *destinatário* por alguma falha na transmissão. O dispositivo presume que, se não houvesse falha na regular transmissão da declaração, esta teria sido entregue a tempo de formar o contrato, razão pela qual é possível considera-lo formado, desde que a isso não se oponha o *ofertante*.

O dispositivo, diferentemente daquele que lhe antecede, cria ao *oblato* a possibilidade de formação do contrato no qual confiou, mas ao mesmo tempo ressalva o direito do *policitante* de não mais estar vinculado a uma *oferta* já expirada. Nesta hipótese, contudo, é deste último o dever ativo de manifestação para negar a *aceitação* tardia, sendo que do seu silêncio será interpretada a *aprovação* da *aceitação* extemporânea.

Note-se, ainda, que o fato de a *aceitação* ter chegado ao *policitante* fora do prazo devido, não importa negativa de formação do contrato de forma absoluta. Em sendo esta a vontade das partes, por evidente que se pode considerar o contrato como formado. A questão envolve muito

---

[408] LOOKOFSKY, Joseph. *Understanding the CISG*. A compact guide to the 1980 United Nations Convention on Contracts for the International Sales of Goods. 4. ed. The Hague: Wolters Kluwer, 2012, p. 57.

226 | PAULO NALIN, RENATA C. STEINER
COMPRA E VENDA INTERNACIONAL DE MERCADORIAS

mais o estudo do caráter vinculante da *oferta*, do que a impossibilidade de formação do vínculo contratual.

No Direito brasileiro, por sua vez, a regra de aceitação tardia contém disposição diversa da CISG. Determina o art. 430 que, se por circunstâncias imprevistas, a *aceitação* chegar tardiamente ao *policitante*, este há de comunicar imediatamente ao *oblato*, sob pena de responder por perdas e danos, as quais contemplam o *interesse negativo*, ou seja, "todas as despesas eventualmente já realizadas pelo aceitante, convicto que estava de que a expedição da resposta dentro do prazo havia consumado o contrato".[409]

Veja-se que, pela dicção do artigo, a falta de comunicação não tem o condão de formar o contrato, e sim de tornar o *policitante* responsável pelas perdas e danos causados. Se, no âmbito da CISG, o silêncio importa *aprovação* e a manifestação ativa impede a formação do contrato, no Direito brasileiro a manifestação afasta as perdas e danos, enquanto que o silêncio cria o dever de reparação, sem que haja formação do contrato.

5.12 Modificações na *oferta*

Todas as regras acima estudadas pressupõem que a *aceitação* seja incondicional, ou seja, não importe alteração substancial da *oferta* realizada. A afirmação é lógica, no sentido de que ao *oblato* cabe aderir ou não à *oferta* realizada, não podendo, a pretexto de aceitá-la, impor ao *policitante* termos e condições não propostos – o que iria contra a regra geral do *mirror image*, ou seja, da imagem espalhada entre oferta e aceitação.

O art. 19 CISG regula justamente as chamadas modificações na *oferta*, criando duas regras distintas e complementares. A primeira delas, de caráter geral, [art. 19 (1)] dispõe que a *aceitação* contendo aditamentos, limitações e modificações é considerada recusa à *oferta*, interpretada como contraproposta. A segunda, de caráter excepcional [art. 19 (2)], estabelece que, se tais modificações não forem substanciais, a resposta será interpretada como *aceitação*, cabendo ao *policitante* manifestar sua não concordância com elas sem demora injustificada.

Como se vê, a pedra de toque para aplicação de um ou outro dispositivo convencional é a caraterística substancial ou não das alterações realizadas pelo *oblato*. Para interpretação do seu alcance, o art. 19 (3) exemplifica como alterações substanciais aquelas referentes ao preço, pagamento, qualidade e quantidade das mercadorias, lugar e momento da entrega,

---

[409] TEPEDINO, Gustavo, BARBOZA, Heloísa Helena e MORAES, Maria Celina Bodin de. *Código Civil interpretado de acordo com a Constituição da República*. Rio de Janeiro: Renovar, v.2, 2006, p. 46. No mesmo sentido, vide STEINER, Renata Carlos. *Interesse positivo e interesse negativo*: a reparação de danos no Direito privado brasileiro. Tese de Doutorado. Orientador: Professor Associado Doutor Cristiano de Sousa Zanetti. Universidade de São Paulo, 2016.

5.12.1 Modificações não substanciais vs. modificações substanciais

A aplicação da regra do *mirror image* importaria negar o caráter de *aceitação* àquela declaração que contivesse alterações, ainda que mínimas, em relação à *oferta*. Isso porque, em não sendo as duas declarações idênticas em seus conteúdos e propósitos, não se poderia ter a vontade formadora do contrato.

Conforme ensinam Ingeborg Schwenzer e Florian Mohs, apesar da CISG parecer seguir a antiga regra da "imagem espelho", adotada na maior parte dos direitos domésticos, tal aproximação tem sofrido significativas limitações na sua aplicação.[410] É exatamente isso que faz o art. 19 da Convenção, ao diferenciar entre as modificações que são essenciais (substanciais ou materiais) ao contrato, e aquelas que, apesar de modificar a *oferta*, não alteram seu núcleo duro, por assim dizer.

Para compreensão da distinção entre tais modificações, preliminarmente há de separar as situações em que as partes concordam em relação a um ponto, mas alteram a redação de um dispositivo contratual, bem como aquelas em que deliberadamente deixam de acordar em relação a um ponto, a ser posteriormente definido por uma das partes ou por mútuo acordo.[411] Em análise estão aqui efetivamente as *alterações* de conteúdo procedidas pelo *oblato*, no que se incluem também adições.

A listagem de modificações consideradas substanciais do art. 19 (3) CISG pode ser interpretada como não exaustiva e, mais importante, como mera presunção relativa.[412] Significa dizer que há de se interpretar o caso

---

[410] SCHWENZER, Ingeborg e MOHS, Florian. Old Habits Die Hard: Traditional Contract Formation in a Modern World. Reproduced with permission of Internationales Handelsrecht (6/2006) 239-246, published by Sellier, European Law Publishers. Disponível em <http://www.cisg.law.pace.edu/cisg/biblio/schwenzer-mohs.html>. Acesso em: 4 fev. 2014.

[411] SCHROETER, Urlich. In: SCHWENZER, Ingeborg; GREBLER, Eduardo; FRADERA, Vera; PEREIRA, César A. Guimarães (coords.). Comentários à Convenção das Nações Unidas sobre contratos de compra e venda internacional de mercadorias. Revista dos Tribunais, São Paulo, p. 462. 2014.

[412] SCHLECHTRIEM, Peter e BUTLER, Petra. *UN Law on International Sales*. The UN Convention on the International Sale of Goods. Heidelberg: Springer, 2009, p. 80. Sobre o caráter relativo da presunção, Urlich SCHROETER é enfático ao afirmar que a regra convencional não poderia restringir a autonomia das partes em determinar o que é considerando essencial ou apenas secundário na oferta e no contrato. (SCHROETER, Urlich. In: SCHWENZER, Ingeborg; GREBLER, Eduardo; FRADERA, Vera; PEREIRA, César A. Guimarães (coords.). Comentários à Convenção das Nações Unidas sobre contratos de compra e venda internacional de mercadorias. *Revista dos Tribunais*, São Paulo, p. 465, 2014).

PAULO NALIN, RENATA C. STEINER
COMPRA E VENDA INTERNACIONAL DE MERCADORIAS

individual à luz dos artigos 8 e 9 da Convenção, o que pode conduzir a resultados diversos. É certo, contudo, que o espaço para as alterações não substanciais é residual, e de difícil aplicação.

Na casuística, observa-se a existência de inúmeros casos em que se interpretou a alteração como substancial. É o exemplo da *oferta* contendo menção a *bacon empacotado*, e a resposta indicando *bacon sem pacote*[413] ou a alteração de quantidade e forma de estipulação do preço.[414] Encontra-se, outrossim, exemplos de alterações consideradas não substanciais, como aquele alterando apenas o prazo para manifestação de não conformidade[415] ou a inserção de cláusula de confidencialidade.[416]

Na impossibilidade de se distinguir abstratamente e em caráter definitivo a qualificação das alterações, há de sempre se remontar ao caso individual.

Antes de se estudar as regras específicas aplicáveis a cada uma das hipóteses, não se pode deixar de fazer menção a entendimento, firmado pela Suprema Corte austríaca,[417] no sentido de que alterações que favoreçam o *oblato* sejam consideradas como imateriais. Na crítica de Ingeborg Schwenzer e Florian Mohs, a interpretação – que é adotada em vários outros julgados – contradiz a regra escrita do art. 19 (3), além de demonstrar as dificuldades práticas da aplicação da distinção realizada pela CISG.[418]

5.12.2 *Aceitação* com modificações não substanciais

Concluindo-se pelo caráter não substancial das alterações, então incide o disposto no art. 19 (2) CISG. O *policitante*, ao receber a resposta contendo aditamentos não substanciais, tem o dever de, sem demora, manifestar-se contrariamente à formação do contrato. Nessa hipótese específica, o silêncio (ou a falta de objeção) é interpretado como *aceitação*, e as alterações são incorporadas ao contrato.

---

[413] CISG-Online Case 57, CLOUT n. 227. LG Bielefeld, 18.01.1991. Disponível em <http://www.globalsaleslaw.org/content/api/cisg/display.cfm?test=57>. Acesso em: 27. ago. 2014.

[414] Schweizerisches Bundesgericht, j. 05.04.2005, disponível em <http://www.unilex.info/case.cfm?id=1025>. Acesso em: 27. ago. 2014.

[415] SCHLECHTRIEM, Peter e BUTLER, Petra. *UN Law on International Sales*. The UN Convention on the International Sale of Goods. Heidelberg: Springer, 2009, p. 89

[416] MALEV Hungarian Airlines v. United Technologies International Inc. Pratt & Whitney Commercial Engine Business, disponível em <http://www.unilex.info/case.cfm?id=43>.

[417] CISG-Online 269. Austria, Oberster Gerichtshof, j. 20.03.1997. Disponível em <http://cisgw3.law.pace.edu/cases/970320a3.html>.

[418] SCHWENZER, Ingeborg e MOHS, Florian. Old Habits Die Hard: Traditional Contract Formation in a Modern World. Reproduced with permission of Internationales Handelsrecht (6/2006) 239-246, published by Sellier, European Law Publishers. Disponível em <http://www.cisg.law.pace.edu/cisg/biblio/schwenzer-mohs.html>. Acesso em: 4. fev. 2014.

A compreensão de tal regra é essencial ao contratante brasileiro, na medida em que o art. 431 CC considera que alterações realizadas pela *aceitação* fazem com que esta constitua-se sempre em nova *proposta*, independemente das qualidades das alterações propostas (se substanciais ou não substanciais). Isso significa que, para o Direito brasileiro, não há um dever de comunicação, exatamente porque o silêncio neste caso não é confundível com a *aceitação* – o que é sensivelmente diverso da sistemática adotada na CISG.

5.12.3 Alterações substanciais e nova oferta

Se, contudo, as alterações forem consideradas como materiais ou substanciais, a resposta – ainda que denominada *aceitação* – será interpretada como nova *oferta*, a qual se submete às regras aplicáveis à figura, acima estudas. Significa dizer que o *policitante* original passa a ocupar o lugar de *oblato*, e deverá aceitar ou não a *oferta*. Seu silêncio não é interpretado como *aceitação*, embora o possa ser à luz do art. 18 (1). A solução é compatível com a do Direito brasileiro, não se considerando que a *aceitação* com alterações possa ter a eficácia de formar o contrato.

Na dúvida quanto ao caráter substancial ou não das alterações, no entanto, convém sempre agir atividamente para indicar a discordância, considerando os efeitos distintos estabelecidos pela CISG.

5.13 Cláusulas gerais de contratação (*standard terms*)

Apresentadas as regras aplicáveis à *oferta* e à *aceitação*, bem como elucidadas aquelas referentes às alterações substanciais e não substanciais feitas pelo *oblato*, resta estudar a controvérsia envolvendo as cláusulas gerais de contratação ou os *standard terms* que, por sua importância no comércio internacional, merecem tratamento à parte (especificamente quanto à exclusão da CISG por *standard terms*, remete-se o leitor ao item 3.2.1.1, *e*). Isso porque é justamente no contexto da existência de tais cláusulas padrão que se coloca com mais frequência o problema de alterações na *aceitação*.[419]

---

[419] Conforme afirma Ulrich SCHROETER, "as diferenças entre a declaração de aceitação e uma oferta são quase sempre o resultado da incorporação de, ou tentativas de incorporar, condições padrão comerciais (termos e condições padrão, formulários padrão, condições gerais, condições de compra e venda) na respectiva declaração e consequentemente no contrato". (SCHROETER, Urlich. In. SCHWENZER, Ingeborg; GREBLER, Eduardo; FRADERA, Vera; PEREIRA, César A. Guimarães (coords.). Comentários à Convenção das Nações Unidas sobre contratos de compra e venda internacional de mercadorias.: *Revista dos Tribunais*, São Paulo, p. 471, 2014).

Preliminarmente, contudo, aponte-se que há várias traduções possíveis do termo *standard terms*, adotando-se aqui aquela de inspiração portuguesa, *cláusulas gerais de contratação*. Conforme ensina Cristiano Zanetti, a utilização da expressão *condições gerais* poderia levar à confusão conceitual em relação ao elemento acidental dos negócios jurídicos (condição como elemento futuro e incerto), bem como a expressão *cláusulas gerais* poderia confundir-se com as normas gerais da legislação.[420]

De toda sorte, e independente da nomenclatura adotada, o importante é que se possa elucidar o alcance de tais *standard terms*, como aqueles termos e condições de contratação formulados, normalmente, de maneira unilateral e impostos por um contratante ao outro.[421] No comércio internacional, é extremamente comum que cada contratante tenha seus próprios termos de contratação, e que pretenda vê-los como vinculantes ao contrato firmado.

A circunstância de que o conteúdo de diferentes termos seja idêntico é de difícil aplicação prática, sendo justamente aí que se situa o problema de determinar qual das *cláusulas gerais de contratação* é que deve prevalecer. Mais do que isso, e na medida em que tais termos podem vir reproduzidos no contrato, ou simplesmente ser enviados como anexo, as discussões se estendem quanto à possibilidade de efetiva compreensão do conteúdo pelo outro contratante.

5.13.1 A chamada *battle of forms*

A existência de conteúdo diverso nos diferentes *standard terms* levou a doutrina internacionalista a utilizar a expressão *battle of forms*, para se referir àquilo que melhor se traduz como "batalhas dos formulários".[422] Trata-se justamente da situação de se determinar qual dos "formulários" deve prevalecer em caso de divergência e que, ainda que resolvido com base no art. 19 CISG, há de ser complementado para além do texto convencional.[423]

---

[420] ZANETTI, Cristiano de Sousa. *Direito contratual contemporâneo*. A liberdade contratual e sua fragmentação. São Paulo: Método, 2008, p. 232-236.

[421] Refere-se à formulação unilateral como a regra, ainda que se reconheça a possibilidade de que se adotem termos formulados por terceiros, como uma associação, por exemplo.

[422] Sobre o tema, remete-se ao texto de BOSCOLO, Ana Teresa de Abreu Coutinho. A necessidade de interpretação uniforme da CISG: o exemplo da batalha dos formulários. In: SCHWENZER, Ingeborg; PEREIRA, Cesar e TRIPODI, Leandro. A CISG e o Brasil. *Convenção das Nações Unidas para os Contratos de Compra e Venda Internacional de Mercadorias*. São Paulo: Marcial Pons, 2015, p. 71 e sg. E, para uma visão mais geral sobre o tema, ZANELATTO, Natalia. A "batalha dos formulários" no direito brasileiro. Disponível em <http://www.gazetadopovo.com.br/vida-publica/justica-e-direito/artigos/a-batalha-dos-formularios-no-direito-brasileiro-8dlke052x6bdnrraeuiaeqqd0> Acesso em: 15 maio 2016.

[423] Conforme afirma Peter SCHLECHTRIEM, a Convenção não lida com este problema específico. SCHLECHTRIEM, Peter. *Battle of forms in international contract Law*. Evaluation

A doutrina internacional sustenta duas soluções díspares para a questão e conflito, representadas pelas teorias do *last shot* e do *knock-out*.

5.13.1.1 *Last shot* ou *last word*

Para a doutrina do *last shot*, ou "último tiro" (também se usa a expressão "*last word*", ou "última palavra"), prevalecerão aqueles termos que foram encaminhados por último, ou seja, da parte que por último se manifestou. Sua aplicação pressupõe que o conteúdo das últimas *cláusulas gerais de contratação* enviadas por uma das partes, sem rejeição pela outra, as tornariam parte da contratação realizada.

Nos termos do art. 19 (1) CISG, cada envio de *cláusulas gerais de contratação* com conteúdo diverso seria interpretado como contra-proposta, e o silêncio da parte que por último recebeu – especificamente quanto aos seus termos – importaria *aceitação*.[424]

Ingeborg Schwenzer e Florian Mohs respondem de maneira bastante crítica à teoria, afirmando que, apesar de tornar a resposta mais fácil de ser verificada objetivamente (situação que favorece, especialmente, ao julgador), para as partes ela representa meramente uma coincidência.[425] Daí porque se pode verificar uma prevalência doutrinária pela teoria do *knock-out*.

5.13.1.2 *Knock-out*

Chega-se, então, à segunda teoria, denominada de *knock-out*, ou *nocaute*. A solução ofertada consiste em excluir os termos que sejam contraditórios entre si, remetendo o seu preenchimento às regras materiais aplicáveis, inclusive à CISG.[426] A lógica da teoria é a de que as partes podem

---

of approaches in German Law, UNIDROIT Principles, European Principles, CISG; UCC approaches under consideration. Translation of "Kollidierende Geschäftsbedingungen im internationalen Vertragsrecht". In: Karl-Heinz Thume ed., Festschrift für Rolf Herber zum 70. Geburtstag, Newied: Luchterhand (1999). Disponível em <http://cisgw3.law.pace.edu/cisg/biblio/schlechtriem5.html#ps*>. Acesso em: 22 jun. 2014.

[424] HUBER, Peter e MULLIS, Alastair. The CISG: a new textbook for students and practitioners. Munique: Sellier, 2007, p. 93.

[425] SCHWENZER, Ingeborg e MOHS, Florian. Old Habits Die Hard: Traditional Contract Formation in a Modern World. Reproduced with permission of Internationales Handelsrecht (6/2006) 239-246, published by Sellier, *European Law Publishers*. Disponível em <http://www.cisg.law.pace.edu/cisg/biblio/schwenzer-mohs.html>. Acesso em: 4 fev. 2014.

[426] Esta tem sido a orientação seguida pela Suprema Corte da Alemanha, conforme se extrai da decisão envolvendo uma compra e venda de leite em pó entre um vendedor alemão e um comprador holandês, que exportou o produto a Argélia e Aruba. Diante da má qualidade do leite, o vendedor concordou em retirá-lo do mercado, mas recusou-se à reparação de danos, ao argumento de que seus termos gerais de contratação teriam afastado a aplicação da CISG,

232 PAULO NALIN, RENATA C. STEINER
COMPRA E VENDA INTERNACIONAL DE MERCADORIAS

ter interesse na contratação, ainda que não tenham disposição ou interesse em discutir aqueles termos contratuais contraditórios.

A autonomia privada das partes atuaria aí em sentido negativo pois, ao invés de escolher o conteúdo negocial, a escolha recairia sobre aquilo que não precisa ser negociado, podendo ser preenchido implicitamente pela própria CISG, ou futuramente. É exatamente a partir deste entendimento que se chega à salutar distinção, acima já sublinhada (Capítulo IV, introdução), que separa o *ato de formação do contrato* do *conteúdo contratual*. Para que haja contratação, basta o consenso sobre elementos essenciais.

É exatamente nesta linha o pensamento de Ulrich Schroeter, o qual manifesta preferência pela solução da teoria do *knock out*. Para o autor, embora já adotada em alguns julgados relevantes, a sua integral compreensão e aplicação uniforme pressupõe a separação de questões atinentes à formação do contrato e aquelas referentes ao seu conteúdo.[427]

Significa dizer, na trilha do entendimento exposto por ele, que as partes podem concluir contratos verbais antes mesmo de trocarem manifestações escritas de conteúdo, que o uso da autonomia privada pode derrogar o disposto no art. 19 da Convenção (pelas suas práticas, por declaração ou por condutas subsequentes, por exemplos), sendo raras as hipóteses práticas de negativa de formação do contrato por conflito de conteúdo dos *standard terms*, já que "o interesse das partes na formação do contrato é geralmente mais forte que o interesse delas em aplicar as suas próprias condições padrão ao custo do fracasso da transação".[428]

No mesmo sentido, e como bem salientam Petra Butler e Peter Schlechtriem, o cumprimento do contrato também pode ser um indicativo

---

e remetido à aplicação da lei alemã que, neste ponto específico, não previa a responsabilidade de danos. O Tribunal alemão recusou-se a aplicar qualquer uma das cláusulas gerais de contratação, inclusive aquela mais favorável ao comprador. (*Powdered milk case*) <http://cisgw3. law.pace.edu/cases/020109g1.html> Acesso em: 22 jun. 2014). Comentando o julgado, Peter SCHLECHTRIEM bem resume o entendimento alemão: "Despite some opaque arguments and sentences, the core message of the Supreme Court of Germany is clear: Conflicting standard forms are entirely invalid and are replaced by CISG provisions, while the contract as such stays valid" (SCHLECHTRIEM, Peter. *Battle of forms in international contract Law*. Evaluation of approaches in German Law, UNIDROIT Principles, European Principles, CISG; UCC approaches under consideration. Translation of "Kollidierende Geschäftsbedingungen im internationalen Vertragsrecht. In: Karl-Heinz Thume ed., Festschrift für Rolf Herber zum 70. Geburtstag, Newied: Luchterhand (1999). Disponível em <http://cisgw3.law.pace.edu/ cisg/biblio/schlechtriem5.html#ps*> Acesso em: 22 jun. 2014.

[427] SCHROETER, Urlich. In: SCHWENZER, Ingeborg; GREBLER, Eduardo; FRADERA, Vera; PEREIRA, César A. Guimarães (coords.). Comentários à Convenção das Nações Unidas sobre contratos de compra e venda internacional de mercadorias. *Revista dos Tribunais*, São Paulo, p. 475. 2014.

[428] SCHROETER, Urlich. In: SCHWENZER, Ingeborg; GREBLER, Eduardo; FRADERA, Vera; PEREIRA, César A. Guimarães (coords.). Comentários à Convenção das Nações Unidas sobre contratos de compra e venda internacional de mercadorias. *Revista dos Tribunais*, São Paulo, p. 475-480, 2014.

CAPÍTULO V
A FORMAÇÃO DO CONTRATO | 233

claro de que as partes pretendiam contratar e não obstar a formação do contrato pela existência de *cláusulas gerais de contratação* contraditórias.[429]

5.13.2 Eficácia e validade dos *standard terms*

Ao lado da controvérsia envolvendo a *battle of forms*, a discussão quanto aos *standard terms* também se estende a questões ligadas à sua interpretação, à língua na qual é redigida, bem como ao acesso conferido às partes quanto ao seu conteúdo. Conforme salientam Ingeborg Schwenzer e Pascal Hachen, trata-se de questões regidas pela Convenção, a serem solucionadas à luz de suas disposições.[430]

Apesar da afirmação, há de se observar a possibilidade de duplo tratamento de algumas controvérsias, especialmente quando ligadas à validade das *cláusulas gerais de contratação*, e que podem conduzir a uma *zona gris*.

No que toca à intepretação do conteúdo da cláusula, por exemplo, dúvidas não há de que este será feito à luz das regras convencionais, especialmente a partir do art. 8º CISG. Dentre tais regras, destaca-se a interpretação em favor do aderente.[431] No entanto, para análise deste conteúdo – obtido a partir da aplicação de regras convencionais – e da possibilidade de invalidação de seus termos, há de se socorrer ao direito doméstico, por força do art. 4º CISG.

Exemplificam Ingeborg Schwenzer e Pascal Hachem algumas hipóteses em que se deve analisar a invalidade do conteúdo de tais *standard terms*: violação de proibições legislativas domésticas (*v.g.* venda de produtos proibidos), desproporção excessiva na formação do contrato, onerosidade excessiva, cláusulas de exclusão ou limitação da responsabilidade, dentre outros.[432] Na medida em que a CISG não regula questões ligadas à validade, é possível obstar-se a vinculação a uma *cláusula geral de contratação* se, diante do direito interno aplicável, seu conteúdo for considerado inválido.

---

[429] SCHLECHTRIEM, Peter e BUTLER, Petra. *UN Law on International Sales*. The UN Convention on the International Sale of Goods. Heidelberg: Springer, 2009, p. 83.

[430] SCHWENZER, Ingeborg e HACHEM, Pascal. In: SCHWENZER, Ingeborg; GREBLER, Eduardo; FRADERA, Vera; PEREIRA, César A. Guimarães (coords.). Comentários à Convenção das Nações Unidas sobre contratos de compra e venda internacional de mercadorias. *Revista dos Tribunais*, São Paulo, p. 208. 2014.

[431] SCHWENZER, Ingeborg e HACHEM, Pascal. In: SCHWENZER, Ingeborg; GREBLER, Eduardo; FRADERA, Vera; PEREIRA, César A. Guimarães (coords.). Comentários à Convenção das Nações Unidas sobre contratos de compra e venda internacional de mercadorias.: *Revista dos Tribunais*, São Paulo, p. 208, 2014.

[432] SCHWENZER, Ingeborg e HACHEM, Pascal. In: SCHWENZER, Ingeborg; GREBLER, Eduardo; FRADERA, Vera; PEREIRA, César A. Guimarães (coords.). Comentários à Convenção das Nações Unidas sobre contratos de compra e venda internacional de mercadorias. *Revista dos Tribunais*, São Paulo, p. 219-222. 2014.

Ao lado do tratamento referente à validade, soma-se a importantíssima discussão quanto à necessidade de que tais *termos* sejam efetivamente encaminhados à parte contratante, ou se bastaria apenas a eles fazer menção. Trata-se da noção de *make available test* (ou seja, do critério de ter sido o termo colocado à disposição da parte).

Conforme ensina Martin Schmidt-Kessel, apesar de haver entendimento da Suprema Corte alemã quanto à necessidade de efetivo envio dos *standard terms*, a melhor solução aplicável é aquela que admite apenas referência aos termos adotados, e que tal circunstância possa ser compreendida pela parte contratante.[433] A posição, contudo, não é majoritária.

Também a partir do critério da análise das circunstâncias é que se poderá responder ao questionamento quanto a serem ou não vinculantes termos padrão impressos no verso de um contrato (sem a respectiva menção) ou em língua diversa daquela do aderente. Em relação específica à língua, não parece razoável aceitar a redação de *standard terms* em idioma diverso daquele adotado no contrato ou pelas partes. Nestes casos, as circunstâncias indicam não ser exigível da parte o conhecimento de tal língua.[434]

5.14 A responsabilidade pré-contratual

Para finalizar o tratamento introdutório à formação do contrato na CISG, não se pode deixar de dedicar algumas linhas à responsabilidade civil pré-contratual, matéria à qual não foi conferida regulamentação convencional, mas que guarda ligação dogmática ao tema aqui estudado.

A inserção de dispositivo sobre a *culpa in contrahendo* – empreendida em sentido lato, para albergar as diferentes hipóteses de responsabilidade no processo de formação do contrato[435] – foi sugerida pelos delegados alemães presentes em Viena, e rejeitada. Isso faz com que seja possível concluir que o seu tratamento é deliberadamente excluído do âmbito de aplicação da Convenção, sendo regido, em princípio, pelo direito doméstico.[436]

---

[433] SCHMDIT-KESSEL, Martin. In: SCHWENZER, Ingeborg; GREBLER, Eduardo; FRADERA, Vera; PEREIRA, César A. Guimarães (coords.). Comentários à Convenção das Nações Unidas sobre contratos de compra e venda internacional de mercadorias. *Revista dos Tribunais*, São Paulo, p. 302. 2014.

[434] SCHMDIT-KESSEL, Martin. In: SCHWENZER, Ingeborg; GREBLER, Eduardo; FRADERA, Vera; PEREIRA, César A. Guimarães (coords.). Comentários à Convenção das Nações Unidas sobre contratos de compra e venda internacional de mercadorias. *Revista dos Tribunais*, São Paulo, p. 303-304. 2014.

[435] Por exemplo, a ruptura de negociações ou a quebra de deveres de proteção (boa-fé).

[436] SCHROETER, Urlich. In: SCHWENZER, Ingeborg; GREBLER, Eduardo; FRADERA, Vera; PEREIRA, César A. Guimarães (coords.). Comentários à Convenção das Nações Unidas sobre contratos de compra e venda internacional de mercadorias. *Revista dos Tribunais*, São Paulo, p. 376, 2014.

CAPÍTULO V
A FORMAÇÃO DO CONTRATO | 235

A questão é bastante sensível e discutida, exatamente por corresponder a ponto de divergência entre as tradições jurídicas representadas pela *civil law* e pela *common law*.[437] Para o direito anglo-saxão, a imposição de deveres na fase anterior ao contrato, no qual se incluiria o próprio dever de não romper a negociação injustificadamente, seria contrário à ampla compreensão da liberdade negocial. Já no direito continental, embora haja tratamento legal e qualificação jurídica bastante díspar entre os países que o representam (ou seja, não há identificação quanto à aplicação do regime contratual ou extracontratual), tende-se a reconhecer a existência dogmática da responsabilidade pré-contratual fundamentada, em especial, no princípio da boa-fé e nos deveres por ela criados às partes, inclusive na fase de negociações.

Apesar dessa conclusão primeira quanto à inexistência de tratamento da *culpa in contrahendo* na CISG, há de se destacar a existência de doutrina e jurisprudência a relativizar uma compreensão absoluta da exclusão. Essencial para compreensão da problemática é a distinção entre a responsabilidade pré-contratual, que será regida pelo direito doméstico, e a configuração de deveres pré-contratuais, que pode remontar à Convenção – pois esta regula, e isso é incontestável, a fase formativa do contrato.

É o que faz Ulrich Schroeter, ao sustentar a existência de alguns deveres pré-contratuais fundamentados em dispositivos convencionais, tais como: o dever de não romper negociações inseridas no âmbito do art. 16 (2) (b), deveres de informação (desde que relacionados a aspectos alheios aos artigos 35 (2) (b) ou 71) e alguns deveres de proteção.[438] É verdade, porém, que a CISG não trabalha de forma específica os remédios aplicáveis para a ofensa de tais deveres, dentre os quais se incluem a reparação de danos.

---

[437] Pre-Contract Formation. Editor: Albert H. Kritzer. Disponível em <http://www.cisg.law.pace.edu/cisg/biblio/kritzer1.html>. Acesso em: 26 jul. 2014.

[438] SCHROETER, Urlich. In: SCHWENZER, Ingeborg; GREBLER, Eduardo; FRADERA, Vera; PEREIRA, César A. Guimarães (coords.). Comentários à Convenção das Nações Unidas sobre contratos de compra e venda internacional de mercadorias. *Revista dos Tribunais*, São Paulo, p. 376, 2014.

CAPÍTULO VI

CUMPRIMENTO E DESCUMPRIMENTO CONTRATUAL NA CISG

Após trabalhar com a formação do contrato, a CISG parte para a elucidação dos direitos e obrigações das partes contratuais, trabalhando então com o cumprimento e descumprimento do contrato de compra e venda. É o que compõe a Parte III da CISG e que, conjuntamente com a Parte II (estudada no capítulo anterior), compõem o núcleo fundante de compreensão do contrato por ela regido.

As regras ali dispostas dirigem-se ao cumprimento do contrato de compra e venda internacional, no que se incluem disposições a respeito das obrigações afetas a cada uma das partes (vendedor e comprador), à conformidade dos bens, à transferência do risco e aos diferentes remédios colocados à disposição dos contratantes diante do descumprimento contratual, com especial atenção à resolução do contrato (*avoidance*).

Também conforme já visto antes (item 2.4.1) admite-se que a adesão à CISG seja feita com exclusão também da Parte III [art. 92 (1)], declaração esta que não foi feita pelo Brasil, o que o torna Estado contratante para fins de aplicação das regras ali dispostas, e que são fundamentais para a compreensão da *ratio* da Convenção.

Embora sejam várias as matérias reguladas na Parte III da CISG, o fio condutor de todas elas encontra-se no regular cumprimento do contrato ou, na hipótese de descumprimento, na disposição de mecanismos para compensação dos prejuízos causados. É o próprio equilíbrio contratual que está sendo regulado, direta ou indiretamente, no sentido de proteção ao sinalagma contratado. Isso importa dizer que a investigação do sistema de descumprimento contratual é a peça fundamental para compreensão de todas as outras matérias ali trabalhadas.

Os desafios de interpretação e aplicação da Parte III da Convenção são vários, especialmente porque as regras ali dispostas podem ser diversas

PAULO NALIN, RENATA C. STEINER
COMPRA E VENDA INTERNACIONAL DE MERCADORIAS

daquelas tradicionalmente encontradas no sistema interno, especialmente no que toca ao sistema de descumprimento contratual e suas consequências – que são bastante peculiares e particulares em cada ordenamento jurídico.

No caso específico do Brasil, e considerando ser a CISG nova legislação, a ressalva vai no sentido de não ser cabível – como aliás, não o é em toda a interpretação convencional – enxergar o conteúdo dos dispositivos da Convenção à luz de lentes tipicamente domésticas.

Nesse sentido, Ulrich Schroeter refere-se ao perigo dos *faux amis*, ou falsos amigos, em alerta que deve nortear a leitura do presente capítulo. Afirma ele que alguns conceitos nominalmente equivalentes àqueles encontrados na Convenção, tais como *descumprimento fundamental* ou *resolução contratual*, podem existir nos sistemas domésticos. Seu alcance na CISG, contudo, é peculiar e somente pode ser corretamente entendido no âmbito de sua aplicação.[439]

Em realidade, a compreensão dos conceitos – e são vários os conceitos – insertos na Parte III é determinante para a correta aplicação dos mecanismos convencionais ali dispostos, sendo este o objetivo do presente capítulo. Alguns temas são trabalhados de maneira mais aprofundada – como se dá com o *descumprimento fundamental* – enquanto outros são estudados em ligação a outras figuras, sem uma efetiva verticalização. Esta opção decorre tanto do caráter introdutório deste livro, como do fato de que se entende que os temas aqui trabalhados são suficientes para boa compreensão das regras materiais da CISG.

6.1 O conceito de *descumprimento contratual* na CISG

Antes de se estudar com maior vigor o conceito de *descumprimento essencial*, que é a chave do sistema de descumprimento contratual na CISG, há de se anotar algumas compreensões necessárias à elucidação do próprio conteúdo do *descumprimento* e que se aplica, portanto, indistintamente tanto àqueles considerados *meros* descumprimentos como àqueles qualificados como *essenciais*.

A CISG considera haver descumprimento contratual quando (a) alguma obrigação contratual (seja ela expressamente ajustada, implícita ou ainda decorrente da integração pelas regras convencionais), é descumprida, (b) seja esta infração culposa ou não e, (c) desde que ausentes as excludentes de responsabilidade previstas nos arts. 79 e 80. Como se vê, o descumprimento não é definido a partir da noção de *responsabilidade* da

---

[439] SCHROETER, Urlich. In: SCHWENZER, Ingeborg; GREBLER, Eduardo; FRADERA, Vera; PEREIRA, César A. Guimarães (coords.). Comentários à Convenção das Nações Unidas sobre contratos de compra e venda internacional de mercadorias. *Revista dos Tribunais*, São Paulo, p. 529-530, 2014.

CAPÍTULO VI
CUMPRIMENTO E DESCUMPRIMENTO CONTRATUAL NA CISG | 239

parte faltosa, muito embora seja esta a principal ocorrência com a qual se trabalhe.[440] Ao lado de tais requisitos, soma-se a questão da exigibilidade do cumprimento das obrigações, e que está ligada ao *tempo* em que o cumprimento deve se dar. A CISG, contudo, prevê a possibilidade de haver descumprimento mesmo quando ainda não exigível a obrigação (o chamado descumrpmiento antecipado ou antes do termo), pelo que este não parece ser um requisito essencial do conceito – diferentemente do que se tem no sistema interno, em regra.

6.1.1 Descumprimento de obrigação contratual

Não é possível trabalhar o cumprimento ou descumprimento contratual sem se ter em mente o que se pode compreender por *obrigação contratual*. Para a CISG, são obrigações contratuais aquelas ajustadas pelas partes, mas também as decorrentes do seu próprio regime,[441] quando não afastadas as disposições respectivas pelas partes no uso de sua autonomia privada. Ademais, as práticas mercantis internacionais também compõem o conjunto de deveres e obrigações a serem observadas.

A ideia de que o descumprimento refere-se à violação do contrato e suas obrigações pode ser obtida tanto pela leitura do art. 25 (que trabalha especificamente com o descumprimento fundamental), como dos próprios remédios cabíveis frente ao descumprimento.[442] Nestas passagens, a CISG faz menção expressa à *violação do contrato por uma das partes* bem como a deveres específicos como o de pagar o preço e entregar as mercadorias.

---

[440] No Brasil, por exemplo, o art. 389 CC dispõe que descumprida a obrigação responde o devedor por perdas e danos e demais consequenciais. O dispositivo não define propriamente o que venha a ser o descumprimento, mas sim sua principal consequência, que é a reparação de danos. Ao contrário da CISG, o CC brasileiro concentra na reparação de danos, concomitante ou não com a resolução contratual, a resposta mais agressiva contra o descumprimento contratual. A CISG, por sua vez, apresenta a reparação como uma das soluções à violação contratual (cabível de modo concomitante a outros remédios), mas aloca na resolução do contrato um efeito derradeiro, quando inevitável a sua preservação.

[441] É o que afirma Urlich SCHROETER, ressalvando que obrigações que tenham outras fontes legais não são compreendidas no conceito do art. 25. (SCHROETER, Urlich. In: SCHWENZER, Ingeborg; GREBLER, Eduardo; FRADERA, Vera; PEREIRA, César A. Guimarães (coords.). Comentários à Convenção das Nações Unidas sobre contratos de compra e venda internacional de mercadorias. *Revista dos Tribunais*, São Paulo, p. 531, 2014.

[442] Conforme ensina Robert KOCH, a pré-condição de rompimento de um dever contratual pode também ser obtida pela intepretação do regime de *remedies* e à luz do art. 79 (1). (KOCH, Robert. The Concept of Fundamental Breach of Contract under the United Nations Convention on Contracts for the International Sale of Goods (CISG). Reproduced with permission from Pace ed., *Review of the Convention on Contracts for the International Sale of Goods* (CISG) 1998, Kluwer Law International (1999) 177 - 354. Disponível em <http://www.cisg.law.pace.edu/cisg/biblio/koch.html>. Acesso em: 20 jan. 2014).

PAULO NALIN, RENATA C. STEINER
COMPRA E VENDA INTERNACIONAL DE MERCADORIAS

Ao delimitar o descumprimento à violação do contrato, a Convenção reafirma que somente obrigações que se possam qualificar como contratuais é que podem, quando descumpridas, levar à configuração do *descumprimento contratual*. A ressalva é importante para excluir a violação a deveres extracontratuais, em especial aqueles deveres de proteção desvinculados da prestação, da responsabilidade contratual regida pela CISG.

De se notar, contudo, e conforme afirma com precisão Ulrich Schroeter, ser plenamente cabível que as partes internalizem um dever de proteção ao contrato, incorporando-o aos seus termos. Isso pode se dar tanto a partir da expressa previsão contratual, como a partir da intenção das partes (art. 8º) ou mesmo práticas anteriores tornadas vinculantes (art. 9º).[443] Nestes casos, tais deveres passam a compor o conjunto contratual e, uma vez descumpridos, dão ensejo aos *remedies*. Por exclusão, as cláusulas contratuais implícitas (*implied terms*), amplamente admitidas no *common law*, e que transitam por um plano de vontade presumida das partes,[444] raramente podem justificar o descumprimento contratual.[445]

A separação entre deveres contratuais e deveres extracontratuais é extremamente relevante para compreensão da sistemática da Convenção. Note-se, contudo, que a CISG não diferencia os diversos deveres contratuais, tais como achados na tradição alemã e, de certa forma, também na doutrina brasileira. Deveres principais, secundários ou laterais não são classificações adotadas ou válidas no âmbito convencional, o que importa concluir, com Ingeborg Schwenzer, que todos os tipos de obrigações contratuais são tratados indistintamente.[446]

6.1.2 Responsabilidade objetiva

A Convenção não qualifica a violação contratual como intencional ou como *culposa*. Basta que haja quebra de um dever ao qual a parte estava

---

[443] SCHROETER, Urlich. In: SCHWENZER, Ingeborg; GREBLER, Eduardo; FRADERA, Vera; PEREIRA, César A. Guimarães (coords.). Comentários à Convenção das Nações Unidas sobre contratos de compra e venda internacional de mercadorias. *Revista dos Tribunais*, São Paulo, p. 532-533, 2014.

[444] LORENZETTI, Ricardo Luis. *Tratado de los contratos*. Parte geral. Buenos Aires: Rubinzal, 2004, p. 461.

[445] Uma exceção que tem sido discutida com maior vigor diz respeito a termos implícitos que introduzam requisitos éticos às contratações internacionais, ou características imateriais do bem. Por exemplo, acordos de não utilização de mão de obra escrava na produção das mercadorias. Sobre o tema, remete-se o leitor a TOMIMATSU, Camila Emi. A incorporação de características imateriais como requisitos de conformidade nos contratos de compra e venda internacional. In: SCHWENZER, Ingeborg; PEREIRA, Cesar A. Guimarães e TRIPODI, Leandro. *A CISG e o Brasil*. Convenção das Nações Unidas para Contratos de Compra e Vende Internacional de Mercadorias. Marcial Pons, São Paulo, p. 343-374, 2015.

[446] SCHWENZER, Ingeborg. *The right to avoid the contract*. Disponível em <http://anali.ius.bg.ac.rs/Annals%202012/Annals%202012%20p%20207-215.pdf>. Acesso em: 1º fev. 2015.

CAPÍTULO VI
CUMPRIMENTO E DESCUMPRIMENTO CONTRATUAL NA CISG | 241

obrigada, daí porque se diga que o regime de responsabilidade contratual fixado na CISG é tipicamente objetivo, ou, na síntese de Ingeborg Schwenzer: "de acordo com o sistema anglo-americano de responsabilidade objetiva, o promitente é responsável por todas as perdas derivadas da inexecução, independentemente de culpa, a menos que possa arguir as exceções de acordo com os arts. 79 e 80 da CISG".[447]

A existência de uma obrigação contratual descumprida, seja ela expressa no contrato ou derivada da Convenção, bem como a vinculação de uma das partes contratuais ao seu (des)cumprimento, independentemente do elemento subjetivo culpa, é elemento comum a todas as formas de descumprimento contratual, daí porque tratado como elemento geral do descumprimento contratual.

A assunção de um regime de descumprimento contratual não pautado na *culpa* é uma importante diferença entre os sistemas da CISG e do Direito brasileiro civil. Ainda que se vislumbre o alargamento das situações em que a responsabilidade civil vem sendo objetivada, não se pode deixar de apontar que a culpa permanece como o fundamento central do regime de reparação de danos (arts. 186, 234 e 392 CC), sendo a sua dispensa encontrada em situações excepcionais, quando assim expresso pela lei ou quando a atividade desenvolvida pelo autor do dano, por sua natureza, implicar risco a outrem (art. 927 e parágrafo único CC).

Para o aplicador e intérprete brasileiro, o regime objetivo da CISG leva à desnecessidade de invocação (ou comprovação, por consequência) da culpa nas demandas pautadas no descumprimento contratual. A dinâmica adotada pela CISG igualmente dispensa também a investigação sobre as variações teóricas sobre o princípio do risco, uma vez que tal eleição é de cunho nacional.[448]

6.1.3 Excludentes de responsabilidade

Apesar da adoção do regime da responsabilidade objetiva, esta não é integral, admitindo-se a excludente de responsabilidade nas hipóteses descritas nos arts. 79 e 80 da Convenção.[449]

---

[447] SCHWENZER, Ingeborg. In: SCHWENZER, Ingeborg; GREBLER, Eduardo; FRADERA, Vera; PEREIRA, César A. Guimarães (coords.). Comentários à Convenção das Nações Unidas sobre contratos de compra e venda internacional de mercadorias. *Revista dos Tribunais*, São Paulo, p. 1107, 2014.

[448] Por evidente, não se pode presumir que a atividade do comércio internacional possa ser qualificada como atividade de risco.

[449] Para uma visão mais aprofundada do tema, vide SCHWENZER, Ingeborg. *Exemption in Case of Force Majeure and Hardship* – CISG, PICC, PECL and DCFR. In: NALIN, Paulo; STEINER, Renata C. e XAVIER, Luciana. Compra e Venda Internacional de Mercadorias: vigência, aplicação e operação da CISG no Brasil. Curitiba: Juruá, 2014, p. 365 e seguintes.

O art. 79 refere-se à ocorrência de impedimentos não previstos e também não imputáveis à parte faltosa. É algo próximo ao que se conhece, no Direito interno, como *caso fortuito* e *força maior*, com escopo de aplicação, contudo, mais alargado. O risco de sua ocorrência não é assumido pelo devedor – embora o possa ser, evidentemente – e não há responsabilidade pela quebra contratual ainda que o descumprimento da obrigação contratual tenha ocorrido.

Três são os requisitos para a excludente de responsabilidade prevista no art. 79 (1) CISG: a) que o descumprimento decorra de um impedimento fora do controle do devedor; b) que este impedimento seja tal que não pudesse ter sido considerado na formação do contrato (imprevisibilidade) e c) que não se possa exigir do devedor a superação de tal impedimento ou de suas consequências (inevitabilidade).[450] A linha mestra a guiar todos estes requisitos é o nexo de causalidade entre o evento e a falta de cumprimento, devendo aquela ser a única causa deste.[451]

À luz do art. 79 (2) CISG, o promitente é também responsável pela inexecução causada por terceiros, a não ser que este terceiro também tenha sua responsabilidade excluída de acordo com os requisitos gerais do art. 79 (1) e que o próprio promitente também possa se valer do ali disposto. O elemento de conexão "e" denota que há de estar presentes ambos os requisitos, cumulativamente, sendo, portanto, desdobrado o ônus da comprovação. Empregados ou prepostos do contratante não são, em tese, considerados terceiros para o escopo de aplicação do dispositivo.

Por fim, o art. 80 CISG estabelece não haver responsabilidade pelo descumprimento do devedor se este for imputável ao credor, sendo um corolário do princípio da boa-fé.[452]

6.1.4 Tempo do cumprimento e violação antecipada do contrato (art. 71 CISG)

Para finalizar estas linhas introdutórias a respeito do conceito de descumprimento contratual na CISG, há de se apontar que a Convenção

---

[450] HUBER, Peter e MULLIS, Alastair. The CISG. A new textbook for students und practitioners. Munique: Sellier, 2007, p. 259.

[451] SCHWENZER, Ingeborg. In: SCHWENZER, Ingeborg; GREBLER, Eduardo; FRADERA, Vera; PEREIRA, César A. Guimarães (coords.). Comentários à Convenção das Nações Unidas sobre contratos de compra e venda internacional de mercadorias. *Revista dos Tribunais*, São Paulo, p. 1177, 2014.

[452] SCHWENZER, Ingeborg. In: SCHWENZER, Ingeborg; GREBLER, Eduardo; FRADERA, Vera; PEREIRA, César A. Guimarães (coords.). Comentários à Convenção das Nações Unidas sobre contratos de compra e venda internacional de mercadorias. *Revista dos Tribunais*, São Paulo, p. 1195, 2014.

CAPÍTULO VI
CUMPRIMENTO E DESCUMPRIMENTO CONTRATUAL NA CISG | 243

admite e regula a chamada *violação antecipada do contrato*.[453] A modalidade de descumprimento sob análise tem uma inegável origem no *common law*, denominada de *anticipatory breach of contract* e aponta "para a possibilidade real de um dos contratantes revelar, expressamente, ou por meio de seus atos, que descumprirá (no futuro portanto) a parcela obrigacional a qual está adstrito".[454]

Isso faz com que não se possa incluir dentro do próprio conceito de descumprimento, como regra absoluta, a *exigibilidade* da prestação, ou seja: o vencimento do prazo (*rectius*, do termo final) para cumprimento das obrigações contratadas não é requisito fundamental à ocorrência de um descumprimento à luz da CISG.

Isso não significa negar que, usualmente e em regra, o descumprimento refira-se a obrigações exigíveis, o que demonstra que a hipótese de *violação antecipada* é excepcional. Tanto assim que há requisitos bastante específicos para a sua configuração, cujo conhecimento, ainda que panorâmico, se faz necessário.

O art. 71 CISG dispõe ser possível a suspensão do cumprimento das obrigações quando, antes do termo de cumprimento, houver evidências de que a outra parte não cumprirá as suas obrigações, *v.g.*, pela notícia da falência do comprador. A suspensão deve vir acompanhada de imediata comunicação, criando-se à parte "faltosa" a possibilidade de oferecer garantia de que irá cumprir o ajustado. Na hipótese de as mercadorias já terem sido despachadas, antes do conhecimento da possibilidade de *violação antecipada*, pode o vendedor impedir que a sua posse seja transferida ao comprador [art. 71 (2)].

Sendo os contratos de compra e venda naturalmente bilaterais e sinalagmáticos, conforme ensina Joshua Karton, presume-se que as prestações serão cumpridas simultaneamente, ainda que se admita ajuste contrário. O art. 71, na sua visão, e apesar de intitulado *suspension of performance* não cria um direito à suspensão (à semelhança do que se poderia chamar de *exceção de contrato não cumprido*), vez que só pode ser invocado antes da execução e antes mesmo do descumprimento do contrato.[455]

---

[453] Para uma visão mais aprofundada do tema, remete-se o leitor a GLITZ, Frederico E. Z. e PENTEADO, Guilherme Stadler. Inadimplemento Antecipado na Convenção de Viena de 1980 sobre Compra e Venda Internacional de Mercadorias (CISG): um novo desafio para o Direito brasileiro? In: NALIN, Paulo; STEINER, Renata C. e XAVIER, Luciana. *Compra e Venda Internacional de Mercadorias: vigência, aplicação e operação da CISG no Brasil*. Curitiba: Juruá, 2014, p. 347 e seguintes.

[454] NALIN, Paulo Roberto Ribeiro. *Descumprimento do contrato e dano extrapatrimonial*. Curitiba: Juruá, 1996, p. 166-167.

[455] KARTON, Joshua. *The culture of international arbitration and the evolution of contract law*. Oxford: Oxford University Press, 2013, p. 176-177.

Quando o descumprimento antecipado for tal que se puder prever um *descumprimento essencial* (item 6.2), então o art. 72 CISG permite desde logo o exercício do direito à resolução contratual. O grau de probabilidade exigido nesta situação há de ser mais elevado, condizente com a própria eficácia extintiva da resolução e sua função no sistema da CISG.

Para além destas situações em que há evidências de não cumprimento, essencial ou não, um caso específico de *violação antecipada* se dá quando o próprio devedor declara, de antemão, que não pretende e não irá cumprir com suas obrigações. Nessas hipóteses, a sua declaração é prova suficiente, não parecendo ser razoável conferir à parte lesada o dever de aguardar o transcurso do prazo contratual para que possa exercer os direitos a que tem direito – exige-se, contudo, a notificação de resolução.

6.2 O conceito de descumprimento essencial (*fundamental breach*) – art. 25 CISG

Apresentadas em linhas bastante gerais algumas compreensões necessárias ao bom entendimento do sistema de descumprimento da CISG, resta então verticalizar a análise no conceito chave que guia a sua interpretação, o *descumprimento essencial*.

Muito embora a Parte III da Convenção venha regular a *vida* do contrato, ou seja, o seu desenvolvimento natural, parece-nos que sua melhor compreensão está embasada justamente em uma situação que se pode denominar de *patológica*, ou seja, no descumprimento contratual. Isso porque é em torno deste tema que se pode iniciar o tratamento de todos os demais regulados pela Convenção. Não por acaso, referida Parte III abre-se com a noção de *descumprimento fundamental* ou *essencial*, regulado pelo art. 25 CISG, e inserto no capítulo de disposições gerais.

O dispositivo é o núcleo estruturante de todo o sistema de descumprimento (e cumprimento) da Convenção, pois estabelece os requisitos do *descumprimento contratual*, bem como aqueles necessários para que haja um *descumprimento essencial*, ou *fundamental breach*. É na distinção entre *meros descumprimentos* e aqueles que se podem dizer *essenciais* que se encontra a pedra de toque para aplicação dos demais dispositivos convencionais a respeito das consequências do descumprimento, também conhecido como sistema de *remedies*.

A disposição com a qual se abre a Parte III da Convenção trabalha o conceito do *descumprimento essencial*. Dispõe o art. 25 CISG que:

> A violação ao contrato por uma das partes é considerada como essencial se causar à outra parte prejuízo de tal monta que substancialmente a prive do resultado que poderia esperar do contrato, salvo se a parte infratora não tiver previsto e uma pessoa razoável da mesma condição e nas mesmas circunstâncias não pudesse prever tal resultado.

CAPÍTULO VI
CUMPRIMENTO E DESCUMPRIMENTO CONTRATUAL NA CISG | 245

Como se vê, o dispositivo diferencia violações contratuais mais graves daquelas de menor gravidade, o que é um pressuposto fundamental para aplicação de alguns remédios contratuais. Conforme ensinam Peter Schlechtriem e Petra Butler, a distinção de remédios contratuais à luz da noção de gravidade do descumprimento pode mesmo ser tida como verdadeiro *princípio* da Convenção.[456] Seus requisitos são, contudo, bastante vagos, o que não permite uma aplicação totalmente objetiva e, conforme Robert Koch, os torna de difícil verificação *ex ante*, ou seja, antes da declaração de resolução contratual por uma das partes.[457] Aliás, sua própria inserção na CISG não foi isenta de dificuldades,[458] muito embora a utilização de conceitos fluidos possa ser relevante para conferir às próprias partes a prerrogativa de delimitar suas expectativas contratuais.[459]

Da leitura de referido dispositivo, extrai-se que o descumprimento será essencial quando a violação de obrigações que provenha de uma das partes do contrato: (a) causar prejuízo que substancialmente prive a parte do resultado esperado do contrato; e (b) o resultado ou prejuízo seja previsível à parte faltosa ou pudesse ser para uma pessoa razoável. Veja-se que sob o regime convencional qualquer violação a dever contratual é uma violação ao contrato (até mesmo porque não se classificam tais

---

[456] SCHLECHTRIEM, Peter e BUTLER, Petra. *UN Law on International Sales*. The UN Convention on the International Sale of Goods. Heidelberg: Springer, 2009, p. 97.

[457] KOCH, Robert. *The Concept of Fundamental Breach of Contract under the United Nations Convention on Contracts for the International Sale of Goods (CISG)*. Reproduced with permission from Pace ed., Review of the Convention on Contracts for the International Sale of Goods (CISG) 1998, Kluwer Law International (1999) 177 - 354. Disponível em <http://www.cisg.law.pace.edu/cisg/biblio/koch.html>. Acesso em: 20 jan. 2014.

[458] Assim afirmam Peter SCHLECHTRIEM e Petra BUTLER: "Havia concordância entre os delegados na Convenção de Viena no que toca ao princípio de que a resolução do contrato deveria depender de uma grave violação a dever, no entanto, a formulação de tal princípio criou dificuldades" (SCHLECHTRIEM, Peter e BUTLER, Petra. *UN Law on International Sales*. The UN Convention on the International Sale of Goods. Heidelberg: Springer, 2009, p. 97).

[459] É neste sentido a defesa feita por Ulrich SCHROETER: "os contornos do 'descumprimento fundamental' são, portanto, tão vagos ou precisos como as expectativas das partes no contrato visto pelas lentes do art. 25, e *standards* gerais somente entram em cena". In: SCHWENZER, Ingeborg; GREBLER, Eduardo; FRADERA, Vera; PEREIRA, César A. Guimarães (coords.). Comentários à Convenção das Nações Unidas sobre contratos de compra e venda internacional de mercadorias. *Revista dos Tribunais*, São Paulo, p. 530, 2014. Robert KOCH alerta, contudo, que há impossibilidade de que as partes prevejam todas as situações patológicas possíveis em uma contratação. Ao mesmo tempo em que concorda que a incerteza criada pelo art. 25 seja reduzida pela negociação entre as partes, o autor entende que a definição de descumprimento fundamental continua inerentemente incerta. (KOCH, Robert. *The Concept of Fundamental Breach of Contract under the United Nations Convention on Contracts for the International Sale of Goods (CISG)*. Reproduced with permission from Pace ed., Review of the Convention on Contracts for the International Sale of Goods (CISG) 1998, Kluwer Law International (1999) 177 - 354. Disponível em <http://www.cisg.law.pace.edu/cisg/biblio/koch.html> Acesso em: 20 jan. 2014).

deveres), mas sua classificação como essencial será dependente da análise da gravidade do descumprimento e dos seus efeitos produzidos na esfera jurídica da parte inocente.

Referida distinção, a partir de um critério de essencialidade do descumprimento, não é de todo desconhecida do Direito brasileiro, muito embora não esteja regulada de forma expressa no vigente Código Civil. Refere-se à figura do *cumprimento substancial*. É evidente, como a jurisprudência nacional em torno do direito à resolução e da configuração do *cumprimento substancial* tem firmado, que a gravidade da falta pode ser pedra de toque para aplicação dos remédios derivados do descumprimento contratual, o que significa aderir ao estudo do descumprimento a análise de sua gravidade. Ao se tratar da CISG, contudo, o alcance e a forma de análise da essencialidade do descumprimento seguem uma lógica que é própria à Convenção, devendo-se evitar a leitura doméstica do sentido da norma internacional.

Em linhas conclusivas, anote-se que ao eleger como critério distintivo a *gravidade* do descumprimento a CISG não diferencia as formas de descumprimento contratual a partir do dever tido como descumprido. Isso importa dizer que o *atraso* na prestação pode ser ou não essencial, assim como a *entrega defeituosa*, por exemplo. O conceito de *descumprimento essencial* aplica-se indistintamente às diversas formas de descumprimento de um contrato, as quais não são classificadas à semelhança do encontrado em diversas ordens internas, tal como no Brasil (que, no corpo do Código Civil, trabalha com as figuras do *inadimplemento absoluto* e *mora*).

Por questões de sistematização, os requisitos dispostos no art. 25 CISG para configuração de um descumprimento fundamental poderiam ser agrupados em três: prejuízo fundamental, previsibilidade e análise à luz de uma pessoa ponderada.[460] Soma-se a eles ainda, o pressuposto de que o descumprimento provenha de uma das partes contratuais, comprador ou vendedor, e que diga respeito a uma obrigação contratual.

Em conjunto, tais elementos são necessários para qualificar o descumprimento como fundamental, e seu correto entendimento é essencial para fixação de parâmetros de interpretação do art. 25, cujas críticas embasam-se justamente no fato de sua redação ser bastante abrangente.[461]

---

[460] FRADERA, Vera Jacob de. O conceito de fundamental breach constante do art. 25 da CISG. *Revista de Arbitragem e Mediação*. Coordenação de Arnoldo Wald, a. 10, v. 37, abr.-jun. 2013 p. 75-78.

[461] É o que se vê, exemplificativamente, na crítica de Robert KOCH, no sentido de que os termos utilizados pelo art. 25 CISG dificilmente permitem às partes estabelecer *ex ante* se determinado descumprimento é ou não fundamental. A partir da lição do jurista, conclui-se pela evidente necessidade de elucidação do alcance dos termos utilizados pela Convenção, fundamental para que se criem grupos de casos de estudo possam servir ao critério de previsibilidade. (KOCH, Robert. *The Concept of Fundamental Breach of Contract under the United*

6.2.1 Requisitos para configuração do *descumprimento* *essencial*

Peça chave para compreensão do sistema de descumprimento contratual da CISG, o descumprimento essencial (*fundamental breach*) deve ser bem compreendido. Assim se faz pela análise dos requisitos necessários a sua configuração.

6.2.1.1 Descumprimento de obrigação pela parte contratual

Conforme já foi tratado, o primeiro e fundamental requisito para configuração do *descumprimento essencial* é o de que haja uma falta imputável (não confundir com culposa), a uma das partes contratuais. É assim que dispõe a parte inicial do art. 25 CISG, referindo-se à "violação ao contrato por uma das partes", no que se inserem as obrigações contratualmente ajustadas, bem como daquelas que são inferidas da própria Convenção. Some-se a isso, e como aplicação do regime geral de descumprimento, a desnecessidade da *culpa* para configuração da quebra do contrato.

6.2.1.2 Prejuízo substancial

O art. 25 CISG refere-se a *prejuízo* (no inglês, *detriment*) que substancialmente prive a parte daquilo que poderia esperar do contrato. Trata-se de um prejuízo substancial, portanto, o qual não vem bem definido pelo dispositivo convencional. A vagueza do termo *prejuízo*, utilizada pela Convenção, cujo conteúdo semântico em português se explica pelo dano,[462] não deve conduzir o intérprete ao preenchimento do conceito a partir do ponto de vista doméstico, o qual deposita no dano elemento indispensável

---

Nations Convention on Contracts for the International Sale of Goods (CISG). Reproduced with permission from Pace ed., Review of the Convention on Contracts for the International Sale of Goods (CISG) 1998, Kluwer Law International (1999). p. 177-354. Disponível em: <http://www.cisg.law.pace.edu/cisg/biblio/koch.html>. Acesso em: 13 ago. 2013). No mesmo sentido, mas salientando que não é necessária uma análise prática, e sim dos requisitos dispostos no art. 25, vide FERRARI, Franco. *Fundamental breach under the UN Sales Convention* – 25 Years of article 25 CISG. Reproduced with permission of 25 Journal of Law and Commerce (Spring 2006) 489-508, <http://www.cisg.law.pace.edu/cisg/biblio/ferrari14.html> Acesso em: 16 set. 2014).

[462] PRATA, Ana. *Dicionário jurídico*. 5. ed. Coimbra: Almedina, 2011, v. 5, p. 435. "Dano (Dir. Civil) – Prejuízo patrimonial (perda ou deterioração de um bem, realização de uma despesa, perda de um ganho...) ou moral (sofrimento físico ou psicológico, atentado à dignidade, ao respeito da vida privada...) sofrido por uma pessoa, por facto de um terceiro".

da responsabilidade contratual,[463] o que colocaria em risco a uniformidade de sua aplicação.[464]

A melhor interpretação conferida ao alcance do termo *prejuízo* deve liga-lo à relevância das obrigações contratualmente assumidas, e que pode ser determinada pelas próprias partes contratuais. Significa dizer que a redação do contrato pode delimitar as obrigações tidas como essenciais, autorizando a aplicação do conceito previsto no art. 25 CISG sem maiores controvérsias.[465] É o que se passa, por exemplo, com o ajuste de que a entrega de determinado bem deve ser feita em uma data específica, não se admitindo atrasos (os chamados *Fixgeschäfte* ou contratos com termo fixo).

A proteção, como se vê, recai sobre as expectativas das partes, que se têm por rompidas diante da situação de descumprimento contratual.[466] É o interesse no contrato que é protegido, como aliás se infere do termo "que poderia esperar do contrato", disposto no art. 25 CISG.

Tal como observam Peter Schlechtriem e Petra Butler, a delegação alemã em Viena teve papel fundamental para adoção da ideia de que o prejuízo deve ser subjetivamente substancial, e não objetivamente aferido.[467] Em outras palavras, não é o *quantum* objetivo do prejuízo material que será o parâmetro para configuração do prejuízo como substancial, pelo

---

[463] NALIN, Paulo Roberto Ribeiro. *Descumprimento do contrato e dano extrapatrimonial*. Curitiba: Juruá, 1996, p. 74. Ressalva-se, contudo, a hipótese de multa contrautal, a qual não é dependente da ocorrência do dano.

[464] KOCH, Robert. *The Concept of Fundamental Breach of Contract under the United Nations Convention on Contracts for the International Sale of Goods (CISG)*. Reproduced with permission from Pace ed., Review of the Convention on Contracts for the International Sale of Goods (CISG) 1998, Kluwer Law International (1999). p. 177-354. Disponível em: <http://www.cisg.law.pace.edu/cisg/biblio/koch.html>. Acesso em: 13 ago. 2013.

[465] Há uma interessante situação, que dialoga com a problemática dos *standard terms* acima mencionada (item 5.6): seria possível às partes determinar uma obrigação como essencial na redação de um *standard term*? Conforme Franco FERRARI, a validade de uma tal disposição deveria ser analisada à luz do Direito doméstico aplicável pelas normas de DIP. Para o Direito alemão, por exemplo, o doutrinador considera que seriam inválidas as cláusulas que elevassem ao nível de *essenciais* todos os deveres contratuais, bem como as que afastassem a configuração do descumprimento fundamental. (FERRARI, Franco. *Fundamental breach under the UN Sales Convention* – 25 Years of article 25 CISG. Reproduced with permission of 25 Journal of Law and Commerce (Spring 2006) 489-508. Disponível em <http://www.cisg.law.pace.edu/cisg/biblio/ferrari14.html>. Acesso em: 16. set. 2014).

[466] Ou, conforme já se teve oportunidade de afirmar: "...tem-se que a ideia de prejuízo é diversa da noção de dano e, não por acaso, o art. 25 da CISG nada trata a respeito deste, remontando sua hipótese de incidência à quebra das expectativas havidas do contrato". (NALIN, Paulo e STEINER, Renata C. Atraso na obrigação de entrega e essencialidade do tempo do cumprimento na CISG. In: NALIN, Paulo; STEINER, Renata C. e XAVIER, Luciana. *Compra e Venda Internacional de Mercadorias*: vigência, aplicação e operação da CISG no Brasil. Curitiba: Juruá, 2014, p. 331).

[467] SCHLECHTRIEM, Peter e BUTLER, Petra. *UN Law on International Sales*. The UN Convention on the International Sale of Goods. Heidelberg: Springer, 2009, p. 97.

que se pode concluir pela configuração do *descumprimento essencial* mesmo quando não haja dano ou desvantagem econômica atual.[468] Isso não significa negar que o lesado deve sofrer uma desvantagem, mas sim que não precisa comprovar a sua extensão patrimonial para poder qualificar a falta como *essencial*.[469] Pode também importar a conclusão de que a desvantagem não precisa necessariamente ser econômico-financeira, podendo englobar outros tipos de consequências negativas.[470]

Contudo, uma análise subjetiva também não importa adotar um parâmetro meramente *subjetivo* do interesse do credor que, em última instância, conduziria à possibilidade de que ele próprio, credor, qualificasse discricionariamente o descumprimento como *essencial*. Tem-se, portanto, que a análise das expectativas deriva do contrato e das atuações das partes, protegendo-se o seu aspecto externo, e não meramente subjetivo.[471]

Daí porque se possa dizer haver certa *subjetividade*, minorada pelo fato de que a interpretação do interesse *subjetivo* é realizada da maneira mais *objetiva* possível – outrossim, exige-se a previsibilidade para que se possa configurar a quebra como fundamental.

6.2.1.3 Previsibilidade

Ao lado do *prejuízo substancial*, o art. 25 da CISG refere-se ao critério da previsibilidade, no sentido de excepcionar sua configuração quando "a parte infratora não tiver previsto e uma pessoa razoável da mesma condição e nas mesmas circunstâncias não pudesse prever tal resultado". Daí se conclui, em linhas gerais, que a importância da obrigação descumprida (isto é, sua relevância ao programa contratual) deve ser previsível à parte faltosa, no sentido de que ela tenha condições de sopesar a relevância de sua falta em relação às expectativas do partícipe contratual.

---

[468] SCHROETER, Urlich. In: SCHWENZER, Ingeborg; GREBLER, Eduardo; FRADERA, Vera; PEREIRA, César A. Guimarães (coords.). Comentários à Convenção das Nações Unidas sobre contratos de compra e venda internacional de mercadorias. *Revista dos Tribunais*, São Paulo, p. 535. 2014.

[469] SCHLECHTRIEM, Peter e BUTLER, Petra. *UN Law on International Sales*. The UN Convention on the International Sale of Goods. Heidelberg: Springer, 2009, p. 98.

[470] FERRARI, Franco. *Fundamental breach under the UN Sales Convention* – 25 Years of article 25 CISG. Reproduced with permission of 25 Journal of Law and Commerce (Spring 2006) 489-508, disponível em <http://www.cisg.law.pace.edu/cisg/biblio/ferrari14.html>. Acesso em: 16 set. 2014.

[471] Sobre os critérios de análise do interesse do credor, em especial à distinção entre os critérios objetivo e subjetivo, vide STEINER, Renata C. A influência do interesse do credor no sistema de descumprimento contratual da CISG. In: NALIN, Paulo; STEINER, Renata C. e XAVIER, Luciana. *Compra e Venda Internacional de Mercadorias*: vigência, aplicação e operação da CISG no Brasil. Curitiba: Juruá, 2014, p. 428 e sg.

PAULO NALIN, RENATA C. STEINER
COMPRA E VENDA INTERNACIONAL DE MERCADORIAS

Ao se exigir a previsibilidade, a CISG deixa claro que não são interesses meramente *subjetivos* que estão em jogo mas, antes, expectativas legítimas que possam ser *objetivamente* extraídas do contexto do contrato ou da contratação.[472] Assim, somente haverá substancial rompimento de expectativas que foram previstas pela outra parte, ou que por ela devessem ter sido previstas, pois o seriam por pessoa razoável nas mesmas circunstâncias. A análise, como não poderia deixar de ser, há de realizada caso a caso.

Na esteira de tal explicação, distancia-se a *previsibilidade* da CISG da teoria da imprevisão, referida pelo CC (arts. 317 e 478), muito embora a interpretação aceitável para a sua inserção na codificação brasileira em muito se afaste da leitura subjetiva francesa original, impondo uma leitura objetiva fundada na conduta das partes.

Na síntese de Ulrich Schroeter, "o promissário somente poderá se basear em uma expectativa substantiva em virtude do contrato (art. 25) se o seu parceiro contratual soubesse (ou uma pessoa razoável da mesma condição e nas mesmas circunstâncias pudesse saber) que, ao assinar o contrato, tal expectativa particular seria criada".[473]

Nas hipóteses em que as partes redigiram o instrumento contratual de modo a deixar claro o conteúdo essencial de algumas obrigações, dúvidas não há de que o requisito da previsibilidade restará atendido. A análise levará em conta os termos contratuais, claramente expressados.

A vinculação das partes à observância de obrigações tidas como fundamentais ajustadas durante a fase de tratativas, ou que se adiram ao contrato por força das circunstâncias ou negociações pretéritas, também não pode ser tida como imprevisível. Aqui, no entanto, coloca-se um problema de prova, na medida em que há atividade interpretativa para integração de tais obrigações ao contrato que, uma vez realizada, afasta a alegação de imprevisibilidade.

Chega-se, então, ao espaço próprio de aplicação do requisito, que se ilustra pelas situações em que não há obrigação contratual expressamente qualificada como fundamental, e nem seja possível obter uma tal qualificação com base no art. 8º ou 9º CISG. Neste campo, obtido por exclusão, haverá de se utilizar um critério objetivo de interpretação, no sentido de

---

[472] Veja-se aqui uma importante consideração. Apesar de a interpretação conferida ao art. 25 ser objetiva, no sentido de se afastar de uma discricionariedade da parte lesada na configuração da fundamentalidade do descumprimento, ela é a o mesmo tempo *subjetiva*, pois sua base de avaliação é o interesse do lesado que ficou por satisfazer, sendo substancialmente atingido pela quebra contratual.

[473] SCHROETER, Urlich. In: SCHWENZER, Ingeborg; GREBLER, Eduardo; FRADERA, Vera; PEREIRA, César A. Guimarães (coords.). Comentários à Convenção das Nações Unidas sobre contratos de compra e venda internacional de mercadorias. *Revista dos Tribunais*, São Paulo, p. 538, 2014.

CAPÍTULO VI
CUMPRIMENTO E DESCUMPRIMENTO CONTRATUAL NA CISG | 251

verificar se uma pessoa razoável, diante da mesma situação, poderia ou não prever a essencialidade do descumprimento.[474]

Na medida em que se está a tratar de um critério interpretativo – pelo qual se verifica a essencialidade conferida às obrigações contratuais – a melhor doutrina entende que a previsibilidade deve ser exigida no momento da conclusão do contrato, sendo este o termo de sua análise.[475] A questão, conforme bem coloca Franco Ferrari, a previsibilidade deve ser analisada tendo em consideração o contrato, e as expectativas por ele criadas no momento de sua conclusão.[476]

Importa, por fim, salientar que o critério da previsibilidade não importa acrescentar um elemento de *culpa* ao descumprimento fundamental, não sendo possível confundir ambos os conceitos.[477] À luz da CISG, a responsabilidade advinda do descumprimento do contrato é objetiva, repita-se.

6.2.1.4 Critério da pessoa ponderada

Um último requisito que pode ser extraído do art. 25 CISG refere-se à sua análise tendo como parâmetro o critério de uma pessoa ponderada ou razoável, colocada nas mesmas circunstâncias da parte faltosa.

Conforme ensina Vera Fradera, este requisito pode ser bastante controvertido, considerando a existência de diversos padrões de conduta nos Estados contratantes da Convenção. Dois elementos, contudo, são apontados por ela como importantes para diminuição de tais riscos: a comparação com uma pessoa "da mesma espécie" – ou seja, do mesmo ramo de negócios – e a análise à luz "das mesmas circunstâncias" – ou seja, atenta às condições do mercado, legislação e fatos relevantes no momento da contratação.[478]

---

[474] FERRARI, Franco. *Fundamental breach under the UN Sales Convention* – 25 Years of article 25 CISG. Reproduced with permission of 25 Journal of Law and Commerce (Spring 2006) 489-508, disponível em <http://www.cisg.law.pace.edu/cisg/biblio/ferrari14.html>. Acesso em: 16. set. 2014.

[475] Vide, por todos, SCHROETER, Urlich. In: SCHWENZER, Ingeborg; GREBLER, Eduardo; FRADERA, Vera; PEREIRA, César A. Guimarães (coords.). Comentários à Convenção das Nações Unidas sobre contratos de compra e venda internacional de mercadorias. *Revista dos Tribunais*, São Paulo, p. 540-541, 2014.

[476] FERRARI, Franco. *Fundamental breach under the UN Sales Convention* – 25 Years of article 25 CISG. Reproduced with permission of 25 Journal of Law and Commerce (Spring 2006) 489-508, disponível em <http://www.cisg.law.pace.edu/cisg/biblio/ferrari14.html>. Acesso em: 16 set. 2014.

[477] SCHLECHTRIEM, Peter e BUTLER, Petra. *UN Law on International Sales*. The UN Convention on the International Sale of Goods. Heidelberg: Springer, 2009, p. 98.

[478] FRADERA, Vera Jacob de. O conceito de fundamental breach constante do art. 25 da CISG. *Revista de Arbitragem e Mediação*, Coordenação de Arnoldo Wald, ano 10, v.37, abr.-jun. 2013 (Acesso pela RTOnline).

Veja-se que a inserção do critério de comparação com uma pessoa razoável reafirma que a análise do comportamento da parte deve ser feita de forma mais objetiva possível, mormente considerado o fato de se tratar de contratantes de diferentes Estados e, logo, de distintas culturas jurídicas: o juízo de valor do homem razoável no Brasil não deve ser o mesmo do neozeoladês. A razoabilidade aqui versada, por esse motivo, se aproxima mais da ponderação do contratante, na sua esfera de empresário ou comerciante, e na atuação concreta de um específico negócio de compra e venda, do que de uma ótica de vulnerabilidade subjetiva.

O intérprete, o juiz ou árbitro devem estar muito atentos a tais circunstâncias subjetivas dos contratantes, as quais devem ser tomadas sob um ângulo objetivo do comportamento razoável.

6.2.2 Ônus probatório e Direito brasileiro

Havendo a confluência dos diversos requisitos acima estudados, será possível a conclusão pela existência de descumprimento fundamental. À parte que invoca sua ocorrência toca o ônus probatório respectivo, no sentido de comprovar a essencialidade do descumprimento, mas não o descumprimento em si. Significa dizer que o lesado pode alegar o descumprimento e, a partir daí, deve comprovar a essencialidade da falta.

Em relação ao primeiro destes dados, ou seja, a ocorrência do descumprimento, a questão é bastante próxima àquela encontrada no Direito brasileiro. Ora, o lesado pelo descumprimento contratual tem a prerrogativa de apenas *alegar* o descumprimento contratual, deixando à parte faltosa o ônus de comprovar o cumprimento da obrigação, ou a existência de um fundamento que a exonere deste cumprimento. Refere-se à existência de inversão do ônus probatório na responsabilidade civil contratual,[479] havendo quem refira à presunção de culpa do devedor.[480]

A conclusão é bastante lógica, no sentido de que o não cumprimento do contrato é normalmente uma violação *negativa*, não se podendo impor à parte lesada a comprovação de que o cumprimento não ocorreu. Por outro lado, à parte que deveria cumprir é plenamente possível impor-se o ônus de comprovar o pagamento, ou de alegar em seu favor, mediante comprovação, a existência de uma excludente de responsabilidade.

A essencialidade, contudo, deve ser comprovada pelo lesado, pois é ela que abre a ele a possibilidade de utilização de alguns remédios frente ao descumprimento. Neste ponto, há confluência relativa entre os regimes da

---

[479] STEINER, Renata C. *Descumprimento contratual*: boa-fé e violação positiva do contrato. São Paulo: Quartier Latin, 2014, p. 244.

[480] VARELA, Antunes. *Direito das Obrigações*. Rio de Janeiro: Forense, 1978, v. 2, p. 120.

CISG e do Direito brasileiro, localizado na hipótese de se adererir o critério de gravidade à análise do descumprimento contratual, especialmente para utilização do remédio resolutório. Explica-se.

Se na CISG, conforme será visto, a existência de um descumprimento essencial é tida como pré-requisito para resolução do contrato (item 6.4.3.2), o que significa que somente a grave violação do contrato pode conduzir de plano à sua resolução, no Direito brasileiro o art. 475 do Código Civil refere-se à escolha da parte faltosa pela resolução do vínculo contratual, sem expressamente inserir a análise da gravidade do descumprimento. Ocorre que a melhor interpretação do artigo vai no sentido de aderir à sua análise um critério qualitativo do descumprimento, afastando o direito à resolução quando o descumprimento for ínfimo ou desproporcional à desconstituição do vínculo contratual, pois assim haveria o exercício abusivo do direito resolutório.

Nessas hipóteses, no sistema doméstico, caberá ao lesado *alegar* o descumprimento e *comprovar* a sua gravidade para utilização do remédio resolutório, em solução bastante próxima àquela obtida à luz da CISG. Note-se, contudo, em ressalva que deve nortear a compreensão da Convenção, que a comprovação dos requisitos previstos no texto convencional deve se pautar por uma intepretação autônoma de suas disposições, não sendo cabível uma comparação que se oriente pelo Direito interno, uma vez que o remédio resolutório é o derradeiro admitido pela CISG, o que não se infere dos termos expressos da legislação nacional – ainda que seja esta a melhor interpretação a ser dada, na visão dos autores.

6.2.3 Grupos de casos de descumprimento essencial

Uma vez estabelecidas as bases para compreensão do que seja um descumprimento essencial na sistemática da CISG, há então de se verticalizar os grupos de casos em que referido descumprimento pode se dar, e pelos quais se pode trabalhar as principais obrigações do comprador e do vendedor dispostas na Convenção.

Por razão de síntese, os grupos de casos de descumprimento essencial podem ser divididos em três categoriais: falta definitiva de entrega, atraso na entrega, desconformidade de bens e falha na observância de deveres contratuais específicos.[481]

---

[481] A divisão aqui tomada, com a inclusão de um tópico específico para a falta definitiva de entrega, embasa-se em DIMATTEO, Larry; DHOOGE, Lucien; GREENE, Stephanie; MAURER, Virginia e PAGNATTARO, Marisa Annes. *International Sales Law*. A critical analysis of CISG Jurisprudence. Cambridge: Cambridge University Press, 2005, p. 125.

6.2.3.1 Falta definitiva de entrega (non-delivery)

A primeira forma de *descumprimento essencial* toca às situações em que a falta de cumprimento pode configurar, de *per se*, descumprimento definitivo do pacto.

Conforme ensinam Peter Huber e Alastair Mullis, isso ocorre nos casos em que há impossibilidade de cumprimento da obrigação (objetiva ou subjetiva), ou naqueles em que o vendedor não está mais obrigado à entrega por alguma exceção ao seu dever (como na hipótese de *hardship*), ao que se somam as situações em que o vendedor confirma,[482] de antemão, que não pretende realizar a entrega das mercadorias devidas.[483] É claro que tais situações excepcionais ao adimplemento podem ou não estar contidas na CISG, como a cláusula *hardship*, cuja sistemática e aplicação não estão previstas expressamente na Convenção.

Nessas hipóteses, o caráter definitivo do descumprimento é que o transforma em essencial, podendo-se qualificar o atraso como igualmente definitivo.[484] Veja-se que a hipótese não é de mero atraso no cumprimento da prestação, mas sim de atraso qualificado como definitivo.

---

[482] Veja-se, para ilustrar a hipótese, o entendimento tomado pela Associação Americana de Arbitragem, em caso envolvendo a compra de frangos americanos por uma sociedade sediada na Romênia. Conforme narrado, o vendedor americano teria atrasado o embarque dos frangos e a certificação dos produtos, necessária por decisão do governo romeno ante à gripe aviária. Por sugestão do comprador, foi indicada a possibilidade de entrega dos frangos em outro porto, não localizado no território romeno. O vendedor recusou-se, alegando que a proibição imposta pelo governo da Romênia poderia ser considerada força maior para rescindir o contrato. Posteriormente, os mesmos produtos foram revendidos a preço maior para outro comprador. Segundo a conclusão tomada pela sentença arbitral, o primeiro atraso do vendedor americano na entrega dos frangos não poderia ser considerado descumprimento fundamental, especialmente porque a análise das atitudes tomadas pelas partes e da prática da indústria era de tolerância quanto a atrasos. A sua recusa definitiva à entrega, no entanto, atingiu a conformação do descumprimento fundamental – pois haveria a possibilidade de entrega em local diverso do contratado. (American Arbitration Association. Arbitral Award. 50181T 0036406, 12.12.2007. Disponível em <http://www.unilex.info/case.cfm?id=1346> Acesso em: 26. jan. 2014).

[483] HUBER, Peter e MULLIS, Alastair. The CISG. A new textbook for students und practitioners. Munique: Sellier, 2007, p. 227, em tradução livre. No mesmo sentido, vide Markus MÜLLER-CHEN: haveria não cumprimento (e poderia haver descumprimento fundamental) quando "a entrega é impossível tanto objetiva como subjetivamente, antes ou após a data de entrega, ou quando o vendedor seriamente e definitivamente declara antes ou depois da data de entrega que ele não mais está apto ou disposto a efetuar a entrega nos termos acordados no contrato. (MÜLLER-CHEN, Markus. In: SCHWENZER, Ingeborg; GREBLER, Eduardo; FRADERA, Vera; PEREIRA, César A. Guimarães (coords.). Comentários à Convenção das Nações Unidas sobre contratos de compra e venda internacional de mercadorias. *Revista dos Tribunais*, São Paulo, p. 867-868, 2014.).

[484] Neste sentido, decidiu a Corte de Arbitragem da ICC em caso envolvendo a não entrega de bens em contrato de compra e venda internacional. O vendedor alegou impossibilidade (que, ao seu ver, seria configurada como força maior) pois não possuía a propriedade dos bens negociados ao tempo da conclusão do contrato. Segundo a Corte, "a não entrega é suficiente para atingir o nível do descumprimento fundamental (art. 25 CISG)", conferindo ao lesado

6.2.3.2 Atraso (essencial) na obrigação de entrega

O segundo grupo de casos em que se pode aventar a ocorrência de *descumprimento essencial* refere-se ao atraso na obrigação de entrega de mercadorias.

Conforme disposto no art. 33 CISG, o vendedor é obrigado a entregar os bens na data ou no prazo contratualmente fixado ou, na sua ausência, em um prazo tido como razoável. Trata-se de obrigação precípua ao vendedor em um contrato de compra e venda, à qual se liga a obrigação do comprador em receber as mercadorias no prazo devido (art. 53 e 60 CISG), sob pena de descumprimento contratual.[485]

A regra geral aplicável é a de que o simples atraso, ou a mora, não são suficientes para configurar um *descumprimento fundamental*, razão pela qual a análise destas hipóteses é feita casuisticamente, e levando em consideração os interesses do credor no recebimento tardio dos bens. Em outras palavras, a Convenção não presume que o interesse na prestação seja extinto pelo mero atraso.

Assim como um atraso na entrega não importa, por si só, descumprimento essencial, a entrega parcial de mercadorias também pode ser configurada como mero descumprimento contratual.[486] Em uma analogia – e com as ressalvas do perigo dos *faux amis* acima apontados – a questão a ser respondida é próxima àquela trazida pelo art. 395, parágrafo único do Código Civil brasileiro – ou seja, pautada pelo interesse do credor na utilidade da prestação.

Se, não obstante o atraso, a entrega tardia preencher substancialmente o interesse do credor na manutenção do contrato, então não se pode entender pela configuração de um descumprimento essencial. É evidente, contudo, que o fato não afasta a aplicação do regime de descumprimento, em especial do remédio reparatório de danos causados, por força do disposto no art. 45 (1) (b) CISG.

Há contratos em que o termo de cumprimento é fixo e, portanto, essencial. Nestas hipóteses, resta configurada a necessidade de cumprimento no tempo acordado, ao que se soma a previsibilidade quanto a esta

---

o direito à resolução contratual. (ICC Court of Arbitration. 9978. 00.03.1999, disponível em <http://www.unilex.info/case.cfm?id=471> Acesso em: 26 jan.2014).

[485] Sobre as peculiaridades da obrigação de entrega, bem como uma análise comparatista com a entrega no Direito brasileiro, vide ZANELATTO, Natália Villas Bôas. A obrigação de entrega na CISG e na prática contratual internacional: breve comparação com o regime jurídico brasileiro. In: NALIN, Paulo; STEINER, Renata C. e XAVIER, Luciana. *Compra e Venda Internacional de Mercadorias*: vigência, aplicação e operação da CISG no Brasil. Curitiba: Juruá, 2014, p. 211 e seguintes.

[486] DIMATTEO, Larry; DHOOGE, Lucien; GREENE, Stephanie; MAURER, Virginia e PAGNATTARO, Marisa Annes. *International Sales Law*. A critical Analysis of CISG Jurisprudence. Cambridge: Cambridge University Press, 2005, p. 126.

conclusão. O devedor faltoso não pode invocar a seu favor o desconhecimento da importância do tempo do cumprimento, na medida em que este vem bem definido no contrato, ou é obtido claramente por aplicação do art. 8º ou 9º da CISG. Assim sendo, a partida de roupas de verão encomendada por grande rede internacional de lojas deve ser entregue em tempo hábil à sua distribuição global, possivelmente na primavera ou mesmo no inverno antecedente. Nesse contexto hipotético, o adimplemento é um ato complexo que depende da concretização de outras etapas de comercialização.

Nos demais casos, quando não há termo fixo, ou não sendo este configurado como essencial, aplica-se a regra geral que presume que o cumprimento intempestivo não irá ofender o interesse do credor a ponto de ser qualificado como fundamental. Conforme logo teremos oportunidade de afirmar, a própria figura do *Nachfrist* – prazo suplementar que pode ser conferido à parte faltosa para cumprimento da obrigação em atraso, que será estudado no item 6.4.3.3 *infra* – previsto no art. 47 (1) da CISG é um indicativo de que o tempo do cumprimento não é, via de regra, essencial aos contratos de compra e venda internacional de mercadorias.[487]

6.2.3.3 Desconformidade (essencial) dos bens ou de documentos

É possível que a entrega de bens seja feita no tempo adequado, mas que estes não sejam conformes. Trata-se de hipótese de entrega defeituosa ou de entrega de bens não conformes, estendendo-se também à entrega de documentos não conformes e que poderão elevar-se ao nível de um *descumprimento essencial*.

O conceito de *desconformidade* adotado pela Convenção é qualificado como unitário, na medida em que condensa diversas formas de não conformidades em um único conceito, definido no art. 35. Esta nota é essencial para que se afastem os perigos de compreensão da desconformidade à luz do regramento de vícios do Direito doméstico vez que, no Brasil, há diversas categorias sob esta rubrica (vícios de direito e vícios do objeto, vícios aparentes e vícios ocultos, por exemplos).

É o que se extraí do conteúdo do art. 35 da CISG, o qual estabelece ao vendedor o dever de conformidade dos bens entregues, dispondo que estes devem observar "quantidade, qualidade e tipo previstos no contrato, acondicionadas ou embaladas na forma nele estabelecida". As dificuldades

---

[487] STEINER, Renata C. A influência do interesse do credor no sistema de descumprimento contratual da CISG. In: NALIN, Paulo; STEINER, Renata C. e XAVIER, Luciana. *Compra e Venda Internacional de Mercadorias*: vigência, aplicação e operação da CISG no Brasil. Curitiba: Juruá, 2014, p. 422.

CAPÍTULO VI
CUMPRIMENTO E DESCUMPRIMENTO CONTRATUAL NA CISG | 257

de se trabalhar a entrega desconforme é um capítulo à parte na casuística da CISG, e enseja inúmeras discussões doutrinárias e jurisprudenciais.[488] Esta dificuldade estende-se também à possibilidade de configuração de *descumprimento essencial* por desconformidade de bens, tida como hipótese de mais difícil aplicação do conceito.[489] Aplica-se, aqui, a mesma regra adotada para análise do tempo do cumprimento e de sua essencialidade: nem toda entrega de bens desconformes será qualificada como *descumprimento essencial*, o qual dependerá da essencialidade da não conformidade ao programa contratual.[490]

Peter Huber e Alastair Mullis salientam a necessidade de uma análise *case-by-case basis*, fundamentada em inúmeras decisões sobre o tema. Sintetizando alguns critérios de análise, sugerem que:

(a) primeiramente sejam analisados os acordos explícitos e implícitos entre as partes, a partir do contrato – inclusive a partir do panorama comercial da transação;

(b) na ausência de critérios contratuais, deve-se analisar a gravidade do descumprimento, "a partir da perspectiva do comprador, ou seja, nas consequências do descumprimento para ele";

(c) mesmo sendo sério, o descumprimento pela entrega não conforme poderá não levar ao descumprimento contratual, se o vendedor ainda tiver o direito de sanar as desconformidades e, por fim

(d) deve-se analisar a possibilidade de uso razoável da mercadoria, critério extremamente discutido na doutrina.[491]

---

[488] *Vide*, por todos, que o CISG Advisory Council fez publicar a Opinion n. 5, tratando especificamente sobre a interpretação do art. 49 (1) – que dispõe sobre a resolução por descumprimento fundamental – no que toca à não conformidade. (CISG-AC Opinion no 5, The buyer's right to avoid the contract in case of non-conforming goods or documents 7 May 2005, Badenweiler (Germany). Rapporteur: Professor Dr. Ingeborg Schwenzer, LL.M., Professor of Private Law, University of Basel. Disponível em <http://www.cisg.law.pace.edu/cisg/CISG-AC-op5.html#1>.).

[489] HUBER, Peter e MULLIS, Alastair. *The CISG*. A new textbook for students und practitioners. Munique: Sellier, 2007, p. 227.

[490] Consoante ressalta Ingeborg SCHWENZER, a Convenção não estabelece que a entrega desconforme tenha efeitos sobre a entrega dos bens, mas sim dá origem a remédios contratuais, regulados pelo art. 45 CISG. SCHWENZER, Ingeborg. In: SCHWENZER, Ingeborg; GREBLER, Eduardo; FRADERA, Vera; PEREIRA, César A. Guimarães (coords.). Comentários à Convenção das Nações Unidas sobre contratos de compra e venda internacional de mercadorias. *Revista dos Tribunais*, São Paulo, p. 695, 2014.

[491] Em suma, refere-se à possibilidade de que as mercadorias não conformes possam ser aproveitadas pelo comprador, ainda que para finalidade diversa daquela inicialmente prevista. Dois exemplos, extraídos das lições dos autores, podem ser bastante elucidativos dos problemas de interpretação existentes na questão. No primeiro deles, julgado pela Corte suíça em 1998 (e que segue a linha majoritariamente adotada na Alemanha), decidiu-se que a entrega de carne congelada de pior qualidade não seria considerada um descumprimento fundamental, pois o comprador poderia revender a carne a preço inferior e demandar a reparação dos danos suplementares. Representativo de outra linha de pensamento, no caso *Delchi* vs. *Rotorex*,

Estes parâmetros de análise são necessários porque a entrega desconforme de bens pode ser, em tese, remediável – a própria CISG fomenta a correção da não conformidade em detrimento da configuração do descumprimento fundamental e da resolução do contrato [art. 46 (3), por exemplo]. A parte inadimplente tem, preenchidos determinados pressupostos, o *right to cure*, ou seja, o direito de corrigir a não conformidade.

As hipóteses de desconformidade são tão flexíveis e casuísticas que mesmo a não observância de cláusulas contratais éticas pode implicá-las. É o caso, por exemplo, da entrega de produtos industrializados em cadeia, a qual, em certa etapa, emprega mão de obra infantil, permitida no país de origem, mas reprovada no mercado destinatário do produto: mesmo que a coisa seja apta ao consumo, não o será naquele mercado específico. Nesta hipótese entram em cena juízos não muito concretos de investigação, como a previsibilidade do vendedor sobre o mercado destinatário do produto e cláusulas contratuais éticas, explicitas ou implícitas.

Retomando o *right to cure*, ocorre que, mesmo sendo possível a solução da não conformidade, e como bem ressaltam Peter Schlechtriem e Petra Butler, o tempo necessário para tal remédio pode levar à configuração do *descumprimento essencial*, desde que o tempo do cumprimento seja igualmente essencial.[492] A análise, novamente, será feita casuisticamente.

Os autores apontam também uma dificuldade adicional no tratamento da entrega de bens não conformes, e que está ligada a uma visão doméstica de seus requisitos. Com efeito, enquanto as experiências alemãs e suíças são mais rígidas na configuração do descumprimento fundamental por entrega não conforme, na França, Áustria e Estados Unidos encontra-se uma jurisprudência mais flexível e autorizativa da resolução do contrato.[493]

Transportando a análise ao Direito brasileiro, há de se tomar a cautela de não se compreender a não conformidade a partir de algumas regras internas, especialmente aquelas derivadas do Código de Defesa do Consumidor. Veja-se que, na sistemática da CISG, o direito à reparação da não conformidade é conferido à parte faltosa, em nítida adoção da resolução do contrato como *ultima ratio*. Da mesma forma, quando se insere na análise da não conformidade questões referentes à possibilidade de utilização do bem para outra finalidade, trabalha-se com um requisito que visa manter o contrato vigente.

---

julgado nos Estados Unidos, entendeu-se que a entrega de compressores de ar condicionado com potência inferior àquela contratada seria falta fundamental, não se chegando a analisar a viabilidade de sua utilização em outro processo produtivo ou a sua revenda. (HUBER, Peter e MULLIS, Alastair. *The CISG*. A new textbook for students and practitioners. Munique: Sellier, 2007, p. 231, em tradução livre).

[492] SCHLECHTRIEM, Peter e BUTLER, Petra. *UN Law on International Sales*. The UN Convention on the International Sale of Goods. Heidelberg: Springer, 2009, p. 101.

[493] SCHLECHTRIEM, Peter e BUTLER, Petra. *UN Law on International Sales*. The UN Convention on the International Sale of Goods. Heidelberg: Springer, 2009, p. 100-101.

6.2.3.4 Falha (essencial) na observância de deveres contratuais específicos

Por fim, e como forma de se fechar o sistema de descumprimento fundamental, há de se apontar que o descumprimento de outros deveres contratuais – para além do tempo do cumprimento e da conformidade de bens – pode ser elevado à uma violação essencial do contrato. Com efeito, e consoante se apontou acima, a configuração dos requisitos do art. 25 CISG está muito mais ligada à gravidade do descumprimento ao programa contratual (e às expectativas ou interesses das partes) do que à classificação específica do dever descumprido ou na forma de descumprimento.

Isso importa concluir que a infração a qualquer dever contratual, derivado dos termos expressos do contrato ou da sua integração com as disposições convencionais, poderá levar ao *descumprimento essencial*, desde que sua falta deixe por satisfazer os interesses objetivos da parte lesada no cumprimento do pacto.

Exemplificativo desta situação é o caso representado pelo CLOUT 02, envolvendo um comprador alemão e um vendedor italiano de sapatos. O comprador alemão enviou ao fabricante italiano especificações dos calçados, a serem produzidos em número de 130, para servirem posteriormente de base para futuras encomendas. Em uma feira de negócios, a manufatura italiana expôs os sapatos produzidos segundo estas especificações, utilizando a marca licenciada pela empresa alemã, a qual a detinha com exclusividade. A recusa do vendedor italiano de retirar tais sapatos da exposição fez com que o descumprimento do dever de exclusividade fosse elevado à infração essencial, autorizando o pedido de resolução do contrato.[494]

A decisão denota que não apenas os deveres principais (isto é, essencialmente o dever de entrega e de pagamento) é que podem configurar o *descumprimento fundamental* à luz da CISG. A infração a deveres laterais ou mesmo a deveres secundários (pense-se, por exemplo, no dever de embalar) podem também ser assim qualificados.

Novamente vem à tona uma distinção bastante sutil, porém essencial, na comparação entre os regimes da Convenção e do Código Civil brasileiro. Muito embora o art. 389 do CC não delimite o descumprimento da obrigação aos deveres de prestação, é certo que toda a sistemática doutrinária tradicional embasou-se na falta de cumprimento da prestação para qualificar o inadimplemento absoluto e a mora. Os esforços verificáveis na construção de uma teoria ampla de descumprimento, a englobar

---

[494] OLG Frankfurt a.M., U 164/90, 17.09.1991, CLOUT 02 (Uncitral), disponível em <http://www.uncitral.org/clout/showDocument.do?documentUid=1283>. Acesso em: 13 jan. 2014, em tradução livre.

260 | PAULO NALIN, RENATA C. STEINER
COMPRA E VENDA INTERNACIONAL DE MERCADORIAS

a chamada violação positiva do contrato, são recentes e ainda rendem discussões doutrinárias no Brasil.[495] Para a CISG, repita-se, não há efetiva distinção de regimes com base no dever descumprido, ainda que o sistema de *remedies* preveja distintas consequências possíveis – porém nem sempre ligadas a uma forma específica de descumprimento contratual.

6.3 O sistema de *remedies*

Conforme já advertia Ernst Rabel, em texto paradigmático publicado em 1935, as naturais dificuldades de uniformização do Direito multiplicam-se no tema do descumprimento das obrigações pelo reconhecimento de que, também nas ordens internas, o tema já é bastante controvertido.[496] A ressalva é importante para que se possa bem compreender o sistema de *remedies* da CISG, dotado de lógica própria e diversa daquela aplicável no Direito brasileiro doméstico.

Para o leitor brasileiro, aliás, a dificuldade é ainda mais evidente, vez que o tratamento do descumprimento contratual no Brasil é feito de maneira não sistemática – não se encontrando nem do ponto de vista interno uma homogeneidade no tratamento do tema. Com efeito, o não cumprimento das obrigações é tratado quando da apresentação das modalidades de obrigações (art. 233 e sg), em título próprio do Livro de Obrigações dedicado ao inadimplemento (arts. 389 e sg CC), enquanto que as diferentes consequências do descumprimento estão dispersas em outros dispositivos, como é o caso da resolução contratual (arts. 475 e 476 CC), não se vislumbrando uma fácil compreensão das consequências aplicáveis.[497]

A CISG, por sua vez, permite uma compreensão bastante clara do seu sistema de remédios frente ao descumprimento contratual, desde que lida pelas suas próprias lentes, isto é, em desconsideração às compreensões nitidamente internas afetas ao Direito brasileiro. Essa apontada falta de

---

[495] Sobre o tema, remete-se o leitor a STEINER, Renata C. *Descumprimento contratual*: boa-fé e violação positiva do contrato. São Paulo: Quartier Latin, 2014.

[496] O autor tratava especialmente do descumprimento da entrega, vez seu texto voltava-se aos esforços de uniformização das legislação sobre operações de compra e venda. RABEL, Ernst. Der Entwurf eins einheitlichen Kaufgesetzes. In: *Zeitschrift für ausländisches und internationales Privatrecht*. 9 Jahrgang (1935), p. 60, acesso pelo JStor em: 15. jan. 2014 (http://www.jstor.org/stable/27872325.).

[497] Como o Código Civil brasileiro contém disposições bastante sucintas sobre o assunto, a classificação do descumprimento e de suas consequências fica a cargo da doutrina. *Vide*, por todos, a paradigmática obra de ALVIM, Agostinho. *Da Inexecução das Obrigações e suas Consequências*. Rio de Janeiro/São Paulo: Jurídica e Universitária, 1965, bem como, para uma visão panorâmica do sistema de descumprimento contratual no Brasil, STEINER, Renata C. *Descumprimento contratual*: boa-fé e violação positiva do contrato. São Paulo: Quartier Latin, 2014.

sistematização do Direito interno, assim, pode ter um ponto positivo, no sentido de permitir uma leitura isenta de pré-concepções.

Em busca de uma visão panorâmica do sistema de descumprimento da CISG, o primeiro passo está em reconhecer o caráter central do *descumprimento fundamental*, no sentido de diferenciar as formas de inadimplemento a partir da gravidade da falta, o que vai se refletir na abertura de diferentes remédios. Em momento posterior ao reconhecimento da ocorrência de um descumprimento (fundamental ou não), é que se passa a analisar o sistema de *remedies*, rubrica sob a qual são compreendidas as diferentes ações cabíveis ao lesado pelo descumprimento.

Da mesma forma em que a CISG diferencia os deveres afetos ao comprador e ao vendedor, os remédios cabíveis para cada forma de descumprimento são também trabalhados de forma separada (arts. 45 a 52, em favor do comprador; e arts. 61 a 65, em favor do vendedor). A distinção é bastante salutar, na medida em que os descumprimentos por parte do vendedor e do comprador são diversos, ainda que os remédios aplicáveis possam ser idênticos. As disposições sobre perdas e danos (arts. 74 a 77 CISG), por sua vez, são comuns a ambas as hipóteses.

Sendo a análise realizada em dois momentos distintos (no primeiro deles, configura-se o descumprimento contratual e, no segundo, avaliam-se os remédios aplicáveis), há de se apontar, conforme ressalva Bruno Zeller, que a disposição dos *remedies* na CISG serve para lembrar que a Convenção deve ser lida dentro de seus *"four courners"* e que as soluções somente serão encontradas a partir do documento como um todo, e não de artigos isolados.[498] Eis uma peculiaridade da sistematização proposta pela Convenção, e que faz necessário o sobrevoo sob inúmeros dispositivos convencionais.

O estudo dos remédios conferidos ao lesado pelo descumprimento é também guia mestra para compreensão das próprias obrigações das partes no contrato de compra e venda internacional de mercadorias. Isso importa dizer que, na medida em que se analisem cada uma das ações possíveis frente ao descumprimento, possa-se estudar também a espécie de dever descumprido – cuja análise exaustiva não encontra espaço no presente livro, dado seu caráter introdutório.

Diga-se, ainda, que a existência de diferentes remédios não afeta o caráter unitário da compreensão de descumprimento contratual, cujo núcleo é encontrado na figura da quebra de uma obrigação contratualmente ajustada, ou decorrente da Convenção. Lembre-se, novamente, que o elemento subjetivo *culpa* é de todo irrelevante para sua configuração – bastando para tanto que haja a imputação objetiva do descumprimento.

---

[498] ZELLER, Bruno. *Damages under the Convention on Contracts for the International Sale of Goods.* 2.ed. Oxford: Oxford University Press, 2009, p. 62.

6.3.1 As bases convencionais do sistema de *remedies* (art. 45 e art. 61, CISG)

A existência de um sistema de remédios ao descumprimento contratual dialoga de forma estreita com o princípio da obrigatoriedade dos pactos, no sentido de torna-los exequíveis. É assim a afirmação de Joseph Lookofsky, que bem resume a *ratio* do tratamento convencional do descumprimento contratual e suas consequências: "para cada violação a um contrato de compra e venda exequível, deve haver algum remédio: assim não fosse, como se poderia falar em 'exequibilidade' de obrigações que incorrem às partes contratuais?"[499]

Seguindo uma linha bastante lógica, a CISG diferencia as obrigações que tocam ao comprador e vendedor, em um primeiro momento para, após, trabalhar de forma igualmente apartada os remédios abertos a cada uma das partes do contrato frente ao descumprimento por parte da outra.[500] No que toca ao comprador lesado, o artigo chave a reger o sistema de remédios é o art. 45, enquanto que o vendedor tem a seu dispor os mecanismos dispostos no art. 61, cuja leitura deixa antever que os remédios cabíveis podem ser comuns:

Artigo 45

(1) Se o vendedor não cumprir qualquer das obrigações que lhe couberem de acordo com o contrato ou com a presente Convenção, o comprador poderá:

(a) exercer os direitos previstos nos artigos 46 a 52;

(b) exigir a indenização das perdas e danos prevista nos artigos 74 a 77.

(2) O comprador não perde o direito à indenização das perdas e danos por exercer seu direito a outras ações.

(3) Não poderá o juiz ou tribunal arbitral conceder ao vendedor qualquer período de graça, quando o comprador exercer ação contra a violação de contrato.

Artigo 61

(1) Se o comprador não cumprir qualquer das obrigações que lhe incumbirem de acordo com o contrato ou com a presente Convenção, o vendedor poderá:

(a) exercer os direitos previstos nos artigos 62 a 65;

(b) exigir a indenização das perdas e danos previstos nos artigos 74 a 77.

---

[499] LOOKOFSKY, Joseph. *Understanding the CISG*. 4. ed. Wolters Kluwer, 2012, p. 101, em tradução livre.

[500] É o que fazem, por exemplo, Peter HUBER e Alastair MULLIS, tratando em dois capítulos diferentes os *remedies* do comprador e os *remedies* do vendedor. Vide HUBER, Peter e MULLUS, Alastair. The CISG. A new textbook for students and practitioners. *European Law Publishers*: 2007.

CAPÍTULO VI
CUMPRIMENTO E DESCUMPRIMENTO CONTRATUAL NA CISG | 263

(2) O vendedor não perde o direito à indenização das perdas e danos por exercer o direito a outras ações.

(3) Não poderá o juiz ou tribunal arbitral conceder ao comprador qualquer período de graça, quando o vendedor exercer uma ação por violação do contrato.

Pressuposto básico para aplicação tanto dos remédios cabíveis ao comprador, como ao vendedor, é o *não cumprimento de qualquer das obrigações* que vinculam as partes, sejam aquelas oriundas do contrato, sejam oriundas da própria Convenção ou das práticas estabelecidas pelas partes. A compreensão do termo descumprimento é, assim, bastante ampla.[501] Ao lado desta unidade na conformação do descumprimento, há uma pluralidade de remédios.

A elucidação de diferentes remédios em um único artigo (ainda que em artigos diversos para o comprador e para o vendedor) é reconhecida como facilitadora da localização e da compreensão dos direitos e obrigações das partes na CISG.[502] É certo, contudo, que não se encontra em nenhum destes dispositivos a definição dos remédios cabíveis, cuja compreensão é feita por remissão a outros dispositivos convencionais.[503]

Buscando a facilitação da sistematização dos diferentes remédios, e um tratamento panorâmico dos diferentes remédios, a exposição seguirá a didática divisão proposta por Joseph Lookofsky, na qual os remédios adotados pela CISG serão trabalhados em três grandes categorias (referindo-se tanto aos remédios do *comprador* como do *vendedor*): em uma primeira divisão, estariam aqueles que se destinam à *execução* (cumprimento específico) da obrigação; o segundo grupo seria composto por remédios voltados à *tutela reparatória* e, por fim, ter-se-ia o remédio *resolutório*, cuja eficácia seria a de liberar as partes de suas obrigações contratuais.[504]

---

[501] MÜLLER-CHEN, Markus. In: SCHWENZER, Ingeborg; GREBLER, Eduardo; FRADERA, Vera; PEREIRA, César A. Guimarães (coords.). Comentários à Convenção das Nações Unidas sobre contratos de compra e venda internacional de mercadorias. *Revista dos Tribunais*, São Paulo, p. 813, 2014.

[502] ZELLER, Bruno. *Damages under the Convention on Contracts for the International Sale of Goods*. 2. ed. Oxford: Oxford University Press, 2009, p. 61.

[503] Apesar disso, é possível extrair destes dispositivos algumas características do descumprimento contratual, já que ambos deixam claro que: *a*) o descumprimento é a falta objetiva de cumprimento de obrigações contratuais ou obtidas por integração da Convenção; *b*) o descumprimento cria à parte lesada direitos a serem exercidos de acordo com as disposições da Convenção; *c*) o remédio reparatório é comum tanto ao descumprimento pelo comprador quanto pelo vendedor, e será cabível em cumulação a outros remédios, e *d*) a culpa não é um critério relevante para incidência de suas disposições. (STEINER, Renata C. *Resolução do Contrato e Reparação de Danos na Convenção das Nações Unidas sobre Contratos e Compra e Venda Internacional de Mercadorias* (CISG). Disponível em <http://www.cisg-brasil.net/downloads/concurso/RenataSteiner.pdf>. Acesso em: 22 set. 2014).

[504] LOOKOFSKY, Joseph. Understanding the CISG. 4.ed. Wolters Kluwer, 2012, p. 102. Bruno ZELLER também faz referência a esta divisão, afirmando serem três *broad remedies*, ou seja,

264 | PAULO NALIN, RENATA C. STEINER
COMPRA E VENDA INTERNACIONAL DE MERCADORIAS

Destaque-se desde logo que os diferentes remédios conferidos pela CISG não podem ser entendidos como mutuamente excludentes, não estando nem o comprador nem o devedor obrigados a escolher entre eles.[505] A afirmação não importa a conclusão de que se poderia sempre utilizar diferentes remédios concomitantemente, havendo possibilidade de que, *in concreto*, haja incompatibilidade entre diferentes remédios. Com efeito, o cumprimento específico da obrigação é de plano incompatível com o pedido de resolução contratual, por exemplo. Da mesma forma, não se pode descurar que há requisitos para utilização de cada um dos remédios e que, somente quando estes estão preenchidos, é que se pode falar em efetiva escolha por parte do lesado.

O remédio reparatório, conforme Bruno Zeller, é o único que sempre poderá ser utilizado em conjunto com qualquer outro, tanto assim que vem arrolado separadamente dentre as hipóteses dos arts. 45 e 61 (afinal, o direito à reparação de danos é o que se chama de *dominant right*).[506] Fala-se, então, em "supra remédio".

Fixado este panorama geral do sistema de *remedies*, resta então estudar cada um dos grupos de casos, fazendo sempre a distinção entre a aplicação em favor do *comprador* ou do *vendedor*, quando necessário.

6.3.2 Cumprimento específico (*specific performance*)

Comprador e vendedor assumem obrigações recíprocas em um contrato de compra e venda internacional de mercadoria. Ainda que a obrigação principal do comprador seja a de pagar o preço e a do vendedor a

---

remédios gerais. Afirma, contudo, que a Corte Comercial de Aargau decidiu necessário dividir as hipóteses em cinco diferentes remédios ("em essência, a corte não seguiu "*broad principles*", mas olhou atentamente ao art. 45"), chegando aos seguintes remédios: a) direito à prestação; b) right to cure; c) direito à resolução por descumprimento fundamental; d) direito à redução do preço; e) direito à reparação de danos. O *right to cure* e o direito à redução do preço serão trabalhados no âmbito deste livro como integrantes do direito à prestação (ZELLER, Bruno. Damages under the Convention on Contracts for the International Sale of Goods. 2a edição. Oxford: Oxford University Press, 2009, p. 59).

[505] ZELLER, Bruno. *Damages under the Convention on Contracts for the International Sale of Goods*. 2. ed. Oxford: Oxford University Press, 2009, p. 59.

[506] Tratando sobre a controvérsia de cumulatividade dos diferentes remédios contratuais sob o ponto de vista dos princípios UNIDROIT, vide SCHELLHASS, Harriet. In: VOGENAUER, Stefan e KLEINHEISTERKAMP, Jan. *Commentary on the Unidroit principles of International commercial contracts (PICC)*. Oxford: Oxford University Press, 2009, p. 811. Segundo a autora, a CISG adota a ideia de que os remédios possam ser cumulados desde que não haja incompatibilidade entre eles, para concluir que "sob a égide da CISG, não há qualquer dúvida de que o contrato resolvido ou extinto não abre lugar à subsequente pedido de cumprimento, que é excluído" (*Ibidem*). No mesmo sentido, e trabalhando ainda à luz da CISG, conclui que a aceitação de redução do preço é inconsistente com a exigência de cumprimento integral (*Idem*, p. 812). Vide artigo 7.4.1 da PICC.

CAPÍTULO VI
CUMPRIMENTO E DESCUMPRIMENTO CONTRATUAL NA CISG | 265

de entregar a coisa, é certo que há uma multiplicidade de deveres em torno do exato cumprimento do contrato, e que não podem ser desconsiderados quando do estudo da situação patológica de descumprimento contratual. Consoante já ressaltado, a CISG não diferencia os deveres contratuais principais, acessórios ou laterais: basta o reconhecimento de que sejam deveres contratuais ou decorrentes da Convenção para que se possa qualificar sua quebra como descumprimento do contrato. Seu conceito é, assim, unitário – ainda que o conteúdo violado possa ser múltiplo.

Isso importa concluir a noção de *falta de cumprimento* não pode ser reconduzida apenas à falta de pagamento ou à falta de entrega das mercadorias. Quando analisadas as regras convencionais que dispõem sobre as obrigações que tocam ao comprador e ao vendedor, aliás, observa-se com bastante precisão a impossibilidade de recondução a apenas uma categoria de deveres.

Nesse sentido, e partindo-se da síntese de Carmen Tiburcio, pode-se apontar as seguintes obrigações (principais) de cada uma das partes do contrato, em classificação meramente exemplificativa, e não exaustiva:[507]

Obrigações do comprador	Obrigações do vendedor
(a) pagar o preço do contrato (arts. 54 a 59 CISG); (b) e receber a entrega das mercadorias (art. 60 CISG)	(a) entregar as mercadorias contratadas (obrigação estipuladas nos arts. 30 e 31 da Convenção), de acordo com o contrato (deveres contidos nos arts. 30 e 35 da Convenção); (b) transferir a propriedade das mercadorias livres de direitos ou pedidos de terceiros sobre as mesmas (art. 30 c/c art. 41 e ss. da CISG); (c) entregar os documentos, em observância ao contrato ou usos (conforme os arts. 30 e 34 da CISG); e (d) outras obrigações estabelecidas no contrato.

A regra geral, ligada à lógica do direito contratual adotada pela CISG, é a de que o não cumprimento da obrigação (falta de cumprimento) abre ao lesado a possibilidade de exigir o seu cumprimento específico. Diz-se, então, que o lesado pelo descumprimento tem direito à prestação, ou ao cumprimento (*performance*) do contratado. Trata-se de remédio a ser exercido pelo próprio lesado, não se podendo vislumbrar a sua concessão *ex officio* pelo julgador ou árbitro.

---

[507] TIBURCIO, Carmen. Consequências do Inadimplemento Contratual na Convenção de Viena sobre Venda Internacional de Mercadorias. In: *Revista de Arbitragem e Mediação*. v. 37, p. 167 e sg, 2013, acesso pela RTOnline em 30. out. 2013.

Conforme ensina Markus Müller-Chen, a opção da Convenção em adotar o *cumprimento específico* congrega a influência de vários sistemas legais, destacando que a prioridade da exigibilidade do cumprimento específico tem nítida conotação no direito civil europeu, enquanto que a interpretação do direito de exigir o cumprimento específico é proveniente do *common law*.[508] Duas exceções à execução específica são realizadas pelo próprio texto convencional – ao menos quando este envolver obrigações não pecuniárias.

Primeiramente, o direito ao cumprimento específico é afastado nas hipóteses em que o lesado pelo descumprimento faz uso de remédio incompatível com a execução do contratado [art. 46 (1) e art. 62 CISG], como se dá na hipótese de resolução do contrato, ou ainda por aplicação do *venire contra factum proprium*.[509]

Em segundo ponto, e de acordo com o que dispõe o art. 28 CISG, se o direito à execução específica é defeso à luz do Direito doméstico do local do foro, não se encontra o juiz obrigado a concedê-lo, ainda que a Convenção o estabeleça como remédio prioritário, tal qual já explicado alhures (item 2.5). Referida previsão aplica-se tanto a Estados contratantes como a Estados não contratantes que, diante das regras de DIP, cheguem à aplicação da Convenção como norma materialmente regente da relação.[510]

Some-se a estas limitações uma outra regra de caráter geral, aplicável indistintamente a todos os remédios contratuais. Ainda que a CISG não exija que o descumprimento seja *culposo*, é certo que há de haver nexo de imputação a ligar o descumprimento à parte contratual. Assim, pode haver quebra contratual sem que haja responsabilidade, nos termos do art. 79 CISG.

---

[508] MÜLLER-CHEN, Markus. In: SCHWENZER, Ingeborg; GREBLER, Eduardo; FRADERA, Vera; PEREIRA, César A. Guimarães (coords.). Comentários à Convenção das Nações Unidas sobre contratos de compra e venda internacional de mercadorias. *Revista dos Tribunais*, São Paulo, p. 827, 2014. Sobre a comparação dos regimes de execução específica no Brasil e na CISG, bem como sobre a distinção entre os dois sistemas, ressaltando que o *common law* tem na execução específica um remédio cabível apenas quando o equivalente pecuniário não foi inidôneo, veja-se ISFER, Mayara Roth. Apontamentos comparatísticos entre o direito brasileiro e a CISG quanto à execução específica das obrigações do vendedor. In: NALIN, Paulo; STEINER, Renata C. e XAVIER, Luciana. *Compra e Venda Internacional de Mercadorias*: vigência, aplicação e operação da CISG no Brasil. Curitiba: Juruá, 2014, p. 435 e sg.

[509] É o que afirmam Peter Schlechtriem e Petra Butler, apontando o exemplo da situação de se demandar reparação de danos, especialmente quando tais danos são pagos. Nestas hipóteses, a demanda de execução específica importaria *venire contra factum proprium*. (SCHLECHTRIEM, Peter e BUTLER, Petra. *UN Law on International Sales*. The UN Convention on the International Sale of Goods. Heidelberg: Springer, 2009, p. 141).

[510] HUBER, Peter e MULLIS, Alastair. *The CISG*. A new textbook for students und practitioners. Munique: Sellier, 2007, p. 187.

Resumidamente, portanto, pode-se dizer que a demanda de cumprimento específico – em geral – somente é cabível se: a) o lesado não tenha feito uso de outro remédio incompatível; b) a lei do *foro* permitir o cumprimento específico coercitivo e c) não haja causa de liberação do devedor nos termos do art. 79 da Convenção.

6.3.2.1 Cumprimento específico em favor do *comprador*, art. 46, CISG

O art. 46 da CISG é o principal dispositivo a tratar o cumprimento específico em favor do *comprador* lesado por falta de cumprimento do *vendedor*. Em suma, são três as formas de cumprimento tido como específico: (1) a entrega das mercadorias; (2) a entrega de mercadorias em substituição ou (3) a reparação das mercadorias não conformes. Estas ações correspondem aos *remedies* ligados à falta de entrega das mercadorias, bem como à entrega de mercadorias não conformes, cujo tratamento é feito de forma distinta pelo dispositivo convencional.

a) Entrega de mercadorias

O art. 46 (1) dispõe, de maneira bastante geral, sobre o direito de exigir a execução específica da prestação em caso de *falta de cumprimento*, ou seja, na hipótese de não ter sido cumprida a obrigação contratual ou derivada da CISG:

> (1) O comprador poderá exigir do vendedor o cumprimento de suas obrigações, salvo se tiver exercido qualquer ação incompatível com esta exigência.

O conteúdo da execução específica dependerá, por evidente, do conteúdo do dever descumprido.[511] Assim, nas hipóteses de haver falta de cumprimento da entrega mercadorias, dos documentos respectivos ou da transferência da propriedade livre e desembaraçada, a execução específica dirá respeito justamente à entrega, à entrega de documentos ou à transferência da propriedade desembaraçada.

Embora a disposição não pareça suscitar grandes questionamentos, há dois pontos que merecem ser observados para sua correta aplicação.

---

[511] MÜLLER-CHEN, Markus. In: SCHWENZER, Ingeborg; GREBLER, Eduardo; FRADERA, Vera; PEREIRA, César A. Guimarães (coords.). Comentários à Convenção das Nações Unidas sobre contratos de compra e venda internacional de mercadorias. *Revista dos Tribunais*, São Paulo, p. 828, 2014.

PAULO NALIN, RENATA C. STEINER
COMPRA E VENDA INTERNACIONAL DE MERCADORIAS

O primeiro deles diz respeito à entrega de mercadorias desconformes, no que toca a um vício de quantidade. Embora à luz do art. 35 CISG a situação qualifique-se como não conformidade, é certo que em relação à parte não entregue há verdadeira falta de entrega, a ensejar a aplicação do art. 46 (1) da Convenção para subsidiar o pedido de cumprimento específico. Corrobora com esta intepretação o disposto no art. 51 (1) CISG, o qual diferencia *parte faltante* daquela *desconforme*.[512]

Uma segunda ressalva diz respeito à entrega de documentos. Defeitos nos documentos não são considerados, para aplicação dos remédios convencionais, não conformidades. Isso importa concluir que é a regra geral disposta no art. 46 (1) que se aplica à hipótese (*defects on titles*). É este o fundamento convencional para que o lesado possa exigir do vendedor tanto a remoção do direito de terceiros sobre os bens, como a defesa em ações em face de terceiros.[513]

b) Entrega de mercadorias em substituição

Situação diversa da não entrega de mercadorias é aquela de entrega de mercadorias não conformes. Em respeito especificamente a não conformidade dos bens, aplicam-se as disposições do art. 46 (2) e (3) – os quais prevêem, respectivamente, a entrega de mercadorias em substituição e a reparação das mercadorias –, cumuladas com as disposições gerais sobre o remédio de cumprimento específico. Aqui, entram em jogo questões referentes à utilização de remédios compatíveis e a possibilidade do pedido de cumprimento específico à luz do disposto no art. 28 CISG (item 6.4.2).

A distinção destas duas situações (*falta de cumprimento* e *não conformidade*) é relevante justamente porque há pressupostos diversos de aplicação de cada um dos dispositivos em questão. Isso importa concluir que é fundamental observar a *forma* de descumprimento para elucidação do remédio cabível – o que reafirma que não há livre escolha do remédio por parte do lesado, o qual deverá observar o preenchimento dos requisitos convencionais para cada qual.

O cumprimento específico pela entrega de mercadorias em substituição é tratado no art. 46 (2), que assim dispõe:

(2) Se as mercadorias não estiverem conformes ao contrato, o comprador poderá exigir a entrega de outras mercadorias em substituição, desde que

---

[512] SCHWENZER, Ingeborg. In: SCHWENZER, Ingeborg; GREBLER, Eduardo; FRADERA, Vera; PEREIRA, César A. Guimarães (coords.). Comentários à Convenção das Nações Unidas sobre contratos de compra e venda internacional de mercadorias. *Revista dos Tribunais*, São Paulo, p. 715-716, 2014.

[513] SCHLECHTRIEM, Peter e BUTLER, Petra. *UN Law on International Sales*. The UN Convention on the International Sale of Goods. Heidelberg: Springer, 2009, p. 141.

a desconformidade constitua violação essencial do contrato e o pedido de substituição de mercadorias seja formulado no momento da comunicação da desconformidade a que se refere o artigo 39, ou dentro de um prazo razoável a contar desse momento.

Como se vê, há alguns requisitos específicos para que se possa exigir a entrega de mercadorias em substituição, sendo eles: a) que a desconformidade constitua violação essencial do contrato e b) que o pedido de substituição seja feito no momento da comunicação da desconformidade ou em prazo razoável a partir desta. A eles se soma, como corolário lógico, a efetiva ocorrência de entrega de mercadorias, ainda que não conformes – o que, repita-se, é algo distinto da situação de *falta de entrega* – e a possibilidade de sua substituição.[514] Resta elucidar cada um destes requisitos para compreensão exata deste remédio.

Primeira compreensão necessária vai no sentido de se delimitar o alcance de aplicação do dispositivo aqui analisado. Isso porque, embora o art. 46 (2) refira-se de maneira ampla a mercadorias não conformes ao contrato, a sua compreensão há de ser delimitada somente às hipóteses de não conformidade do próprio objeto, não alcançando os defeitos nos títulos, conforme ressaltado acima.[515]

A noção de não conformidade remete-nos ao art. 35 da Convenção já mencionado (item 6.2.3.3). Com efeito, é dever do vendedor a entrega dos bens na quantidade, qualidade e tipo previstos no contrato, ao que se soma a exigência de acondicionamento e embalagem adequados à previsão contratual.

Na falta de disposições específicas sobre a qualidade dos bens ou os usos a que se destinam, o art. 35 (1) CISG estabelece critérios de análise e solução. Em suma, tais critérios são embasados no *uso ordinário* das mercadorias ou em seu *uso especial*, desde que expressa ou implicitamente informado ao vendedor.

Ao lado das disposições específicas quanto a não conformidade dos bens, o art. 38 CISG cria ao comprador o *dever de inspeção* dos bens recebidos, cuja compreensão é essencial para traçar os requisitos do pedido de entrega substitutiva.

---

[514] Conforme bem ressalta Markus MÜLLER-CHEN, o direito à substituição de mercadorias somente se aplica no caso de compra de bens genéricos, ou fungíveis. (MÜLLER-CHEN, Markus. In: SCHWENZER, Ingeborg; GREBLER, Eduardo; FRADERA, Vera; PEREIRA, César A. Guimarães (coords.). Comentários à Convenção das Nações Unidas sobre contratos de compra e venda internacional de mercadorias. *Revista dos Tribunais*, São Paulo, p. 828, 2014).

[515] É o que afirmam, com base na opinião dos delegados da Convenção, SCHLECHTRIEM, Peter e BUTLER, Petra. *UN Law on International Sales*. The UN Convention on the International Sale of Goods. Heidelberg: Springer, 2009, p. 141.

Explica-se. De acordo com o disposto neste artigo convencional, o comprador deve inspecionar as mercadorias entregues no menor prazo possível, analisado à luz das circunstâncias. Ao dever de inspeção soma-se o conteúdo do art. 39 CISG, o qual estabelece que a falta de comunicação da não conformidade leva à decadência do direito de reclamá-la. O prazo, novamente, é referido a um critério geral de *razoabilidade*, e que levará em consideração as características do bem e da forma de entrega, dentre outros. Este prazo razoável de comunicação é comum tanto para a comunicação da desconformidade, como para a possibilidade de exigência de entrega substitutiva. É o que se extraí do art. 46 (2) CISG, que expressamente menciona a necessidade de que o pedido de substituição seja feito no mesmo momento da comunicação de desconformidade ou, contado deste, em prazo também razoável. A hipótese é tipicamente de decadência, na medida em que o não cumprimento do dever ativo de aviso em prazo razoável afasta o direito do lesado ao remédio de cumprimento específico por entrega substitutiva de mercadorias (sobre prazos extintivos na CISG vide Capítulo VII).

Não basta, contudo, que o comprador tenha dado ciência da não conformidade e, no mesmo momento ou em prazo razoável, tenha exigido a entrega em substituição. Soma-se a isso os requisitos de que uma tal entrega somente é exigível quando a não conformidade elevar-se ao nível de um descumprimento essencial do contrato, nos termos já estudados do art. 25 CISG (item 6.2). E aqui já se vê uma primeira aplicação do conceito chave com o qual se abriu este capítulo.

E aqui se pode rememorar, como acima se afirmou, que nem toda a entrega de bens não conformes pode ser considerada como descumprimento essencial sendo, aliás, esta configuração excepcional. A exigência de que uma entrega substitutiva de bens se dê apenas quando houver gravidade do descumprimento dialoga de forma estreita com o princípio de manutenção do contrato, central do sistema de *remedies* da Convenção.

Conforme Peter Huber e Alastair Mullis, a CISG tem em consideração o objetivo de manter o contrato e evitar transferências desnecessárias de bens. No caso específico do pedido de entrega de mercadorias em substituição, afirmam, tanto as mercadorias originalmente entregues devem ser reenviadas ao vendedor, como novas mercadorias são transportadas ao comprador. É justamente para evitar estas transações que se restringe o uso do cumprimento específico na espécie de entrega substitutiva.[516]

A mesma ideia de manutenção do contrato é também presente no remédio da resolução contratual, tido como *ultima ratio*, ou seja, a ser utilizado somente quando os demais se mostrarem insuficientes para tutelar

---

[516] HUBER, Peter e MULLIS, Alastair. *The CISG*. A new textbook for students und practitioners. Munique: Sellier, 2007, p. 199.

o direito do lesado. Remete-se, assim, o leitor ao estudo deste remédio específico (item 6.4.3).

Não havendo essencialidade no descumprimento, ao lesado não será aberta a via da entrega substitutiva. Nesse caso, caberá a ele a utilização do remédio de reparação dos bens entregues em desconformidade, sem prejuízo das perdas e danos.

Antes de estudar o remédio da reparação da não conformidade, uma última consideração quanto à possibilidade de exigência de entrega substitutiva faz-se necessária. Isso porque o art. 82 CISG estabelece exceção à utilização deste remédio, na hipótese de não ser possível o retorno dos bens originalmente entregues, em estado substancialmente idêntico àquele em que se encontravam quando recebidas. Isso importa dizer, *contrario sensu*, que "um comprador pode exigir a entrega de mercadorias em substituição somente se ele estiver em condições de devolver as mercadorias desconformes originalmente entregues".[517]

A exigência de devolução das mercadorias não conformes como requisito para recebimento das mercadorias em substituição é excepcionada pelas disposições do art. 82 (2), o qual estabelece três grupos de casos em que ela não será exigida como condicionante: (1) quando a impossibilidade de restituição não for imputável ao comprador; (2) quando as mercadorias tenham se deteriorado ou perecido no curso da inspeção (art. 38); ou (3) quando o comprador, antes da descoberta da não conformidade, tiver revendido as mercadorias ou a utilizado no curso normal de sua produção.

O retorno das mercadorias e a entrega de bens em substituição não precisam ocorrer concomitantemente, ainda que haja relação de interdependência entre eles. Muito embora a CISG não contenha disposição a respeito, os custos de transporte e outros envolvidos na substituição de bens são arcados pelo vendedor faltoso, o que é conclusão lógica no regime de descumprimento contratual.[518]

Caso as mercadorias em substituição sejam também desconformes, abre-se ao lesado a possibilidade de utilização de novos remédios, como se novo descumprimento fosse. Isso importa concluir que não há vinculação à escolha realizada no primeiro momento, e nem que se possa aventar incompatibilidade entre as escolhas. Por evidente, contudo, a utilização de remédios para este segundo descumprimento estará sujeita ao cumprimento dos requisitos até aqui analisado.

---

[517] MÜLLER-CHEN, Markus. In: SCHWENZER, Ingeborg; GREBLER, Eduardo; FRADERA, Vera; PEREIRA, César A. Guimarães (coords.). Comentários à Convenção das Nações Unidas sobre contratos de compra e venda internacional de mercadorias. *Revista dos Tribunais*, São Paulo, p. 838, 2014.

[518] HUBER, Peter e MULLIS, Alastair. *The CISG*. A new textbook for students und practitioners. Munique: Sellier, 2007, p. 201-202.

Por fim, apesar de a redação do art. 46 (2) parecer indicar que, preenchidos os requisitos ali dispostos, o direito à exigência de entrega substituta estaria configurado, há de se analisa-lo também em ligação com o direito do vendedor à reparação da não conformidade, o chamado *right to cure*, previsto no art. 48 CISG. Sob esta rubrica entende-se o direito do vendedor de sanar por sua própria conta o descumprimento de suas obrigações, desde que isso não envolva demora ou inconvenientes não razoáveis ao comprador lesado.

A exigência de entrega substitutiva poderia negar o *right to cure* que, consoante o próprio nome indica, não se trata de mera prerrogativa do vendedor faltoso, mas sim de um direito (right) que lhe é conferido por força da Convenção. A CISG tem como princípio básico o direito do vendedor de cumprir o contrato, inclusive após a data prevista para entrega,[519] muito embora o cumprimento tardio não excepcione o direito de o comprador exigir perdas e danos. A exceção será medida por um critério de *razoabilidade*.

É possível, portanto, e conforme salientam Peter Huber e Alastair Mullis, que o vendedor rejeite e afaste uma demanda de cumprimento específico, se comprovar que a reparação da não conformidade sanará de forma satisfatória o descumprimento contratual. Segundo os autores, se os custos tanto para a reparação quanto para entrega substitutiva são arcados pelo vendedor, razão não há para não deixar a ele a escolha do remédio a ser utilizado, desde que a medida de cada um seja equivalente.[520]

c) Reparação da não conformidade das mercadorias

O art. 46 (3) CISG estabelece a possibilidade de exigir a reparação ou remediação da não conformidade dos bens (o termo *reparação*, nesse contexto, não pode ser confundido com indenização de prejuízos), *in verbis*:

> (3) Se as mercadorias não estiverem conformes ao contrato, o comprador poderá exigir do vendedor que as repare para sanar a desconformidade, salvo quando não for isto razoável em vista das circunstâncias. A solicitação de reparação das mercadorias deve ser feita no momento da comunicação a que se refere o artigo 39, ou em prazo razoável a contar desse momento.

---

[519] MÜLLER-CHEN, Markus. In: SCHWENZER, Ingeborg; GREBLER, Eduardo; FRADERA, Vera; PEREIRA, César A. Guimarães (coords.). Comentários à Convenção das Nações Unidas sobre contratos de compra e venda internacional de mercadorias. *Revista dos Tribunais*, São Paulo, p. 853, 2014.

[520] HUBER, Peter e MULLIS, Alastair. *The CISG*. A new textbook for students und practitioners. Munique: Sellier, 2007, p. 204.

CAPÍTULO VI
CUMPRIMENTO E DESCUMPRIMENTO CONTRATUAL NA CISG

Trata-se de direito intimamente ligado, mas que não é confundível, ao *right to cure* (art. 48) e que serve à manutenção do contrato, com redução de custos e tempo.[521] Com efeito, ao demandar a reparação da não conformidade, o comprador mantém o contrato e a entrega dos bens, não havendo necessidade de sua devolução.

Não se exige, conforme se vê do dispositivo convencional, que o descumprimento eleve-se ao nível de *descumprimento essencial* para que se possa utilizar o remédio aqui estudado, sendo que qualquer descumprimento do dever de entrega de bens conformes pode levar à incidência do dispositivo. É certo, contudo, que se a entrega de bens desconformes atingir o nível de *descumprimento essencial*, outras opções são cabíveis ao lesado.

Assim como o direito à entrega substitutiva, o direito de reclamar a reparação da não conformidade delimita-se apenas às hipóteses de entrega de mercadorias não conformes, sendo admitido, contudo, tanto no caso de bens fungíveis como infungíveis.[522]

Os requisitos suplementares (além daqueles de caráter geral já estudados) para a demanda de reparação da não conformidade são basicamente dois: a) a reparação deve ser razoável, diante das circunstâncias, e b) o comprador deve dar ciência ao vendedor da pretensão de reparação no prazo da comunicação de não conformidade (art. 39 CISG) ou em prazo razoável a contar desta.

A exigência de comunicação tempestiva é análoga àquela aplicável ao art. 46 (2) CISG, acima estudadas e a cujo estudo remete-se o leitor (item 6.3.2.1, *b*).

Fixa-se a análise, então, no critério da *razoabilidade* previsto na Convenção, e que é o parâmetro de análise do direito a demandar a reparação da não conformidade. Sob esta rubrica entende-se a proporção entre os interesses do comprador na reparação das mercadorias e as despesas nas quais incorrerá o vendedor, devendo haver relação de razoabilidade entre elas. Como exemplifica Markus Müller-Chen, não há proporcionalidade quando as despesas para reparação da não conformidade são maiores do que as que o vendedor teria na compra de bens em substituição, ou quando estes gastos são desproporcionais à vantagem incorrida ao comprador com a remoção do defeito.[523]

---

[521] Conforme afirma Joseph LOOKOSFKY, a reparação pode economizar, às duas partes, tempo e dinheiro. (LOOKOFSKY, Joseph. *Understanding the CISG*. 4. ed. Wolters Kluwer, 2012, p. 108).

[522] MÜLLER-CHEN, Markus. In: SCHWENZER, Ingeborg; GREBLER, Eduardo; FRADERA, Vera; PEREIRA, César A. Guimarães (coords.). Comentários à Convenção das Nações Unidas sobre contratos de compra e venda internacional de mercadorias. São Paulo: *Revista dos Tribunais*, 2014, p. 840.

[523] MÜLLER-CHEN, Markus. In: SCHWENZER, Ingeborg; GREBLER, Eduardo; FRADERA, Vera; PEREIRA, César A. Guimarães (coords.). Comentários à Convenção das Nações Unidas

PAULO NALIN, RENATA C. STEINER
COMPRA E VENDA INTERNACIONAL DE MERCADORIAS

Veja-se que a análise da razoabilidade é feita em atenção ao binômio *interesse do comprador na reparação* vs. *despesas ou inconvenientes ao vendedor*, o que leva em consideração uma comparação em relação ao custo de entrega de mercadorias em substituição, por exemplo, sendo discutível a possibilidade de se tomar o preço do contrato como medida de comparação.[524] Ainda que a questão deva ser analisada caso a caso, Peter Huber e Alastair Mullis indicam alguns critérios exemplificativos de análise, dentre eles destacando-se justamente a verificação do custo de reparação em comparação com o custo de substituição, bem como a análise de qual parte tem melhores condições de realizar o reparo. Em sendo o comprador, o que pode se dar por razões geográficas, por exemplo, é razoável que ele efetue a reparação por conta própria e a converta em demanda de danos, com fundamento no art. 74 e seguintes da Convenção.[525]

Esta consideração, aliás, deixa bastante claro que a reparação de mercadorias entregues não conformes é típica espécie de *cumprimento específico* da obrigação, a ser diferenciada da situação dos *damages*, ou seja, do pedido de reparação pecuniária.

6.3.2.2 Cumprimento específico em favor do *vendedor*, art. 62, CISG

Na perspectiva do vendedor lesado pelo descumprimento de obrigações contratuais ou convencionais pelo comprador, o artigo chave a permitir a exigibilidade do *cumprimento específico* é o art. 62 CISG.

Conforme apontado acima, dos múltiplos deveres que vinculam as partes em um contrato de compra e venda internacional, sobressaem-se, por parte do comprador (e, portanto, em favor do vendedor), aquele de pagar o preço das mercadorias no tempo correto (art. 59 CISG), bem como de receber a sua entrega (art. 60 CISG). A delimitação a estes dois deveres, por evidente, não pretende afastar a possibilidade de ofensa a outras obrigações que, uma vez descumpridas, possam também ensejar a demanda de *cumprimento específico* como, aliás, infere-se da própria redação do art. 62 CISG:

---

sobre contratos de compra e venda internacional de mercadorias. *Revista dos Tribunais*, São Paulo, p. 840, 2014.

[524] HUBER, Peter e MULLIS, Alastair. *The CISG*. A new textbook for students und practitioners. *Munique*: Sellier, 2007, p. 205.

[525] HUBER, Peter e MULLIS, Alastair. *The CISG*. A new textbook for students und practitioners. Munique: Sellier, 2007, p. 206.

Artigo 62

O vendedor poderá exigir do comprador o pagamento do preço, o recebimento das mercadorias ou a execução de outras obrigações que a este incumbirem, salvo se o vendedor houver exercido algum direito ou ação incompatível com tal exigência.

Diferentemente do *cumprimento específico* em favor do comprador, o remédio em favor do vendedor assume formatação única, não se desdobrando em pedidos diversos. Admite-se apenas a possibilidade de exigir o cumprimento da obrigação descumprida – pagamento do preço, recebimento das mercadorias ou outras obrigações acessórias (por exemplo, cobrança de custos adicionais com transporte, estocagem, seguro etc) – com uma única exceção: o remédio fica obstado ao vendedor que se utilizar de outros meios incompatíveis com a exigência do cumprimento.

Dúvidas não há de que o pedido de *resolução* (*avoidance*) é de todo incompatível com o pedido de cumprimento específico da obrigação, seja a de pagamento do preço, seja a de recebimento das mercadorias. Em tese, a exigência de reparação de danos (*damages*) não será incompatível com o *cumprimento específico*, muito embora seja possível vislumbrar hipóteses em que o manejo de ambos os remédios não se faça possível, cumulativamente. É o caso, por exemplo, do vendedor que faz uma venda substitutiva dos bens e ainda assim exige o pagamento integral do preço do contrato.[526]

Além da exceção quanto à utilização de remédios incompatíveis, Joseph Lookofsky aponta também a possibilidade de haver outras exceções ao uso do remédio, destacando aquela do art. 28 CISG,[527] bem como o dever de mitigação de prejuízos, no sentido de que o vendedor que não recebeu o preço há de comprovar o cumprimento do dever de mitigar seus prejuízos. Salienta, contudo, que se trata de hipótese bastante discutível na doutrina que se dedica ao tema.[528]

---

[526] SCHLECHTRIEM, Peter e BUTLER, Petra. *UN Law on International Sales*. The UN Convention on the International Sale of Goods. Heidelberg: Springer, 2009, p. 174-175.

[527] Sobre a aplicação do art. 28 CISG como limitador do direito do vendedor de exigir o cumprimento específico, há de se apontar que a principal obrigação do comprador é o pagamento do preço, o que faz com que o cumprimento *in natura* ou em substituição (mediante perdas e danos equivalentes) tenha conteúdo pecuniário comum. A partir daí pode ser discutível a limitação do direito ao cumprimento específico – especialmente quanto ao pagamento do preço – com base neste dispositivo. Peter Schlechtriem e Petra Butler afirmam, contudo, que o art. 28 tem sentido geral, e aplica-se também à hipótese. (SCHLECHTRIEM, Peter e BUTLER, Petra. *UN Law on International Sales*. The UN Convention on the International Sale of Goods. Heidelberg: Springer, 2009, p. 173).

[528] LOOKOFSKY, Joseph. Understanding the CISG. 4. ed. Wolters Kluwer, 2012, p. 141. *Vide,* também, MOHS, Florian. In: SCHWENZER, Ingeborg; GREBLER, Eduardo; FRADERA, Vera; PEREIRA, César A. Guimarães (coords.). Comentários à Convenção das Nações Unidas sobre contratos de compra e venda internacional de mercadorias. *Revista dos Tribunais*, São Paulo, p. 994-994. 2014.

O pedido de cumprimento específico pode também ser obstado se, à luz do art. 7º (1) e do princípio da boa-fé, for considerado abusivo. A hipótese, levantada por Florian Mohs, está ligada à inexistência de qualquer regra específica que limite o cumprimento específico por parte do vendedor, inclusive quando insignificante o descumprimento contratual respectivo.[529]

Por fim, a Convenção proíbe – tanto nos remédios cabíveis ao vendedor, como nos cabíveis ao comprador – que períodos de graça sejam concedidos pelas Cortes, sendo-lhes vedado substituir a vontade das partes e permitir o cumprimento extemporâneo da obrigação violada [art. 61 (3) CISG]. A disposição é cogente, não sendo suplantada por regras domésticas em sentido contrário.

Nada impede, contudo, que o próprio vendedor ofereça prazo suplementar para cumprimento das obrigações, o chamado *Nachfrist*, que será adiante estudado (item 6.3.3.3). Diga-se, desde logo, que a concessão de um tal prazo afasta a possibilidade de exigência do *cumprimento específico* durante a sua fluência.

6.3.3 Resolução (*avoidance*)

Ao lado da demanda de cumprimento específico, e de sua prioridade no sistema de descumprimento contratual da CISG, encontra-se a possibilidade de resolução do contrato (*avoidance*), cuja aplicação é excepcional e residual (*ultima ratio*).

A noção de *avoidance* não encontra paralelo perfeito em língua portuguesa. A tradução oficial da CISG para o português adotou o termo *rescisão* para expressá-la o que, contudo, não parece ser a solução mais adequada à sua natureza. Com efeito, a ideia de *avoidance* condiz com a extinção das obrigações de ambas as partes [art. 81 (1)] bem como a restituição do que já foi prestado [art. 81 (2)].[530] E, mais do que isso, está ligada ao descumprimento contratual. Daí porque se prefere a utilização do termo *resolução*,[531]

---

[529] MOHS, Florian. In: SCHWENZER, Ingeborg; GREBLER, Eduardo; FRADERA, Vera; PEREIRA, César A. Guimarães (coords.). Comentários à Convenção das Nações Unidas sobre contratos de compra e venda internacional de mercadorias. *Revista dos Tribunais*, São Paulo, p. 991, 2014.

[530] MÜLLER-CHEN, Markus. In: SCHWENZER, Ingeborg; GREBLER, Eduardo; FRADERA, Vera; PEREIRA, César A. Guimarães (coords.). Comentários à Convenção das Nações Unidas sobre contratos de compra e venda internacional de mercadorias. *Revista dos Tribunais*, São Paulo, p. 865. 2014.

[531] Segundo Bryan A. Garner "strictly, the word 'voidable' means valid until avoided", (In: *A dictionary of modern legal usage*. 2. ed. Oxford: Oxford, 1995, p. 94). Ao seu turno, como já mencionado nesta obra, a CISG exclui o tema da validade do contrato de sua esfera de aplicação. Com efeito, conquanto a expressão *avoidance* possa guardar, no seu congênere brasileiro, simetria com a expressão rescisão para os vícios contratuais, de fato, a expressão

muito embora seja sempre cabível o alerta quanto à impossibilidade de compreender seu alcance apenas pela nomenclatura – especialmente a partir de uma simples comparação com o Direito brasileiro.[532]

O direito à resolução é tratado em artigos distintos no que toca ao comprador (art. 49 CISG) e ao vendedor (art. 54 CISG), havendo notas comuns ao seu regime geral, e que merecem ser previamente elucidadas.

Sua principal característica reside no fato de ser considerada *ultima ratio*. Isso importa dizer que ela somente será cabível quando os demais remédios mostrarem-se insuficientes para tutelar, diante do caso e das circunstâncias subjacentes, o interesse da parte lesada pelo descumprimento contratual.

Seja ao comprador, seja ao vendedor, a utilização do remédio da resolução é possível em dois grupos de casos: a ocorrência de um descumprimento fundamental ou o transcurso do prazo suplementar conferido para cumprimento da obrigação (*Nachfrist*). Isso faz com que o estudo da figura esteja intimamente ligado com estas duas figuras.

6.3.3.1 Resolução como *ultima ratio*

É imprescindível sublinhar que o direito à resolução contratual na CISG é qualificado como *ultima ratio* ou, no inglês, *last resort*, o que significa dizer que sua utilização somente é cabível em casos excepcionais – ou, dito de outra forma, que os requisitos para sua configuração são bastante específicos e limitados. Esta compreensão é fundamental para o estudo tanto das hipóteses de resolução, como da intepretação das regras convencionais.

As razões subjacentes para esta qualificação são tanto de ordem econômica – permitindo maior eficiência da operação contratual – como de ordem jurídica – ligada a uma lógica de análise do contrato.

Sob o ponto de vista econômico, afirma Ulrich Schroeter que a escolha pela limitação da possibilidade de desfazimento do contrato sob a égide da Convenção foi realizada justamente para criação de um sistema economicamente eficiente de remédios, evitando-se, por exemplo, a re-exportação de bens em detrimento da manutenção da avença, muitas vezes mais eficiente do ponto de vista econômico.[533] Daí porque o sistema

---

técnica mais adequada para transportá-la ao vernáculo jus-científico brasileiro seria *resolução*, pois ligada com a falta de cumprimento.

[532] Adota-se aqui a crítica de Araken de ASSIS quanto ao uso não técnico das nomenclaturas utilizadas para designar a extinção do contrato. O termo resolução está ligado à desconstituição por descumprimento sendo regido, no Brasil, especificamente pelo art. 475 do Código Civil. (ASSIS, Araken de. Resolução do contrato por inadimplemento. *Revista dos Tribunais*, São Paulo, 5. ed., p. 79 e seguintes, 2013.).

[533] SCHROETER, Ulhrich. In: SCHWENZER, Ingeborg; GREBLER, Eduardo; FRADERA, Vera; PEREIRA, César A. Guimarães (coords.). Comentários à Convenção das Nações Unidas sobre

PAULO NALIN, RENATA C. STEINER
COMPRA E VENDA INTERNACIONAL DE MERCADORIAS

de *remedies* da CISG seja orientado para "manter o contrato vivo pelo maior tempo possível para se evitar a necessidade de desfazimento".[534] Para ilustrar a afirmação, basta pensar que as compras internacionais envolvem, no mais das vezes, o transporte de mercadorias em longas distâncias. O desfazimento do pacto, especialmente quando as mercadorias já foram despachadas, embarcadas ou em transporte importa custos que podem ser desarrazoados – sendo exatamente esta a lógica também encontrada no art. 46 (2) CISG, supra estudado, o qual delimita o pedido de cumprimento específico por entrega substitutiva apenas a situações de *descumprimento essencial* (*vide* item 6.3.2.1, *b*).

Mas não apenas uma noção de eficiência e economia da transação é que vem a justificar a opção da CISG pela excepcionalidade da resolução. Com base em Peter Huber, podem-se apontar duas outras relevantes razões explicativas, e de cunho eminentemente jurídico: em primeiro ponto, o princípio da obrigatoriedade dos pactos (*pacta sunt servanda*), com a manutenção das obrigações contratadas permaneçam vigentes; em segundo ponto, porque a possibilidade de utilização do remédio resolutório, que implica a extinção do pacto, é dependente da análise das expectativas das partes contratuais, tanto do comprador como do vendedor.[535]

Alerte-se, contudo, que o fato de se afirmar o caráter subsidiário do remédio resolutório não permite a conclusão de que a parte lesada necessariamente teria que fazer uso dos demais remédios preliminarmente à declaração de resolução por descumprimento.[536] Não é este o alcance da expressão *ultima ratio*, que está muito mais ligado a rigidez dos requisitos para a resolução. Uma vez preenchidos os pressupostos autorizadores, o lesado pode desde logo declarar a resolução contratual, pelo que se faz necessário analisar os grupos de casos previstos na CISG – e que são taxativos.

6.3.3.2 Resolução por *descumprimento* essencial

Tanto o art. 49 (1) (a) como o 64 (1) (a) CISG tratam da possibilidade de resolução contratual pela ocorrência de descumprimento contratual que se eleve à categoria do *descumprimento essencial*. Isso remete às disposições do art. 25, acima estudadas (item 6.2), e sublinha a importância de distinção

---

contratos de compra e venda internacional de mercadorias. *Revista dos Tribunais*, São Paulo, p. 528, 2014.

[534] HUBER, Peter e MULLIS, Alastair. *The CISG*. A new textbook for students und practitioners. Munique: Sellier, 2007, p. 181.

[535] HUBER, Peter. *CISG – The Structure of Remedies*. In: Rabels Zeitschrift für Ausländische und Internationales Privatrechts. 71 (2007), Mohr Siebeck, p. 19 e 20.

[536] É o que afirma MAGNUS, Ulrich. The Remedy of Avoidance of Contract Under CISG. General Remarks and Special Cases. Disponível em <http://www.cisg.law.pace.edu/cisg/biblio/magnus2.html>. Acesso em: 14 jan. 2014, em tradução livre.

do descumprimento contratual com base na gravidade da violação para o sistema de *remedies* da Convenção.

É interessante apontar que, apesar de as hipóteses de resolução serem taxativas, a remessa ao art. 25 pode conduzir a uma abertura interpretativa na aplicação do remédio resolutório, dada a vagueza e amplitude de sua redação. Uma leitura sistemática da CISG, contudo, indica que a melhor interpretação de seu conteúdo é aquela que leve a sua delimitação objetiva – o que reafirma o caráter excepcional de sua configuração. É o que se procurou demonstrar no item 6.2.1.2, ao qual se remete o leitor.

O caminho a ser percorrido, então, parte da gravidade do descumprimento – a ser analisado de acordo com as expectativas contratuais legítimas e demais critérios já estudados – para então se verificar a possibilidade de utilização do remédio resolutório. Isso importa dizer que a resolução deve vir acompanhada da alegação de ocorrência de descumprimento essencial, cujo ônus de prova é daquele que a alega ou que com ela se beneficia, em suma, o lesado pelo descumprimento.[537]

Visto sob outro ponto de vista, pode-se mesmo afirmar que a resolução não é, na égide da Convenção, uma *escolha* do lesado, não estando em sua esfera de decisão uma efetiva opção por este remédio.

A constatação parece, em princípio, contrariar a lógica do Direito brasileiro, especialmente quando uma leitura do art. 475 CC[538] leve à interpretação de que a parte lesada *pode* pedir a resolução do contrato, se não *preferir* exigir seu cumprimento. A compreensão meramente literal deste dispositivo – e aqui não referendada – denotaria que não há efetivo tratamento legal da resolução como *ultima ratio* no Brasil, sendo que a opção do lesado seria incondicionada.[539]

Se é certo que o Direito positivo brasileiro desconhece uma classificação do descumprimento, e dos respectivos remédios, à luz do critério da gravidade da falta ao programa contratual, também é correto afirmar que esta visão é pedra de toque para a análise jurisprudencial quanto à abusividade do pedido de resolução contratual. É o que se passa, por exemplo, nas demandas em que a resolução é afastada por ter havido *adimplemento substancial do pacto* (ou, a *contrario sensu*, descumprimento de parte não

---

[537] MÜLLER-CHEN, Markus. In: SCHWENZER, Ingeborg; GREBLER, Eduardo; FRADERA, Vera; PEREIRA, César A. Guimarães (coords.). Comentários à Convenção das Nações Unidas sobre contratos de compra e venda internacional de mercadorias. *Revista dos Tribunais*, São Paulo, p. 871, 2014.

[538] Art. 475. A parte lesada pelo inadimplemento pode pedir a resolução do contrato, se não preferir exigir-lhe o cumprimento, cabendo, em qualquer dos casos, indenização por perdas e danos.

[539] ASSIS, Araken de. Resolução do contrato por inadimplemento. *Revista dos Tribunais*, São Paulo: p. 33, 2013.

substancial) ou por ainda ser útil o cumprimento extemporâneo (aplicação, a *contrario sensu*, do disposto no parágrafo único do art. 395, CC).

A fundamental distinção dos regimes, contudo, alude ao fato de que a aplicação da proporcionalidade da resolução é cogente na CISG, por força de suas disposições, e não meramente uma questão interpretativa. O juiz brasileiro, ao se deparar com a discussão quanto ao direito à resolução pautado na CISG, deve compreender seu caráter de último *recurso*, sendo-lhe defeso interpretar esta circunstância à luz do alcance da resolução no Direito interno.

6.3.3.3 Resolução após concessão do prazo suplementar (*Nachfrist*)

Se a resolução contratual por *descumprimento essencial* pode suscitar alguma controvérsia, especialmente por analogia à aplicação da resolução no Direito brasileiro, o mesmo não se pode dizer em relação à segunda possibilidade de utilização do remédio resolutório, e que está ligada à concessão de um prazo suplementar para cumprimento da obrigação, o chamado *Nachfrist*. Isso porque se trata de figura desconhecida no Direito brasileiro o que, se de um lado afasta o perigo de uma interpretação pelas lentes domésticas, por outro traz a necessidade de compreensão de um novo instituto.

Previsto nos arts. 47 (1) e 63 (1) CISG, o *Nachfrist* nada mais é do que um prazo suplementar de cumprimento da obrigação, de duração razoável, conferido pelo lesado em favor da parte faltosa. Por meio dele, ao devedor é conferida uma segunda possibilidade de cumprimento, ou de purgação de sua mora,[540] prévia à resolução.

De acordo com os arts. 49 (1) (b) e 64 (1) (b) CISG, a resolução do contrato é também possível quando extrapolado tal prazo ou, ainda, quando o devedor declarar que não irá cumprir a obrigação dentro do prazo suplementar. Nestas hipóteses, o direito à resolução é independente da gravidade do descumprimento: não se faz referência à existência de descumprimento fundamental, basta o simples e objetivo transcurso do *Nachfrist*.

Ao fazer a utilização do remédio resolutório depender da concessão de novo prazo para cumprimento da obrigação, a CISG deixa novamente clara a intenção de manutenção do contrato, sublinhando o caráter

---

[540] Afirma Peter HUBER que o *Nachfrist* é um instrumento que restringe a utilização do remédio resolutório, pois dá à parte infratora uma segunda possibilidade de cumprimento. (HUBER, Peter. *CISG – The Structure of Remedies*. In: Rabels Zeitschrift für Ausländische und Internationales Privatrechts. 71 (2007), Mohr Siebeck, p. 20).

CAPÍTULO VI
CUMPRIMENTO E DESCUMPRIMENTO CONTRATUAL NA CISG | 281

excepcional de sua desconstituição por resolução. Incentiva-se o cumprimento *in natura* do contratado.

A figura do prazo suplementar é conhecida em diversos instrumentos legais, nacionais e internacionais, não sendo uma inovação da CISG.[541] A nomenclatura provém do Direito alemão que, no §323 BGB admite a concessão do *Nachfrist* com efeito resolutivo tanto na hipótese de falta de entrega como na hipótese de entrega defeituosa ou não conforme.[542] Apesar da semelhante nomenclatura, o alcance do termo na Convenção há de ser bem delimitado – não sendo idêntico ao termo da lei alemã.

Isso porque o tratamento do *Nachfrist* na CISG há de ser cindido em dois momentos. No que toca à possibilidade de concessão do prazo suplementar, os arts. 47 (1) e 63 (1) CISG deixam claro que sua concessão está ligada a qualquer obrigação proveniente do contrato ou da própria Convenção, sendo prazo cabível "para o cumprimento de suas obrigações". Mas, em relação à sua eficácia resolutiva após transcorrido o prazo, os arts. 49 (1) (b) e 64 (1) (b) limitam-na substancialmente apenas às hipóteses de não entrega de mercadorias (remédio ao *comprador*) ou pagamento do preço e recebimento das mercadorias (remédio ao *vendedor*), respectivamente.

A distinção é fundamental porque delimita a aplicação do remédio resolutório – quando dependente do *Nachfrist* – apenas a algumas violações contratuais negativas, afastando-a no caso de entrega de mercadorias não conformes (que é uma violação positiva por natureza). Neste, muito embora seja dado ao lesado a concessão de prazo para correção da não conformidade, sua não observância não conduzirá à abertura automática do direito de resolução – o que somente será possível se houver descumprimento essencial.[543]

Por evidente, se o descumprimento contratual é tão grave a ponto de imediatamente ser qualificado como *essencial*, a parte lesada tem à sua disposição o fundamento do art. 49 (1) (a) e 64 (1) (a) CISG, não lhe sendo exigida a prévia concessão do *Nachfrist* para que possa declarar o contrato resolvido. Conforme já exposto, a utilização do remédio resolutório é

---

[541] Destaca-se a figura prevista na Lei Uniforme sobre Compra e Venda Internacional de Mercadorias (ULIS) de 1964. *Vide* art. 27 e 44.

[542] O art. 323 do BGB dispõe expressamente que a concessão de prazo suplementar pode se dar tanto nas hipóteses de falta de entrega como de entrega defeituosa e que dele depende a possibilidade de resolução. O item (2) do referido artigo dispensa a concessão do *Nachfrist* quando houver recusa definitiva de prestar, quando houver termo fixo ou perda do interesse na prestação, ou quando diante de determinadas circunstâncias for plausível e razoável concluir, diante dos interesses das partes em um contrato bilateral, pela resolução desde logo.

[543] Conforme a síntese de Peter HUBER, "é também verdade que o art. 47 permite ao comprador fixar um *Nachfrist* para qualquer descumprimento do vendedor, incluindo os casos de não conformidade. Apesar disso, a extrapolação do prazo fixado sem que haja cumprimento não cria a ele automaticamente o direito de extinção do contrato" (HUBER, Peter. *CISG – The Structure of Remedies*. In: Rabels Zeitschrift für Ausländische und Internationales Privatrechts. 71 (2007), Mohr Siebeck, p. 20 e 21, em tradução livre).

conferida de plano ao lesado quando possível de se inferir a substancialidade do descumprimento.[544]

Seu âmbito de atuação, assim, encontra-se delimitado às hipóteses em que a falta de cumprimento não atinge a gravidade do *descumprimento essencial*, ou àquelas em que há dúvidas quanto à seriedade da infração. A concessão do *Nachfrist* é, nesses casos, um meio bastante seguro de tutela à parte lesada.

Diz-se segura exatamente porque, extrapolado o prazo sem que haja cumprimento, a Convenção possibilita a resolução do contrato independentemente de qualquer outra qualificação, liberando o lesado do ônus de comprovar o *descumprimento essencial*.[545] Ao conceder o *Nachfrist*, nas hipóteses de não entrega, o lesado mantém o contrato e a expectativa de recebimento em prazo razoável, ao mesmo tempo em que se assegura da possibilidade de terminação da relação contratual após o seu transcurso. Nas palavras de Peter Huber, o prazo suplementar possibilita que o lesado dê um "upgrade" no descumprimento contratual da outra parte.[546]

Sua segurança repousa também nas dificuldades (por vezes probatórios, por vezes interpretativas) da configuração do *descumprimento essencial*. Conforme sublinha Joseph Lookofsky, na situação precária em que não se tem certeza quanto ao caráter fundamental do descumprimento, o lesado pode correr o risco de prematuramente requerer a resolução ou, em alternativa mais segura, fixar o prazo suplementar para cumprimento. Se, na primeira hipótese, o caráter *essencial* do descumprimento não restar configurado, o próprio lesado pelo descumprimento pode ser colocado na situação de inadimplente.[547]

---

[544] Sobre a hipótese, entendeu a Corte de Justiça suíça ser possível desde logo a utilização do remédio resolutório, em casos em que o descumprimento alcança o nível fundamental. Tratava-se de discussão entre um comprador suíço que adquiriu algodão egípcio de um vendedor italiano. A primeira leva de produtos deveria ser entregue até o dia 5 de junho, em quatro entregas. Posteriormente, firmou-se contrato aditivo de compra de mais toneladas do produto. Por imposição do governo egípcio, o preço do algodão foi elevado, e comprador concordou em pagar a diferença de 6% sobre o preço. O vendedor, no entanto, deixou de informar o comprador que não conseguiria cumprir o prazo acordado e, demandada a entrega, sem resposta, este teve que adquirir os produtos de outro fornecedor, ao que se seguiu o pedido de resolução e de reparação de danos. Segundo o entendimento do Tribunal, a fixação de prazo fatal para entrega dos produtos faria desnecessária a concessão do Nachfrist, podendo-se declarar desde logo a resolução contratual. (Schweizerisches Bundesgericht, 4C.105/2000, 15.09.2000, Disponível em <http://www.unilex.info/case.cfm?id=907>. Acesso em 26 jan. 2014).

[545] MÜLLER-CHEN, Markus. In: SCHWENZER, Ingeborg; GREBLER, Eduardo; FRADERA, Vera; PEREIRA, César A. Guimarães (coords.). Comentários à Convenção das Nações Unidas sobre contratos de compra e venda internacional de mercadorias. São Paulo: *Revista dos Tribunais*, 2014, p. 1303.

[546] HUBER, Peter. *CISG – The Structure of Remedies*. In: Rabels Zeitschrift für Ausländische und Internationales Privatrechts. 71 (2007), Mohr Siebeck, p. 21, em tradução livre.

[547] LOOKOFSKY, Joseph. *Convention on Contracts for the International Sale of Goods (CISG)*. The Hague: Wolters Kluwer, 2012, p. 117.

CAPÍTULO VI
CUMPRIMENTO E DESCUMPRIMENTO CONTRATUAL NA CISG | 283

O remédio resolutório também é aberto ao lesado quando, mesmo não expirado o prazo suplementar, o devedor declara que não cumprirá as obrigações devidas. A hipótese é bastante próxima à noção do descumprimento definitivo acima estudado (item 6.2.3.1), muito embora aplicada especificamente na fluência do *Nachfrist*.

Visando dar luz ao princípio da conservação dos pactos, a CISG determina que a concessão do *Nachfrist* seja feita em prazo razoável ao cumprimento da obrigação, ou seja, em tempo suficientemente adequado para tanto. Diz-se então que a declaração de vontade deve ser suficientemente séria, possibilitando que a prestação não cumprida possa ser efetivamente atendida.

O contrato mantém-se inalterado durante o prazo suplementar. Isso importa dizer que as obrigações vigentes permanecem vinculantes às partes. Por evidente, o devedor inadimplente sofre os efeitos de seu descumprimento, computado também o período suplementar concedido pela outra parte. Isso significa que eventuais *damages* bem como *juros* serão devidos neste período – até mesmo porque os danos pecuniários são um supra remédio aplicável em compatibilidade a qualquer outro previsto na CISG.

Durante o *Nachfrist*, contudo, fica vedado ao lesado se utilizar do remédio resolutório, ou ainda demandar redução do preço.[548] A conclusão é lógica e encontra abrigo na vedação ao comportamento contraditório (*venire contra factum proprium*), permitindo efetivamente que a parte faltosa dê cumprimento à obrigação descumprida.

Como se vê, ainda que a concessão de um chamado *período de graça* possa ocorrer mesmo na ausência de autorização legal, até mesmo por se tratar de ato típico da autonomia privada, o *Nachfrist* na CISG é algo

---

[548] Foi o que se entendeu em caso envolvendo contrato de compra e venda de nafta entre uma companhia petrolífera finlandesa e um comprador americano. Conforme excerto de decisão, havia previsão contratual que o navio cargueiro a transportar a carga deveria ser previamente aprovado pelo comprador, o que não foi realizado. Sem conseguir encontrar outro navio substitutivo, a mercadoria chegou ao porto de Nova Iorque apenas dois dias após o prazo contratualmente ajustado. Quando se tornou evidente que haveria atraso na entrega, o comprador demonstrou seu interesse na manutenção do contrato desde que: os bens chegassem no máximo com quatro dias de atraso da data inicialmente prevista, fossem desembarcados por barcos de transbordo e mediante redução do preço. As condições foram aceitas pelo vendedor, mas não consegui providenciar as barcaças de desembarque. O entendimento do Tribunal foi de que a recusa de transporte no navio cargueiro era desarrazoada e configurava descumprimento do contrato. Somado a isso, entendeu-se ainda não cabível a exigência de redução de preço no período de graça, o que tornaria inválido o acordo complementar. Em conclusão, caberia ao comprador a reparação de danos por apenas dois dias de atraso, enquanto que o vendedor poderia demandar os prejuízos pelo descumprimento contratual da outra parte. (U.S. District Court, New Jersey, CIV 01-5254 (DDR), 04.04.2006, disponível em <http://www.unilex.info/case.cfm?id=1106>. Acesso em: 26 jan. 2014).

a mais do que um simples elastecimento de prazo. Certamente sua principal característica está ligada à possibilidade de utilização do remédio resolutório sem que se socorra à figura do *descumprimento essencial* que, aliás, é aqui duplamente irrelevante: seja no momento da fixação do prazo suplementar,[549] seja ultrapassado este, sem que tenha havido a prestação. É justamente esta característica que distingue o Direito brasileiro da CISG. No Brasil não há uma figura próxima ao *Nachfrist*, muito embora não seja vedada a concessão de prazo suplementar de cumprimento, assemelhando-se à figura da novação objetiva parcial da obrigação. Com ou sem esta característica de novação, é certo que uma tal concessão não teria o condão de autorizar a demanda resolutória de *per se* ou, mais gravemente, de afastar a possibilidade de que o lesado pretenda, desde logo, a resolução do contrato – ainda que a intepretação do caso concreto possa levar a estas conclusões.

6.3.3.4 Declaração de resolução

O direito à resolução é exercido por simples declaração da parte lesada, sem que seja necessário seu reconhecimento ou declaração por qualquer autoridade, seja esta arbitral ou judicial. Nos termos do art. 26 CISG, a declaração de resolução somente se torna eficaz quando notificada à outra parte, afastando-se a sua configuração *ipso fato*.[550] Em outras palavras, a resolução depende de declaração da parte, não sendo efeito automático dos fatos, ainda que prescinda de manifestação judicial ou arbitral (o que contrasta com a interpretação comumente conferida ao art. 474 e 475 CC).

Esta constatação é relevante, na medida em que se exigirá uma declaração mesmo em casos que, à luz do Direito brasileiro, a resolução pudesse se dar *ex lege* e automaticamente. É o caso da resolução por impossibilidade objetiva da prestação – que no Brasil, por exemplo, importaria a automática resolução do negócio jurídico[551] –, mas, na CISG, dependerá da manifestação do lesado.[552]

---

[549] Tal como afirma MÜLLER-CHEN, Markus. In: SCHWENZER, Ingeborg; GREBLER, Eduardo; FRADERA, Vera; PEREIRA, César A. Guimarães (coords.). Comentários à Convenção das Nações Unidas sobre contratos de compra e venda internacional de mercadorias. *Revista dos Tribunais*, São Paulo, p. 1264, 2014.

[550] FOUNTOULAKIS, Christiana. In: SCHWENZER, Ingeborg; GREBLER, Eduardo; FRADERA, Vera; PEREIRA, César A. Guimarães (coords.). Comentários à Convenção das Nações Unidas sobre contratos de compra e venda internacional de mercadorias. *Revista dos Tribunais*, São Paulo, p. 566, 2014.

[551] É o que se infere da parte primeira do art. Art. 234. Se, no caso do artigo antecedente, a coisa se perder, sem culpa do devedor, antes da tradição, ou pendente a condição suspensiva, fica resolvida a obrigação para ambas as partes; se a perda resultar de culpa do devedor, responderá este pelo equivalente e mais perdas e danos.

[552] Assim afirma MÜLLER-CHEN, In: SCHWENZER, Ingeborg e MUÑOZ, Edgardo. *Comentario sobre la convención de las Naciones Unidas sobre los contratos de compravenuta internacional de mercaderías*. Tomo II. Navarra: Thompson Reuters, p. 757.

CAPÍTULO VI
CUMPRIMENTO E DESCUMPRIMENTO CONTRATUAL NA CISG | 285

O mesmo se diga quando houver fixação do *Nachfrist* sem que haja cumprimento da obrigação. Embora o direito à resolução configure-se automaticamente, ele depende de declaração pela parte lesada que, contudo, pode ser feita no mesmo momento de concessão do prazo suplementar, indicando-se desde logo o efeito resolutivo de seu transcurso sem cumprimento – e, nesta hipótese específica, ele será automático ultrapassado o prazo.[553]

A necessidade da declaração de resolução, bem como a decadência do direito de pleitear resolução, encontram-se reguladas nos arts. 49 (2) e 64 (2) CISG e a análise do prazo para tanto será feita no Capítulo VII.

Por se tratar de manifestação de vontade, aplica-se à declaração respectiva algumas regras acima mencionadas, quando do estudo da formação do contrato. Dentre elas, destaca-se a liberdade de forma (art. 11), a ser aplicada quando inexistente regra contratual em sentido contrário (art. 29) ou, ainda, quando não houver sido feita a reserva do art. 96 CISG. Outras disposições, contudo, são afastadas por haver previsão específica quando do tratamento deste tipo de declaração. É o caso da previsão do art. 27, o qual fixa o risco da transmissão da comunicação no *destinatário*, e não no *declarante*.

Dispõe referido dispositivo que a parte não perde o direito de valerse da comunicação respectiva nos casos em que, transmitida por meios adequados às circunstâncias, ocorrer atraso ou erro na sua transmissão, ou mesmo na hipótese de ela não chegar ao seu destino. A regra não estabelece, contudo, o momento de eficácia da declaração de resolução.

Consoante aponta Christiana Fountoulakis, trata-se de questão controversa não resolvia pela simples letra do art. 27, muito embora seu histórico legislativo demonstre que a eficácia de uma tal declaração seja dependente de sua *expedição*, e não da chegada ao destinatário. E esta conclusão tem efeitos diretos na impossibilidade de retirada da declaração de revogação, bem como na análise quanto à possiblidade de sua revogação.[554]

Neste sentido, entendem Peter Schlechtriem e Petra Butler que a possibilidade de revogação (ou retirada, neste caso) é possível quando o *destinatário* não tenha ainda conhecimento de tal declaração, ou não tenha agido no sentido de lhe dar cumprimento. Na dúvida, à luz da CISG, devese entender que a declaração não é mais revogável.[555]

---

[553] É o que entende Markus Müller-Chen, In: SCHWENZER, Ingeborg e MUÑOZ, Edgardo. Comentario sobre la convención de las Naciones Unidas sobre los contratos de compravenuta internacional de mercaderías. Tomo II. Navarra: Thompson Reuters, p. 757.

[554] FOUNTOULAKIS, Christiana. In: SCHWENZER, Ingeborg; GREBLER, Eduardo; FRADERA, Vera; PEREIRA, César A. Guimarães (coords.). Comentários à Convenção das Nações Unidas sobre contratos de compra e venda internacional de mercadorias. *Revista dos Tribunais*, São Paulo, p. 570-572, 2014.

[555] SCHLECHTRIEM, Peter e BUTLER, Petra. *UN Law on International Sales*. The UN Convention on the International Sale of Goods. Heidelberg: Springer, 2009, p. 96.

A característica principal da declaração de resolução na Convenção, e que há de ser separada de uma visão doméstica, reside no fato de que é a própria declaração da parte suficiente para colocar fim à relação contratual. Com efeito, se no Brasil há anacrônico entendimento pela necessidade de socorro ao Poder Judiciário nos casos de resolução por inadimplemento (ainda que não seja esta a redação do art. 475, CC),[556] na CISG a regra é diametralmente oposta, sendo desnecessário qualquer ato de confirmação por autoridade, judicial ou arbitral – aos quais cabe a aplicação dos *remedies*, mas não a declaração de resolução do contrato em si.

A afirmação não importa, por evidente, negar-se possibilidade de discussão judicial quanto à presença dos requisitos autorizadores da resolução. Aliás, a própria casuística do art. 25 CISG demonstra com precisão que muitas vezes as Cortes são chamadas a confirmar a existência de um *descumprimento fundamental*. Com menos frequência, dado seu caráter objetivo, é a possibilidade de discussão da resolução após o *Nachfrist*.

A escolha da Convenção quanto à eficácia da resolução por mera declaração da parte dialoga com a própria dinâmica do comércio internacional para a qual foi pensada.[557] A partir de uma análise econômica dos mecanismos insertos na CISG, não se pode deixar de apontar que rapidez e agilidade na utilização do remédio resolutório são fundamentais na tutela da parte lesada pelo descumprimento.[558]

O tratamento da declaração de resolução na CISG é, ainda, complementado com alguns critérios temporais para a respectiva manifestação, e que são diversos a depender da hipótese de dever descumprido. A delimitação de prazos para utilização do remédio resolutório é essencial, na medida em que a sua utilização tem eficácias práticas bastantes relevantes, como a responsabilidade pelo cuidado das mercadorias e de redistribuição dos bens.[559]

---

[556] A questão não encontra solução legal transparente no Direito rbasileiro, sendo a intepretação pela necessidade de manifestação judicial doutrinária e jurisprudencial. Em alguns grupos de casos, como se dá nos compromissos de compra e venda, por exemplo, a exigência de manifestação judicial é adotada sem maiores dificuldades, em boa parte fundamentada na essencialidade do bem contratado (em que pese a alteração procedida pelo art. 62 da Lei 13.097/2015, cuja aplicação pelos Tribunais ainda não pode ser definida). Em outros, contudo, não se pode afirmar haver uma linha única de entendimento.

[557] HONNOLD, John. *Uniform Law for International Sales under the 1980 United Nations Convention*. 3. ed. 1999, Reproduced with permission of the Publisher, Kluwer Law International, The Hague. Disponível em <http://www.cisg.law.pace.edu/cisg/biblio/ho49.html>. Acesso em: 25 jan. 2014.

[558] Conforme afirmado na Opinião n. 9 do *CISG Advisory Council*, "é de interesse de ambas as partes que o processo de resolução seja realizado da maneira mais rápida possível, com o mínimo de custos, perdas e atraso" (CISG-AC Opinion No. 9, Consequences of Avoidance of the Contract, Rapporteur: Professor Michael Bridge, London School of Economics, London, United Kingdom. Adopted by the CISG-AC following its 12th meeting in Tokyo, Japan on 15 November 2008. Disponível em <http://www.cisg.law.pace.edu/cisg/CISG-AC-op9.html>. Acesso em: 27 jan. 2014).

[559] HONNOLD, John. *Uniform Law for International Sales under the 1980 United Nations Convention*. 3. ed. 1999, Reproduced with permission of the Publisher, Kluwer Law International, The

Os arts. 49 (2) e 64 (2) CISG são as bases convencionais para a decadência do direito à resolução do contrato, mencionados quando do tratamento do tema da eficácia extintiva à luz da Convenção (Capítulo VII). A Convenção distingue, para estabelecimento de prazos, as situações de *entrega* dos bens daquelas de *não entrega*; bem como de *pagamento* e *não pagamento*. Somente na primeira é que há prazo preclusivo para a declaração de resolução. Nos casos de *falta de entrega* ou *falta de pagamento* (no que se incluir pagamento parcial) nenhum prazo contará em desfavor do lesado, que poderá a qualquer tempo declarar a resolução contratual – o que não significa, conforme adverte Markus Müller-Chen, que o direito à reparação de danos não possa ser atingido pela inércia do lesado, analisado à luz do princípio da boa-fé.[560] A possibilidade de resolução, contudo, permanece.

No caso em que houve *entrega de bens*, há fixação de prazos para exercício do direito à resolução, o que dialoga também com princípio da boa-fé no comércio internacional, na medida em que os bens já foram entregues (ainda que não perfeitamente) ao comprador,[561] ou seja, estão na sua esfera jurídica. Novamente, a CISG se socorre do conceito de prazo *razoável*, sem defini-lo objetivamente.

Em relação ao remédio resolutivo em favor do comprador, estabelece o art. 49 (2) que: no caso de *entrega tardia*, o prazo tem início na data em que o lesado toma ciência da entrega [art. 49 (2) (a)]; nos demais casos, conta-se da data em que tiver ou devesse ter tido ciência da violação; após o vencimento do *Nachfrist* ou após a declaração da parte faltosa de que não irá cumprir o contrato e, por fim, após o vencimento do prazo suplementar indicado pelo faltoso nos termos do art. 48 (3).

Tal como aponta John Honnold, estes termos de contagem remetem ao art. 38 da Convenção, o qual estabelece o período de exame dos bens (*dever de inspeção*), e é dependente de várias circunstâncias, dentre elas, por exemplo, o fato de serem os bens perecíveis ou sujeito à flutuação de preço.[562] A ideia de que o *comprador* deva oferecer notícia de não

---

Hague. Disponível em <http://www.cisg.law.pace.edu/cisg/biblio/ho49.html>. Acesso em: 25 jan. 2014.

[560] MÜLLER-CHEN, Markus. In: SCHWENZER, Ingeborg e MUÑOZ, Edgardo. *Comentario sobre la convención de las Naciones Unidas sobre los contratos de compravenuta internacional de mercaderías*. Tomo II. Navarra: Thompson Reuters, p. 759.

[561] É essa a lição de Michael WILL, que sustenta o pleno cabimento de padrões mais rígidos. WILL, Michael. In: *Bianca-Bonell Commentary on the International Sales Law*, Giuffrè: Milan (1987) 359-367. Reproduced with permission of Dott. A Giuffrè Editore, S.p.A. <http://www. cisg.law.pace.edu/cisg/biblio/will-bb49.html>. Acesso em: 20 jan. 2014.

[562] HONNOLD, John. <http://www.cisg.law.pace.edu/cisg/biblio/ho49.html. A análise de julgados é bastante relevante para compreensão do alcance da disposição convencional. Entendeu-se, por exemplo, que o comprador perderia a possibilidade de resolução do contrato quando deixar de informar a falta de conformidade de bens em prazo razoável. No caso discutido, um comprador belga recebeu mercadorias do vendedor francês em 13.03.1997,

conformidade ao *vendedor* é bastante razoável, e encontra fundamentação na possibilidade de que este investigue a alegada não conformidade e, se possível, possa saná-la (*right to cure*).[563] Aliás, o diálogo entre o *right to cure* e o direito à resolução contratual é tratado por Joseph Lookofsky, como uma das questões ainda não resolvidas pela história legislativa da CISG ou mesmo seu estudo de casos, sintetizada na posição daqueles que defendem que "a boa-fé do vendedor em sanar o vício não pode ser oposta ao direito do comprador de resolver o contrato", justificada a partir do que chama de dinâmica relação entre os arts. 25, 48 (1) e 49 e, de outro lado, o entendimento de que o direito à resolução excluiria o direito do vendedor de sanar as inconformidades.[564]

Em relação ao remédio resolutivo em favor do *vendedor*, por sua vez, estabelece o art. 64 (2) que o direito de resolver o contrato deve ser exercido: nos casos em que o *comprador* já houver pagado o preço, antes de o *vendedor* tomar conhecimento do cumprimento tardio da obrigação;[565] nos demais casos, dentro de prazo razoável contado da data em que tiver ou devesse ter tido ciência da violação e após o vencimento do *Nachfrist* ou após a declaração da parte faltosa de que não irá cumprir o contrato.

No caso específico do descumprimento por parte do *comprador*, há de se distinguir entre as hipóteses de *cumprimento tardio* com ou sem fixação do *Nachfrist*. Isso porque o cumprimento realizado após o prazo suplementar conferido não pode ser qualificado como cumprimento tardio para incidência do disposto no art. 64 (2) (a), chamando à incidência a regra específica que toca ao prazo razoável após a extrapolação do *Nachfrist*.[566]

---

sendo solicitado o pagamento em 28.04.1997. Em maio, apenas, o comprador informou que os bens seriam defeituosos, ao que o vendedor respondeu pedido a remessa destes para inspeção e ofertando sua substituição. O comprador não respondeu tal correspondência. Para a Corte belga, o comprador perdeu o direito à resolução do contrato por não o ter exercido dentro de um prazo razoável. (Cour d'Appel, Mons. R.G. 1999/242, 08.03.2001, Acesso <http://www.unilex.info/case.cfm?id=749>. Acesso em 27 jan. 2014).

[563] LOOKOFSKY, Joseph. *Convention on Contracts for the International Sale of Goods* (CISG). The Hague: Wolters Kluwer, 2012, p. 108.

[564] LOOKOFSKY, Joseph. *Convention on Contracts for the International Sale of Goods* (CISG). The Hague: Wolters Kluwer, 2012, p. 108.

[565] Conforme exemplifica Florian MOHS: "caso a violação essencial do contrato consista no descumprimento pelo comprador de sua obrigação de pagar o preço no prazo, ou o vendedor tenha o direito de declarar o contrato rescindido, porque o comprador não pagou o preço da compra dentro do prazo suplementar fixado pelo vendedor, esse último perde o direito de declarar o contrato rescindido no momento em que tomar conhecimento do pagamento pelo comprador". (MOHS, Florian. In: SCHWENZER, Ingeborg; GREBLER, Eduardo; FRADERA, Vera; PEREIRA, César A. Guimarães (coords.). Comentários à Convenção das Nações Unidas sobre contratos de compra e venda internacional de mercadorias. *Revista dos Tribunais*, São Paulo, p. 1017, 2014.).

[566] MOHS, Florian. In: SCHWENZER, Ingeborg; GREBLER, Eduardo; FRADERA, Vera; PEREIRA, César A. Guimarães (coords.). Comentários à Convenção das Nações Unidas sobre contratos de compra e venda internacional de mercadorias.: *Revista dos Tribunais*, São Paulo, p. 1017, 2014.

6.3.3.5 Efeitos da resolução

O art. 81 CISG estabelece que a resolução do contrato tem eficácia terminativa da relação jurídica de compra e venda, liberando-se as partes reciprocamente das obrigações contratualmente assumidas, ao mesmo tempo em que faz nascer o dever de restituição das obrigações já cumpridas, se for o caso. Não obstante, há direitos que sobrevivem à extinção do contrato, dentre eles o de reparação dos danos causados pelo descumprimento contratual. Tanto assim que a demanda reparatória cabível tem cunho eminentemente contratual, o que faz com que a ela se apliquem as regras da CISG.

Dentre as disposições contratuais que permanecem vigentes destaca-se, por exemplo, a cláusula compromissória e a cláusula contratual que especifique multa ou outra penalidade pelo não cumprimento da obrigação ou mesmo, na dicção do art. 81 (1), as provisões do contrato que regulem direitos e obrigações consequenciais da resolução contratual. Neste sentido, parece possível afirmar que a resolução atinge, única e tão somente, os deveres principais do contrato.[567] Da mesma forma, não há lugar para dúvidas quanto à subsistência do direito à reparação de danos que, além de tudo, é remédio que pode ser compatibilizado com qualquer outro previsto na Convenção.[568]

O efeito liberatório importa concluir que não há espaço para a demanda de cumprimento diante do pedido de resolução contratual, o que também parece bastante lógico. Por outro lado, a possibilidade da demanda reparatória, expressamente admitida na Convenção, afasta qualquer interpretação doméstica que entenda pela incompatibilidade entre estes dois remédios.[569]

---

[567] Veja-se que, pela sua própria natureza, os deveres laterais de conduta decorrentes da boa-fé subsistem mesmo com a extinção do pacto de onde mediatamente provém. Somente a título provocativo, vez que a verticalização do tema fugiria ao escopo do presente texto, não há razão para se entender que as partes se liberem, com a resolução, de um dever de sigilo ou de uma proibição de utilização determinada de um bem. Sobre o tema, já advertia Claus-Wilhelm CANARIS que os deveres de proteção podem ser independentes da própria existência dos deveres de prestação, bem assim podem subsistir à decretação de nulidade do contrato. (CANARIS, Claus-Wilhelm. *Ansprüche wegen 'positiver Vertragsverletzung' und 'Schultzwirkung für Dritte" bei nichtige Verträgen*. In: JuristenZeitung, 1965, p. 476).

[568] Sobre a questão, o *CISG Advisory Council* editou Opinião n. 9 – tratando das consequências da resolução do contrato –, no sentido de que o direito à reparação de danos por não cumprimento, quando imputável à parte (i.e., quando inexistente causa de exclusão conforme o art. 79 CISG), sobrevive à resolução, independentemente de serem resultado prévio à resolução ou surgirem de uma futura não performance. (CISG-AC Opinion N. 9, Consequences of Avoidance of the Contract, Rapporteur: Professor Michael Bridge, London School of Economics, London, United Kingdom. Adopted by the CISG-AC following its 12th meeting in Tokyo, Japan on 15 November 2008. Disponível em <http://www.cisg.law.pace.edu/cisg/CISG-AC-op9.html>. Acesso em: 27 jan. 2014.).

[569] FOUNTOULAKIS, Christiana. In: SCHWENZER, Ingeborg; GREBLER, Eduardo; FRADERA, Vera; PEREIRA, César A. Guimarães (coords.). *Comentários à Convenção das Nações Unidas sobre contratos de compra e venda internacional de mercadorias. Revista dos Tribunais*, São Paulo, p. 1211, 2014.

290 | PAULO NALIN, RENATA C. STEINER
COMPRA E VENDA INTERNACIONAL DE MERCADORIAS

Além da reparação de danos (e diferentemente desta), a resolução contratual cria às partes o dever de restituição daquilo que já houver sido prestado. É o que dispõe o art. 81 (2), atingindo o que já tenha sido pago ou prestado e, no caso de haver obrigação de restituição a ambas as partes, determinando que esta seja cumprida simultaneamente.

São justamente os custos e problemas práticos da restituição de mercadorias (e de valores) no comércio internacional e global, que constituem peças chaves na adoção do entendimento *favor contractus* pela CISG.[570] Para tanto, basta que se pense nas dificuldades de logística e transporte, na influência da resolução na distribuição do risco ou mesmo na singela questão quanto à moeda em que o retorno do pagamento deva ser efetuado.[571]

Mas não apenas questões práticas comerciais é que podem ser tidas como problemáticas. Sob o ponto de vista eminentemente jurídico, o art. 28 da CISG pode ser aplicado também nestas hipóteses, não estando o juiz do foro obrigado a determinar o retorno das mercadorias quando não houver previsão para tanto à luz de seu direito doméstico, à semelhança do que ocorre no que toca ao cumprimento específico.[572]

A restituição de bens e valores eventualmente já prestados visa o retorno das partes ao estado anterior à contratação. É o efeito natural da eficácia extintiva da declaração de resolução. Diferentemente se dá com a reparação de danos, que é suplementar e não encontra fundamento exclusivo na demanda resolutiva, não estando (por isso mesmo) limitada a um retorno ao *status quo ante*. Passa-se a estuda-la.

6.3.4 Reparação de danos (*damages*, arts. 74-77 CISG)

O sistema de remédios da Convenção é complementado pela demanda reparatória, os chamados *damages*, tratados nos arts. 74 a 77. Referidas disposições são comuns tanto ao *comprador* como ao *vendedor*. Sob a rubrica *damages* entende-se a reparação de prejuízos, que pode se dar tanto pelo pagamento de *danos emergentes*, como de *lucros cessantes*, não estando abrangida pela Convenção a reparação por danos punitivos.[573]

---

[570] *Vide*, por todos, GLITZ, Frederico Eduardo Zenedin. *Favor contractus*: alguns apontamentos sobre o princípio da conservação do contrato no direito positivo brasileiro e no direito comparado. In: *Revista do Instituto do Direito Brasileiro*. Ano 2 (2013), n. 1, p. 475-542.

[571] A questão é apenas aparentemente singela. As dificuldades podem ser melhor trabalhadas a partir do texto do CISG-AC Opinion N. 9, em especial a partir do item "b" "restitution of performance".

[572] FOUNTOULAKIS, Christiana. In: SCHWENZER, Ingeborg; GREBLER, Eduardo; FRADERA, Vera; PEREIRA, César A. Guimarães (coords.). Comentários à Convenção das Nações Unidas sobre contratos de compra e venda internacional de mercadorias. *Revista dos Tribunais*, São Paulo, p. 1214, 2014.

[573] HUBER, Peter e MULLIS, Alastair. *The CISG*. A new textbook for students und practitioners. Munique: Sellier, 2007, p. 268.

Consoante já se afirmou, as perdas e danos são, por sua natureza, cumuláveis com outros remédios dispostos na Convenção [art. 45 (2) e art. 61 (2) CISG]. Isso significa dizer que a utilização de outros remédios não afasta a possibilidade de reparação de prejuízo, não havendo incompatibilidade entre eles. Seja qual for o remédio utilizado, o lesado poderá demandar a reparação dos prejuízos eventualmente causados pelo descumprimento contratual.

Exatamente por abranger diferentes situações e, conforme bem aponta John Honnold, a CISG apenas dispõe sobre os princípios gerais da reparação de danos.[574] Por princípios gerais, entende-se aqueles referentes à fixação do *quantum* reparatório, vez que o fundamento da reparação de danos encontra-se disposto nas regras convencionais precedentes, que determinam quando há ocorrência do descumprimento contratual.

A opção dialoga com a própria concepção da demanda reparatória, cabível em qualquer hipótese de descumprimento. É indiferente a espécie de descumprimento (ou de dever descumprido) para que haja o direito de demandar as perdas e danos, cujo *quantum* será regido então pelas regras gerais dispostas nos artigos aqui tratados – e poderá, evidentemente, variar de acordo com a espécie de dever descumprido.

Some-se a isso, ainda, o fato de que a demanda de perdas e danos será compatível com os prejuízos efetivamente experimentados pela parte lesada pelo descumprimento contratual, sendo a "filosofia da ação de danos colocar a parte lesada na mesma posição econômica que estaria se o contrato houvesse sido cumprido".[575] Por evidente, esta medida é variável a depender do dever descumprido.

Esta compreensão justifica, por exemplo, que em relação específica aos danos causados na resolução contratual, a CISG estabeleça regras de quantificação específicas, no arts. 75 e 76.

É pressuposto para o estudo do remédio reparatório a prévia configuração do descumprimento do contrato, que pode ou não ser *essencial*. Ou seja, o estudo aqui realizado parte da consideração de que houve infração a um dever contratual ou decorrente da Convenção, e de que não há causa excludente de responsabilidade do lesado, remetendo-se o leitor à visão panorâmica do descumprimento acima traçada (item 6.1).

Duas são as noções essenciais dos *damages* na Convenção: o princípio da reparação integral, bem com a sua limitação a partir do critério de

---

[574] HONNOLD, John O. *Derecho Uniforme sobre Compraventas Internacionales (Convención de las Naciones Unidas de 1980)*. Madrid: Editoriales de Derecho Reunidas, 1987, p. 403.

[575] Guide to CISG Article 74 Secretariat Commentary (closest counterpart to an Official Commentary). Disponível em <http://cisgw3.law.pace.edu/cisg/text/secomm/secomm-74.html> Acesso em: 28 set. 2014.

PAULO NALIN, RENATA C. STEINER
COMPRA E VENDA INTERNACIONAL DE MERCADORIAS

previsibilidade.[576] A afirmação importa considerar que, se em um primeiro momento todos os prejuízos causados serão reparáveis, é possível haver limitação do *quantum* reparatório a partir do critério da previsibilidade, o que se infere pela própria redação do dispositivo:

> Art. 74: As perdas e danos decorrentes de violação do contrato por uma das partes consistirão no valor equivalente ao prejuízo sofrido, inclusive lucros cessantes, sofrido pela outra parte em consequência do descumprimento [*reparação integral*]. Esta indenização não pode exceder à perda que a parte inadimplente tinha ou devesse ter previsto no momento da conclusão do contrato, levando em conta os fatos dos quais tinha ou devesse ter tido conhecimento naquele momento, como consequência possível do descumprimento do contrato [*previsibilidade*]. (inserções nossas)

Desta breve introdução já é possível observar alguns pontos que merecem verticalização. O primeiro deles refere-se justamente ao diálogo entre a *reparação integral* e a *previsibilidade*, especialmente porque este último conceito não é adotado no sistema de reparação de danos brasileiro. O segundo encontra lugar na constatação de que o remédio reparatório está voltado ao *expectation interest* da parte, isto é, ao interesse no cumprimento da prestação (interesse contratual positivo), independentemente do remédio cumulativo escolhido ou utilizado. E, por fim, em um terceiro ponto há de se estudar as regras específicas aplicáveis à resolução do contrato (arts. 75 e 76).

6.3.4.1 Reparação integral e previsibilidade

O art. 74 prevê, em fórmula bastante simples, que a reparação de danos compreende tanto a perda sofrida como os lucros cessantes, desde que ligados ao descumprimento e que possam ser previsíveis. Como aponta Ingeborg Schwenzer, o dispositivo requer exclusivamente que os danos sejam *possíveis consequências* do descumprimento, não se exigindo o grau de efetiva *probabilidade*, a serem analisadas a partir de um critério objetivo; da mesma forma não está ali inserida uma ideia absoluta de reparação integral de danos, pois mitigada pelo critério da previsibilidade.[577]

---

[576] SCHWENZER, Ingeborg. In: SCHWENZER, Ingeborg; GREBLER, Eduardo; FRADERA, Vera; PEREIRA, César A. Guimarães (coords.). Comentários à Convenção das Nações Unidas sobre contratos de compra e venda internacional de mercadorias. *Revista dos Tribunais*, São Paulo, p. 1117, 2014.

[577] SCHWENZER, Ingeborg. In: SCHWENZER, Ingeborg; GREBLER, Eduardo; FRADERA, Vera; PEREIRA, César A. Guimarães (coords.). Comentários à Convenção das Nações Unidas sobre contratos de compra e venda internacional de mercadorias. *Revista dos Tribunais*, São Paulo, p. 1124-1125, 2014. No mesmo sentido TIBURCIO, Carmen. Consequências do Inadimplemento

Reparação integral e previsibilidade são conceitos básicos do sistema de reparação de danos na Convenção e merecem ser melhor elucidados, seja individualmente, seja em seu conjunto.

a) Conteúdo da reparação integral na CISG

A amplitude da reparação ligada aos *prejuízos sofridos* (art. 74 CISG) demonstra que não há tipificação de quais sejam os danos reparáveis em espécie, sendo este o conteúdo principal da reparação integral na Convenção.[578] Ao contrário, a definição dos danos deve ser sempre feita *in concreto*.

A afirmação é relevante exatamente por sublinhar a impossibilidade de limitação dos prejuízos causados pelo descumprimento à luz de uma leitura estritamente doméstica. Muito embora a classificação dos prejuízos possa ser útil, no sentido de demonstrar os danos causados pelo descumprimento, ela jamais pode ser entendida como taxativa – máxime quando interpretada a partir da lógica de um ordenamento jurídico determinado. O único critério que delimita os danos indenizáveis dos não indenizáveis, para a CISG, é a *previsibilidade*, o qual é abaixo estudado (item 6.4.1.1, *a*).

Apesar de ser esta a leitura primeira do dispositivo, há uma série de limitações que merecem ser elucidadas e que são, aliás, prévias à própria aplicação do critério de limitação pela *previsibilidade*. Importa delimitar, antes de tudo, o que se pode considerar como dano reparável à luz da CISG.

A primeira limitação decorre da exclusão disposta no art. 5º da Convenção (item 3.5.4.2), o qual estabelece que não está no seu escopo de aplicação os danos causados à pessoa ou por morte. A lei aplicável, nestes casos, será a lei doméstica obtida a partir do DIP do foro. Entende-se, contudo, que entram na incidência da CISG os danos de morte ou pessoais causados a terceiros e suportados pelo lesado pelo descumprimento contratual pois, nestas hipóteses, não há diferença entre estes e prejuízos financeiros.[579]

Apesar de tal limitação, não se vislumbra efetivamente que ela venha a alterar o conteúdo da reparação integral. Isso porque, ao remeter à lei doméstica a sua regência, a CISG não os torna danos não reparáveis,

---

Contratual na Convenção de Viena sobre Venda Internacional de Mercadoriais. In: *Revista de Arbitragem e Mediação*. v. 37, p. 167 e seguintes, 2013. Acesso pela RTOnline em 30 out. 2013.

[578] HUBER, Peter e MULLIS, Alastair. *The CISG*. A new textbook for students und practitioners. Munique: Sellier, 2007, p. 268.

[579] SCHWENZER, Ingeborg. In: SCHWENZER, Ingeborg; GREBLER, Eduardo; FRADERA, Vera; PEREIRA, César A. Guimarães (coords.). Comentários à Convenção das Nações Unidas sobre contratos de compra e venda internacional de mercadorias. *Revista dos Tribunais*, São Paulo, p. 1110, 2014.

isto é, não há efetiva limitação dos prejuízos que podem ser recobrados pelo lesado.

Uma segunda limitação decorre do entendimento de que somente prejuízos materiais é que seriam reparáveis.[580] Apesar da Convenção não estabelecer uma regra expressa de exclusão da reparação de *danos morais*, esta conclusão pode ser obtida a partir da constatação de que "partes envolvidas em contratos de compra e venda internacional não contratam e pagam para um plácido aproveitamento da vida".[581]

A discussão, contudo, é mais profunda do que se pode imaginar à primeira vista, pois contempla a própria compreensão do que sejam ou não danos patrimoniais e extrapatrimoniais. Ainda segundo Ingeborg Schwenzer, prejuízos ligados à reputação ou à perda de uma chance são expressões pecuniárias cujas reparações seriam, assim, regidas pela Convenção, pois reflexos. O afastamento estaria ligado a prejuízos por dor e sofrimento, angústia mental ou perda de conveniências,[582] vale dizer, danos morais "puros" – havendo, naturalmente, problemas derivados da sua interpretação.

Seguindo a opinião de Peter Schlechtriem, muito embora à luz da CISG os danos de cunho *extrapatrimoniais* não sejam reparáveis, nada impede que sejam preenchidos os requerimentos de responsabilidade *extracontratual* perante o Direito doméstico aplicável.[583] Nestas hipóteses, como seria o caso do Direito brasileiro (em que há cláusulas gerais de reparação de danos – art. 186 e 927 CC), eventuais prejuízos imateriais causados são reparáveis por outra rubrica.

Novamente aqui não há efetiva limitação dos prejuízos reparáveis, mas apenas o afastamento das disposições da CISG à reparação de danos não materiais causados pelo descumprimento contratual.[584]

---

[580] SCHLECHTRIEM, Peter e BUTLER, Petra. *UN Law on International Sales*. The UN Convention on the International Sale of Goods. Heidelberg: Springer, 2009, p. 209.

[581] SCHWENZER, Ingeborg. In: SCHWENZER, Ingeborg; GREBLER, Eduardo; FRADERA, Vera; PEREIRA, César A. Guimarães (coords.). Comentários à Convenção das Nações Unidas sobre contratos de compra e venda internacional de mercadorias. *Revista dos Tribunais*, São Paulo, p. 1122, 2014.

[582] SCHWENZER, Ingeborg. In: SCHWENZER, Ingeborg; GREBLER, Eduardo; FRADERA, Vera; PEREIRA, César A. Guimarães (coords.). Comentários à Convenção das Nações Unidas sobre contratos de compra e venda internacional de mercadorias. *Revista dos Tribunais*, São Paulo, p. 1122, 2014.

[583] SCHLECHTRIEM, Peter e BUTLER, Petra. *UN Law on International Sales*. The UN Convention on the International Sale of Goods. Heidelberg: Springer, 2009, p. 210.

[584] No Direito brasileiro, a cláusula de reparação integral de danos é costumeiramente utilizada como fundamento também para a reparação de danos morais. Em obra dedicada ao tema, o Ministro Paulo de Tarso Sanseverino aponta a crítica de Geneviève Viney, no sentido de que este princípio perderia seu sentido quando aplicado à indenização extrapatrimonial, por não ter conteúdo econômico. A crítica é rebatida pelo autor, que considera que a noção de reparação integral serve de guia ao julgador na fixação do quantum indenizatório nestas

Estas duas limitações, conforme se demonstrou, são prévias à própria aplicação do princípio da reparação integral, pois delimitam o que se pode compreender sob a expressão *prejuízos reparáveis*. Uma vez conhecido o seu conteúdo, sua reparação será integral, encontrando limitação apenas e tão somente no critério da *previsibilidade*, que passa a ser estudado.

b) Previsibilidade

A CISG desconhece, conforme se apontou, outro critério de limitação de danos reparáveis que não a previsibilidade. Isso importa também excluir da sua aplicação algumas compreensões domésticas, como as teorias de nexo de causalidade.[585] Com efeito, os danos reparáveis pelo descumprimento contratual são aqueles que deste decorrem (*conditio sine qua non*), sem que se inclua nesta causalidade qualquer outra regra limitativa.

Eis aqui um ponto de divergência entre os regimes do Código Civil brasileiro e o da CISG, e que merece profunda atenção do intérprete e aplicador no sentido de se evitar a transposição de uma visão estritamente doméstica na aplicação da Convenção. Não se pode descurar que o CC não trabalha a questão da *previsibilidade* quando do tratamento do descumprimento contratual – não sendo ela um critério normativo adotado no Brasil.

A regra de previsibilidade é uma flexibilização da responsabilidade objetiva adotada pela Convenção, aplicada exclusivamente à delimitação dos prejuízos indenizáveis.[586] O conceito, contudo, não pode ser confundido com uma inserção do elemento subjetivo *culpa* ao regime de reparação de danos. Uma explicação aprofundada deste critério torna mais fácil esta compreensão.

---

situações, até mesmo porque, à época do julgamento, outros casos terão já sido julgados e apreciados, e podem servir de parâmetros. A ressalva está aqui colocada para indicar que, mesmo diante do princípio da reparação de danos, não parece haver uniformidade na compreensão de que estes congregam também prejuízos extrapatrimoniais. (SANSEVERINO, Paulo de Tarso. *Princípio da reparação integral*. 1. ed. 2ª tir. São Paulo: Saraiva, 2011, p. 77-79).

[585] A afirmação não importa negar que somente prejuízos decorrentes do descumprimento contratual é que são reparáveis, havendo relação de conditio sine qua non. Mas, conforme ensina Ingeborg Schwenzer, é irrelevante que tal prejuízo tenha sido direta ou indiretamente causado pelo descumprimento. (SCHWENZER, Ingeborg. In: SCHWENZER, Ingeborg; GREBLER, Eduardo; FRADERA, Vera; PEREIRA, César A. Guimarães (coords.). Comentários à Convenção das Nações Unidas sobre contratos de compra e venda internacional de mercadorias. *Revista dos Tribunais*, São Paulo, p. 1122, 2014.). Acerca da volatilidade e acientificidade das inúmeras teorias sobre a causalidade apontadas pela jurisprudência nacional, remete-se o leitor à obra de MALHEIROS, Pablo. *Responsabilidade por danos: imputação e nexo de causalidade*. Curitiba: Juruá, p. 65-78, 2014.

[586] SCHWENZER, Ingeborg. In SCHWENZER, Ingeborg; GREBLER, Eduardo; FRADERA, Vera; PEREIRA, César A. Guimarães (coords.). Comentários à Convenção das Nações Unidas sobre contratos de compra e venda internacional de mercadorias. *Revista dos Tribunais*, São Paulo, p. 1125, 2014.

Ao inserir ao parâmetro da indenização dos danos o critério de sua previsibilidade, a CISG adota a opção de criar às partes o ônus de calcular os riscos das obrigações contratualmente assumidas,[587] o que se desdobra na possibilidade de prever as consequências do descumprimento destas respectivas obrigações, o que, de outro vértice, a falta de previsibilidade ou uma má estimativa de danos não implica culpa por negligência. Esta análise levará em consideração o momento da conclusão do contrato.

O art. 74 congrega duas formas de verificação do requisito aqui estudado, *subjetivo* e *objetivo*. Isso porque é suficiente a prova de que a parte tenha previsto as consequências de seu descumprimento (*subjetivo*) ou as pudesse prever, a partir do critério de uma pessoa razoável nas mesmas circunstâncias (*objetivo*).[588] Como se vê, a regra e seu parâmetro são dirigidos especificamente àquele que descumpriu o contrato, bastando para tanto uma análise unilateral do requisito.[589]

Diz-se que a previsibilidade é um limitador à reparação integral de danos justamente porque ela atua como critério de diminuição do *quantum* indenizável. É indiferente que o descumprimento da obrigação seja ou não previsível à parte faltosa (até mesmo porque sua responsabilidade é objetiva), mas essencial que os prejuízos dele decorrentes sejam *prováveis* ou *possíveis consequências* do descumprimento.

Separa-se, assim, a responsabilidade pelo descumprimento da reparação de danos respectiva, sendo possível que a parte faltosa deixe de reparar a totalidade dos prejuízos causados, afastando-se a reparação daquela parcela não previsível de danos. Na síntese de Carmen Tiburcio: "a parte prejudicada apenas pode requerer as perdas que a parte infratora do contrato previu ou poderia prever no momento de aperfeiçoamento do contrato como consequência de sua quebra, a partir dos fatos dos quais sabia ou deveria saber no mesmo momento".[590]

---

[587] LOOKOFSKY, Joseph. *The 1980 United Nations Convention on Contracts for the International Sale of Goods.* Published in J. Herbots editor / R. Blanpain general editor, International Encyclopaedia of Laws - Contracts, Suppl. 29 (December 2000) 1-192. Reproduced with permission of the publisher Kluwer Law International, The Hague. Disponível em <http://www.cisg.law.pace.edu/cisg/biblio/loo74.html>.

[588] HUBER, Peter e MULLIS, Alastair. *The CISG.* A new textbook for students and practitioners. Munique: Sellier, 2007, p. 272. Os autores anotam as dificuldades de aplicação do primeiro critério, subjetivo, considerando a prova efetiva de que a parte tinha conhecimento das consequências possíveis da quebra contratual. Por isso, a aplicação do segundo critério, objetivo, é mais comum na prática internacional.

[589] SCHWENZER, Ingeborg. In: SCHWENZER, Ingeborg; GREBLER, Eduardo; FRADERA, Vera; PEREIRA, César A. Guimarães (coords.). Comentários à Convenção das Nações Unidas sobre contratos de compra e venda internacional de mercadorias. *Revista dos Tribunais*, São Paulo, p. 1126. 2014.

[590] TIBURCIO, Carmen. Consequências do Inadimplemento Contratual na Convenção de Viena sobre Venda Internacional de Mercadorias. In: *Revista de Arbitragem e Mediação.* v. 37, p. 167 e seguintes, 2013. Acesso pela RTOnline em 30 out. 2013.

Há doutrina que considera que os prejuízos usuais do descumprimento contratual devam ser, de regra, sempre ressarcíveis, sendo o critério da previsibilidade necessário no que diz respeito a prejuízos extraordinários.[591] É possível, a partir desta visão, traçar alguns grupos de casos que possam auxiliar na delimitação dos prejuízos reparáveis.

Assim, nos casos de *falta de cumprimento* incluindo também a *entrega de mercadorias desconformes*, será provável considerar como consequências do descumprimento a redução do preço, exemplificativamente: custos de manutenção e ajuste, despesas com empréstimos para cobrir a falta de pagamento,[592] perda de uma oportunidade de revenda de bens ou de produção (desde que não extraordinários, os quais então seriam submetidos ao critério da previsibilidade) e responsabilidade perante terceiros.[593]

6.3.4.2 O parâmetro da indenização devida: o interesse contratual positivo (e sua distinção ao interesse contratual negativo)

Ao adotar como parâmetro da indenização as expectativas da parte lesada no integral e perfeito cumprimento do pacto, a CISG determina que a reparação de danos determinada pelo art. 74 mede-se pelo que se convencionou chamar de *expectation interest* ou *performance interest*, ou seja, no sentido de proteger as expectativas da parte lesada no integral cumprimento.[594] Isso importa dizer que o lesado deve ser reconduzido à situação em que estaria se o contrato tivesse sido integralmente cumprido. Como a noção de perdas e danos é unitária (o que não significa que ela não seja composta por diferentes rubricas indenizatórias), o parâmetro é aplicável a qualquer espécie de descumprimento contratual, inclusive quando houver resolução contratual.

Apesar de a nomenclatura *interesse positivo* e *interesse negativo* não ser usual no Direito brasileiro, é ela compatível com a noção de reparação

---

[591] HUBER, Peter e MULLIS, Alastair. *The CISG*. A new textbook for students und practitioners. Munique: Sellier, 2007, p. 273-274.

[592] SCHWENZER, Ingeborg. In: SCHWENZER, Ingeborg; GREBLER, Eduardo; FRADERA, Vera; PEREIRA, César A. Guimarães (coords.). Comentários à Convenção das Nações Unidas sobre contratos de compra e venda internacional de mercadorias. *Revista dos Tribunais*, São Paulo, p. 1127-1128, 2014.

[593] HUBER, Peter e MULLIS, Alastair. *The CISG*. A new textbook for students and practitioners. Munique: Sellier, 2007, p. 276-277.

[594] LOOKOFSKY, Joseph. *The 1980 United Nations Convention on Contracts for the International Sale of Goods*. Published in J. Herbots editor / R. Blanpain general editor, International Encyclopaedia of Laws - Contracts, Suppl. 29 (December 2000) 1-192. Reproduced with permission of the publisher Kluwer Law International, The Hague. Disponível em <http://www.cisg.law.pace.edu/cisg/biblio/loo74.html>.

de danos cabíveis no descumprimento contratual. Isso porque, ao se adotar como parâmetro da indenização a colocação do lesado na situação de cumprimento contratual, indeniza-se não apenas o que ele perdeu com a falta de cumprimento, bem como o próprio *lucro* (vantagem) esperado do contrato.[595]

Ingeborg Schwenzer refere-se a estes prejuízos suplementares como *indemnity interest*, entendido como o interesse em não sofrer prejuízos resultantes da falta de performance ou de performance adequada.[596] No caso do *expectation interest*, marca dos arts. 75 e 76 CISG, sua reparação se dá justamente com o cumprimento da prestação (ou na sua reparação substitutiva); já o *indemnity interest* é reparado mediante perdas e danos e lucros cessantes para além da prestação, encontrando força no art. 74 CISG.

A lógica da distinção é bastante clara. Uma vez descumprida a obrigação, são causados vários danos ao credor, os quais não são sempre reparáveis com o mero cumprimento da prestação em atraso, ou reparação da não conformidade. Pense-se, somente para se situar um exemplo bastante simples, no comprador que não recebe os bens na data acordada e torna-se inadimplente perante terceiros. A entrega extemporânea dos bens pode satisfazer seu interesse na *prestação*, mas não faz frente aos demais prejuízos a que a falta de cumprimento deu causa.

À luz do art. 74 e do princípio da reparação integral, todos estes prejuízos são indenizáveis – desde que, obviamente, esteja preenchido o requisito da *previsibilidade*. A CISG, portanto, adota o parâmetro do *interesse contratual positivo* para a reparação de danos causados pelo descumprimento contratual, não importando qual o remédio complementar utilizado pelo lesado.

Há, contudo, quem entenda que também o *interesse contratual negativo* possa ser reparável. Sob esta rubrica entende-se aqueles prejuízos que são assim qualificados exatamente porque representam gastos tornaram inúteis frente ao descumprimento de alguma obrigação contratual. Seu maior campo de aplicação está na responsabilidade civil pré-contratual, equivalendo então a prejuízos da parte que confiou na efetiva conclusão do contrato.[597] Diferentemente do *interesse positivo*, no *interesse negativo* a parte é colocada na situação em que estaria se não houvesse contratado.

---

[595] FERREIRA DA SILVA, Jorge Cesa. Inadimplemento das Obrigações. Coleção Biblioteca de direito civil: estudos em homenagem ao professor Miguel Reale. v. 7. Coordenação Miguel Reale, Judith Martins-Costa, 2007, p. 175.

[596] SCHWENZER, Ingeborg. In: SCHWENZER, Ingeborg; GREBLER, Eduardo; FRADERA, Vera; PEREIRA, César A. Guimarães (coords.). Comentários à Convenção das Nações Unidas sobre contratos de compra e venda internacional de mercadorias. *Revista dos Tribunais*, São Paulo, p. 1000. 2014.

[597] MARTINS-COSTA, Judith. *Comentários ao Novo Código Civil. Inadimplemento das Obrigações*. v. 5, Tomo II, arts. 389-420. Coordenador Sálvio de Figueiredo Teixeira. Rio de Janeiro: Forense, 2003, p. 329.

Essa doutrina há de ser lida com cautela, especialmente considerando peculiaridades de compreensão dos termos no direito do *common law*. Isso porque não é incomum que autores de países desta tradição refiram-se ao *reliance interest* como correspondente apenas a despesas inutilizadas em razão da falta (pré) contratual. Contudo, a noção de que há despesas que se tornam inúteis é também aplicável ao descumprimento contratual, especialmente nos casos em que a parte se prepara para o recebimento da prestação e este não ocorre. Tais danos, contudo, compõem a noção de *interesse positivo*, e não de *interesse negativo*.

Nesse sentido, Peter Huber e Alastair Mullis entendem que "despesas inúteis" seja também compreendidas na reparação do art. 74 CISG, desde que preenchidos dois pressupostos: a) as despesas tenham sido feitas na confiança de cumprimento por parte do lesado; b) tais despesas tenham se tornado inúteis por força do descumprimento.[598] Exemplificam com o aluguel de um armazém para estocagem diante da falta de entrega das mercadorias, típico dano derivado da falta de cumprimento (e não de falha pré-negocial).

No mesmo sentido é o entendimento de Joseph Lookofsky, para quem a reparação prevista no art. 74 pode dizer respeito tanto aos danos positivos como aos danos negativos (*reliance interest*), reparando despesas incorridas pela parte lesada e que se tornaram inúteis frente ao descumprimento contratual. A conclusão se mostraria possível ainda que a CISG não contenha qualquer previsão expressa neste sentido.[599]

A possibilidade de cumulação entre a indenização por interesse positivo e negativo é bastante discutível, e rejeitada pelos autores desta obra.[600] Em verdade, a discussão parece ser meramente terminológica: entende-se que despesas inúteis decorrentes do descumprimento não compõem apenas o *interesse negativo*. Lookofsky toma, assim, o termo a partir de um significado diverso daquele aqui adotado.

Ora, se pela reparação de danos é o interesse contratual positivo que é prestado, a parte é colocada na situação em que estaria se o contrato tivesse sido cumprido, não havendo como transformar em dano uma

---

[598]   HUBER, Peter e MULLIS, Alastair. *The CISG*. A new textbook for students und practitioners. Munique: Sellier, 2007, p. 278.

[599]   LOOKOFSKY, Joseph. *Convention on Contracts for the International Sale of Goods (CISG)*. The Hague: Wolters Kluwer, 2012, p. 175. O autor ilustra a afirmação a partir do CLOUT Case 85, no qual se entendeu que o art. 74 daria à parte lesada a reparação do seu interesse no cumprimento e também na confiança.

[600]   Remete-se o leitor a STEINER, Renata Carlos. *Interesse positivo e interesse negativo: a reparação de danos no Direito privado brasileiro*. Tese de Doutorado. Orientador: Professor Associado Doutor Cristiano de Sousa Zanetti. Universidade de São Paulo, 2016.

despesa naturalmente inserta no processo contratual.[601] O pagamento do contrato e do quanto por ele esperado é, assim, suficiente para fazer frente a este tipo de prejuízos, ainda que possa haver outros danos que não sejam compreendidos na mera reparação da prestação não cumprida.

6.4 Resolução do contrato e reparação de danos (arts. 75-76 CISG)

Dentre os remédios cabíveis ao lesado, certamente o que encontra maior atenção da doutrina e jurisprudência, quando em diálogo com a reparação de danos, é o da resolução contratual. Tanto assim que a própria CISG dispõe, em seus artigos 75 e 76, especificamente sobra as regras de quantificação do prejuízo no caso de extinção do contrato, fato que por si só já denota a complexidade do tema:

Artigo 75

Se o contrato for rescindido e se, em modo e prazo razoáveis após a rescisão, o comprador proceder a uma compra substitutiva ou o vendedor a uma venda substitutiva, a parte que exigir a indenização poderá obter a diferença entre o preço do contrato e o preço estipulado na operação substitutiva, assim como quaisquer outras perdas e danos exigíveis de acordo com o artigo 74.

Artigo 76

(1) Se o contrato for rescindido e as mercadorias tiverem preço corrente, a parte que exigir a indenização das perdas e danos poderá, se não houver procedido à compra substitutiva ou à venda substitutiva previstas no artigo 75, obter a diferença entre o preço fixado no contrato e o preço corrente no momento da resolução, bem como quaisquer outras perdas e danos exigíveis em razão do artigo 74. Não obstante, se a parte que exigir a indenização houver resolvido o contrato após ter tomado posse das mercadorias, aplicar-se-á o preço corrente no momento de tomada de posse, em lugar do preço corrente no momento da rescisão.

(2) Para os fins do parágrafo anterior, o preço corrente será aquele do lugar onde a entrega das mercadorias deveria ter sido efetuada ou, na falta de preço corrente nesse lugar, o preço praticado em outra praça que puder razoavelmente substituí-lo, levando-se em consideração as diferenças no custo de transporte das mercadorias.

---

[601] Ainda que não especificamente tratando da CISG, entende-se como Paulo Mota Pinto que há impossibilidade de cumulação entre ambos os interesses, o que "obtém-se com meridiana clareza logo pela conjugação entre o sentido das noções de interesse negativo e interesse positivo (referidos ao mesmos objetos), na sua função compensatória, e a conformidade das regras da lógica. (MOTA PINTO, Paulo. *Interesse contratual negativo e interesse contratual positivo*. v.2. Coimbra: Coimbra, 2008, p. 1003).

CAPÍTULO VI
CUMPRIMENTO E DESCUMPRIMENTO CONTRATUAL NA CISG | 301

A existência de regras específicas no que toca à reparação de danos na resolução contratual difere da opção adota no Código Civil brasileiro que, em seu art. 475 CC, limita-se a estabelecer que a parte lesada pelo descumprimento *pode* optar pela resolução ou pela demanda de cumprimento, podendo em qualquer um dos casos exigir *perdas e danos*. A forma de cálculo desta indenização, contudo, não vem estabelecida na lei e é objetivo de inúmeras controvérsias.[602] Em geral, contudo, pode-se dizer que a CISG adere à chamada *teoria da diferença*.

Conforme opinião exarada pelo *CISG Advisory Council*, as disposições específicas dos artigos 75 e 76 não substituem o art. 74, mas sim apresentam métodos alternativos de fixação do *quantum* indenizatório em caso de resolução contratual.[603] Uma primeira leitura dos dispositivos sublinha a consideração de que a CISG tem como fundamento a reparação dos prejuízos *materiais*, vez que a própria lógica ali estabelecida é avessa à quantificação de outros danos que não patrimoniais.

Ocorre que, para além desta lógica ligada exclusivamente ao dever de prestação, as formas de cálculo ali dispostas não têm o condão de afastar a indenização de outros prejuízos com base no art. 74. Isso importa concluir que, se no que toca à prestação há de se aplicar o disposto nos artigos 75 e 76 – na hipótese de haver resolução do contrato – uma incidência das regras gerais do art. 74 não é defesa, e pode complementar o pedido de reparação de danos.

Para a quantificação dos danos e a forma de sua liquidação, adotam-se dois critérios distintos. Enquanto o art. 75 trabalha com a diferença entre o preço da transação e aquele de uma transação substitutiva,[604] o art. 76

---

[602] Dentre elas destaca-se a própria discussão se possível a reparação do interesse positivo na resolução, ou se apenas o negativo. Tendo em consideração exclusivamente a hipótese de resolução por descumprimento, e sua eficácia constitutiva negativa, Araken de ASSIS é peremptório em afirmar que o interesse reparável é aquele de cunho negativo, o qual denomina *dano negativo*. Na sua visão, seria ilógico reconhecer-se a eficácia extintiva da resolução e, ao mesmo tempo, conferir ao lesado a reparação do interesse positivo. (ASSIS, Araken de. *Resolução do contrato por inadimplemento*. 5. ed. rev. e atual. *Revista dos Tribunais*, São Paulo, p. 146, 2013.). Entendimento diverso é sustentando por Ruy Rosado de AGUIAR JR., que entende que a recomposição dos dados abrangeria tanto os interesses positivos como negativos. A justificativa repousaria no alcance conferido ao termo *perdas e danos* constantes do art. 1.092 do Código Civil de 1916, lido em conjunto com o art. 1.859 do mesmo diploma legal [atual 475 CC]. Segundo seu pensamento, a parte tem direito de ser indenizada tanto pelo que efetivamente perdeu, como pelo que deixou de lucrar, "nesta parcela compreendido também o ganho que não teve em razão do incumprimento e da resolução" (AGUIAR JR, Ruy Rosado. *Extinção dos contratos por incumprimento do devedor (resolução)*. 1. ed. Rio de Janeiro: Aide, 1991, p. 265).

[603] CISG-AC Opinion No. 8, Calculation of Damages under CISG Articles 75 and 76. Rapporteur: Professor John Y. Gotanda, Villanova University School of Law, Villanova, Pennsylvania, USA. Adopted by the CISG-AC following its 12th meeting in Tokyo, Japan, on 15 November 2008 (Acesso <http://cisgw3.law.pace.edu/cisg/CISG-AC-op8.html>. em 30 jan. 2014).

[604] Por transação substitutiva, conforme lição de Ingeborg SCHWENZER, entende-se aquela que satisfaça o interesse na prestação. Isso não se dá, por exemplo, na locação de mercadorias

utiliza o preço de mercado do bens ao tempo da resolução como parâmetro da fixação dos danos, incidindo somente quando uma operação de compra ou venda substitutiva não tiver ocorrido.[605] Preenchidos seus pressupostos (em suma, a existência ou não de um compra e venda substitutiva), não cabe ao lesado a escolha de um regime ou de outro, muito embora tais regras não sejam imperativas e possam ser alteradas pelo contrato.

Para fins de aplicação do art. 75, é imprescindível que uma compra substitutiva tenha sido realizada (ou uma venda substitutiva, do ponto de vista do *vendedor*), não bastando a mera possibilidade de assim proceder.[606] Por transação substitutiva, ainda conforme lição de Ingeborg Schwenzer, entende-se aquela que satisfaça o interesse na prestação, ou o interesse positivo do credor. Isso não se dá, por exemplo, na mera locação de mercadorias em substituição àquelas que não foram prestadas. Estes danos seriam ressarcidos com base no art. 74 e não no art. 75.[607]

Para além de se ter uma compra ou venda substitutiva, o dispositivo convencional determina que esta operação seja realizada *após* a resolução do contrato. Aqui, novamente, vem à tona o critério da *razoabilidade*, vez que não há fixação de um critério determinado de tempo no qual se admite a sua realização, mas este não pode exceder o que se considere razoável diante das peculiaridades concretas do contrato. Este mesmo critério é utilizado para qualificar a compra e venda substitutiva, que deverá ser tal que pudesse ter sido realizada por um comerciante razoável nas mesmas circunstâncias.[608]

O não cumprimento desses requisitos, contudo, não afasta o direito à indenização, apenas a aplicação do método da diferença disposto no art. 75 CISG.

---

em substituição àquelas que não foram prestadas. Estes danos seriam ressarcíveis com base no art. 74 e não no art. 75. (SCHWENZER, Ingeborg. In: SCHWENZER, Ingeborg; GREBLER, Eduardo; FRADERA, Vera; PEREIRA, César A. Guimarães (coords.). Comentários à Convenção das Nações Unidas sobre contratos de compra e venda internacional de mercadorias. *Revista dos Tribunais*, São Paulo, p. 1028, 2014).

[605] Em regime suplementar, o lesado pode também exigir reparação de prejuízos com base no art. 74. Saliente-se também que o art. 77 da CISG prevê o dever do lesado de mitigar seu próprio prejuízo, o que influencia o *quantum* reparatório.

[606] SCHWENZER, Ingeborg. In: SCHWENZER, Ingeborg; GREBLER, Eduardo; FRADERA, Vera; PEREIRA, César A. Guimarães (coords.). Comentários à Convenção das Nações Unidas sobre contratos de compra e venda internacional de mercadorias. *Revista dos Tribunais*, São Paulo, p. 1134, 2014.

[607] SCHWENZER, Ingeborg. In: SCHWENZER, Ingeborg; GREBLER, Eduardo; FRADERA, Vera; PEREIRA, César A. Guimarães (coords.). Comentários à Convenção das Nações Unidas sobre contratos de compra e venda internacional de mercadorias. *Revista dos Tribunais*, São Paulo, p. 1135, 2014.

[608] HUBER, Peter e MULLIS, Alastair. *The CISG*. A new textbook for students and practitioners. Munique: Sellier, 2007, p. 286.

CAPÍTULO VI
CUMPRIMENTO E DESCUMPRIMENTO CONTRATUAL NA CISG | 303

Consideram-se perdas e danos a diferença entre o preço do contrato e aquele preço da compra ou venda substitutiva, desde que o resultado seja menos favorável ao lesado pelo inadimplemento. Isso importa dizer que não há crédito em favor do devedor faltoso, ainda que o resultado possa ser favorável ao credor.

Já a regra do art. 76 aplica-se quando não tenha havido uma compra e venda substitutiva. Nestes casos, a diferença será calculada em relação ao preço corrente dos bens no momento da resolução do contrato ou, se parte que resolver o contrato tiver tomado posse das mercadorias, neste momento. Enquanto que a regra do art. 75 depende de uma concreta operação substitutiva, a fórmula aqui prevista é meramente abstrata.

Por preço corrente entende-se o preço de mercado dos bens, no lugar de entrega das mercadorias ou em praça que puder substituir este local [art. 76 (2) CISG]. Ingeborg Schwenzer aponta que, diferentemente do art. 75, a aplicação do art. 76 é dependente da existência de um preço corrente fixado no contrato. Isso importa concluir que, na sua ausência, a quantificação dos danos deverá ser feita pelas regras do art. 74.[609]

Na medida em que a incidência do art. 76 pressupõe a inexistência de uma compra ou venda substitutiva, é possível que a sua ausência seja considerada como violação ao dever de mitigação dos prejuízos (art. 77 CISG). Nestas hipóteses, comprovando a parte faltosa que uma operação substitutiva teria lugar, a reparação dos danos na forma do art. 76 pode ser reduzida.

Ao fim e ao cabo, em todas as hipóteses (arts. 74 a 76 CISG), a reparação do lesado será idêntica, colocando-o na situação em que estaria se o contrato houvesse sido perfeitamente cumprido – ainda que isso se atinja a partir de caminhos diversos. É o interesse contratual positivo[610] que é, em primeira análise, acolhido pela CISG como parâmetro indenizatório em casos de descumprimento, indiferente se este vem acompanhado ou não da utilização do remédio resolutório.

---

[609] SCHWENZER, Ingeborg. SCHWENZER, Ingeborg; GREBLER, Eduardo; FRADERA, Vera; PEREIRA, César A. Guimarães (coords.). Comentários à Convenção das Nações Unidas sobre contratos de compra e venda internacional de mercadorias. *Revista dos Tribunais*, São Paulo, p. 1145, 2014.

[610] Paulo Mota Pinto liga o interesse contratual positivo àquele interesse no cumprimento, acima citado. (MOTA PINTO, Paulo. *Interesse Contratual Negativo e Interesse Contratual Positivo*. v. 2. Coimbra: Coimbra, 2008, p. 871).

CAPÍTULO VII

PRESCRIÇÃO E DECADÊNCIA

A CISG não dispõe sobre prazos de prescrição ou, expressamente, sobre prazos que se possam qualificar como decadenciais. Tais eficácias do tempo enquanto fato jurídico desbordam do especial foco de atenção da Convenção, que vem a ser a operação contratual, nos planos da formação do contrato e dos direitos que emergem da sua operação [art. 4º CISG]. A prescrição tangencia os assuntos da validade e da propriedade do objeto do contrato, excluídos de sua incidência, pela própria Convenção [art. 4º (a) (b) CISG], muito embora, na sistemática brasileira, a prescrição esteja relacionada à ineficácia do direto material do credor, seguindo a linha das famílias romano-germânicas.

Tal enfoque da CISG, contudo, poderia justamente levar a conclusão oposta, qual seja, em vista da natureza material da prescrição, sendo que "[...] la expiración de estos plazos priva a las partes de las acciones específicas otorgadas por el derecho substantivo",[611] deveria (poderia) a Convenção regulamentar o tema. Por outro lado, nunca é demais lembrar que a CISG é o encontro dois mundos jurídicos, do *civil law* e do *common law* e se para o civil law a prescrição tem natureza substantiva, para o *common law* é tema processual civil. Particularmente ao direito brasileiro, não há controvérsia sobre a natureza substantiva da prescrição e da decadência, atingindo, a primeira, a direito subjetivo, a passo que a segunda fulmina direito potestativo. Mesmo em nível de direito positivo, o CC-2002 deixo claro que a prescrição liquida a *pretensão* do direito (subjetivo) violado (art. 189), o que não deixa dúvida quanto à sua natureza substantiva.

Como se sabe, a CISG não atua no campo processual civil, por exclusão do art. 4º, por ser matéria de ordem pública, de competência estatal

---

[611] MUÑOZ, Edgardo. *El derecho de los contratos y de la compraventa en Iberoamérica*. Tirant Lo Blanch: Cidade do México, 2015, p. 493.

e doméstica. Por consequeência, regular prescrição seria uma invasão ao sistema processual do *common law*.

Outra antinonímia é percebida no tocante aos elementos de conexão do DIPri, pois considerando um negócio de compra e venda internacional, cujas partes não tenham disposto sobre a regra de regência da prescrição, um Tribunal com sede em país de *civil law*, ou que tenha esta fonte como reger o litígio, tenderia a aplicar o princípio *lex causae* (lei potencialmente aplicável ao caso) ao passo que se sediado em país de *common law*, e sob esta regência, o princípio aplicável seria o do *lex fori* (lei doméstica do local do conflito).[612]

Diante tal limitação aplicativa, seria em princípio incompatível com o escopo de a CISG trabalhar os temas da prescrição e da decadência. Fato é, contudo, que em mais de uma passagem a Convenção direciona-se ao reconhecimento de uma eficácia extintiva do tempo na operação contratual e, neste sentido, uma breve análise de tais previsões é essencial para apresentar ao leitor brasileiro uma compreensão geral e adequada da CISG.

7.1 Inspeção de mercadoria, reclamação por desconformidade e declaração de resolução à luz da CISG

Embora a eficácia extintiva do tempo não seja tema expressamente afeto à CISG, a Convenção trabalha com a fixação de prazos preclusivos para o exercício de direito do comprador, seja no que tange à desconformidade do produto comprado, seja no que diz respeito ao vício oculto.

Em momento precente ao exercício de qualquer dieito do credor insatisfeito, o art. 38 (1) estabelece o dever de inspeção de mercadoriais "no prazo mais breve possível em vista das circunstâncias" e de agir com razoabilidade no que tange ao tempo da reclamação, o qual deve ser lido em conjunto com o art. 39 (1), que determina ao credor que deverá reclamar a desconformidade do produto, mediante comunicação ao vendedor, em *"prazo razoável"*, a partir do momento em que verificou ou deveria ter verificado o defeito.[613] Na mesma linha, a CISG estabelece um termo final de dois (2) anos para que o comprador notifique a desconformidade do produto junto ao vendedor, contados da tradição da coisa, nos termos do

---

[612] HACHEM, Pascal. The CISG and status of limitation. In SCHAWENZER, Ingeborg [coord.]. 35 years CISG and beyond. *International commerce and arbitration*. Haia: Eleven, 2016, v. 19, p. 155.

[613] Muito embora se trate de um fato jurídico decorrente do tempo, não está diante de um prazo prescricional. Apesar disso nunca é demais lembrar que a CISG reúne os conhecimentos do *civil law* e do *common law* e tais distinções técnicas nem sempre são claras aos operadores do *common law*, quiçá em razão de um viés mais pragmático do Direito, o que leva a uma leitura e interpretação em conjunto dos prazos decadenciais e prescricionais.

art. 39 (2), excepcionado o limite temporal aos casos em que haja garantia contratual mais ampla.

A menção a *prazo razoável* é retomada quando do estudo da declaração de resolução contratual, a qual deverá ser contada (i) do conhecimento da entrega tardia ou, não havendo entrega, apenas (ii) dentro de *prazo razoável* [art. 49 (2)] e, por fim, (iii) no caso da declaração de resolução ser feita pelo vendedor, também em *prazo razoável*, quando a falha envolver descumprimento de outra natureza que não o cumprimento tardio [art. 64 (2) (b)].

Nos dois primeiros casos (inspeção e comunicação de desconformidade), a CISG estabelece a comunicação no *prazo mais breve possível* e em prazo *razoável*, respectivamente, não os definindo de forma peremptoria, mas delimita o seu exercício ao termo final de 2 anos. Na hipótese de resolução, não há delimitação de um prazo máximo, recaindo a questão apenas a conteúdo aberto e variável da *razoabilidade*.[614] De fato, parece não haver outra solução para o contrato regidos pela Convenção, cujos objetos podem ser perenes, cujo defeito seja só razoavelmente identificado muito anos após a tradição, ou perecíveis, cujos defeitos devem ser imediatamente denunciados.

Veja-se que, embora estes prazos não se confundam com os de decadência e prescrição previstos no Direito interno brasileiro – essencialmente porque inseridos na lógica de descumprimento da CISG que é bastante peculiar – o exaurimento destes tempos tem eficácia extintiva.

A inexistência de fixação de um prazo rígido para tais circunstâncias é explicada pelas peculiaridades dos contratos internacionais de compra e venda, que acomodam inúmeros objetos e características. No caso das desconformidades, por exemplo, são as circunstâncias do negócio, referidas no art. 38 (1), que em boa medida gerenciam os tempos da declaração de desconformidade, em razão da amplitude dos negócios albergados pela CISG, o que impede a estipulação de prazos rígidos para o exercício de tal direito. Por hipótese, basta imaginar que o prazo de inspeção de 1.000 sacas de café não será o mesmo que o de 1.000 veículos ou de uma singular turbina de geração de energia para uma grande usina hidroelétrica.

Mesmo assim, conforme ensina Ingeborg Schwenzer, ao comentar o art. 39 CISG, não se pode confundir estes prazos fixados na Convenção com os de prescrição para ajuizamento de medida judicial, o que se aplica especialmente ao único prazo fixo disposto na Convenção, que é de 2 anos para a notificação de não conformidade:

---

[614] O critério de razoabilidade (prazo *razoável*) é também mencionado no art. 46 (2), no que toca ao pedido de substituição de mercadorias, o qual deverá ser feito concomitantemente à comunicação de não conformidade ou em prazo razoável contado desta.

PAULO NALIN, RENATA C. STEINER
COMPRA E VENDA INTERNACIONAL DE MERCADORIAS

O limite temporal de dois anos do art. 39 (2) não deve ser confundido com o prazo de prescrição para apresentar reinvindicações de garantia, que determinam o período durante o qual o comprador deve ajuizar uma ação perante os tribunais de modo a poder exigir o cumprimento de suas pretensões.[615]

Com efeito, verificam-se prazos decadenciais referidos pela CISG, muito embora ela não se ocupe de tais distinções, para as hipóteses por ela versadas, sem prejuízo da aplicação de prazos prescricionais dispostos nas legislações domésticas. Em outras palavras, nenhum dos prazos previstos na CISG pode ser qualificado como prescricional e, portanto, a Convenção não dá solução à questão de qual seja o prazo aplicável em espécie. Por consequência, a Corte ou o Tribunal arbitral, na matéria de prescrição, poderão resolver a questão: (i) pelo regime previsto na Convenção sobre Prescrição na Compra e Venda Internacional de Mercadoria (LPISG[616]), firmada em Nova Iorque, em 14 de junho de 1974, quando aplicável for; ou (ii) por aplicação do Direito Internacional Privado, o qual encaminhará o julgamento ao regime jurídico de um singular Estado, podendo ser este o Direito brasileiro; (iii) por disposição das partes, em cláusulas contratuais, que poderão indicar quais prazos regerão o contrato como um todo ou hipóteses específicas de descumprimento, como também pela eleição, sempre em cláusulas contratual, do direito material regente do assunto, *p.e.*, o Código Civil brasileiro.

Na hipótese de o DIPri encaminhar a solução do tema à luz do direito brasileiro ou as partes terem assim convencionado, convém lebrar algumas peculiaridades do nosso sistema doméstico: a) relativamente à defesa do vendedora, que a exceção contratual prescreve no mesmo tempo que a pretensão (art. 190 CC); b) a renúncia expressa à prescrição somente é válida, após esgotado o prazo da sua alegação (art. 191, primeira parte), sendo, por consequência, nula cláusula contratual em sentido oposto; c) o direito brasileiro admite a renúncia tácita à alegação e prescrição, quando o interessado age em desconformidade com seu direito (art. 191, segunda parte); d) os prazos prescricionais são imutáveis por vontade das partes (art. 192); e) a prescrição pode ser alegada em qualquer grau de jurisdição, pela parte a quem a aproveita, o que significa poder ser alegada até o julgamento do recurso de Apelação Cível, junto Tribunal recursal, quando submetida a lide à jurisdição estatal; f) deve ser ela reconhecida de ofício pelo juiz para julgar improcedente a pretensão autoral, nos termod o art.

---

[615] SCHWENZER, Ingeborg. In: SCHWENZER, Ingeborg; GREBLER, Eduardo; FRADERA, Vera; PEREIRA, César A. Guimarães (coords.). Comentários à Convenção das Nações Unidas sobre contratos de compra e venda internacional de mercadorias. *Revista dos Tribunais*, São Paulo, p. 761-762, 2014.

[616] LPISG é abreviatura de *The United Nations Convention on the Limitation Period in the International Sale of Goods*, também referida como Limitation Convention.

332, e parágrafo primeiro, CPC,[617] cuja regra se estende ao árbitro, quando o julgamento se assentar no direito brasileiro.

Passemos a apreciar algumas das hipóteses de solução para o tema da prescrição em contratos internacionais de compra e venda.

7.2 Convenção sobre Prescrição na Compra e Venda Internacional de Mercadoria (LPISG)

A LPISG foi projetada em 1974 com base nos trabalhos preparatórios da CISG, tendo acompanhado as modificações do texto aprovado em 1980, surgindo o *Amending Protocol*, mais conhecido como *Protocolo*. É o *Protocolo* que está vigente desde 1º de agosto de 1988, tendo sido aprovado em 11 de abril de 1980.[618]

Vejamos a esfera de aplicação da Convenção agora em comento:

Artigo 3

(1) Esta convenção aplica-se somente

(a) Se, ao tempo da conclusão do contrato, as partes contratantes de um contrato internacional de compra e venda tiverem seus estabelecimentos em Estado contraante; ou

(b) se as regras de Direito internacional privado fizerem a lei de um Estado contratante aplicável para o contrato de compra e venda.

(c) Esta Convenção não deve ser aplicada se as partes expressamente excluiram a sua aplicação.[619]

Embora o Brasil tenha assinado a Convenção sobre Prescrição, em 14 de junho de 1974, jamais a ratificou, o que leva o intérprete a rapidamente concluir pela sua inaplicabilidade aos operadores do mercado sediados no Brasil ou que tenham a sua sede preponderante de negócios em nosso país.

No entanto, a semelhança entre os textos legais relativos à esfera de aplicação da LPISG e da CISG não é mera coincidência, justamente porque a LPISG tem como escopo complementar a regulamentação do

---

[617] Art. 332. Nas causas que dispensem a fase instrutória, o juiz, independentemente da citação do réu, julgará liminarmente improcedente o pedido que contrariar:
§10 juiz também poderá julgar liminarmente improcedente o pedido se verificar, desde logo, a ocorrência de decadência ou de prescrição.

[618] SCHLECHTRIEM, Peter e BUTLER, Petra. *UN Law on International Sales*. The UN Convention on the International Sale of Goods. Heidelberg: Springer, 2009, p. 240.

[619] Tradução livre de: "Article 3* (1) This Convention shall apply only (a) if, at the time of the conclusion of the contract, the places of business of the parties to a contract of international sale of goods are in Contracting States; or (b) if the rules of private international law make the law of a Contracting State applicable to the contract of sale. (2) This Convention shall not apply when the parties have expressly excluded its application".

PAULO NALIN, RENATA C. STEINER
COMPRA E VENDA INTERNACIONAL DE MERCADORIAS

tema abordado pela CISG, naquilo que lhe escapa. Consequentemente, a sincronia entre os dois textos internacionais transcende a própria gramaticalidade dos arts. 1º (a) e (b) da CISG e 3º (a) e (b) da LPISG, o que implica a sistemática e harmoniosa incidência das conclusões já lançadas nesta obra, sobre a aplicação direta e indireta da CISG,[620] igualmente dirigidas à LPISG.

Portanto, esta nota sobre a LPISG não é de pouca relevância. Embora sejam somente 29 os seus Estados contratantes, dentre eles se incluem parceiros internacionais importantes do Brasil, como Argentina, Paraguai e Uruguai. A *Limitation Convention*, no entanto, teve pequena recepção entre os países europeus, pois o tempo prescricional nas legislações do Velho Mundo, via de regra, mostra-se inferior ao previsto pela LPISG, sobretudo quando alusivo à desconformidade do produto. Por extensão, o prazo máximo de dez (10) anos previsto pela LPSIG é considerado demasiadamente longo para contratos internacionais, gerando instabilidade negocial quando deveria trazer a pacificação dos litígios. Observe-se, desde logo, que a regra geral de prescrição no Brasil é igualmente de dez anos.

De outro vértice, não se ignora que os EUA, grande parceiro comercial do Brasil, seja signatário da LPISG. No entanto, as regras dela não se aplicam numa eventual disputa entre partes brasileira e norte-americana, pois este país ressalvou a incidência do art. 3º (b), referente à possibilidade de sua aplicação indireta. Portanto, para os EUA somente a incidência direta da LPISG pode vinculá-lo, ou seja, na hipótese de o contratante não norte-americano ter sua sede de negócios em Estado signatário da LPISG. Ao contrário, no caso do Brasil, somente a incidência indireta poderia gerar a aplicação da Convenção ao contratante nacional. Portanto, de modo irremediável, a LPISG não se aplica a negócios envolvendo partes brasileira e norte-americana.

Sobre a aplicação da LPISG aos contratantes brasileiro, hipoteticamente, se um vendedor argentino contrata com um comprador brasileiro, caso as regras do Direito Internacional Privado encaminhem a solução do caso à luz do Direito argentino, ou caso as partes assim tenham contratado por ato de *choice of law* ou *choice of forum*, o tempo de regência das pretensões extraídas do inadimplemento da resolução e mesmo da invalidade do contrato será regido pela LPISG.

Por tais mecanismos a LPISG pode ser aplicada a um contratante nacional em que pese o Brasil não ser signatário da referida Convenção – à semelhança do que era admitido em relação à CISG antes da adesão brasileira.

Ademais, nos termos da alínea (c), do art. 3º, da LPISG, as partes podem exercer a autonomia privada e rejeitar a aplicação da Convenção

---

[620] *Vide* itens 3.1 e 3.2.

como um todo. Contudo, não podem elas alterar os prazos prescricionais previstos na Convenção,[621] [622] nos termos do art. 22, exceção feita ao direito de o devedor estender o prazo, mediante declaração escrita e unilateral, em cláusula de contrato ou termo aditivo, podendo, inclusive, renová-la. Portanto, em termos gerais, não expressamente reprochada a Convenção por cláusula contratual, serão os prazos por ela determinados aplicáveis ao contrato. Como a LPISG tem potencial chance de ser aplicada ao contratante brasileiro, convém traçar alguns detalhes sobre ela.

7.2.1 Matérias regidas pela LPISG: contrato internacional, inadimplemento, resolução e invalidade do contrato

A LPISG é aplicável somente aos contratos internacionais de compra e venda (art. 2º), em observância ao seu caráter internacional e uniforme (art. 7º), em completa sincronia com os ditames da CISG. Os mesmos requisitos caracterizadores da contratualidade internacional previstos pela CISG[623] são empregados para delimitar o campo de incidência da LPISG.

Excepcionalmente, contudo, a LPISG avança com o assunto do tempo prescricional sobre tema excluído pela CISG, no caso, a invalidade do contrato (art. 1º (1) LPISG). Segundo a tradição brasileira, a invalidade contratual está sujeita à decadência, por se tratar de direito formativo, não sendo, consequentemente, um direito prestacional (o que não significa que pretensão indenizatória dela decorrente não seja sujeita à prescrição). De qualquer sorte, incidente a LPISG ao contrato, tais filigranas jurídicas são incabíveis no cenário da contratação internacional, cuja regência passa toda ela pelo sistema único da prescrição.

7.2.2 Os tempos da prescrição e da sua suspensão na LPISG

A LPISG determina um tempo prescricional geral de quatro (4) anos (art. 8º) naturalmente variando a linha do tempo conforme o termo inicial da contagem, cujas hipóteses estão descritas ente os arts. 9º a 12. O tempo máximo admitido, em qualquer hipótese, será de dez (10) anos (art. 23) – prazo este contado desde a data em que o termo começou a fluir. Assim sendo, em um prisma de quatro a dez anos, variando o termo

---

[621] BERNSTEIN, Herbert; LOOKOFSKY, Joseph. *Understanding the CISG in Europe*. 2 ed. A Haia: Kluwer, 2003, p. 196.
[622] Idêntica limitação é encontrada no Código Civil brasileiro, no seu art. 192.
[623] A propósito, *vide* item 3.1.

312 | PAULO NALIN, RENATA C. STEINER
COMPRA E VENDA INTERNACIONAL DE MERCADORIAS

a quo, qualquer medida indenizatória, resolutória ou invalidatória deverá ser proposta.

De modo bastante direto, pode-se extrair da LPISG os seguintes termos iniciais:

i) na data do inadimplemento (art. 10 (1)) e na hipótese de pagamento em parcelas no momento em que cada qual se torna exigível (art. 12 (2));

ii) na hipótese de defeito do objeto do contrato ou não conformidade, na data em que o entregue ou recebida a sua posse pelo comprador (art. 10 (2));

iii) no caso de fraude (invalidade *l.s.*), na data que ela é descoberta ou que poderia ser razoavelmente descoberta pelo comprador (art. 10 (3));

iv) na hipótese do art. 11, na qual o vendedor oferece garantia do produto por um período de tempo, a partir da data da notificação do comprador contemplativa dos fundamentos da reclamação;

v) na hipótese da resolução antecipada do contrato, a partir do momento em que a parte dá notícia do exercício do direito de extinguir o contrato à outra (art. 12 (I)).

Assim sendo, adotou-se na LPISG um critério temporal uniforme de quatro anos, variando o prazo, somente, em vista das especificidades do termo inicial.

O início do processo judicial ou mesmo qualquer ato do credor que tenha por natureza exercer um dos *remedies* disponíveis na legislação material implica a suspensão do prazo prescricional (art. 13, LPISG). Em se tratando de disputa arbitral, o mesmo efeito se alcança quando o processo é iniciado por ambas as partes ou quando a notificação para o seu início é encaminhada ao Tribunal arbitral [art. 14 (1) e (2), LPISG].[624] Trata-se de prazo de suspensão e não de interrupção, pois o art. 17 (1) alude à retomada do cômputo do prazo, na hipótese de o processo judicial ou arbitral ser extinto sem uma sentença passível de cumprimento, ou a restituição do prazo de um (1) ano, ao demandante [art. 17 (1), LPISG], na hipótese de o prazo original ter se exaurido ou restar menos de um ano para que

---

[624] Veja-se que nos termos exatos do Código Civil brasileiro (art. 202, CC) a instauração de arbitragem não é causa de interrupção da prescrição, muito embora rompa a inércia do lesado na satisfação de seu crédito, a qual, na esfera judicial, somente vem a ser interrompida como despacho que determina a citação do réu (art. 240 do N-CPC: §10 *A interrupção da prescrição, operada pelo despacho que ordena a citação, ainda que proferido por juízo incompetente, retroagirá à data de propositura da ação). A interpretação mais razoável repousa na interrupção da prescrição no momento em que a Câmara Arbitral comunica o réu da existência da notificação da arbitragem, embora o Tribunal ainda não tenha sido constituído.*

o fato jurídico temporal extintivo ocorra, contado do trânsito em julgado do processo original.

O tempo para inspecionar e reclamar a desconformidade da mercadoria, por sua vez, é de natureza formativa cuja inércia importa na decadência do direito do comprador. Por consequência, este prazo previsto pela CISG não é regulado pela LPISG, mas somente o prazo para o exercício da pretensão equivalente à violação do contrato. Tanto o prazo máximo de 2 (dois) anos [art. 39 (1) CISG] quanto o de 4 (quatro) [art. 10 (2) LPISG] tem seu termo *a quo* na data de entrega das mercadorias. Abre-se, aqui, uma nota muito particular sobre o contexto do art. 39 da CISG, para lembrar que o prazo de dois anos não é o resultado dos direitos de examinar e reclamar, como se fosse, *v.g.*, um ano para examinar e outro ano para reclamar. Embora o comprador não tenha um prazo rígido para o exame da mercadoria, deverá exercê-lo em tempo razoável, o que em cadeia define a razoabilidade do tempo para o exercício do direito e reclamação.[625] Não se deve admitir, por exemplo, que ao final de dois anos e na véspera do seu termo final, o comprador examine e reclame ao vendedor, quando poderia tê-lo feito razoavelmente antes. Por sua vez, o prazo prescricional de quatro anos da LPISG é objetivo, não dependendo do preenchimento do critério de *razoabilidade*.

Ainda no contexto do art. 39 CISG, entendemos que a comunicação ou reclamação ao vendedor é *conditio sino qua non* para o exercício da ação correspondente, pois se deve ter em mente que é a pacificação, e não a litigiosidade, das relações comerciais internacionais o escopo político da CISG. Nesta hipótese, somente se alcança a pacificação se ao vendedor for oportunizado cumprir o contrato adequadamente, conforme prerrogativa que lhe oferece a própria CISG, conforme dispõem os arts. 37 e 48, bem como o art. 30 da LPISG.

Partindo do pressuposto da *conditio sine qua non*, e observando o sistema processual civil brasileiro, o autor da medida seria carecedor de ação, por falta de pressuposto de procedibilidade do processo ou da pretensão, caso não demonstre desde o *initio litis* o cumprimento do requisito do art. 39 CISG, ou seja, a reclamação da não conformidade no tempo adequado.[626]

---

[625] SCHWENZER, Ingeborg. In: SCHWENZER, Ingeborg; GREBLER, Eduardo; FRADERA, Vera; PEREIRA, César A. Guimarães (coords.). Comentários à Convenção das Nações Unidas sobre contratos de compra e venda internacional de mercadorias. *Revista dos Tribunais*, São Paulo, p.754, 2014.

[626] Conclusão essa que não se aplica à exceção do art. 40 CISG, que afasta a exigência de um prazo para comunicação na hipótese de o vendedor ter conhecimento da não conformidade ou dever ter conhecimento, sem revela-la ao comprador. SCHWENZER, Ingeborg. In: SCHWENZER, Ingeborg; GREBLER, Eduardo; FRADERA, Vera; PEREIRA, César A. Guimarães (coords.). Comentários à Convenção das Nações Unidas sobre contratos de compra e venda internacional de mercadorias. *Revista dos Tribunais*, São Paulo, p.765.

PAULO NALIN, RENATA C. STEINER
COMPRA E VENDA INTERNACIONAL DE MERCADORIAS

7.3 A prescrição à luz do direito brasileiro: linhas gerais no contexto da compra e venda internacional

O sistema legal brasileiro sobre a prescrição guarda alguma seme-lhança ao microssistema prescricional CISG-LPISG, no tocante às hipóteses fáticas estabelecidas pelo Código Civil de 2002.

Todavia, antes de se adentrar especificamente no tema da prescrição, mostra-se didático apresentar alguns pontos de distinção entre os regimes do Código Civil e aquele do aqui denominado microssistema da CISG-LPISG.

A percepção mais significativa neste Capítulo é quanto ao alcance da CISG e das matérias por ela regulamentadas que guardem alguma relação com a prescrição. A CISG somente versa sobre a eficácia contratual, pressupondo um contrato que existe e que é válido para tratar do seu adimplemento ou do inadimplemento.

O tema da prescrição, portanto, é de natureza doméstica e caberá à Corte ou ao Tribunal arbitral definir qual sistema jurídico nacional regerá a matéria, caso as partes não tenham, de antemão, definido a lei material de sua regência, por cláusula contratual. Mas não somente isso, pois caberá ainda ao órgão julgador definir se o prazo prescricional[627] incidente será regido por uma lei doméstica ou pela LPISG.

Observa-se, então, uma potencial concorrência de fontes legais para a solução de um caso envolvendo a prescrição.

Por exemplo, uma disputa envolvendo partes do Paraguai e da Argentina, e desde que no contrato não tenha sido excluída a LPISG [art. 3º (1) (a)], o prazo prescricional para invocar a invalidade ou fraude[628] contratual é de quatro anos, nos termos da Convenção, embora sejam os efeitos do seu reconhecimento regidos por um Direito doméstico. E como ambos os Estados são signatários da CISG, e, novamente, desde que não

---

[627] Adota-se, aqui, a linguagem da LPISG, pois no regime jurídico brasileiro as invalidades contratuais se sujeitam à decadência e não à prescrição, com prazos especiais.

[628] Embora a palavra a tradução livre da expressão "fraud" não encontre um corresponde semântico claro dentre as invalidades previstas pelo Código Civil brasileiro, entendemos que ela não se limita à hipótese de *fraude ao credor* (**Art. 158**. *Os negócios de transmissão gratuita de bens ou remissão de dívida, se os praticar o devedor já insolvente, ou por eles reduzido à insolvência, ainda quando o ignore, poderão ser anulados pelos credores quirografários, como lesivos dos seus direitos*), mesmo porque o art. 1º (1) da Convenção expressamente apresenta como um dos seus escopos a "invalitidy" do contrato, que vem a ser um gênero da espécie "fraud". A fraude aos credores, especificamente, é a *fraud in law*. "*Fraud that is presumed under the circunstances, as when a debtor transfers assets and thereby impairs creditor's efforts to collect summs due*" (In: Black's law Dictionary, p. 732). A Convenção não traz qualquer especificação da qualidade ou tipo de fraude que pretende abordar em seu regime. Portanto, visando dar maior amplitude à aplicação da LPISG e para que os prazos prescricionais não passem a configurar uma colcha de retalhos de várias fontes, assumimos que a expressão "fraud" abarca todas as hipóteses de invalidades contratuais e não somente a "fraude contra credores".

haja qualquer derrogação voluntária, seria a Convenção de Viena que regeria materialmente (com exceção ao tema da validade) o contrato.

Considerando um contratante brasileiro, e na hipótese de as regras do DIPri não encaminharem o tema para a LPISG ou para o sistema jurídico do outro contratante, o regime do Código Civil de 2002 regerá o caso e na medida que o nosso Código diferencia decadência da prescrição esta distinção também seria considerada.

Na base do Código Civil brasileiro, encontram-se dois dispositivos potencialmente aplicáveis ao contrato em discussão, no tocante aos direitos prestacionais e reparatórios:

> Artigo 205
> A prescrição ocorre em dez anos, quando a lei não lhe haja fixado prazo menor.

------   ------   ------

> Artigo 206
> Prescreve:
> §3º. Em três anos:
> V - a pretensão de reparação civil;

A diversidade de prazos, três ou dez anos, recai no debate sobre a natureza jurídica dos direitos tutelados pelos artigos do Código Civil em comento.

A primeira impressão é a de que o art. 206, §3º, V do CC albergaria todas as hipóteses de reparação civil, sejam elas de origem contratual (ilícito relativo) ou decorrentes de ilícito absoluto (responsabilidade aquiliana). Um dos autores desta obra tem sustentado a razão e as funções distintivas da responsabilidade civil contratual e extracontratual e, por consequência, justificado a separação dos seus prazos prescricionais para cada uma das hipóteses:

> Na linha do que explica Theodoro Júnior, o dever de reparar surge em virtude do descumprimento de um dever próprio, proveniente ou não de contrato. A responsabilidade contratual emerge do inadimplemento do pacto. Nesse caso é que surgem as perdas e danos. Estas possuem feição residual, pois, antes de existirem, é preciso que não ocorra o adimplemento – perdas e danos constituem, pois, a exceção, a situação residual, que só acontece se a situação normal (adimplemento) não se concretizar. Seria ilógico o credor ter um prazo para exigir o cumprimento maior que o prazo para exigir a consequência (dano) do descumprimento (perdas e danos) – ou, por raciocínio inverso, seria ilógico o credor ter prazo para pretensão de perdas e danos, que constitui a sanção, situação patológica, menor que o prazo para cobrar a prestação do devedor em mora.

PAULO NALIN, RENATA C. STEINER
COMPRA E VENDA INTERNACIONAL DE MERCADORIAS

Como pode o prazo para perdas e danos, que correspondem à consequência do inadimplemento, ser menor que o prazo para a exigibilidade do adimplemento? No mínimo, os prazos devem ser iguais![629]

Nesse sentido, na responsabilidade civil contratual o prazo prescricional reparatório será de dez anos. Ao seu turno, o prazo de três anos se aplica somente à responsabilidade extracontratual ou por ilícito absoluto. É natural ao operador jurídico brasileiro a distinção entre responsabilidade civil contratual e extracontratual. Contudo, esta não é uma realidade em muitos sistemas jurídicos do *common law*, nos quais não se faz um clara distinção entre *"contract"* (ilícito relativo) e *"torts"* (ilícito absoluto), competindo à vítima primariamente eleger qual regime de responsabilidade seguirá.[630] A brevíssima distinção se justifica somente para apontar que a CISG exclui o ilícito absoluto do seu escopo. Em decorrência dessa exclusão, o regime prescricional civil e talvez também criminal será aquele do sistema nacional da vítima[631] (se outra não for a conclusão à luz do DIPri).

O termo inicial para a contagem do prazo prescricional surge com o ato ilícito, ou com a violação do direito, na dicção da lei, seja ele contratual ou não, nos termos do art. 189 CC (*Violado o direito, nasce para o titular a pretensão, a qual se extingue, pela prescrição, nos prazos a que aludem os arts. 205 e 206*).

O raciocínio exposto sobre o prazo de dez anos para o manejo da ação civil reparatória fundada em responsabilidade contratual tem em perspectiva os contratos nacionais, cumprindo agora indagar se seria ele igualmente aplicável ao contrato internacional de compra e venda, sob regência da CISG.

Especialmente em vista dos contratos internacionais de compra e venda, observa-se o clamor internacional contrário aos prazos prescricionais extensos, inclusive reputando-se como *"muito longo"*[632] um prazo de dez anos. Ademais, é uma tendência mundial a redução dos prazos prescricionais, haja vista o próprio sistema brasileiro que na passagem

---

[629] NALIN, Paulo; MANASÉS, Diogo Rodrigo. Responsabilidade civil extracontratual e contratual: razões e funções da distinção. In: RUZYK, Carlos Eduardo Pianovski; NUNES DE SOUZA, Eduardo; MENEZES; Joyceane Bezerra de; EHRHARDT JÚNIOR, Marcos (orgs.) *Direito civil constitucional: A ressignificação da função dos institutos fundamentais do direito civil contemporâneo e suas consequências*. Florianópolis: Conceito, 2014, p. 353-372.

[630] BRIDGE, M. G. *The international sales of goods*. 3 ed. Oxford: Oxford, 2013, p. 490.

[631] NEUMAYER, Karl H.; MING, Catherine. *Convention de Vienne sur les contrats de vente internationale de marchandise*, p. 75-76.

[632] SCHWENZER, Ingeborg. In: SCHWENZER, Ingeborg; GREBLER, Eduardo; FRADERA, Vera; PEREIRA, César A. Guimarães (coords.). Comentários à Convenção das Nações Unidas sobre contratos de compra e venda internacional de mercadorias. *Revista dos Tribunais*, São Paulo, p.763.

do CC de 1916 para o CC de 2002 reduziu praticamente pela metade os tempos dos prazos prescricionais.

De fato, parece não haver justificativa apropriada para prazos prescricionais longos, em se tratando de contratos celebrados entre contratantes internacionais, numa era de transações eletrônicas, não raramente padronizadas (*standard terms*) e extremante rápidas. Expor contratantes tão ágeis em seus negócios a prazo prescricional de dez anos se mostra paradoxal. Quanto ao particular tema da desconformidade contratual (art. 39 CISG) e diante do paradoxo de aplicação de um prazo menor ou maior para a hipótese de violação contratual em comento, o Tribunal Federal da Suíça negou a aplicação do prazo menor do Código das Obrigações da Suíça, que na época era de um ano, mas deixou em aberto se o prazo aplicável seria o de dois anos da CISG ou de dez anos do mesmo código.[633]

A codificação civil brasileira também tem um regime próprio de prazos decadenciais para a desconformidade contratual,[634] domesticamente designada de vícios ocultos ou redibitórios, mas que são inaplicáveis diante da incidência da CISG e do prazo geral de dois anos do art. 39 da Convenção, a qual se aplica ante o princípio da especialização. Particularmente, quanto ao regime brasileiro, não se apresenta um prazo de inspeção e reclamação seguido de um prazo para a promoção da ação competente, diferentemente do que ocorre na CISG.

Cabe uma nota distintiva. No Brasil, os prazos na espécie são decadenciais e concentrados numa única oportunidade de inspeção e promoção de ação, por assim dizer. Tal regime é próprio dos sistemas legais contratuais que abrem opção ao credor, vítima do inadimplemento ou do cumprimento defeituoso, de resolver o contrato, com ou sem pleito indenizatório. A resolução do contrato na CISG, ao contrário, é o último *remedy* disponível ao credor e por isto que a reclamação do art. 39 e o seu tempo são fundamentais para habilitar o credor aos *remedies* da Convenção,

---

[633] SCHWENZER, Ingeborg. In: SCHWENZER, Ingeborg; GREBLER, Eduardo; FRADERA, Vera; PEREIRA, César A. Guimarães (coords.). Comentários à Convenção das Nações Unidas sobre contratos de compra e venda internacional de mercadorias. *Revista dos Tribunais*, São Paulo, p. 763.

[634] Art. 445. O adquirente decai do direito de obter a redibição ou abatimento no preço no prazo de trinta dias se a coisa for móvel, e de um ano se for imóvel, contado da entrega efetiva; se já estava na posse, o prazo conta-se da alienação, reduzido à metade.
§1º Quando o vício, por sua natureza, só puder ser conhecido mais tarde, o prazo contar-se-á do momento em que dele tiver ciência, até o prazo máximo de cento e oitenta dias, em se tratando de bens móveis; e de um ano, para os imóveis.
§2º Tratando-se de venda de animais, os prazos de garantia por vícios ocultos serão os estabelecidos em lei especial, ou, na falta desta, pelos usos locais, aplicando-se o disposto no parágrafo antecedente se não houver regras disciplinando a matéria.
Art. 446. Não correrão os prazos do artigo antecedente na constância de cláusula de garantia; mas o adquirente deve denunciar o defeito ao alienante nos trinta dias seguintes ao seu descobrimento, sob pena de decadência.

fracionando-se este procedimento em duas fases, o que é incomum à luz do sistema contratual Brasil. É da natureza do direito contratual brasileiro a radicalização da posição do credor da prestação frustrada, cujas alternativas são o cumprimento específico ou a resolução do contrato, com ou sem perdas e danos, o que justifica a inexistência de prazos bifurcados de comunicação e exercício de pretensão resolutória-reparatória ou de cumprimento.

Assim posto, o quadro mais factível para um contratante brasileiro, diante da hipótese específica da desconformidade do objeto do contrato à luz da CISG, é ter a Convenção como regente da matéria de fundo e o Código Civil brasileiro quanto à prescrição. Assim, ter-se-á: a) prazo de inspeção e reclamação de até dois anos, observadas as circunstâncias do contrato (art. 39 (I) (II) CISG; b) prazo de prescrição para o manejo da ação competente de dez anos (art. 205, CC), por se tratar de responsabilidade contratual.

Comparativamente, o prazo previsto pela LPISG para a mesma hipótese é de 4 (quatro) anos contados da entrega ou, no máximo, 10 (dez) anos aplicando a regra geral. A matéria, conforme visto, é controvertida, não se encontrando uniformidade de posicionamente sequer no direito doméstico brasileiro.

7.4 Invalidade do contrato internacional: prescrição e decadência

No que toca ao tema da invalidade contratual e da pretensão invalidatória, não parece haver dúvida quanto à aplicação do regime brasileiro ao contrato – se o Brasil for o local da constituição da obrigação e do julgamento –, caso não seja a LPISG indiretamente incidente. Assim, em se tratando de nulidade ficarão sob a regência do art. 178 CC bem como do art. 179:

Art. 178

É de quatro anos o prazo de decadência para pleitear-se a anulação do negócio jurídico, contado:

I - no caso de coação, do dia em que ela cessar;

II - no de erro, dolo, fraude contra credores, estado de perigo ou lesão, do dia em que se realizou o negócio jurídico;

III - no de atos de incapazes, do dia em que cessar a incapacidade.

Artigo 179

Quando a lei dispuser que determinado ato é anulável, sem estabelecer prazo para pleitear-se a anulação, será este de dois anos, a contar da data da conclusão do ato.

O tempo de quatro anos, para vícios tipificados, previsto no Código Civil corresponde àquele previsto pela LPISG, no seu art. 9º (1). Portanto, em se tratando de invalidade contratual, mediante a adoção de uma interpretação extensiva ou não da hipótese de fraude contratual prevista na Convenção sobre Prescrição, conforme antes explicado (nota de rodapé nº 587), o resultado temporal a que se chega é o mesmo – a não ser que o regime da invalidade não seja o de anulação ou seja de hipótese de anulação por vícios diversos daqueles previstos no art. 178 CC.

O que pode diferenciar a aplicação de uma fonte para outra é a hipótese fática que determina o *dies a quo* da contagem do tempo, sendo no CC a regra geral rege-se pelo dia da realização do negócio (at. 178, II) e na LPISG na data em que a fraude é descoberta ou poderia ser descoberta pelo comprador. O Código Civil emprega um critério objeto para fixar o termo inicial, ao passo que a Convenção emprega um subjetivo. O critério subjetivo se apoia no conhecimento ou na ciência do credor em relação ao fato que precipita o começo da contagem do prazo, ao passo que o objetivo se baseia em elementos não intelectuais, mas sim a fatos e circunstâncias externas ao sujeito de direito.[635]

O critério subjetivo torna a LPISG mais favorável ao comprador, já que o termo final máximo (prescricional) por ela previsto será de dez anos, ao passo que o termo final (decadencial) brasileiro será usualmente de quatro anos.

Por fim, nunca é exagerado lembrar que a natureza decadencial das hipóteses em comento impõe maiores restrições ao potencial demandante em respeito à natureza e peculiaridades da decadência em face da prescrição (*Art. 207. Salvo disposição legal em contrário, não se aplicam à decadência as normas que impedem, suspendem ou interrompem a prescrição CC*).

7.5 Várias pretensões: único prazo

Por excepcionalidade, é possível se deparar com um litígio no qual o credor tenha que administrar vários prazos conforme as diversas pretensões formuladas. Se a demanda tiver com base a LPISG, não haverá grande problema no enfretamento dos pleitos, considerando-se que ela fixou um prazo uniforme de quatro anos para a prescrição das três hipóteses por ela abordadas: desconformidade do objeto do contrato, resolução do contrato e invalidade contratual.

Contudo, se um viés restrito da LPISG fora adotado, no sentido de que ela somente fundamentar pleitos decorrentes de fraude ao credor,

---

[635] HUSER, Daniel. *The appropriate prescription regime for international sales contracts in international commercial arbitration.* Basel, 2014, p. 26.

nos termos gramaticais do seu art. 10 (3), com o que discordamos, demais prazos fundados em outras leis seriam necessários para atender à diferentes pleitos invalidatórios. Tal não se mostra inteligente nem razoável, sendo necessário uniformizar os prazos potencialmente invocáveis, com base em uma única legislação dentre aquelas cotejadas pela Corte ou Tribunal arbitral.

REFERÊNCIAS

AGUIAR JR, Ruy Rosado. *Extinção dos contratos por incumprimento do devedor* (resolução). 1. ed. Rio de Janeiro: Aide, 1999.

ALVIM, Agostinho. *Da Inexecução das Obrigações e suas Consequências*. Rio de Janeiro/São Paulo: Editora Jurídica e Universitária, 1965.

ANDREWS, Neil. *Direito contratual na Inglaterra*. Tradução de Teresa Arruda Alvim Wambier e Luana Pedrosa de Figueiredo Cruz. São Paulo: RT, 2012.

ARAÚJO, Fernando. *Teoria Económica do Contrato*. Coimbra: Almedina, 2007.

ASSIS, Araken de. *Resolução do contrato por inadimplemento*. 5. ed. São Paulo: Revista dos Tribunais, 2013.

BAPTISTA, Luiz Olavo. Aplicação do direito estrangeiro pelo juiz brasileiro. In: *Revista de Direito Legislativo*. Brasília: Senado Federal, a. 36, n. 142, abr.-jun. 1999.

_____. Os "projeto de princípios para contratos comerciais internacionais" da UNIDROIT, aspectos de direito internacional privado. In: BONELL, M. Joachim e SCHIPANI, Sandro [coord.]. *Principi per i contratti commerciali internazionali" e il sistema giuridico latinoamericano*. Roma: Cedam, 1996.

BASSO, Maristela. *Curso de Direito Internacional Privado* 2. ed. São Paulo: Atlas, 2011.

BENETI, Ana Carolina. A Convenção de Viena sobre Compra e Venda Internacional de Mercadoriais (CISG) e a questão do Direito do Consumidor. In: SCHWENZER, Ingeborg; PEREIRA, Cesar A. Guimarães e TRIPODI, Leandro. *A CISG e o Brasil*. Convenção das Nações Unidas para os Contratos de Compra e Venda Internacional de Mercadorias. São Paulo: Marcial Pons, 2015.

BERNSTEIN, Herbert; LOOKOFSKY, Joseph. *Understanding the CISG in Europe*. 2 ed. Haia: Klumer, 2003.

BIANCA, Cesare Massimo [coord.]. *Convenzione di Vienna sui contratti di vendita internazionale di beni mobile*. Milão: Cedam, 1992.

Black's Law Dictionary.

BLÁZQUEZ, F. Olivia. *Compraventa international de mercaderías* (ámbito de aplicación del Convenio de Viena de 1980). Valencia: Tirant lo Blanch, 2002.

BOSCOLO, Ana Teresa de Abreu Coutinho. A necessidade de interpretação uniforme da CISG: o exemplo da batalha dos formulários. In: SCHWENZER, Ingeborg; PEREIRA, Cesar e TRIPODI, Leandro. *A CISG e o Brasil*. Convenção das Nações Unidas para os Contratos de Compra e Venda Internacional de Mercadorias. São Paulo: Marcial Pons, 2015, p. 71 e sg;

BRIDGE, Michael. *The international sales of goods*. 3 ed. Oxford: Oxford, 2013.

_____. Choice of law and the CISG: opting in and opting out. In: FLECHTNER, Harry M.; BRAND, Ronald A.; WALTER, Marks S. *Drafting contracts under the CISG*. Nova Iorque: Oxford, 2008.

PAULO NALIN, RENATA C. STEINER
COMPRA E VENDA INTERNACIONAL DE MERCADORIAS

BRIGGS, Adrian. *The conflict of laws.* 3 ed. Oxford: Oxford, 2013.

BRUNNER, Christoph. *UN Kaufrecht – CISG. Kommentar zum Übereinkommen der Vereinten Nationen über Verträge über den internationalen Warenkauf von 1980.* Bern: Stämpfli Verlag, 2004.

CALAMARI, Jonh D.; PERILLO, Joseph M. *Calamari and Perillo on contracts.* 6 ed. Saint Paul: West, 2009.

CANARIS, Claus-Wilhelm. *Ansprüche wegen 'positiver Vertragsverletzung' und 'Schultzwirkung für Dritte" bei nichtige Verträgen.* In: JuristenZeitung, 1965.

CARON, David D; CAPLAN, Lee M. *The Uncitral arbitration rules:* a commentary. 2 ed. Oxford: Oxford, 2013.

CHAPPUIS, Christine. La Convention de Vienne sur la vente internationale de marchandises (CVIM) a-t-elle pénétré le droit suisse? In: BADDELEY, Margareta; FOËX, Bénédict; LEUBA, Audrey; VAN DELDEN, Marie-Laure Papaux. *Le droit civil dans le contexte international (journée de droit civil 2011).* Genebra: Schulthess, 2012.

CURRAN, Vivian Grosswald. A comparative perspective on the CISG. In: FLECHTNER, Harry M.; BRAND, Ronald A.; WALTER, Marks S. *Drafting contracts under the CISG.* Nova Iorque: Oxford, 2008.

DE LY, Filip. Sources of international sales law: an eclectic model. In: *The Journal of Law and Commerce.* University of Pittsburgh. Celebrating the 25th Anniversary of the United Nations Convention on Contracts for the International Sales of Goods. Buffalo: William S. Hein, v 1, 2005-2006.

DI MATTEO, Larry. *Critical Issues in the Formation of Contracts under the CISG.* Reproduced with permission of the University of Belgrade, Belgrade Law Review, Year LIX (2011) n. 3 p. 67-83, acesso em 24 ago. 2014, em <http://www.cisg.law.pace.edu/cisg/biblio/dimatteo6.html#vi>.

_____; DHOOGE, Lucien J.; GREENE, Stepahnie; MAURER, Virginia G.; PAGNATTARO, Marisa Anne. *International sales law: a critical analysis of CISG jurisprudence.* Cambridge: Cambridge, 2005.

DOLINGER, Jacob. *Direito Internacional Privado.* Parte Geral. 10. ed. rev. e atual. Rio de Janeiro: Forense, 2012.

_____. *Direito internacional privado: contratos e obrigações no Direito Internacional privado.* Rio de Janeiro: Renovar, 2007.

FARNSWORTH, E. Allan. Article 20. In: Bianca-Bonell. *Commentary on the International Sales Law,* Giuffrè: Milan (1987) 185-188. Reproduced with permission of Dott. A Giuffrè Editore, S.p.A. Disponível em <http://www.cisg.law.pace.edu/cisg/biblio/farnsworth-bb20.html>.

FARNSWORTH, E. Allan. *Farnsworth on contracts.* 3 ed. Austin: Klumer, 2004, v. 1.

_____. Precontractual liability and preliminary agreements: fair dealing and failed negotiations. In: *Columbia Law Review.* Volume 87, March 1987, n. 2.

FERRARI, Franco. Remarks on the UNCITRAL digest's comments on article 6 CISG. In: *The Journal of Law and Commerce.* University of Pittsburgh. Celebrating the 25th Anniversary of the United Nations Convention on Contracts for the International Sales of Goods. Buffalo: William S. Hein, v 1, 2005-2006.

_____. Choice of forum and CISG: remarks on the latter's impact on the former. In: FLECHTNER, Harry M.; BRAND, Ronald A.; WALTER, Marks S. *Drafting contracts under the CISG.* Nova Iorque: Oxford, 2008.

_____. *Fundamental breach under the UN Sales Convention* – 25 Years of article 25 CISG. Reproduced with permission of 25 Journal of Law and Commerce (Spring 2006) 489-508, acesso <http://www.cisg.law.pace.edu/cisg/biblio/ferrari14.html>.

REFERÊNCIAS | 323

_____. *La vendita internazionale – applicabilità ed applicazioni della Convenzione di Vienna del 1980*. GALGANO, Francesco [coord.]. *Trattato di diritto commercial e di dirito pubblico dell'economia*. Milão: Cedam, 1997. v. 20.

FERREIRA DA SILVA, Jorge Cesa. *Inadimplemento das Obrigações*. Coleção Biblioteca de direito civil: estudos em homenagem ao professor Miguel Reale. v. 7. Coordenação Miguel Reale, Judith Martins-Costa, 2007.

FRADERA, Vera Jacob de. O conceito de fundamental breach constante do art. 25 da CISG. *Revista de Arbitragem e Mediação*. Coordenação de Arnoldo Wald, a. 10, v. 37, abr.-jun. 2013.

GABRIEL, Henry Deeb. *Contracts for the sale of goods*. A comparison of U.S. and international law. 2. ed. Nova Iorque: Oxford, 2009.

GARNER, Bryan. In: *A dictionary of modern legal usage*. 2 ed. Oxford: Oxford, 1995.

GARRO, Alejandro M. *Reconciliation of Legal Traditions in the U.N. Convention on Contracts for the International Sale of Goods*. Reproduced with permission from 23 International Lawyer (1989) 443-483. Disponível em <http://www.cisg.law.pace.edu/cisg/text/garro16.html>., acesso em 25 ago. 2014.

GLITZ, Frederico E. Z. e PENTEADO, Guilherme Stadler. Inadimplemento Antecipado na Convenção de Viena de 1980 sobre Compra e Venda Internacional de Mercadorias (CISG): um novo desafio para o Direito brasileiro? In: NALIN, Paulo; STEINER, Renata C. e XAVIER, Luciana. *Compra e Venda Internacional de Mercadorias*: vigência, aplicação e operação da CISG no Brasil. Curitiba: Juruá, 2014.

GLITZ, Frederico E. Z. O princípio da liberdade de forma e prova do contrato na CISG. In: NALIN, Paulo; STEINER, Renata C. e XAVIER, Luciana. *Compra e Venda Internacional de Mercadoriais*: vigência, aplicação e operação da CISG no Brasil. Curitiba: Juruá, 2014.

_____. Favor contractus: alguns apontamentos sobre o princípio da conservação do contrato no direito positivo brasileiro e no direito comparado. In: *Revista do Instituto do Direito Brasileiro*. Ano 2 (2013), n. 1.

GREENBERB, Simon; KEE, Christopher; WEERAMANTRY, J. Romesh. *International commercial arbitration (an Asian-Pacif perpective)*. Cambridge: Cambridge, 2012.

HACHEM, Pascal. Aplicability of the CISG – Articles 1 and 6. Currente issues in the CISG and arbirations. In: SCHWENZER, Ingeborg [coord.]. *Internacional commerce and arbitration*. Haia: Eleven, 2014.

HACHEM, Pascal. The CISG and status of limitation. In SCHAWENZER, Ingeborg [coord.]. *35 years CISG and beyond. International commerce and arbitration*. Haia: Eleven, 2016, v. 19, p. 151-164.

HONNOLD, John O. *Derecho Uniforme sobre Compraventas Internacionales (Convención de las Naciones Unidas de 1980)*. Madrid: Editoriales de Derecho Reunidas, 1987.

_____. *Uniform Law of International Sales under the 1980 United Nations Convention*. 4. ed. The Hague: Wolters Kluwer, 2009.

_____. *Documentary history of the uniform law for international sales*. Deventer: Kluwer, 1989.

_____. *Uniform Law for International Sales under the 1980 United Nations Convention*. 3. ed. 1999, Reproduced with permission of the Publisher, Kluwer Law International, The Hague. Disponível em <http://www.cisg.law.pace.edu/cisg/biblio/ho49.html>.

HUBER, Peter e MULLIS, Alastair. *The CISG: a new textbook for students and practitioners*. Munique: Sellier, 2007.

PAULO NALIN, RENATA C. STEINER
COMPRA E VENDA INTERNACIONAL DE MERCADORIAS

HUBER, Peter. CISG – The Structure of Remedies. In: *Rabels Zeitschrift für Ausländische und Internationales Privatrechts*. 71 (2007), Mohr Siebeck.

HUSER, Daniel. *The appropriate prescription regime for international sales contracts in international commercial arbitration*, Basel, 2014.

ISFER, Mayara Roth. Apontamentos comparatísticos entre o direito brasileiro e a CISG quanto à execução específica das obrigações do vendedor. In: NALIN, Paulo; STEINER, Renata C. e XAVIER, Luciana. *Compra e Venda Internacional de Mercadorias: vigência, aplicação e operação da CISG no Brasil*. Curitiba: Juruá, 2014.

KARTON, Joshua. *The culture of international arbitration and the evolution of contract Law*. Oxford: Oxford University Press, 2013

KOCH, Robert. The Concept of Fundamental Breach of Contract under the United Nations Convention on Contracts for the International Sale of Goods (CISG). Reproduced with permission from Pace ed., *Review of the Convention on Contracts for the International Sale of Goods (CISG) 1998*, Kluwer Law International (1999) 177 - 354. Acesso <http://www.cisg.law.pace.edu/cisg/biblio/koch.html>.

KOMAROV, Alexander S. Internationality, uniformity and observance of good Faith as criteria in interpretation of CISG: some remarks on art. 7(1). *In: The Journal of Law and Commerce*. University of Pittsburgh. Celebrating the 25th Anniversary of the United Nations Convention on Contracts for the International Sales of Goods. Buffalo: William S. Hein, v 1, 2005-2006.

KRITZER, Albert (Editor). *Pre-Contract Formation*. Editor: Albert H. Kritzer. Disponível em <http://www.cisg.law.pace.edu/cisg/biblio/kritzer1.html>.

KRÖLL, Stefan. Arbitration and the CISG. In: SCHWENZER, Ingeborg [coord.]. *Internacional commerce and arbitration*. v. 15. Haia: Eleven, 2014.

_____. Selected problems concerning the CISG's scope of application. In: *The Journal of Law and Commerce*. University of Pittsburgh. Celebrating the 25th Anniversary of the United Nations Convention on Contracts for the International Sales of Goods. Buffalo: William S. Hein, v. 1, 2005-2006.

LOBO, Paulo. *Contratos*. São Paulo: Saraiva, 2011, p. 224.

LOOKOFSKY, Joseph. *Convention on Contracts for the International Sale of Goods (CISG)*. The Netherlands: Wolters Kluwer, 2012

_____. The 1980 United Nations Convention on Contracts for the International Sale of Goods. Published in J. Herbots editor / R. Blanpain general editor, *International Encyclopaedia of Laws - Contracts*, Suppl. 29 (December 2000) 1-192. Reproduced with permission of the publisher Kluwer Law International, The Hague. Acesso pelo <http://www.cisg.law.pace.edu/cisg/biblio/loo74.html>.

_____. Understanding the CISG. *A compact guide to the 1980 United Nations Convention on Contracts for the International Sales of Goods*. 4. ed. The Netherlands: Wolters Kluwer, 2012.

_____. Walking the article 7(2) tightrope between CISG and domestic law. The jornal of law and commerce. In: *The Journal of Law and Commerce*. University of Pittsburgh. Celebrating the 25th Anniversary of The United Nations Convention on Contracts for the International Sales of Goods. Buffalo: William S. Hein, v. 1, 2005-2006.

LORENZETTI, Ricardo Luis. *Tratado de los contratos*. Parte geral. Buenos Aires: Rubinzal, 2004.

MAGALHÃES, José Carlos de. *O Supremo Tribunal Federal e o Direito Internacional*. Uma análise crítica. Porto Alegre: Livraria do Advogado, 2000

REFERÊNCIAS | 325

MAGNUS, Ulrich. Last shots *vs* knock out – still battle over the battle of forms under the CISG. In: CRANSTON, Ross; RAMBERG, Jan; ZIEGEL, Jacob. *Commercial law challenges in the 21st Century.* Uppsala: Iustus Förlag, 2007.

_____. The remedy of avoidance of contract under CISG – general remarks and cases. In: *The Journal of Law and Commerce.* University of Pittsburgh. Celebrating the 25th Anniversary of The United Nations Convention on Contracts for the International Sales of Goods. Buffalo: William S. Hein, v 1, 2005-2006.

MALHEIROS, Pablo. *Responsabilidade por danos: imputação e nexo de causalidade.* Curitiba: Juruá, p. 2014.

MANKOWSKI, Peter. In: FERRARI, KIENINGER, MANKOWSKI, OTTE, SAENGER, SCHULZE E STAUNDINGER. *Internationales Vertragsrecht.* Rom I-VO, CISG, CMR, FactÜ Kommentar. 2. ed. Munique: C.H.Beck, 2012.

MARKESINIS, B.S.; LORENZ, W; DANNEMANN, G. *The German law of obligations.* The law of contracts and restitution: a comparative introduction. Oxford: Oxford, 1997. v. 1.

MARQUES, Claudia Lima. A proteção do consumidor de produtos e serviços estrangeiros no Brasil: primeiras observações sobre os contratos a distância no comércio eletrônico. In: *Revista de Direito do Consumidor,* v. 41, 2002.

MARTINS-COSTA, Judith. *A boa-fé no Direito Privado.* São Paulo: RT, 1999.

MARTINS-COSTA, Judith. *Comentários ao Novo Código Civil:* Inadimplemento das Obrigações. Volume V, Tomo II, arts. 389-420. Coordenador Sálvio de Figueiredo Teixeira. Rio de Janeiro: Forense, 2003.

MOHS, Florian. *Natural Gas and the CISG.* In: CISG Basel Conference, 20.01.2015.

MOTA DE CAMPOS, João e MOTA DE CAMPOS, João Luiz. *Manual de Direito Comunitário.* 4. ed. Fundação Calouste Gulbenkian, Lisboa, 2004.

MOTA PINTO, Paulo. *Interesse contratual negativo e interesse contratual positivo.* v.2 Coimbra: Coimbra, 2008.

MUÑOZ, Edgardo. *El derecho de los contratos y de la compraventa en Iberoamérica.* Tirant Lo Blanch: Cidade do México, 2015.

MURRAY JR, John E. *An Essay on the Formation of Contracts and Related Matters under the United Nations Convention on Contracts for the International Sale of Goods.* Reproduced with permission from 8 *Journal of Law and Commerce* (1988) 11-51. Disponível em <http://www.cisg.law.pace. edu/cisg/text/murray14.html>.

MURRAY, John E. In: FLECHTNER, Harry M.; BRAND, Ronald A. e WALTER, Mark S. *Drafting Contracts under the CISG.* Oxford Universtity Press, 2008.

NALIN, Paulo. A contribuição dos Professores Francisco José Ferreira Muniz e Carmen Lucia Silveira Ramos para o Direito Civil na Faculdade de Direito da UFPR. In: KROETZ, Maria Candida do Amaral. *Direito Civil:* Inventário teórico de um século. Curitiba: Kairós, 2012.

NALIN, Paulo e STEINER, Renata C. Atraso na obrigação de entrega e essencialidade do tempo do cumprimento na CISG. In: NALIN, Paulo; STEINER, Renata C. e XAVIER, Luciana. *Compra e Venda Internacional de Mercadorias:* vigência, aplicação e operação da CISG no Brasil. Curitiba: Juruá, 2014.

NALIN, Paulo. *Descumprimento do contrato e dano extrapatrimonial.* Curitiba: Juruá, 1996.

NALIN, Paulo e MANASÉS, Diogo Rodrigo. Responsabilidade civil extracontratual e contratual: razões e funções da distinção. In: RUZYK, Carlos Eduardo Pianovski; NUNES DE

SOUZA, Eduardo; MENEZES; Joyceane Bezerra de; EHRHARDT JÚNIOR, Marcos (orgs.) Direito civil constitucional: *A ressignificação da função dos institutos fundamentais do direito civil contemporâneo e suas consequências*. Florianópolis: Conceito, 2014.

NEUMAYER, Karl H.; MING, Catherine. *Convention de Vienne sur les contrats de vente internationale de marchandise*. Lausane: Cedidac, 1993.

PEREIRA, Cesar A. Guimarães. Aplicação da CISG a compras governamentais. In: NALIN, Paulo; STEINER, Renata C. e XAVIER, Luciana. *Compra e Venda Internacional de Mercadorias:* vigência, aplicação e operação da CISG no Brasil. Curitiba: Juruá, 2014.

PEREIRA, Cesar A. Guimarães. International bidders and public procuremente in Brazil. *Informativo Justen, Pereira, Oliveira e Talamini. Curitiba* n. 45, novembro 2010, disponível em <http://www.justen.com.br//informativo.php?&informativo=45&artigo=1047&l=pt>.

PRATA, Ana. *Dicionário jurídico*. 5. ed. Coimbra: Almedina, 2011, v 5.

RABEL, Ersnt. Die Entwurf eines einheitlichen Kaufgesetzes. In: *Zeitschrift für ausländisches und internationales Privatrecht*. 9. Jahrg. (1935), pp. 1-79. Acesso pelo Jstor < http://www.jstor.org/stable/27872325>.

RESCIGNO, Pietro [coord.]. *Trattato de diritto privato*. v 11. t 3. Turim: UTET, 2000

RODAS, João Grandino. A constituinte e os tratados internacionais. In: *Doutrinas Essenciais de Direito Internacional*. v. 1, fev., 2012, p. 43 e seguintes. Acesso pela RT Online em 15.jul. 2014

SAIEGH, Sandra. The business lawyer's perspective. In: FLECHTNER, Harry M.; BRAND, Ronald A.; WALTER, Marks S. *Drafting contracts under the CISG*. Nova Iorque: Oxford, 2008.

SANSEVERINO, Paulo de Tarso. *Princípio da reparação integral*. 1. ed. 2ª tir. São Paulo: Saraiva, 2011.

SCHELLHASS, Harriet. In: VOGENAUER, Stefan e KLEINHEISTERKAMP, Jan. *Commentary on the Unidroit principles of International commercial contracts (PICC)*. Oxford: Oxford University Press, 2009.

SCHLECHTRIEM, Peter e BUTLER, Petra. *UN Law on International Sales*. The UN Convention on the International Sale of Goods. Heidelberg: Springer, 2009

_____. e SCHROETER, Ulrich. *Internationales UN-Kaufrecht*. 5. Auflage. Tübingen: Mohr Siebeck, 2013.

_____. e SCHWENZER, Ingeborg. *Commentary on the UN convention on the international sale of goods (CISG)*. Oxford: Oxford, 2010.

_____. 25 years of the CISG: an international lingua franca for drafting uniform laws, legal principles, domestic legislation and transnational contracts. In: FLECHTNER, Harry M.; BRAND, Ronald A.; WALTER, Marks S. *Drafting contracts under the CISG*. Nova Iorque: Oxford, 2008.

_____. Battle of forms in international contract Law. Evaluation of approaches in German Law, UNIDROIT Principles, European Principles, CISG; UCC approaches under consideration. Translation of "Kollidierende Geschäftsbedingungen im internationalen Vertragsrecht", In: Karl-Heinz Thume ed., *Festschrift für Rolf Herber zum 70*. Geburtstag, Newied: Luchterhand (1999). Acesso pelo <http://cisgw3.law.pace.edu/cisg/biblio/schlechtriem5.html#ps*>.

SCHWENZER, Ingeborg e FOUNTOULAKIS, Christiana. *International Sales of Law*. Londres, Nova Iorque: Routledge-Cavendish, 2007, p. 143.

_____.e MOHS, Florian. Old Habits Die Hard: Traditional Contract Formation in a Modern World. Reproduced with permission of *Internationales Handelsrecht* (6/2006) 239-246, published by Sellier, Eruopean Law Publishers. Disponível em <http://www.cisg.law.pace.edu/cisg/biblio/schwenzer-mohs.html>.

_____. e MUÑOZ, Edgardo. *Comentario sobre la convención de las Naciones Unidas sobre los contratos de compravenuta internacional de mercaderías*. Tomo I. Navarra: Thompson Reuters.

_____. Exemption in Case of Force Majeure and Hardship – CISG, PICC, PECL and DCFR -. In: NALIN, Paulo; STEINER, Renata C. e XAVIER, Luciana. *Compra e Venda Internacional de Mercadorias:* vigência, aplicação e operação da CISG no Brasil. Curitiba: Juruá, 2014.

_____. The right to avoid the contract. Disponível em <http://anali.ius.bg.ac.rs/Annals%20 2012/Annals%202012%20p%20207-215.pdf>.

_____.; FOUNTOULAKIS, Christiana; DIMSEY, Mariel. *International sales law:* a guide to the CISG. Oxford: Hart, 2012.

_____.; GREBLER, Eduardo; FRADERA, Vera; PEREIRA, César A. Guimarães (coords.). *Comentários à Convenção das Nações Unidas sobre contratos de compra e venda internacional de mercadorias*. São Paulo: Revista dos Tribunais, 2014.

SCHWIND, Rafael Wallbach. *Licitações Internacionais*. Participação de estrangeiros e licitações realizadas com financiamento externo. Belo Horizonte: Fórum, 2013.

SEKOLEC, Jernej. 25 years UN Convention on contracts for the international sales. In: *The Journal of Law and Commerce*. University of Pittsburgh. Celebrating the 25th Anniversary of the United Nations Convention on Contracts for the International Sales of Goods. Buffalo: William S. Hein, v 1, 2005-2006, p. XV.

STEINER, Renata C. A influência do interesse do credor no sistema de descumprimento contratual da CISG. In: NALIN, Paulo; STEINER, Renata C. e XAVIER, Luciana. *Compra e Venda Internacional de Mercadorias:* vigência, aplicação e operação da CISG no Brasil. Curitiba: Juruá, 2014.

_____. *Descumprimento contratual:* boa-fé e violação positiva do contrato. São Paulo: Quartier Latin, 2014.

_____. *Interesse positivo e interesse negativo:* a reparação de danos no Direito privado brasileiro. Tese de Doutorado. Orientador: Professor Associados Doutor Cristiano de Sousa Zanetti. Universidade de São Paulo, 2016.

_____. Resolução do Contrato e Reparação de Danos na Convenção das Nações Unidas sobre Contratos e Compra e Venda Internacional de Mercadorias (CISG). Disponível em <http://www.cisg-brasil.net/downloads/concurso/RenataSteiner.pdf>.

_____. e SILVA, Jorge Cesa Ferreira da. Party autonomy in brazilian international private law. In: SCHWENZER, Ingeborg; PEREIRA, Cesar e TRIPODI, Leandro (org). *CISG and Latin America:* Regional and Global Perspectives. The Hague: Eleven Internacional, 2016, pp. 349-359.

TEPEDINO, Gustavo, BARBOZA, Heloísa Helena e MORAES, Maria Celina Bodin de. *Código Civil interpretado de acordo com a Constituição da República*. v.2, Rio de Janeiro: Renovar, 2006.

TERCIER, Pierre. *Les contrats spéciaux*. 2 ed. Zurique: 1995.

TIBURCIO, Carmen. Consequências do Inadimplemento Contratual na Convenção de Viena sobre Venda Internacional de Mercadorias. In: *Revista de Arbitragem e Mediação*. v. 37/2013.

TORSELLO, Marco. Preliminary Agreements and CISG contracts. In: FLECHTNER, Harry M.; BRAND, Ronald A.; WALTER, Marks S. *Drafting contracts under the CISG*. Nova Iorque: Oxford, 2008.

VALLADAO, Haroldo. *Direito Internacional Privado:* Introdução e Parte Geral. São Paulo: Livraria Freitas de Bastos S/A.

VARELA, Antunes. *Direito das Obrigações.* Rio de Janeiro: Forense, 1978, v. 2.

VISCASILLAS, Pilar Perales. International distribution contracts and CISG. p. 48. In: SCHWENZER, Ingeborg [coord.]. *International commerce and arbitration.* A Haia: Eleven, 2014, v. 15.

WALKER, Janet. Agreeing to disagree: can we just have words? CISG article 11 and the Model Law writing requirement. In: *The Journal of Law and Commerce.* University of Pittsburgh. Celebrating the 25th Anniversary of the United Nations Convention on Contracts for the International Sales of Goods. Buffalo: William S. Hein, v 1, 2005-2006.

WILL, Michael. In: Bianca-Bonell. *Commentary on the International Sales Law*, Giuffrè: Milan (1987) 359-367. Reproduced with permission of Dott. A Giuffrè Editore, S.p.A. Acesso pelo <http://www.cisg.law.pace.edu/cisg/biblio/will-bb49.html>. em 20 jan. 2014.

ZANELATTO, Natalia. A "batalha dos formulários" no direito brasileiro. Disponível em <http://www.gazetadopovo.com.br/vida-publica/justica-e-direito/artigos/a-batalha-dos-formularios-no-direito-brasileiro-8dlke052x6bdnrraeuiaeqqd0>, acesso em 15 maio. 2016.

ZANELATTO, Natália Villas Bôas. A obrigação de entrega na CISG e na prática contratual internacional: breve comparação com o regime jurídico brasileiro. In: NALIN, Paulo; STEINER, Renata C. e XAVIER, Luciana. *Compra e Venda Internacional de Mercadorias:* vigência, aplicação e operação da CISG no Brasil. Curitiba: Juruá, 2014.

_____. Direito contratual contemporâneo. *A liberdade contratual e sua fragmentação.* São Paulo: Método, 2008.

ZANETTI, Cristiano de Sousa. *Responsabilidade pela ruptura das negociações.* São Paulo: Juarez de Oliveira, 2005.

ZELLER, Bruno. *Damages under the Convention on Contracts for the International Sale of Goods.* 2. ed. Oxford: Oxford University Press, 2009.

ZIEGEL, Jacob. The scope of the convention: reaching out to article one and beyond. In: *The Journal of Law and Commerce.* University of Pittsburgh. Celebrating the 25th Anniversary of The United Nations Convention on Contracts for the International Sales of Goods. Buffalo: William S. Hein, v 1, 2005-2006.

Sítios eletrônicos

<http://imagem.camara.gov.br/Imagem/d/pdf/DCD20MAR2012.pdf>.

<http://www.cisg.law.pace.edu/cisg/text/antecedents.html>.

<http://www.cisg-brasil.net/doc/cn1772013.pdf>.

<http://www.uncitral.org/pdf/english/yearbooks/yb-1978-e/vol9-p105-106-e.pdf>.

<http://www.uncitral.org/pdf/english/yearbooks/yb-1980-e/vol11-p149-150-e.pdf>.

<http://www.uncitral.org/uncitral/en/uncitral_texts/sale_goods/1980CISG_status.html>.

<http://cisgw3.law.pace.edu/cisg/text/queenmary.html>.

<http://www.uncitral.org/pdf/english/texts/arbitration/ml-arb/07-86998_Ebook.pdf>.

<http://www.uncitral.org/uncitral/en/uncitral_texts/sale_goods/1980CISG_status.html>.

<http://www.unilex.info/case.cfm?pid=1&do=case&id=211&step=Abstract>.

REFERÊNCIAS | 329

Opiniões do CISG Advisory Counsil

CISG-AC Opinion nº 1, Electronic Communications under CISG, 15 August 2003. Rapporteur: Professor Christina Ramberg, Gothenburg, Sweden. Disponível em <http://www.cisg.law. pace.edu/cisg/CISG-AC-op1.html>.

CISG-AC Opinion no 5, The buyer's right to avoid the contract in case of non-conforming goods or documents 7 May 2005, Badenweiler (Germany). Rapporteur: Professor Dr. Ingeborg Schwenzer, LL.M., Professor of Private Law, University of Basel. Disponível em <http://www. cisg.law.pace.edu/cisg/CISG-AC-op5.html#1>.

CISG-AC Opinion No. 8, Calculation of Damages under CISG Articles 75 and 76. Rapporteur: Professor John Y. Gotanda, Villanova University School of Law, Villanova, Pennsylvania, USA. Adopted by the CISG-AC following its 12th meeting in Tokyo, Japan, on 15 November 2008. Disponível em <http://cisgw3.law.pace.edu/cisg/CISG-AC-op8.html>.

CISG-AC Opinion No. 9, Consequences of Avoidance of the Contract, Rapporteur: Professor Michael Bridge, London School of Economics, London, United Kingdom. Adopted by the CISG-AC following its 12th meeting in Tokyo, Japan on 15 November 2008. Disponível em <http://www.cisg.law.pace.edu/cisg/CISG-AC-op9.html>.

Guide to CISG Article 74 Secretariat Commentary (closest counterpart to an Official Commentary). Disponível em <http://cisgw3.law.pace.edu/cisg/text/secomm/secomm-74. html>.

Julgados e decisões arbitrais citados

Brasil

STF

CR 8279 AgR, Relator(a): Min. CELSO DE MELLO, Tribunal Pleno, julgado em 17/06/1998, DJ 10-08-2000 PP-00006 EMENT VOL-01999-01 PP-00042

ADI 1480 MC, Relator(a): Min. CELSO DE MELLO, Tribunal Pleno, julgado em 04.09.1997, DJ 18-05-2001 PP-00429 EMENT VOL-02031-02 PP-00213

STJ

REsp 74.376/RJ, Rel. MIN. EDUARDO RIBEIRO, TERCEIRA TURMA, julgado em 09.10.1995, DJ 27.11.1995 p. 40887

AgRg no AREsp 153.005/RN, Rel. Ministro ANTONIO CARLOS FERREIRA, QUARTA TURMA, julgado em 04.04.2013, DJe 16.04.2013.

REsp 1325862/PR, Rel. Ministro LUIS FELIPE SALOMÃO, QUARTA TURMA, julgado em 05.09.2013, DJe 10.12.2013.

REsp 1215289/SP, Rel. Ministro SIDNEI BENETI, TERCEIRA TURMA, julgado em 05.02.2013, DJe 21.02.2013.

REsp 309.626/RJ, Rel. Ministro RUY ROSADO DE AGUIAR, QUARTA TURMA, julgado em 07.06.2001, DJ 20/08/2001, p. 479.

Alemanha

Landgericht Neubrandenburg, j. 03.08.2005. Disponível em: <http://www.unilex.info/case. cfm?id=1097> Acesso em 16 ago. 2014.

Clout 120 - <http://www.globalsaleslaw.org/content/api/cisg/display.cfm?test=127>.

CISG-Online Case 57, CLOUT n. 227. LG Bielefeld, 18.01.1991, disponível em <http://www. globalsaleslaw.org/content/api/cisg/display.cfm?test=57>.

Powdered milk case) <http://cisgw3.law.pace.edu/cases/020109g1.html>.

OLG Frankfurt a.M., U 164/90, 17.09.1991, CLOUT 02 (Uncitral), disponível em <http://www. uncitral.org/clout/showDocument.do?documentUid=1283>.

Austria

Austria, Oberest Gerichtshof, j. 10.11.1994. Disponível em: <http://cisgw3.law.pace.edu/ cases/941110a3.html> Acesso em 05 maio. 2014.

Austria, Oberest Gerichtshof, j. 10.11.1994. Disponível em: <http://cisgw3.law.pace.edu/ cases/941110a3.html> Acesso em 05 maio. 2014.

Partes desconhecidas. Oberster Gerichthof, j. 18.06.1997. Disponível em: <http://www.unilex. info/case.cfm?id=284> Acesso em 16 ago. 2014.

EUA

Geneva Pharmaceuticals Technology Corp. v. Barr Laboratories, Inc., et al., U.S District Court, S.D., New York, j. 10.05.2002. Disponível em: <http://www.unilex.info/case.cfm?id=739> Acesso em 04 maio. 2014.

Mangellan International Corporation vs. Saltzgitter Hands GMBH. Disponível em: <http:// www.unilex.info/case.cfm?pid=1&do=case&id=423&step=Abstract>. Acesso em 19 jun. 2014.

U.S. District Court, New Jersey, CIV 01-5254 (DDR), 04.04.2006. Disponível em: <http://www. unilex.info/case.cfm?id=1106>.

Filanto vs. Chilwich, vide <http://www.cisg.law.pace.edu/cases/920414u1.html>.

American Arbitration Association. Arbitral Award. 50181T 0036406, 12.12.2007. <http://www. unilex.info/case.cfm?id=1346>.

França

Cour de Cassation Francese, sent. 17.12.96 (2205 D), In: Revue critique de droit international privé, 1997, 72;

Cour d'Appel de Colmar, j. 12.06.2001. Disponível em: <http://www.unilex.info/case. cfm?id=814> Acesso em 16 ago. 2014.

Cour de Cassation, j. 07.02.2012. Disponível em: <http://www.unilex.info/case.cfm?id=1673> Acesso em 16 ago. 2014.

Cour d'Appel, Mons. R.G. 1999/242, 08.03.2001. Disponível em: <http://www.unilex.info/ case.cfm?id=749> Acesso em 27 jan. 2014.

Hungria

MALEV Hungarian Airlines v. United Technologies International Inc. Pratt & Whitney Commercial Engine Business, <http://www.unilex.info/case.cfm?id=43>.

ICC

ICC Court of Arbitration. 9978. 00.03.1999. Disponível em: <http://www.unilex.info/case. cfm?id=471> Acesso em 26 jan. 2014.

ICC, Paris, n. 8324/1995, In: *Journal de droit international*, 1996, 1019

Suíça

Schweizerisches Bundesgericht, j. 05.04.2005, disponível em: <http://www.unilex.info/case.cfm?id=1025>.

Schweizerisches Bundesgericht, 4C.105/2000, 15.09.2000, disponível em: <http://www.unilex.info/case.cfm?id=907>.

Esta obra foi composta em fonte Palatino Linotype, corpo
10 e impressa em papel Offset 75g (miolo) e Supremo
250g (capa) pela Gráfica e Editora Laser Plus em
Belo Horizonte/MG.